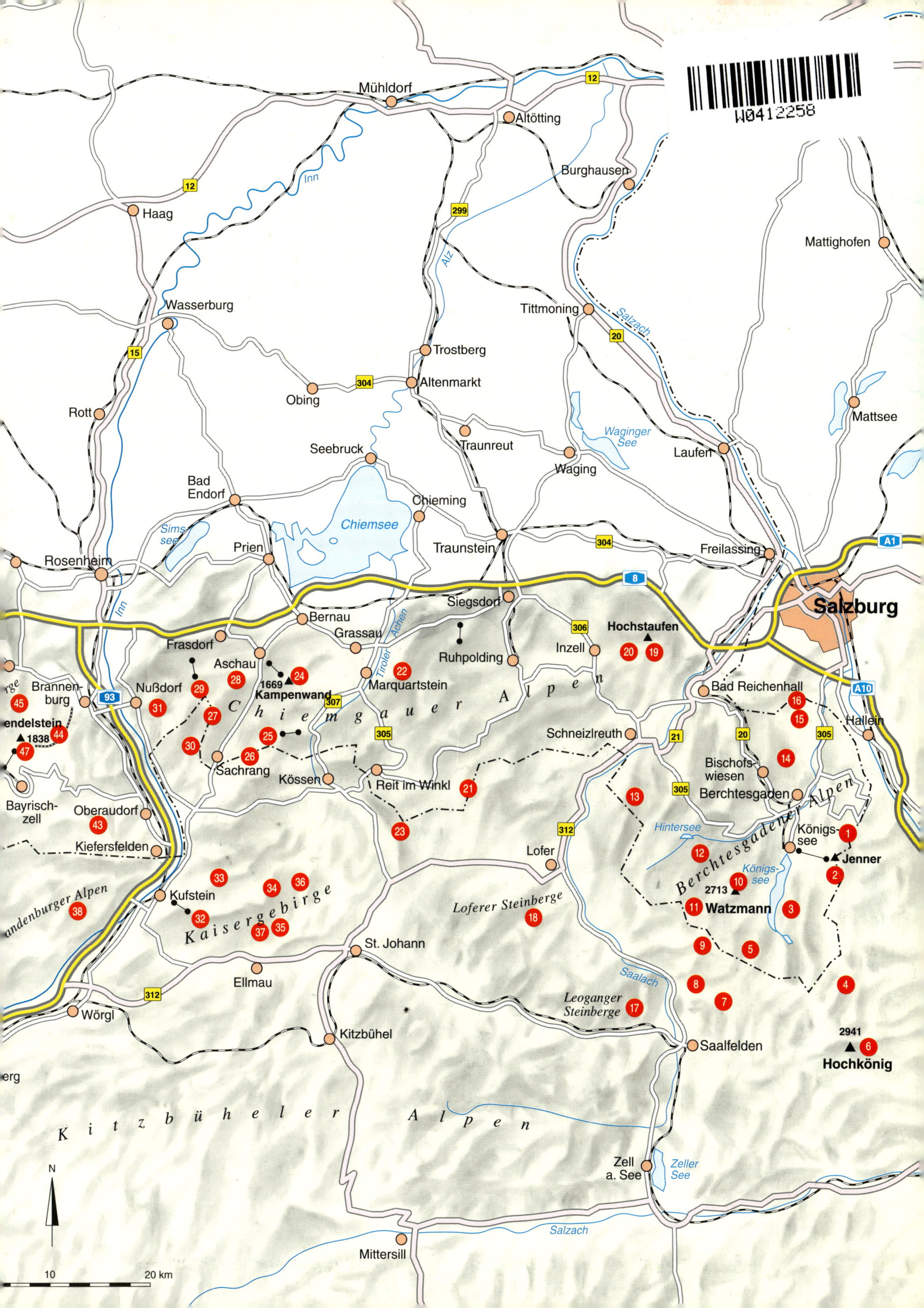

Mühldorf
Altötting
12
Inn
Haag
Burghausen
299
Alz
Mattighofen
Wasserburg
Tittmoning
Salzach
15
20
Trostberg
304
Obing
Altenmarkt
Rott
Mattsee
Waginger See
Traunreut
Seebruck
Laufen
Waging
Bad Endorf
Chieming
Chiemsee
Simssee
Prien
Traunstein
304
Freilassing
A1
Rosenheim
8
Salzburg
Siegsdorf
Inn
Bernau
Tiroler Achen
Grassau
306
Hochstaufen
Frasdorf
Ruhpolding
Inzell
Aschau
Brannenburg
Nußdorf
1669
Kampenwand
Marquartstein
Bad Reichenhall
A10
93
307
Chiemgauer Alpen
Hallein
Wendelstein
1838
305
Schneizlreuth
21
20
305
Sachrang
Kössen
Reit im Winkl
Bischofswiesen
305
Berchtesgaden
Berchtesgadener Alpen
Bayrischzell
Oberaudorf
312
Hintersee
Königssee
Kiefersfelden
Lofer
Jenner
Königssee
2713
Watzmann
Kufstein
Brandenburger Alpen
Loferer Steinberge
Kaisergebirge
St. Johann
Ellmau
Saalach
312
Leoganger Steinberge
Wörgl
2941
Kitzbühel
Saalfelden
Hochkönig
Kitzbüheler Alpen
Zell a. See
Zeller See
N
Salzach
Mittersill
10
20 km

Das große
Hüttenwanderbuch

Heinrich Bauregger

Das große Hütten Wanderbuch

Genusstouren in den Alpen
zwischen Berchtesgaden und Allgäu

südwest

VORWORT 8

Tipps für unterwegs 10
Anfahrt/Anforderungen/Ausrüstung/Bergbahnen Bergrettung und das alpine Notsignal/Gehzeiten und Höhenmeter/Informationen/ Karten/ Tourenplanung und Wetter/Symbole und Abkürzungen

Tipps zum Hüttenwandern 12
Wer darf wo übernachten?
Einteilung der Hütten
Hüttenöffnungszeiten
Hüttenregeln

Karrenfelder am Großen Hinterhorn in den Loferer Steinbergen.
Bild rechts oben: Die Wimbachgrieshütte in den Berchtesgadener Alpen.
Bild rechts unten: Die Priener Hütte in den Chiemgauer Alpen.

Bild vorhergehende Seite: Das Dorf Gerstruben in den Allgäuer Alpen.

BERCHTESGADENER ALPEN 14

1 Purtschellerhaus 16
Ahornkaser, Roßfeldhütte

2 Carl-von-Stahl-Haus 18
Schneibsteinhaus, Königsbachalm, Alpeltalhütte, Jennerhaus, Untere Jochalm, Obere Jochalm, Mitterkaseralm

3 Springlkaser 20
Ruppenkaser, Saletalm

4 Ostpreußenhütte 21
Eckberthütte, Gasthaus Dielalm, Blühnteckalm

5 Kärlingerhaus 22
Wasseralm, Fischunkelalm

6 Matrashaus 24
Arthurhaus, Mitterfeldalm, Erichhütte, Kopphütte, Birgkarhaus, Wiedersbergalm, Bertgenhütte

7 Riemannhaus 26
Kronreithof

8 Peter-Wiechenthaler-Hütte 27
Steinalm

9 Ingolstädter Haus 28
Jausenstation Kallbrunnalm, Jausenstation Pürzlbach

10 Watzmannhaus 30
Kührointhütte, Grünsteinhütte, Mitterkaseralm, Ostwandunterkunft

11 Wimbachgrieshütte 32
Wimbachschloss

12 Blaueishütte 33
Schärtenalm

13 Neue Traunsteiner Hütte 34
Bergheim Hirschbichl, Bindalm, Halsalm

14 Stöhrhaus 36
Scheibenkaser

15 Toni-Lenz-Hütte 37

16 Zeppezauerhaus 38

LOFERER UND LEOGANGER STEINBERGE 40

17 Passauer Hütte 42
Lettlkaser

18 von-Schmidt-Zabierow-Hütte 44
Biwakschachtel

CHIEMGAUER ALPEN 46

19 Reichenhaller Haus 48
Padinger Alm, Steineralm

20 Zwieselhaus 50
Höllenbachalm

21 Traunsteiner Hütte 51
Winklmoosalm, Möseralm

22 Hochgernhaus 52
Agergschwendalm, Staudacher Alm, Enzianhütte, Hochfellnhaus, Kohlstattalm, Berggasthaus Öderkaser, Brünndlingalm, Bischofsfellnalm

23 Straubinger Haus 54
Nattersbergalm, Hindenburghaus, Brennhütte

24 Berggasthof Kampenwand 55
Steinlingalm, Schlechtenbergalm, Liftstüberl, Gorialm, Maisalm, Hofbauernalm, Möslarnalm

25 Priener Hütte 56
Ackeralm, Berggasthaus Breitenstein, Wuhrsteinalm, Haidenholzalm, Rossalm, Jausenstation Ottenalm

26 **Wandberghaus** 58
Wildbichlalm
27 **Klausen** 59
28 **Riesenhütte** 60
Frasdorfer Berghaus, Hofalm
29 **Hochrieshaus** 61
Doaglalm, Wagneralm, Zur Kräuterhexe, Bergbahnstüberl
30 **Spitzsteinhaus** 62
Goglalm, Gasthaus Moosbauer
31 **Daffnerwaldalm** 63
Kranzhornalm

KAISERGEBIRGE 64

32 **Kaindlhütte** 66
Berghaus Aschenbrenner, Weinbergerhaus, Brentenjochalm, Walleralm
33 **Vorderkaiserfeldenhütte** 67
Jausenstation Rietzaualm
34 **Anton-Karg-Haus** 68
Pfandlhof, Kaisertalhaus
35 **Gaudeamushütte** 69
Ackerlhütte
36 **Stripsenjochhaus** 70
Griesner Alm
37 **Gruttenhütte** 72
Wochenbrunner Alm, Riedlhütte, Gasthaus Wochenbrunn

ROFAN UND BRANDENBERGER ALPEN 74

38 **Kufsteiner Haus** 76
Kala-Alm, Höhlensteinhaus, Gasthaus Schneeberg
39 **Kaiserhaus** 77
40 **Bayreuther Hütte** 78
Sonnwendjochhaus, Bergalm
41 **Erfurter Hütte** 79
Buchauer Alm, Dalfazalm, Mauritzalm

TEGERNSEER UND SCHLIERSEER BERGE 80

42 **Gufferthütte** 82
Schweigeralm, Schönleitenalm, Blaubergalm, Siebenhüttenalm, Königsalm
43 **Brünnsteinhaus** 84
Gießenbachhütte

Blick vom Buchstein in den Tegernseer Bergen nach Westen. Links im Bild der Roßstein, rechts unten liegen die Roßsteinalmen und dahinter erhebt sich die Seekarspitze, der Hausberg der Lenggrieser Hütte.

44 **Mitteralm** 85
Breitenberghaus
45 **Schuhbräualm** 86
Schlipfgrubalm, Huberalm
46 **Hubertushütte** 87
Kesselalm, Bucheralm
47 **Aiblinger Hütte** 88
Wendelsteinhaus, Wirtsalm, Wendelsteinalm
48 **Gindelalm** 89
Neureuth, Berggasthaus Huberspitz, Berggasthaus Riederstein, Kreuzbergalm
49 **Rotwandhaus** 90
Sillberghaus
50 **Taubensteinhaus** 92
Krottenthaler Alm
51 **Schönfeldhütte** 93
Spitzingalm, Jägerbauernalm
52 **Blecksteinhaus** 94
Albert-Link-Hütte, Stümpflinghaus, Bäckeralm, Monialm
53 **Obere Maxlrainer Alm** 95
Berggasthaus Igler
54 **Bodenschneidhaus** 96
Obere Firstalm, Untere Firstalm
55 **Erzherzog-Johann-Klause** 98
Forsthaus Valepp, Ackernalm, Traunsnitzalm
56 **Wallberghaus** 99
Panoramarestaurant Wallberg, Gasthaus Wallbergmooshütte
57 **Tegernseer Hütte** 100
Röhrlmoosalm
58 **Hirschberghaus** 102
Aueralm, Söllbachklause, Bauer in der Au
59 **Buchsteinhütte** 103
Schwarzentennalm

Die Erfurter Hütte im Rofan. Sie dient als Ausgangspunkt für nahezu alle Touren über dem Achensee.

Bild oben: Die Falkenmoosalm im Vorkarwendel ist ein beliebter Stützpunkt am Weg zum Juifen. Bild unten: Ausgangspunkt für den Mindelheimer Klettersteig ist entweder die Fiderepasshütte oder die Mindelheimer Hütte.

KARWENDEL 104

60 Falkenmoosalm 106
Seewaldhütte, Rotwandlhütte, Rotwandlalm, Jausenstation, Kleinzennalm, Forsthaus Aquila

61 Tölzer Hütte 107
Gasthaus Kaiserhütte

62 Plumsjochhütte 108
Haseltalalm-Mittelleger, Gernalm

63 Soiernhaus 109
Fischbachalm, Fereinalm

64 Brunnsteinhütte 110
Tiroler Hütte

65 Hochlandhütte 111

66 Mittenwalder Hütte 112
Dammkarhütte

67 Pleisenhütte 113
Schönwieshof

68 Karwendelhaus 114
Larchetalm

69 Hallerangerhaus 116
Pfeishütte, Hallerangeralm, Möslalm

70 Falkenhütte 118
Engalmen, Alpengasthof Eng

71 Lamsenjochhütte 120
Binsalm, Stallenhütte, Jausenstation Stallenrast

72 Gramai-Hochleger 121
Alpengasthof Gramaialm

ISARWINKEL 122

73 Lenggrieser Hütte 124

74 Blomberghaus 125
Waldherralm, Blockhütte

75 Brauneck-Gipfelhaus 126
Reiseralm, Kotalm, Hintere Längentalalm, Kirchsteinhütte, Florianshütte

76 Stiealm 128
Tölzer Skihütte

77 Quengeralm 129
Strasseralm, Bayernhütte

78 Tutzinger Hütte 130
Neulandhütte

79 Herzogstandhäuser 132
Heimgartenhütte, Jocheralm

80 Wankhaus 133
Esterbergalm, Gschwandtnerbauer, Gamshütte

81 Weilheimer Hütte 134
Krüner Alm, Finzalm

WETTERSTEIN UND MIEMINGER BERGE 136

82 Kreuzeckhaus 138
Hochalm, Stuibenhütte, Garmischer Haus, Bayernhaus

83 Höllentalangerhütte 140
Höllentaleingangshütte, Neuneralm

84 Münchner Haus 142
Wiener Neustädter Hütte

85 Schachenhaus 144
Gasthaus St. Anton, Kranzberghaus, Wettersteinalm, Gasthaus Elmau

86 Reintalangerhütte 146
Bockhütte, Oberreintalhütte

87 Meilerhütte 148

88 Knorrhütte 150
Hochfeldernalm, Sonn-Alpin

89 Wettersteinhütte 152
Hämmermoosalm, Wangalmm, Rotmoosalm, Steinernes Hüttl, Tillfußalm

90 Neue Alplhütte 153
Alplhaus, Strassberghaus

91 Rauthhütte 154
Gaistalalm

92 Lehnberghaus 155
Gasthaus Arzkasten, Marienbergalm

93 Coburger Hütte 156
Ehrwalder Alm, Seebenalm

LECHTALER ALPEN 158

94 Wolfratshauser Hütte 160
Grubigsteinhaus, Brettlalm

95 Muttekopfhütte 161
Drischlhaus, Latschenhütte, Untermarkter Alm

96 Anhalter Hütte 162

AMMERGAUER ALPEN 164

97 Hörndlhütte 166
Hörnlealm

98 August-Schuster-Haus 167
Gasthof Kolbenalm, Kolbensattelhütte

99 Brunnenkopfhäuser 168

100 Kenzenhütte 169
Hotel Ammerwald

101 Tegelberghaus 170
Drehhütte, Rohrkopfhütte

102 Säulinghaus 171
Berggasthaus Bleckenau, Dürrebergalm

ALLGÄUER ALPEN 172

103 Gimpelhaus 174
Höfener Alpe

104 Tannheimer Hütte 176
Schneetalalm, Sonnenalm

105 Otto-Mayr-Hütte 177
Musauer Alpe, Vilser Alp, Willi-Merkl-Gedächtnis-Hütte

106 Füssener Hütte 178

107 Bad Kissinger Hütte 179

108 Ostlerhütte 180
Hochalphütte, Allgäuer Berghaus

109 Sportheim Böck 181
Kronenhütte, Kappeler Alpe, Buronhütte, Haslacher Alp

110 Grüntenhaus 182
Jörgalpe, Alpe Kammeregg, Grüntenhütte, Alpe Kehr, Obere Schwandalpe

111 Willersalpe 183
Zipfelsalpe

112 Landsberger Hütte 184
Vilsalphütte, Gundhütte, Krinnenalpe, Edenbachalpe, Hubertushütte, Obere Strindenalpe

113 Schwarzenberghütte 185
Engeratsgundhof, Laufbichlalpe

114 Edmund-Probst-Haus 186
Hotel Höfatsblick, Gipfelrestaurant Nebelhornbahn, Vordere Seealpe, Gaisalpe, Oytalhaus

115 Gasthof Gerstruben 187
Käseralpe, Gerstrubener Alp, Dietersbachalpe, Gutenalpe

116 Kaufbeurer Haus 188
Haglertalhütte

117 Prinz-Luitpold-Haus 190
Giebelhaus, Untere Bärgündelealp

118 Hermann-von Barth-Hütte 192
Kasermandl, Gibleralm

119 Waltenbergerhaus 194
Alpengasthof Birgsau, Berggasthof Einödsbach, Alpe Eschbach

120 Kemptner Hütte 196
Gasthof Spielmannsau, Alpe Oberau, Vordere Schochenalpe

121 Rappenseehütte 198
Enzianhütte, Petersalpe, Gasthof Holzgauer, Breitengernalpe, Schwarze Hütte

122 Mindelheimer Hütte 200

123 Fiderepasshütte 202
Fluchtalpe, Untere Wiesalpe, Innere Wiesalpe

124 Kanzelwandhaus 204
Schlappoltalpe, Freibergseehütte, Sölleralpe, Obere Bierenwangalpe

125 Mahdtalhaus 205
Berggasthof Aue, Ifenhütte

126 Schwarzwasserhütte 206
Stutzalpe, Melköde, Naturfreundehaus Kleinwalsertal, Alpengasthof Neuhornbach

127 Widdersteinhütte 208
Bärgunthütte, Hintere Gemstelalpe

128 Hörnerhaus 209
Allgäuer Berghof, Berghaus Blässe, Otto-Schwegler-Hütte, Berghaus Schwaben, Grasgehrenhütte

129 Staufner Haus 210
Imberghaus, Falkenhütte, Berggasthaus Stiegalpe, Schneelochalmhütte, Scheidwanggalpe, Obere Lauchalpe, Untere Lauchalpe

130 Kemptner Naturfreundehaus 211
Bärenfallehütte, Alpe Obere Kalle

Die Dreitorspitzen im Wettersteingebirge sind anspruchsvolle Ziele von der Meilerhütte aus. Der Aufstieg zur Partenkirchener Dreitorspitze über den Hermann-von-Barth-Weg wird durch einige Eisenklammern und Drahtseile erleichtert.

Anfahrtswege 212
Impressum 222
Register 223

Vorsatzblatt vorne:
Übersichtskarte mit Tourennummern Ostteil

Vorsatzblatt hinten:
Übersichtskarte mit Tourennummern Westteil

Vorwort

Die Bayerischen Alpen zwischen Berchtesgaden und Allgäu sind ein nahezu unerschöpfliches Wanderparadies. Neben der durch die Alm- und Forstwirtschaft geschaffenen Infrastruktur sind es vor allem die Leistungen des Deutschen und des Österreichischen Alpenvereins sowie der Naturfreunde, die die grundlegenden Einrichtungen für den Bergtourismus geschaffen haben, sei es in Form von Hüttenbauten, sei es durch Anlegen und Markieren von Wanderwegen und Bergsteigen.

Bild oben: Ausgabefenster in der Klausenhütte, der Wirt höchstpersönlich.
Bild unten: Unterwegs im Rofangebirge. Der Wanderer befindet sich oberhalb des Gschöllkopfes, am Weg zur Hochiss, dem höchsten Gipfel dieses kleinen Gebirges. Die Nacht hat er auf der Erfurter Hütte verbracht.

Die Berge genießen

Die Freude an den Bergen liegt nicht zwangsläufig im Besteigen von mehr oder weniger hohen Gipfeln, bei vielen Wanderern »gipfelt« das Berg- und Landschaftserlebnis im Erreichen einer schützenden Hütte oder Alm. Und wenn dann auch noch eine Portion Gastlichkeit und ein deftiges Essen hinzukommen, ist das Glück für die meisten vollkommen. Die Zeiten, in denen mit Proviant prall gefüllte Rucksäcke die Berge hochgeschleppt wurden, sind zum Glück vorbei. Bewirtschaftete Hütten und Almen haben sich auf die neuen Bedürfnisse eingestellt, und beide – Wanderer wie Betreiber – ziehen ihren Vorteil aus dieser Entwicklung.

Zum runden Bergerlebnis gehören aber neben dem allgemeinen Landschaftserlebnis auch Sonnenunter- und Sonnenaufgänge. Und wo ließen sich diese besser genießen als auf einer

aussichtsreich gelegenen Berghütte. Bergwanderer – und besonders auch die Kinder – werden von Hüttenabenden begeistert sein. Dort ergeben sich neue Kontakte, Gelegenheiten für Gemeinschaftsspiele, und die Musikabende sind zweifellos authentischer als im Gasthaus zu Hause.

Übernachtungshütten

In diesem Band werden insgesamt über 500 Hütten und bewirtschaftete Almen mit all ihren Zugangswegen vorgestellt. Porträtiert werden jedoch nur solche, in denen der Bergwanderer auch eine Übernachtungsmöglichkeit vorfindet. Kurze Erwähnung finden zudem auch die am Anstiegsweg oder im Umfeld der Hütte liegenden weiteren Übernachtungshütten und Einkehralmen. Damit liegt hier ein Kompendium für Bergwanderer für den Bereich der Bayerischen Alpen vor, wie es bisher nicht zu finden war.

Die Wege zu den Hütten

Die beschriebenen Alm- und Hüttenwege sind leicht zu begehen. Die als Anschlussprogramm empfohlenen Hüttengipfel können in der Regel ebenfalls leicht erwandert werden, einige von ihnen stellen jedoch höhere Anforderungen an das Können und die Ausdauer der Wanderer. Das ergibt sich zum Teil aus der Lage der Hütten, zum Teil aber auch dadurch, da es sich um besonders attraktive Gipfel handelt. Die Fülle dieses Angebots ermöglicht ein ideales Kombinieren mehrerer Hüttenanstiegswege zu Rundtouren sowie zu Gebirgsüberschreitungen. Verbindungswege zwischen den Hütten werden erwähnt und kurz beschrieben, wenn sich daraus sinnvolle Hüttenrundtouren zusammenstellen lassen.

Wer also die Bergnatur im Rhythmus eines gesamten Tages von frühmorgens bis spät in die Nacht erleben will, wird in diesem Band zahlreiche Anregungen finden – positive Überraschungen sind gewiss! Ich wünsche allen Bergfreunden, die sich die Bayerischen Hausberge von Hütte zu Hütte und von Gipfel zu Gipfel erwandern wollen, genussreiche Tage und erholsame bzw. schnarcharme Nächte.

Ihr Heinrich Bauregger

Bild oben: Die Schuhbräualm im Mangfallgebirge bietet auch Übernachtungsmöglichkeiten.
Bild Mitte: Das Ingolstädter Haus im Steinernen Meer.
Bild unten: Die Falkenhütte im Karwendel war lange Zeit populärer Stützpunkt für Kletterer, heute sind es vor allem die Weitwanderer, die hier ihr Nachtlager aufschlagen.

Tipps für unterwegs

Viele Hüttenzugangswege sind gut ausgeschildert. Dieser Band soll aber auch einladen, die weniger frequentierten, oftmals sogar reizvolleren Routen zu nehmen, oder will Möglichkeiten für eine Rundtour aufzeigen.

Anfahrt

Das Wandergebiet zwischen Berchtesgaden und Allgäu ist mit einem guten Straßennetz versehen, das aber trotz seiner Dichte – besonders am Wochenende – oft überlastet ist. Überall dort, wo die Anreise mit öffentlichen Verkehrsmitteln sinnvoll erscheint, wird im Anhang zu den Anfahrtswegen der jeweiligen Hüttentour darauf hingewiesen (Bahn/Bus). Für die Anreise mit dem Auto wird bei den jeweiligen Hüttenwegen jeweils der nächstgelegene Parkplatz angegeben.
Folgende Bahnlinien erleichtern den Weg in die Berge: München – Freilassing – Berchtesgaden; Anschluss nach Ruhpolding; München – Kiefersfelden; München – Bayerischzell; München – Tegernsee; München – Lenggries; München – Kochel; München – Garmisch-Partenkirchen – Mittenwald; München – Oberammergau; Augsburg – Pfronten; Augsburg – Kempten – Oberstdorf.

Anforderungen

Die Anstiegswege zu den in diesem Band vorgestellten Hütten führen in der Regel über gut instand gehaltene Wege und Steige; sie sind meist ausgeschildert bzw. markiert. Einige der Routen – besonders bei den Gipfelabstechern – erfordern jedoch Trittsicherheit und Schwindelfreiheit. Zur besseren Einschätzung der Anforderungen hat jeder Hüttengipfel eine Schwierigkeitsbewertung.

Ausrüstung

Zu einer Bergausrüstung gehören feste Schuhe mit Profilgummisohle, die vor allem dem Knöchel einen guten Halt geben müssen (so genannte Treckingschuhe), sowie ein Rucksack mit Kleidung zum Wechseln, Regenschutz und Notproviant (Trinkflasche), falls die gewählte Hütte oder Alm gerade Ruhetag haben sollte. Ein Erste-Hilfe-Set sowie eine Trillerpfeife für die Signalgebung, falls man einmal in Bergnot kommen sollte, gehört in jeden Rucksack. Und selbst auf einer kurzen Bergtour kann man in Bergnot geraten!

Bergbahnen

Alle bei den vorgestellten Touren mit einbezogenen Bergbahnen sind in der Regel ganzjährig in Betrieb, da sie vorwiegend für den Wintersport erbaut wurden. In den Übergangszeiten (November/Dezember und nach der Schneeschmelze) muss wegen Revisionsarbeiten bzw. wegen zu geringer Auslastung mit Stillstand gerechnet werden.

Bergrettung und das Alpine Notsignal

Auch wenn wir nicht hoffen, dass die Anwendung eines Hilferufes nötig sein wird – kaum eine Wanderung kann so einfach sein, dass nicht einmal der Ernstfall eintreten könnte – z. B. durch Blitzschlag, Wettersturz, Abrutschen, Steinschlag etc.
Das international eingeführte Notsignal sollte deshalb auch jeder Wanderer im Ernstfall anwenden können: Innerhalb einer Minute wird sechsmal in regelmäßigen Abständen ein hörbares oder sichtbares Zeichen (Pfeifen/Blinken) gegeben. Der Empfänger antwortet dann mit dreimaliger Zeichengebung in der Minute. Am einfachsten ist die Mitnahme eines Trillerpfeifchens, wie es im Sport verwendet wird. Die moderne Technik ist allerdings schon weiter …

Notruf mit dem Handy

Seit einigen Jahren hat sich der Einsatz von Handys immer mehr durchgesetzt, und auch in den Bergen können Handys wichtige Dienste leisten. Für Alpenvereinsmitglieder wurde mittlerweile sogar ein Handyservice eingerichtet, d. h., Handys können gegen Gebühr ausgeliehen werden. Die meisten »Funklöcher« wurden in der Zwischenzeit geschlossen, so dass ein nahezu lückenloses Funknetz vorhanden ist.
Wichtig ist natürlich, die entsprechenden Telefonnummern parat zu haben: z. B. die Bergwachtstellen in den einzelnen Gebieten – oder die Notrufnummer 112, die mittlerweile alpenweit gilt.

Gehzeiten und Höhenmeter

Die angegebenen Gehzeiten verstehen sich ohne Rastpausen, sind aber großzügig bemessen. In der Regel werden bei durchschnittlichem Gehtempo 400 Höhenmeter (Hm) in der Stunde im Anstieg bewältigt.

Informationen (alpine Auskünfte)

Alpine Auskunftsstelle des Deutschen Alpenvereins: Praterinsel 5, 80538 München, Tel. 089/294940 (siehe Hüttenöffnungszeiten).
Österreichischer Alpenverein: 0043/512/587828.

Bergwetterdienst (gesamte Alpen)

Tel. 089/295070.
Deutscher Wetterdienst (Regionalwetter Bayerische Alpen): Tel. 0190/1160-19.
Lawinenlagebericht (Band): Tel. 089/9214-1210.
Internet:
www.lawinenwarndienst.bayern.de
www.alpenverein.de
www.alpenverein.at

Karten

Am genauesten sind die Topographischen Blätter des Bayerischen Landesvermessungsamtes (BLVA). Bei der jeweiligen Tour wird auf das entsprechende Kartenblatt hingewiesen. Weitere Kartenblätter gibt es von Kompaß und Freytag&Berndt. Karten mit Panoramen bietet der ALPEN Verlag an, diese enthalten zusätzlich Einträge der Einkehrmöglichkeiten sowie der Wegzeiten.

Tourenplanung und Wetter

Erkundigen Sie sich vor der Tour nach der Wetterlage (Nachrichten, Telefonauskunft, Internet, Anruf beim Fremdenverkehrsamt vor Ort), v. a. wenn mit Kaltwettereinbrüchen zu rechnen ist. Sommerlicher Neuschnee lässt schnell die Temperaturen sinken und schafft Orientierungsprobleme, selbst in den Vorbergen. In den Übergangszeiten ist es ratsam, die Hütte oder die alpinen Auskunftsstellen zu kontaktieren, um sicherzustellen, dass die angesteuerte Hütte tatsächlich geöffnet ist.

Symbole und Abkürzungen (Text und Karten)

AV	Alpenverein
BLVA	Bayerisches Landesvermessungsamt
Std.	Stunde
P	Parken/Parkplatz
–>	Richtungspfeil bei Rundtouren
^	Gipfel

Routenkarten:

rote Hütte = Hütte mit Übernachtungsmöglichkeit
blaue Hütte = Einkehralm, Jausenstation, Hütte ohne Übernachtungsmöglichkeit

Abstieg von der Knorrhütte ins Reintal, wo im Talgrund die urgemütliche Reintalangerhütte wartet, mit ihrem originellen Hüttenwirt Charly Wehrle. Wer dort übernachtet, wird in der Früh mit Live-Hackbrettmusik geweckt.

Tipps zum Hüttenwandern

Wer wandernd in den Bayerischen Hausbergen unterwegs ist, muss nicht auf der Bergwiese übernachten, im Gegenteil, er kann unter ein paar hundert Möglichkeiten wählen: Vom altehrwürdigen Alpenvereinshaus, den Häusern der Naturfreunde bis zu ausgebauten Almhütten oder sogar Berggasthäusern ist alles geboten.

Wer darf wo übernachten?

Die meisten Unterkunftshütten in den Alpen wurden von den alpinen Vereinigungen (z. B. Deutscher und Österreichischer Alpenverein, Touristenverein Die Naturfreunde) erbaut und durch markierte Wege erschlossen. Die Instandhaltung und Bewirtschaftung der Hütten erfolgt durch diese.
Die Benutzung der Hütten ist allerdings nicht an eine Mitgliedschaft in einem dieser Vereine gebunden, jedoch erhalten Mitglieder einige Vergünstigungen (z. B. reduzierter Übernachtungspreis, Vorrecht auf Schlafplatz, Bergsteigeressen, Teewasser etc.). Angeboten werden Mehrbettlager und Zimmer mit Etagenbetten. Alle Schlafplätze dürfen nur mit Hütten-Schlafsack benützt werden.
Vorausbestellungen für Nichtmitglieder sind nicht zulässig. Zwischen den meisten alpinen Vereinen besteht ein Gegenrecht, das bedeutet, dass die Vergünstigungen für gewöhnlich auch den Mitgliedern der anderen Vereine eingeräumt werden.
Selbstversorgerhütten dürfen in der Regel nur von AV-Mitgliedern benutzt werden. Es ist allerdings gestattet, gegen erhöhte Gebühren auch Nichtmitglieder auf eine Selbstversorgerhütte mitzunehmen.

Einteilung der Hütten

Die Hütten des Deutschen und des Österreichischen Alpenvereins unterteilen sich in drei Kategorien:

Kategorie I:

Schutzhütte mit Stützpunktcharakter für Bergsteiger und Bergwanderer mit schlichter Ausstattung und Verköstigung in einem bergsteigerisch bedeutsamen Gebiet.

Kategorie II:

Alpenvereinshütte mit Stützpunktfunktion in einem viel besuchten Gebiet. Solche Hütten eignen sich auch für mehrtägige Aufenthalte bzw. auch für Familienurlaub, sie sind gut ausgestattet und in der Regel sogar ganzjährig bewirtschaftet.

Kategorie III:

Alpenvereinshütte, die nicht nur zu Fuß, sondern auch mit PKW erreichbar ist und vorwiegend als Tagesausflugsziel dient und wenig Übernachtungen aufweist.

Hüttenöffnungszeiten

Bei jeder der vorgestellten Hütten sind auch die ganzjährigen Öffnungszeiten angegeben. Sollten Sie in den Übergangszeiten unterwegs sein (also frühes Frühjahr oder Herbst), empfiehlt es sich, bei den Hütten selbst (Telefonnummern sind bei jeder Beschreibung angegeben), bei den alpinen Auskunftsstellen, im Internet oder bei den Fremdenverkehrsämtern anzufragen. Manche Hütten und Almen haben auch Ruhetage, an denen dann auch nicht übernachtet werden kann, bzw. einige sind nur an Wochenenden bewirtschaftet, oder es kann nur an Wochenenden übernachtet werden (siehe z. B. Tour 27).
Bei den Hütten, in denen ein Winterraum zur Verfügung steht, wurde dies ebenfalls vermerkt.

Hüttenregeln

Diese Umgangsregeln gelten nicht nur für die Alpenvereinshütten, sie finden üblicherweise auch auf den Privathütten und auf den Übernachtungsalmen Anwendung.

- Hüttenruhe ist in den Hütten der Kategorie I zwischen 22 Uhr und 6 Uhr, in den Hütten der Kategorie II zwischen 23 Uhr und 7 Uhr. Wer früher aufstehen will, verhält sich so, dass die Hüttenruhe nicht gestört wird.

- Radios und Kassettenrekorder dürfen in der Hütte und in der näheren Umgebung der Hütte nicht benutzt werden.
- Das Übernachten auf den Alpenvereinshütten ist nur mit Hüttenschlafsack gestattet. Dieser kann auch auf den Hütten erworben werden.
- Frühstück gibt es in der Regel ab 7.30 Uhr.
- Die Mittagessenszeiten sind variabel, in der Regel werden warme Gerichte zwischen 11.30 und 14 Uhr, auf manchen Hütten auch durchgehend angeboten. Warme Suppen und Brotzeiten gibt es meistens ganztags.
- Abendessen wird zwischen 17 und 19 Uhr angeboten, in einigen Hütten auch bis 20 Uhr. Je höher die Kategorie bei der jeweiligen Alpenvereinshütte ist, desto länger hat die Küche geöffnet.
- Der Verzehr mitgebrachter Speisen ist in den Alpenvereinshütten der Kategorie I und II gestattet, der Genuss von mitgebrachten Alkoholika jedoch nicht.
- Auf manchen der privaten Hütten und auf den Almen ist Selbstversorgung nicht gestattet, obwohl die Auslegung nicht so eng ist.
- Manche Hütten bieten einen Gepäcktransport an. Anruf bei der Hütte erforderlich. Siehe hierzu die jeweiligen Telefonnummern im Info-Teil.
- In den Alpenvereinshütten liegt ein Hüttenbuch aus. Tragen Sie sich ein, besonders wenn Sie alleine unterwegs sind; bei der Suche nach Vermissten können die dort gemachten Angaben eine wichtige Hilfe sein.
- Eigener Abfall darf nicht auf der Hütte deponiert werden.
- Hunde dürfen nicht in Schlafräume mitgenommen werden.
- Hüttenbesucher (ab 15 Jahren), die nicht auf der Hütte übernachten, müssen eine Tagesgebühr entrichten.

Vom Kranzberghaus – das leider keine Unterkunft bietet – hat man einen herrlichen Blick auf das Karwendelgebirge. Das Haus ist ein beliebtes Ziel vieler Wanderer und Mountainbiker.

BERCHTESGADENER ALPEN

Die Berchtesgadener Alpen mit ihren neun Gebirgsstöcken und dem Nationalpark als Zentrum sind eine alpine Landschaft voller Überraschungen. Über den sich fjordartig in das Gebirge hineinragenden Königssee erhebt sich die verkarstete Hochfläche des Steinernen Meeres, das im Hochkönig seinen Höhepunkt findet und mit der Übergossenen Alm einen seltenen Plateaugletscher aufweist. Im Norden und Osten sind es die teilweise dicht bewaldeten, abgeflachten Gipfel der Reiter Alm, des Lattengebirges und des Untersberg, die dazu einen sanfteren Akzent setzen.
13 Alpenvereinshütten, drei Naturfreundehäuser sowie zahlreiche weitere Privathütten sorgen für Schutz, Unterkunft und Verpflegung. Aber auch zahlreiche bewirtschaftete Almen laden die Wanderer zur Einkehr. Drei Bergbahnen und ein Sessellift bieten sich zudem als Aufstiegshilfen an.

Bild links: Im Zentrum der Berchtesgadener Alpen. Vom Königssee nehmen die schönsten Touren im Nationalpark Berchtesgaden ihren Ausgang.

Bild oben: Das Matrashaus ist das höchste Unterkunftshaus in den Berchtesgadener Alpen und nach dem Münchner Haus auf der Zugspitze das zweithöchste in den Bayerischen Hausbergen.

Purtschellerhaus

Höchste Punkte: Purtschellerhaus, 1692 m; Hoher Göll, 2522 m.

Tour 1

Hütte
Zeit Von der Roßfeldstraße: 1 Std.; von der Enzianhütte: 1 1/2 Std.; von Kuchl (Gasteig): 3 1/2 Std. (ab Parkplatz in Gasteig 2 1/2 Std.).

Schwierigkeit Leichte Wanderungen auf guten Wegen von jedem Ausgangspunkt aus.

Übernachtung Purtschellerhaus, 1692 m (AV-Hütte, Kat. I, bewirtschaftet von Pfingsten bis Mitte Oktober, je nach Schneelage, 12 Betten, 100 Lager; Tel. 08652/2420).

Karte Topogr. Karte 1 : 50 000 Berchtesgadener Alpen (BLVA).

Gipfel
Zeit Vom Purtschellerhaus: 3 Std., Abstieg zur Hütte: 2 Std.; insgesamt: 5 Std.

Schwierigkeit Der Gipfelweg (Salzburger Weg) zum Hohen Göll ist gut markiert, erfordert jedoch unbedingte Trittsicherheit und Schwindelfreiheit, einige Seilsicherungen.

Weitere Hütten
Ahornkaser, 1500 m (an der Roßfeldstraße, ganzjährig bewirtschaftet).
Roßfeldhütte, 1461 m (privat, ganzjährig bewirtschaftet, keine Übernachtung; Tel. 08652/948720).

Die nach dem Pionier des führerlosen Bergsteigens Ludwig Purtscheller benannte gemütliche Unterkunftshütte auf der Nordostseite des Hohen Göll am Eckerfirst wurde im Jahre 1900 eröffnet und 1910 erweitert. Ursprünglich sollte das neu gebaute Alpenvereinshaus »Göll«-Hütte getauft werden, der plötzliche Tod von Purtscheller am 3. März 1900 (er ist auf dem Salzburger Kommunalfriedhof beigesetzt) führte aber einen Sinneswandel herbei. Als Kuriosität bleibt anzumerken, dass das Haus zur Hälfte auf österreichischem und zur anderen Hälfte auf bayerischem Boden steht. Durch diesen Umstand kam dem Purtschellerhaus in den Nachkriegsjahren, als die Grenze zu Österreich geschlossen war, ein besondere Bedeutung zu, denn hier konnten sich getrennte Familien und Freunde ohne Grenzhändel treffen. Heute wird die Hütte von dem Bergführerehepaar Christl und Heinz Zembsch geführt. Der alleinige Hausberg ist natürlich der Hohe Göll, der vom Purtschellerhaus von geübten Bergwanderern in drei Stunden erstiegen werden kann. Deutlich weiter ist der Übergang über den gesamten Göllstock zur nächstgelegenen Alpenvereinshütte, dem Carl-von-Stahl-Haus, denn dafür muss man sechseinhalb Stunden Gehzeit veranschlagen.

① Von der Roßfeldstraße

Wir folgen vom Parkplatz an der Roßfeldstraße der Markierung ein Stück in Richtung Ofnerboden, dann wandern wir links auf breitem Wanderweg hinunter zum Eckersattel (1412 m). Von dort führt ein steiler Serpentinenweg hinauf zur aussichtsreichen Haus.

② Von der Enzianhütte

Von der Enzianhütte an der Roßfeldstraße führt ein kleines Bergsträßchen zunächst hinauf zum Eckersattel (1412 m), dort dann rechts auf der bayerischen Seite (steil) hinauf zur Hütte.

③ Von Kuchl (Gasteig)

Von Kuchl wandern wir auf ausgeschildertem Weg hinauf nach Gasteig bzw. vom Parkplatz am Ende der Fahrstraße im oberen Weißenbachtal (oberhalb des Loherbauerns) rechts auf markiertem steilem Weg durch waldiges Gelände hinauf zur Dürrfeichtenalm (1344 m).

Der Hohe Göll von Nordosten, von der Roßfeldhöhenstraße. Rechts erkennt man den Mandlgrat, über den ein beliebter Klettersteig vom Kehlsteinhaus zum Gipfel führt. In der Bildmitte erkennt man das Purtschellerhaus auf dem Eckerfirst.

Dann biegen wir links auf einen Almfahrweg zum Eckersattel (1412 m). Von dort geht es direkt über den Eckerfirst oder davor – weniger steil – auf der österreichischen Seite hinauf zur Hütte.

Der Hüttengipfel

Hoher Göll, 2522 m: Der »Abstecher« auf diesen markanten Felsberg ist kein Spaziergang, doch für den berggewohnten Geher ist die Gipfelbesteigung ein echter Genuss. Vom Purtschellerhaus steigen wir zunächst über den grasigen First hinauf zu den Felsen des Nordostgrats. Von dort leitet uns der markierte Steig zu einem Gratabsatz mit Kreuz. Dort steigen wir nun wieder etwas ab, bis an den Fuß eines steilen Grats.

Von hier bieten sich nun zwei Möglichkeiten für den Weiterweg an: Links steigt man über steile, zum Teil gesicherte Bänder hinauf zum Grat, rechts weist eine Tafel zum »Schusterweg«, einem Klettersteig. Die beiden Wege vereinigen sich wieder auf der so genannten Göllleite. Dort angekommen, überqueren wir den weiten, geröllbedeckten Rücken und erreichen schließlich den berühmten Aussichtsgipfel mit Kreuz.

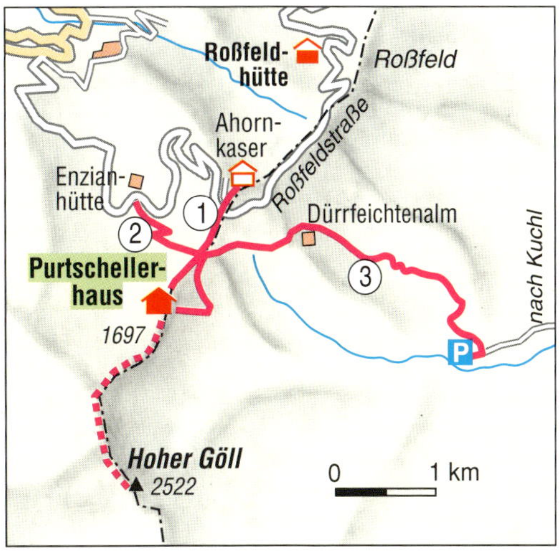

Das Purtschellerhaus der fränkischen Alpenvereinssektion Sonneberg im warmen Morgenlicht. Die Bergsteiger machen sich bereit für den Hausberg, der auch das einzige Gipfelziel darstellt – den Hohen Göll. Im Hintergrund die Südwände des Untersbergs.

Tipp

Die Enzian-Branntweinhütte am Eckerfirst: Berchtesgaden ist das Zentrum der Enzianschnapsbrennerei in Deutschland. Die Firma Graßl unterhält noch drei ursprüngliche Brennhütten in den Berchtesgadener Alpen, wo das hochprozentige Gebräu noch nach uraltem Verfahren gebrannt wird.

Carl-von-Stahl-Haus

Höchste Punkte: Carl-von-Stahl-Haus, 1728 m; Schneibstein, 2276 m.

Tour 2

Hütte
Zeit Von Golling: 4 Std.; von Königssee: 3 Std.; von Hinterbrand: 2 Std.; von der Jenner-Bergstation: 3/4 Std.

Schwierigkeit Gesperrte Wirtschaftswege bzw. leichte Bergwege.

Übernachtung Carl-von-Stahl-Haus, 1728 m (AV-Haus, Kat. I, ganzjährig bewirtschaftet, 24 Betten, 70 Lager; Tel. 08652/2752).

Karte Topogr. Karte 1 : 50 000 Berchtesgadener Alpen (BLVA).

Gipfel
Zeit Vom Carl-von-Stahl-Haus: 2 Std., Abstieg zur Hütte: 1 1/4 Std.; insgesamt: 3 1/4 Std.

Schwierigkeit Bergsteig, Trittsicherheit erforderlich.

Weitere Hütten
Schneibsteinhaus, 1668 m (TVN-Haus, nahezu ganzjährig bewirtschaftet, von Anfang November bis Weihnachten geschlossen, 6 Betten, 74 Lager; Tel. 08652/2596).
Königsbachalm, 1180 m (privat, im Sommer einfach bewirtschaftet).
Alpeltalhütte, 1100 m (privates Berggasthaus, 20 Betten, 22 Lager, von Weihnachten bis Ende Oktober bew., Mittwoch Ruhetag; Tel. 08652/63077).
Jennerhaus (Dr.-Hugo-Beck-Haus), 1260 m (Skiclub Berchtesgaden, 8 Betten, 37 Lager, ganzjährig bewirtschaftet; Tel. 08652/2727).
Untere Jochalm, 1172 m (privat, 10 Betten, 20 Lager, von Anfang Juni bis ca. 10 Juli und von ca. 25. August bis Ende September bewirtschaftet). ›››

Bild oben: Blick von der Jenner-Bergstation auf den Schneibstein.

Das Carl-von-Stahl-Haus am Torrener Joch wurde im Jahre 1921 mit den finanziellen Mitteln eines nach Amerika ausgewanderten Bergsteigers errichtet und folgerichtig nach diesem benannt. Das ganzjährig bewirtschaftete »Stahlhaus« ist Ausgangspunkt für den leichtesten Zweitausender der Berchtesgadener Alpen, den Schneibstein und für die Göll-Überschreitung.

① Von Golling

Vom Parkplatz beim Gasthaus Bärenhütte im Bluntautal folgen wir dem Fahrweg (Mark.-Nr. 451) bis zu einer Wegverzweigung. Dort haben wir zwei Möglichkeiten: Entweder wir wandern rechts auf dem Fahrweg weiter und über die Hubertusgrotte zur Unteren Jochalm (1172 m) oder alternativ links auf Wanderweg (Mark.-Nr. 451 a) dorthin. Dann geht es weiter über die Obere Jochalm (1399 m) hinauf zum Stahlhaus auf dem Torrener Joch (1728 m).

② Von Königssee

Von dem Großparkplatz wandern wir zur Talstation der Jennerbahn und links weiter zum Ortsteil Toffen, dann auf einem Wirtschaftsweg über die Hochbahn bis zur Königsbachalm (1180 m). Anschließend geht es weiter zu dem oberhalb querenden Weg, der von der Jenner-Mittelstation herüberführt. Nun gehen wir rechts weiter, dann steigen wir links haltend steil hinauf und bleiben weiterhin auf dem Fahrweg zum Schneibsteinhaus. Von dort ist es nur noch ein gemütlicher Fußmarsch von einer Viertelstunde bis zum Stahlhaus.

③ Von Hinterbrand

Auf einem gesperrten Wirtschaftsweg wandern wir zunächst bis zur Mittelstation der Jennerbahn, dann geht es auf breitem Wanderweg rechts um den Jenner-Gipfelaufbau herum bis zu der Wegverzweigung oberhalb

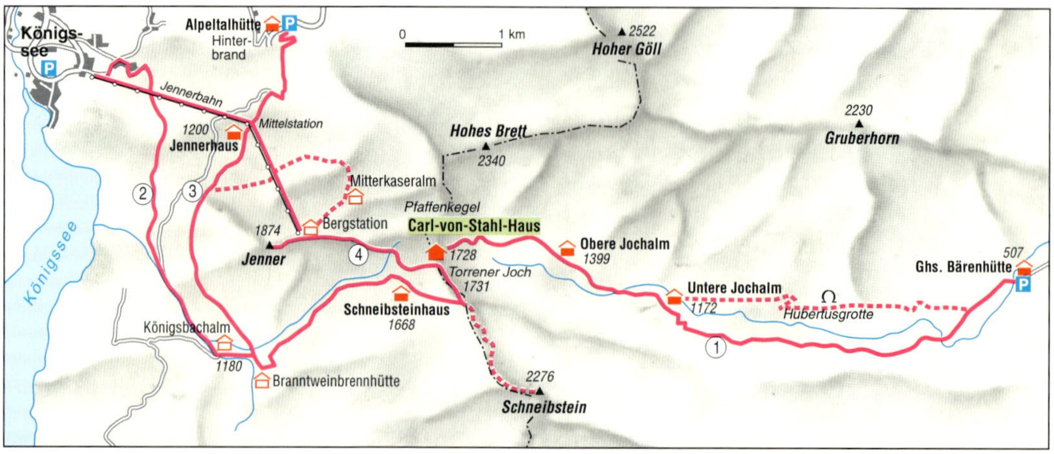

Ostpreußenhütte

Höchste Punkte: Ostpreußenhütte, 1630 m; Floßkogel, 2437 m.

Die 1928 erbaute Ostpreußenhütte auf dem Rettenbachriedel im Hochköniggebiet war ursprünglich als Treffpunkt für die ostdeutschen Sektionen des Alpenvereins gedacht und ist heute eine gemütliche, mit zahlreichen Erinnerungsstücken ausgestattete Hütte.

① Von Werfen über die Dielalm

Von Werfen führt der markierte Weg (Nr. 401) zur Dielalm (1016 m). Von dort folgt man dem Wanderweg »E 4 alpin« (auch Weg-Nr. 6), der meist auf der Kammhöhe durch Wald zur Blühnteckalm (1423 m) führt. Dort geht es über die Wegalm zur Ostpreußenhütte.

② Durchs Blühnbachtal

Von der Ortsmitte Tenneck geht es an der Nordseite des Blühnbachs talein (Mark.-Nr. 415) bis zu einer Wegverzweigung; dort links weiter und auf Forststraße weit ins Blühnbachtal hinein. Man überschreitet den Blühnbach dreimal, und nachdem die Forststraße links ins Wandbachtal eingebogen ist, zweigt links der Anstieg zur Ostpreußenhütte ab. Auf Wirtschaftsweg durch Wald zur Blühnteckalm und rechts weiter zur Ostpreußenhütte.

③ Von Pfarrwerfen über die Sonneckhütte

Von der Ortsmitte in Pfarrwerfen folgt man den Wegweisern (Mark.-Nr. .0) auf der Nordseite des Imlaubaches auf Wirtschaftsweg hinauf zur Almsiedlung Imlau und kürzt dabei den Fahrweg auf Wanderwegen in direkter Linie zum Sonneckhaus (1221 m) ab. Der Weg führt oberhalb des Sonneckhauses hinauf zum Schwarzkogel. Dort trifft man auf den Hüttenweg 1, dem wir bis zur Hütte folgen.

④ Übergang zum Matrashaus

Von der Ostpreußenhütte folgt man u. a. den Markierungen des »E 4 alpin«. Ein Steig führt erst durch einen Latschenhang zur Wilden Steingrube, an dieser rechts aufwärts und auf der Westseite des Floßkogel vorbei. Weiter geht es durch eine Einsenkung hinüber zur Übergossenen Alm. Den Markierungen folgend geht es in südwestlicher Richtung zum bereits von weitem sichtbaren Matrashaus.

Der Hüttengipfel

Der Floßkogel (2437 m) ist eine aussichtsreiche Erhebung am Weg von der Ost... ßenhütte zum Matrashaus und ist vo... wenigen Minuten erreichbar. Sieh...

Tour 4

Hütte

Zeit Von Werfen: 3 ½ Std.; von der Dielalm: 2 Std.; von Tenneck: 4 ½ Std.; von Pfarrwerfen: 3 ½ Std.; Übergang zum Matrashaus: 5 Std.

Schwierigkeit Leichte Hüttenwege und Forststraßen (Blühnbachtal). Der Übergang zur Matrashütte ist aber nur versierten Bergwanderern zu empfehlen, die Orientierungssinn und Ausdauer mitbringen.

Übernachtung Ostpreußenhütte, 1630 m (AV-Hütte, Kat. I, bewirtschaftet von Mitte Dezember bis Ende Oktober, 20 Betten, 40 Lager; Tel. 0043/6468/7146).

Karte Topogr. Karte 1 : 50 000 Berchtesgadener Alpen (BLVA).

...ußen-
...zur
...amt:
...er Berg-
...V-Hüt-
...nur
...ich,
...ober,
...ri-

Das ... Torre...

...**Jochalm**, 1399 m (... ...ge Lager, von ca. 10. Ju... August bewirtschaft...
...**aseralm**, 1534 m (pri... ... Anfang Juni bis Mit...

Blühnteckalm, 1423 m (privat, von Mitte Juni bis Ende September bewirtschaftet).

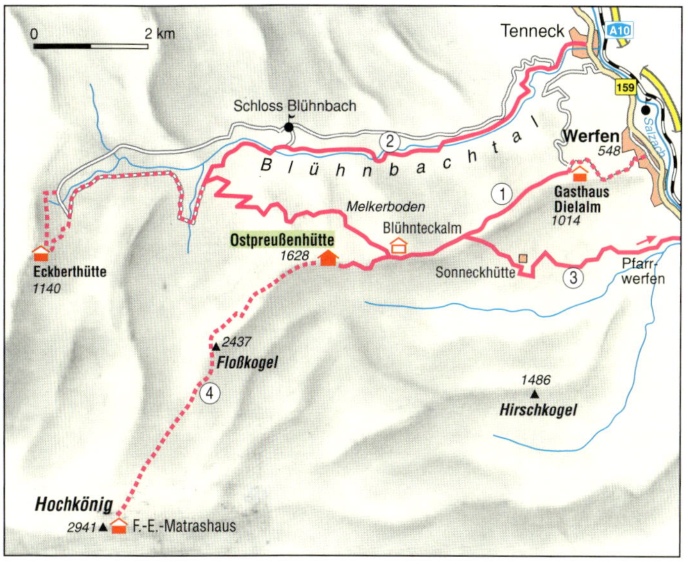

Die Ostpreußenhütte über dem Blühnbacht...

Kärlingerhaus

Höchste Punkte: Kärlingerhaus, 1631 m; Funtenseetauern, 2578 m.

Tour 5

Hütte

Zeit Von St. Bartholomä über die Saugasse: 3 1/2 Std.; von der Saletalm über den Sagerecksteig: 4 Std.; über die Wasseralm: 6 Std. Fahrt mit Boot einplanen (1/2 Std. bis St. Bartholomä, 3/4 Std. bis Salet von Königssee).

Schwierigkeit Der Normalweg über die Saugasse zum Kärlingerhaus ist einfach. Der Sagerecksteig und die Route über die Wasseralm sind sehr reizvoll, erfordern jedoch den trittsicheren und (über den Röthsteig) auch den schwindelfreien Bergwanderer.

Übernachtung Kärlingerhaus, 1631 m (AV-Haus, Kat. I, von Pfingsten bis Mitte Oktober sowie an Ostern bewirtschaftet, 55 Betten, 178 Lager; Tel. 08652/2995).

Karte Topogr. Karte 1 : 50 000 Berchtesgadener Alpen (BLVA).

Gipfel

Zeit Vom Kärlingerhaus: 3 1/2 Std., Abstieg zur Hütte: 2 1/2 Std.; insgesamt: 6 Std.

Schwierigkeit Etwas Orientierungssinn erforderlich (rot markiert), ebenso Trittsicherheit und Schwindelfreiheit.

Weitere Hütten

Wasseralm in der Röth, 1423 m (ganzjährig geöffnete Selbstversorgerhütte, 40 Lager, nur einmalige Nächtigung möglich, die Küche ist nur mit Schlüssel der Sektion bzw. der Nationalparkverwaltung zugänglich). **Saletalm**, 620 m (von Mai bis Oktober bewirtschaftet, keine Übernachtung).

>>>

Die Wasseralm in der Röth ist ein wichtiger Stützpunkt für Touren hoch über dem Königssee.

Das anstelle einer früheren Forstamtshütte in den Jahren 1903–1905 erbaute Kärlingerhaus, benannt nach dem damaligen Vorstand der Sektion Berchtesgaden, ist eine Oase im weiten Steinernen Meer. Bereits im Jahre 1880 hatte man an der gleichen Stelle das Funtenseehaus errichtet, einen Vorläufer des heutigen Hauses, das bereits als Bergsteigerstützpunkt diente. Gerade an den Wochenenden im Sommer muss mit Überfüllung gerechnet werden. Während der Skitourensaison ist das Haus wichtige Station an der »Großen Reib'n«.

① Von St. Bartholomä

Wir wandern von der Bootsanlegestelle links auf breitem und markiertem Weg am Ufer entlang bis an die Felsen der Burgstallwand und zur Schrainbach-Holzstube. Nach Überqueren des Schrainbachs geht es in steilen Kehren weiter hinauf durch Wald bis zur verfallenen Unterlahneralm. Wir verlassen den Wald und steigen zur Steilpassage der so genannten Saugasse an. Wir erreichen dann das Hochtal der Oberlahneralm und wandern durch das »Ofenloch« hinauf zum Funtenseesattel. Leicht fallend weiter zum Kärlingerhaus, das reizvoll am Funtensee gelegen ist.

② Über den Sagerecksteig

Von der Bootsanlegestelle Saletalm führt ein breiter Wanderweg zur bewirtschafteten Saletalm, dort weiter in Richtung Obersee. Gleich nach der Brücke über den Bach biegen wir rechts ab und folgen den Markierungen (Weg-Nr. 422/423) an den Fuß der Sagereckwand. Bald treten wir in den Wald und steigen über eine gesicherte Steilstufe (Drahtseile, geschlagene Tritte) in Serpentinen durch die Sagereckwand. Nach etwa 2 Stunden Gehzeit erfolgt ein Abstieg in die Senke der verfallenen Sagereckalm. Durch lichten Wald in südlicher Richtung über den Talboden und jenseits wieder ansteigend zum Grünseetauern. Bei der Wegverzweigung (1525 m) halten wir uns rechts (Weg-Nr. 422) und wandern leicht hinab zum Grünsee (1474 m). Rechts oberhalb geht es eben an diesem vorbei und über zwei Steilstufen mit zahlreichen Treppeneinlagen ansteigend (die zweite wird »Himmelsleiter« genannt) in den Sattel, der Simetsberg und Glunkerer verbindet. Dort wandern wir fallend links um den Bergfuß des Glunkerer zum Sattel oberhalb des Funtensees und links hinab zum Kärlingerhaus.

③ Über die Wasseralm

Von der Bootsanlegestelle am Südostufer des Königssees auf dem breiten Weg zur bewirtschafteten Saletalm und über den Zufluss des Königssees. An der Wegverzweigung halten wir uns links und wandern dann am rechten Ufer des Obersees bis an die Walchhüttenwand. Dort geht es auf gesichertem Steig zur Fischunkelalm an anderen Ende des Obersees. Von dort folgen wir dem markierten Weg weiter zum Waldrand, wo man dann jenseits eines kleinen Sattels den Talschluss erreicht (rechts

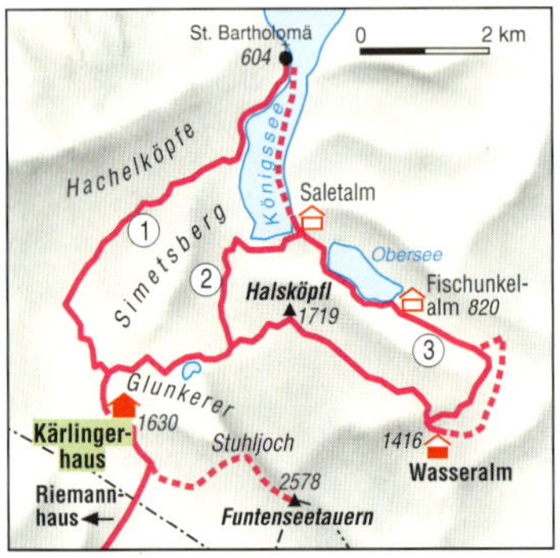

Das Kärlingerhaus am Funtensee ist die Hüttendrehscheibe ins Steinerne Meer.

der schöne Röthbach-Wasserfall). Links haltend wandern wir auf dem Röthsteig weiter, der über eine steile Felsstufe nach oben führt und sich nach einer halben Stunde Gehzeit teilt. Hier geht es nun entweder links (leichter) durch die bewaldete Landtalwand zum Reitweg, der von der Gotzenalm in die Röth führt, oder rechts auf den anspruchsvolleren Röthsteig (Achtung: Steinschlaggefährdung!) weiter. Man quert dabei oberhalb des Wasserfalls den Röthbach und steigt durch Wald weiter an zur großen Bergwiese, wo sich die Wasseralm befindet.

Von dort geht es ein Stück auf dem Anstiegsweg zurück und links (Weg-Nr. 423) aus der Senke heraus und durch Wald leicht ansteigend zur verfallenen Walchhütte und weiter über die Moosscheibe zum Halsköpfl (1719 m), einem prächtigen Aussichtspunkt (auf den Königssee). Wir gehen kurz auf dem Weg zurück und wandern rechts hinab zum Schwarzsee und weiter durch Wald hinab zu dem über die Sagereckwand heraufführenden Weg. Weiter auf diesem (siehe Route 2).

Der Hüttengipfel

Der Funtenseetauern (2578 m) ist einer der großartigsten Aussichtsberge im Steinernen Meer mit Blick auf den Hochkönig im Süden und auf den Königssee im Norden. Neben dem Viehkogel ist er der zweite Hüttengipfel des Kärlingerhauses. Vom Kärlingerhaus folgen wir zunächst dem Weg Nr. 414 bis zur zweiten Abzweigung, die links in Richtung Stuhljoch (weiterhin rot markiert) führt, überwinden eine Steilstufe und steigen über karriges Gelände hinauf zum Stuhljoch (2446 m), das man aber links liegen lässt. Wir biegen rechts ab, erreichen einen weiteren Gratsattel und gelangen über eine schmale Gratschneide zunächst zu einem Vorgipfel und schließlich zum Hauptgipfel des Funtenseetauern.

>>>

Fischunkelalm, 820 m (privat, im Sommer bewirtschaftet).
Riemannhaus, siehe Tour 7.
Ingolstädter Haus, siehe Tour 9.

Übergänge
Vom Kärlingerhaus zum Ingolstädter Haus: 3 Std. (Weg-Nr. 420). Vom Kärlingerhaus zum Riemannhaus: 2 1/2 Std. (Weg-Nr. 412 oder 413).

Matrashaus

Höchste Punkte: Matrashaus, 2941 m; Hochseiler, 2793 m.

Tour 6

Hütte
Zeit Vom Arthurhaus: 5 Std.; durch das Birgkar 5 Std.; über die Erichhütte 5 1/2 Std.; Verbindungsweg Arthurhaus – Birgkarhaus: 3 Std.

Schwierigkeit Der Normalanstieg vom Arthurhaus erfolgt auf langem, aber gut markiertem Bergwanderweg; das letzte Stück über den flachen, spaltenlosen Gletscher ist mit Stangen markiert; am Gipfelaufbau kurze Steiganlage. Der Anstieg über die Erichhütte und durch das Birgkar ist nur geübten Bergwanderern anzuraten, teilweise Seilsicherungen; im Frühjahr steile Altschneefelder (evtl. Pickel und Steigeisen erforderlich). Der Verbindungsweg zwischen Arthurhaus und Birgkarhaus ist gut markiert und leicht.

Übernachtung Matrashaus, 2941 m (ÖTK-Haus, von Mitte Juni bis Mitte/Ende Oktober und von März bis Juni an Wochenenden bei Schönwetter bewirtschaftet, in den Osterferien durchgehend, 12 Betten, 99 Lager; Winterraum offen, 8 Lager, jedoch keine Heiz- oder Kochmöglichkeit; Tel. 0043/6467/7566).

Karte Topogr. Karte 1 : 50 000 Berchtesgadener Alpen (BLVA).

Gipfel
Zeit Vom Matrashaus: 2 Std., Abstieg zur Hütte: 1 1/2 Std.; insgesamt: 3 1/2 Std.

Schwierigkeit Bergsteig, am Gipfel gesicherte Klettersteiganlage. Nur für Geübte. Trittsicherheit und Schwindelfreiheit unbedingt erforderlich.

›››

Das Matrashaus, direkt auf dem Gipfel des Hochkönigs erbaut, ist mit 2941 Metern Höhe das am zweithöchsten – nach dem Münchner Haus auf der Zugspitze – gelegene Berghaus in den Bayerischen Hausbergen. Im Jahre 1897 errichtete der Österreichische Touristenklub auf dem Hochkönig das erste Gipfelhaus (ursprünglich wurde es Hochkönighaus genannt), das vom damaligen Thronfolger Franz Ferdinand heftig bekämpft wurde, da es in seinem Jagdgebiet lag und er eine Störung des Wilds durch die Bergwanderer befürchtete. Franz-Eduard Matras verhinderte die Abtragung des Baus. Nachdem das Haus 1982 abgebrannt war, errichtete man einen neuen Bau mit achteckigem Grundriss.

① Vom Arthurhaus

Ein breiter Wanderweg führt uns zunächst hinauf zur Mitterfeldalm. Dort folgen wir links dem ausgeschilderten Hüttenweg zum Matrashaus (Mark.-Nr. 430) leicht ansteigend zum Unteren Ochsenkar, das wir rechts umgehen. Auf seiner Nordseite windet sich der Pfad dann zur beeindruckenden Torsäule hinauf, die wir linksseitig umgehen.
Bald erreichen wir den Kessel des Oberen Ochsenkares und steigen auf steinigem Weg hinauf zur Schrammbachscharte, die in Höhe des Kleinen Bratschenkopfes den Übergang zum Firnfeld der Übergossenen Alm vermittelt. Über einige steile Wegpassagen gelangen wir zum Saum des flachen, spaltenlosen Gletschers. Wir folgen den Wegspuren über den Gletscher – bei Nebel orientieren wir uns an den aufgestellten Wegstangen – und erreichen schließlich das durch Felskuppen gegliederte Plateau. Über das Plateau gelangen wir zum Gipfelaufbau des Hochkönigs. Dieses felsige Hindernis wird nun mittels einer Steiganlage aus Eisenbügeln, Holzleiter und Eisenkette überwunden.

② Durch das Birgkar

Vom Birgkarhaus führt ein Wanderweg über die Stegmoosalm und ein serpentinenreicher, etwas mühsamer Steig hinauf ins Birgkar (Mark.-Nr. 436/433). Dort geht es weiter wie auf Hüttenweg 3.

② Verbindung Arthurhaus – Kopphütte – Birgkarhaus (a)

Ein nahezu eben verlaufender Wanderweg (Mark.-Nr. 436) unterhalb der Felswände der Mandlwand und entlang der Bratschenköpfe verbindet das Arthurhaus über die Wiedersbergalm mit dem Birgkarhaus.

③ Über die Erichhütte

Vom Dientner Sattel (1342 m) führt ein Fahrweg in etwa einer halben Stunde hinauf zur Erichhütte, die am Südwestfuß der Taghaube liegt. Von dort geht es zunächst auf Wanderweg (Mark.-Nr. 432) über Bergwiesen rechts haltend in Richtung Taghaube. Nach ungefähr einer halben Stunde Gehzeit zweigt links der Steig zur Hochscharte ab, die wir nach etwa einer Stunde erreichen. Jenseits geht es dann

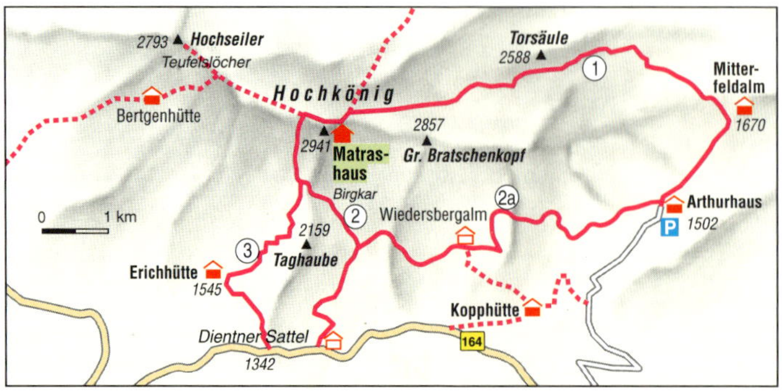

Bei der Mitterfeldalm (Abb. rechts). Das Matrashaus auf dem Hochkönig (gegenüberl. Seite).

durch eine steile Rinne (Achtung: hier gibt es häufig Altschneereste!) mit Hilfe von Seilsicherungen ins Birgkar hinab. Anschließend gehen wir weiter über Schneefelder zum Beginn der Felsen. Wir steigen über steiles, zum Teil plattiges Felsgelände in Kehren empor, wobei uns stellenweise Drahtseilsicherungen unterstützen.Rechts haltend steigen wir an den Hohen Köpfen und unter dem Kummetstein vorbei – zuletzt über einen schottrigen Steig, der zum Teil mit Schneefeldern durchsetzt ist (Achtung: hier besteht die Gefahr von Vereisung!) – in zahlreichen Serpentinen hinauf zum so genannten Fensterl, das den Durchgang zur Übergossenen Alm auf der Nordseite der Felsenmauer ermöglicht. Dort wandern wir rechts an den Schneewächten entlang bis zu deren Ende, dann noch mal rechts auf den Gipfelfelsen hoch und weiter zum Matrashaus.

④ Aus dem Blühnbachtal

Für den Weg aus dem Blühnbachtal siehe die Route 2 von Tour 4.

Der Hüttengipfel

Hochseiler, 2793 m: Neben dem Hochkönig ist der Hochseiler der gewaltigste Felsstock. Doch dieser Gipfel hat neben seiner gewaltigen Höhe noch eine weitere Attraktion zu bieten: die so genannten Teufelslöcher, zwei riesige Felsenfenster, die den Durchstieg (von Hinterthal aus) zur Übergossenen Alm und damit zum Hochkönig vermitteln.

Von dieser Seite führt auch ein bereits 1903 vom Österreichischen Touristenklub eingerichteter Klettersteig auf den Hochseiler. Eine Überschreitung dieses Gipfels ist allerdings nur alpin erfahrenen Bergsteigern zu empfehlen, denn der Mooshammersteig hinab zur Torscharte ist ungesichert und manchmal auch vereist.

Die Teufelslöcher erreicht man vom Matrashaus, indem man auf der Westseite der Gipfelfelsen zum Gletscher absteigt und dann in etwa einer halben Stunde am oberen Firnfeldrand zum Fuß des Hochseilers wandert (Mark.-Nr. 401).

›››

Weitere Hütten

Arthurhaus, 1503 m (privat, 40 Betten, 24 Lager, Dez. bis April und Juni bis Sept. bew.; Tel. 0043/6467/7202). Am Ende der Straße von Mühlbach.
Mitterfeldalm, 1670 m (privat, 10 Betten, 82 Lager, ganzjährig bew.; Tel. 0043/664/2528643).
Erichhütte, 1540 m (AV-Hütte, Kat. I, 6 Betten, 16 Lager, von Anfang Juni bis Mitte Oktober bew.; Tel. 0043/ 664/2643553).
Kopphütte, 1309 m (privat, 40 Betten, ganzjährig bewirtschaftet; Tel. 0043/6467/7264).
Birgkarhaus, 1403 m (privat, ganzjährig bewirtschaftet, 60 Betten; Tel. 0043/6467/7287).
Wiedersbergalm, 1542 m (privat, von Juni bis Mitte September bewirtschaftet).
Bertgenhütte, 1845 m (Selbstversorgerhütte des ÖTK, 22 Lager). Von Hinterthal 2 1/4 Std.

Riemannhaus

Höchste Punkte: Riemannhaus, 2177 m; Breithorn, 2504 m.

Tour 7

Hütte
Zeit Von Saalfelden 4 Std.; von Maria Alm (Parkplatz Sanden) 2 1/2 Std.; Übergang vom Ingolstädter bzw. Kärlingerhaus jeweils 2 1/2 Std.

Schwierigkeiten Beide Zustiegswege, die unterhalb der Ramseider Scharte aufeinander treffen und dann gemeinsam weiterführen, sind gut markierte Wanderwege, im letzten Abschnitt einige gesicherte Stellen. Die Übergänge von den Nachbarhütten sind leicht und markiert, bei Nebel erfordern Sie Orientierungssinn.

Übernachtung Riemannhaus, 2177 m (AV-Haus, Kat. I, 22 Betten, 128 Lager, 25 Notlager, Pfingsten sowie von Mitte Juni bis Anfang Oktober bewirtschaftet; Tel. 0043/6582/73300).

Karte Topogr. Karte 1 : 50 000 Berchtesgadener Alpen (BLVA).

Gipfel
Zeit Vom Riemannhaus: 1 Std., Abstieg zur Hütte 3/4 Std.; insgesamt: 1 3/4 Std.

Schwierigkeit Leichte Wanderung, die jedoch Trittsicherheit voraussetzt.

Weitere Hütten
Kronreithof, 992 m (privat, von Mitte Mai bis Mitte Oktober und von Dezember bis März bewirtschaftet; Kinderspielplatz; Tel. 0043/6584/74360). Oberhalb von Maria Alm gelegener Berggasthof; von Maria Alm (Ortsmitte) auf Wanderweg in 1 Std. zu erreichen.

Das Riemannhaus liegt in der Ramseider Scharte hoch über Saalfelden auf 2177 Meter. Bereits 1885 wurde dort eine Hütte eingeweiht, die 1902 vergrößert wurde. Erweiterungen erfuhr der Bau 1909 und 1977. Sein Name stammt von dem Mitbegründer der Sektion Pinzgau Rudolf Ehrenfried Riemann aus Posen. Heute ist es ein beliebter Stützpunkt für die Überschreitung der Schönfeldspitze, Hüttenrundtouren im Steinernen Meer und für den Übergang zum Hochgang.

① Von Saalfelden

Vom Parkplatz folgen wir zunächst dem Fahrweg in Richtung Kalmbachgraben, bis rechts der ausgeschilderte Ramseider Steig (Mark.-Nr. 413) abzweigt. Durch Wald steigen wir nun zur Riemannhöhe (1173 m) an und folgen dann dem gut angelegten Steig. Wir gehen direkt auf die Felswände des Breithorns zu, bis wir auf den von Maria Alm heraufführenden Weg stoßen. Der weitere Weg verläuft wie in Route 2 beschrieben.

② Von Maria Alm

Vom Parkplatz Sanden im oberen Griesbachtal folgen wir dem gesperrten Schotterweg (Mark.-Nr. 425) weiter bis kurz vor die Talstation des Materiallifts des Riemannhauses. Dort treffen wir auf den Ramseider Steig, der von Saalfelden heraufkommt. Nun steigen wir links auf diesem Steig weiter an den Fuß des Sommersteins heran und über viele Stufen und Kehren und durch Latschenbewuchs hinauf bis zu einer Felsrippe. Auf dieser geht es in eine Felsschlucht. Mittels einer seilgesicherten Steintreppe überwinden wir die nächsten Felsstufen und gelangen zur Ramseider Scharte und zum Riemannhaus kurz dahinter.

③ Übergang vom Kärlingerhaus

Dieser Übergang stellt einen großartigen Höhenweg durch die Felswildnis des Steinernen Meeres dar. Er ist viel begangen und gut markiert. Nach Anstieg vom Kärlingerhaus über das Baumgartl wandern wir hinauf zur Hochfläche und im Auf und Ab weiter zum Riemannhaus.

④ Übergang vom Ingolstädter Haus

Der gut ausgebaute Höhenweg (Eichstätter Weg) führt über die Karrenfelder des Steinernen Meeres. Der höchste Punkt liegt bei 2309 Meter Höhe.

Der Hüttengipfel

Breithorn, 2504 m: Vom Riemannhaus folgt man erst dem Eichstätter Weg (Mark.-Nr. 428), der Riemannhaus und Ingolstädter Haus verbindet. Nach einer Einsenkung trifft man bald auf eine Wegverzweigung. Dort halten wir uns links und folgen dem Steig, der gut bezeichnet durch die Felsblöcke führt. Im Zickzackkurs steigen wir nun über gestufte Felsschichten hinauf bis zum leicht erreichbaren Gipfel.

Das Riemannhaus in der Ramseider Scharte mit dem Breithorn, dem leicht erreichbaren Hüttengipfel.

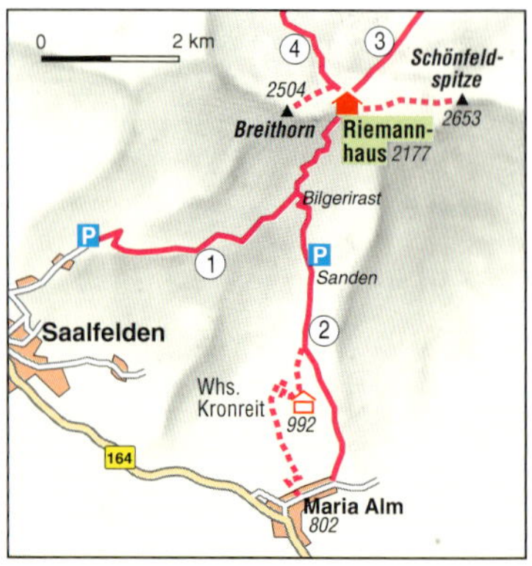

Peter-Wiechenthaler-Hütte

Höchste Punkte: Peter-Wiechenthaler-Hütte, 1752 m; Persailhorn, 2347 m.

Die Peter-Wiechenthaler-Hütte der Alpenvereinssektion Saalfelden steht auf einem Vorgipfel des Persailhorns, dem Kienalkopf. Die im Jahre 1926 eingeweihte und in den Jahren 1990/91 erweiterte Hütte bietet eine herrliche Aussicht auf die Leoganger Steinberge und ist eine der gemütlichsten Hütten in den Berchtesgadener Alpen. Benannt ist sie nach seinem Erbauer, dem Maurermeister Peter Wiechenthaler.

① Von Saalfelden über Kienberg

Vom Parkplatz zunächst bergwärts über eine kleine Brücke, dann nach wenigen Minuten links über einen Steg (große Infotafel) und jenseits rechts weiter. Bald in Kehren durch Wald höher und dem markierten Wanderweg (Mark.-Nr. 412) folgend hinauf zu einer Wegverzweigung. Links führt der anspruchsvollere Jagasteig zur Hütte, rechts der leichtere Zustieg über latschenbewachsene Felsabsätze hinauf zur Peter-Wiechenthaler-Hütte.

② Über Einsiedelei und Steinalm

Vom Parkplatz führt ein ausgeschilderter Steig direkt zur Einsiedelei hinauf (ausgeschilderter Abkürzungsweg: Lehrwanderweg »Steinalpe«). Dort folgt man dann rechts dem gesicherten Fuchssteig (Trittsicherheit erforderlich) hinauf zu einer Scharte, anschließend einem Kamm entlang zu den gewellten Böden der Steinalm. Jenseits davon beginnt ein ausgeschilderter Steig (Mark.-Nr. 412 C), der zunächst durch einen bewaldeten Graben hinaufführt, dann auf der Südseite des Persailhorns über einen stark schotterigen Graben und durch Latschen etwas anstrengend hinüber zur Peter-Wiechenthaler-Hütte.

Der Hüttengipfel

Persailhorn, 2347 m: Das Persailhorn ist kein einfacher Berg, selbst die Normalroute erfordert bergsteigerisches Können und vor allem Schwindelfreiheit, denn dort oben gibt es sehr ausgesetzte Stellen.

Von der Hütte auf dem rot bezeichneten Bergsteig über eine Gratschneide direkt auf den Gipfelaufbau des Persailhorns zu. Nach einer Dreiviertelstunde verzweigt sich der Weg (Wegweiser): Links geht es zum Einstieg des Wildenthalsteigs in der Nordflanke (rechts zum Südwand-Klettersteig).

Noch ein kurzes Stück Weg, dann beginnt rechts bei einem begrasten Felssporn das Geländerseil, das fast durchgehend zum Gipfel führt (Gipfelkreuz und Gipfelbuch). Die Rückkehr kann über den Südwandsteig erfolgen, der mit mehreren Metallleitern und Seilsicherungen ausgestattet ist.

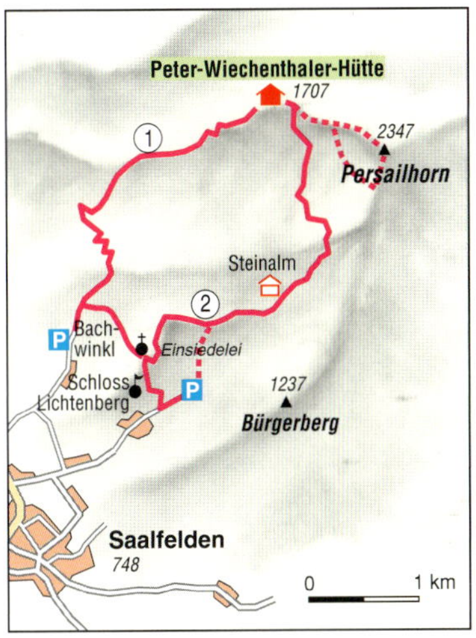

Tour 8

Hütte

Zeit Von Saalfelden über den Kienberg: 3 ½ Std.; von Saalfelden über die Steinalm: 4 Std.

Schwierigkeit Der Anstieg über den Kienberg (das ist der Normalweg) erfolgt auf leichtem Bergwanderweg, der Übergang von der Steinalm erfordert Trittsicherheit und Schwindelfreiheit.

Übernachtung Peter-Wiechenthaler-Hütte, 1752 m (AV-Hütte, Kat. I, 14 Betten, 33 Lager, 23 Notlager, von Anfang Juni bis Ende September bewirtschaftet, im Mai und im Oktober bei schönem Wetter an den Wochenenden; Tel. 0043/6582/73489).

Karte Topogr. Karte 1 : 50 000 Berchtesgadener Alpen (BLVA).

Gipfel

Zeit Von der Peter-Wiechenthaler-Hütte: 2 Std., Abstieg zur Hütte: 1 ½ Std.; insgesamt: 3 ½ Std.

Schwierigkeit Klettersteig. Trittsicherheit und Schwindelfreiheit unbedingt erforderlich.

Tipp

Auf dem Weg über die Steinalm passieren wir die letzte Einsiedelei im Alpenraum. Der Einsiedler gibt selbst Getränke aus und verkauft Postkarten. Eine Übersichtstafel erzählt die Geschichte dieser Klause.

Die Peter-Wiechenthaler-Hütte auf dem Kienalkopf, auf der Südwestseite der Berchtesgadener Alpen, ist vor allem Stützpunkt für die Klettersteige am Persailhorn.

Ingolstädter Haus

Höchste Punkte: Ingolstädter Haus, 2119 m; Großer Hundstod, 2594 m.

Tour 9

Hütte
Zeit Von Weißbach: 6 Std. (von Pürzlbach: 5 Std.); von Diesbach: 4 1/2 Std.; von der Wimbachgrieshütte: 3 1/2 Std.; von St. Bartholomä: 6 Std.

Schwierigkeit Alle »normalen« Hüttenzustiege sind lang und setzen Trittsicherheit voraus. Der Anstieg von St. Bartholomä über die Sigeretplatte erfordert außerdem unbedingte Schwindelfreiheit, ebenso der Anstieg von Diesbach.

Übernachtung Ingolstädter Haus, 2119 m (AV-Haus, Kat. I, 12 Betten, 70 Lager, 32 Notlager, von Mitte Juni bis Anfang Oktober bewirtschaftet; Winterraum mit 12 Lagern offen; Tel. 0043/6582/8353).

Karte Topogr. Karte 1 : 50 000 Berchtesgadener Alpen (BLVA).

Gipfel
Zeit Vom Ingolstädter Haus: 1 3/4 Std., Abstieg zur Hütte: 1 1/4 Std.; insgesamt: 3 Std.

Schwierigkeit Relativ einfacher Gipfelweg durch steiles Felsgelände, der jedoch Trittsicherheit und Schwindelfreiheit voraussetzt. Nicht bei Nässe begehen!

Weitere Hütten
Jausenstation Kallbrunnalm, 1453 m (privat, von Ende Mai bis Mitte Oktober bewirtschaftet). Am Hüttenweg von Weißbach bei Lofer, 1 1/4 Std. von Pürzlbach.
Jausenstation Pürzlbach, 1040 m (privat, ganzjährig bewirtschaftet).

Bild oben: Im Anstieg vom Dießbach-Stausee zur Dießbachscharte.

Das Ingolstädter Haus ist eine relativ junge Hütte; sie wurde erst 1928 erbaut und gilt – trotz der langen Anstiegswege, aber wegen seines Gemütlichkeitsfaktors – als sehr beliebte Bergsteigerunterkunft im Steinernen Meer. Vor kurzem hat man an der Ingolstädter Hütte, die auf welligem Gelände steht, eine große Terrasse angebaut, mit freiem Blick über die riesigen Karrenfelder hinüber zur dominanten Schönfeldspitze. Eine beliebte Wanderrunde führt über das Riemannhaus und das Kärlingerhaus wieder zurück zum Ingolstädter Haus, mit der einen oder anderen Gipfeleinlage. Im Hochsommer sollte man wegen des Andrangs dort oben schon reservieren, um nicht auf dem Boden nächtigen zu müssen.

① Von Weißbach (Pürzlbach)

Vom oberen Parkplatz (1180 m) in Pürzlbach folgt man dem mäßig ansteigenden Wirtschaftsweg (Mark.-Nr. 411) rechts um den Kühkranz herum zu den großen Bergwiesen der Kallbrunnalm mit zahlreichen Almhütten und einer Jausenstation. Dann geht es rechts auf dem Wirtschaftsweg zum Diesbach-Stausee. Wir wandern an der Staumauer rechts vorbei und auf schönem Wanderweg zum Ende des malerisch gelegenen Sees. Durch schönen Wald (weiterhin Mark.-Nr. 411, jetzt auch 401 und E 4) steigen wir zur Mitterkaseralm im Naturpark Mitterkaser, wo man auf die Talstation der Materialseilbahn zum Ingolstädter Haus trifft. Nun geht es links haltend auf rauem Pfad zu einer Weggabelung und rechts unter den steilen Felsen des Diesbachecks und des Kleinen Hundstods hinauf zur Diesbachscharte, wo man unvermittelt auf das Ingolstädter Haus stößt.

② Von Diesbach

Vom Weiler Diesbach an der B 311 führt ein steiler, sehr ausgesetzter Klettersteig durch Wald, oberhalb des tief eingegrabenen Diesbachs hinauf zur Fahrstraße zum Diesbach-Stausee. Weiter wie oben.

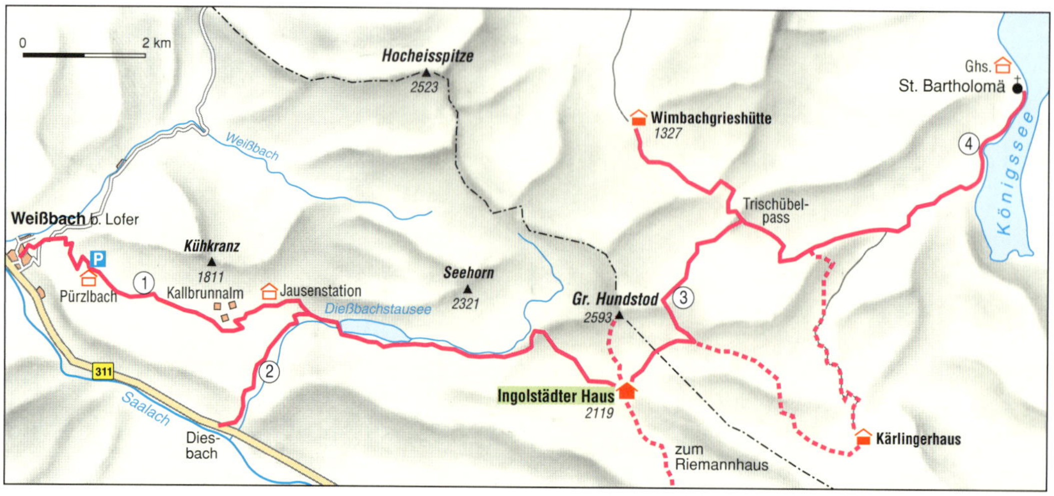

③ Von der Wimbachgrieshütte

Von der Hütte (siehe Tour 11) folgt man dem gut markierten Wanderweg (Mark.-Nr. 421) ins hinterste Wimbachtal und steigt zum Trischübelpass (1774 m) an. Dort hält man sich rechts und folgt dem steilen Weg (Mark.-Nr. 411) über latschenbewachsene Schrofen zur Hundstodgrube und zum Hundstodgatterl (2188 m). Jetzt wandern wir leicht hinab zu einer Wegverzweigung und rechts hinauf über Karrenfelder zum Ingolstädter Haus.

④ Von St. Bartholomä

Von der Bootsanlegestelle wandern wir links (Mark.-Nr. 412) am Ufer entlang bis zu den Felsen der Burgstallwand. Weiter geht es auf breitem Weg durch Wald, nun ansteigend, zum Schrainbach-Wasserfall und in Serpentinen oberhalb des Schrainbachs hinauf zu einer Diensthütte. Etwas oberhalb zweigt rechts der Steig (Mark.-Nr. 419) über die Sigeretplatte zum Trischübelpass an. Man verlässt den Wald und steigt über Geröll zum Sockel der Hachelköpfe an. Eine Steiganlage mit Leitern hilft, eine schwierige Felspassage zu überwinden. Nun führt der Weg durch ein wildes Hochtal hinauf zum Trischübelpass (1774 m). Bei der Wegverzweigung halten wir uns links (Mark.-Nr. 411) und steigen durch das Karrengelände der Hundstodgruben zum Hundstodgatterl. Bei der folgenden Weggabelung geht es rechts weiter zum Ingolstädter Haus.

Der Hüttengipfel

Großer Hundstod, 2594 m: Vom Ingolstädter Haus wandert man auf markiertem und ausgeschildertem Pfad über Schrofengelände auf den Bergfuß zu. Achtung auf Dolinen und Schneefelder, die hier bis in den Sommer hinein liegen! Rechts am Kleinen Hundstod vorbei und auf gut markiertem, aber nun steiler werdendem Steig hinauf zu einer Hochfläche. Weitere steile Passagen folgen – wobei der lose Schotter etwas unangenehm sein kann. Es folgen steilere Abschnitte zum Gipfelkreuz, das ein auffälliges Edelweiß schmückt.

Blick über das Ingolstädter Haus auf die Schindlköpfe. Links schweift der Blick über die weiten Karrenfelder des Steinernen Meeres.

Tipp

In den Sommerwochen (in der Regel von Mittwoch bis Sonntag) verkehrt zwischen Weißbach und dem Diesbach-Stausee ein Kleinbus. Auskünfte gibt das Gasthaus Lofeyer, Tel. 0043/6582/8355.

Watzmannhaus

Höchste Punkte: Watzmannhaus, 1930 m; Watzmann-Hocheck, 2651 m.

Das Watzmannhaus auf dem Falzköpfl am Watzmann ist einer der gefragtesten alpinen Stützpunkte im Alpenraum. Schon mancher Besucher musste die Nacht auf dem Boden verbringen, weil die Hütte an die Grenzen ihrer Kapazität gelangt war. Das 1888 von einem italienischen Bauunternehmer erbaute Haus (einheimische Anbieter waren zu teuer) fasste damals nur 25 Personen zum Übernachten. 1894 und 1911 erfolgten Erweiterungsbauten. Von 1898 bis 1917 wurde das Haus von dem berühmten Ramsauer Bergführer Johann Grill, genannt »der Kederbacher«, geführt. Die kürzlich renovierte »Hütte« verfügt über eine umweltfreundliche Fotovoltaikanlage und Abwasseranlage und auch über renovierte Gast- und Schlafräume. Und da der Erstbesteiger der Watzmann-Mittelspitze Valentin Stanic Slowene war, gibt es nun auch eine Hüttenpatenschaft mit der Vodrikova-Hütte im slowenischen Triglav-Nationalpark.

Tour 10

Hütte
Zeit Von Ramsau-Wimbachbrücke: 4 Std.; von Königssee: 4 Std.; von St. Bartholomä: 5 Std.

Schwierigkeit Von Ramsau und Königssee leichte Anstiege auf Forstwegen und Bergsteigen (Falzsteig z. T. gesichert); von St. Bartholomä über den Rinnkendlsteig Trittsicherheit und Schwindelfreiheit erforderlich.

Übernachtung Watzmannhaus, 1930 m (AV-Haus, Kat. I, von Pfingsten bis Anfang Oktober bewirtschaftet, 45 Betten, 130 Lager, 25 Notlager; Winterraum mit 15 Lagern offen; Tel. 08652/964222).

Karte Topogr. Karte 1 : 50 000 Berchtesgadener Alpen (BLVA).

Gipfel
Zeit Vom Watzmannhaus: 2 Std., Abstieg zur Hütte: 1½ Std.; insgesamt: 3½ Std.

Schwierigkeit Bergsteig, der Trittsicherheit und Schwindelfreiheit voraussetzt. Einige Seilsicherungen.

Weitere Hütten
Kührointhütte, 1420 m (privat, bewirtschaftet von Ende Mai bis Mitte Oktober, 16 Lager; Tel. mobil 0171/3533369).
Grünsteinhütte, 1200 m (privat, im Sommer einfach bewirtschaftet, keine Übernachtung).
Mitterkaseralm, 1400 m (privat, im Sommer einfach bewirtschaftet).
Ostwandunterkunft St. Bartholomä, 618 m, in der ehemaligen Forsthütte (AV-Sektion Berchtesgaden, nur für Begeher der Watzmann-Ostwand, 25 Lager, Schlüssel in der Gaststätte).

① Von Ramsau-Wimbachbrücke

Vom Parkplatz Wimbachbrücke an der Ramsauer Ache folgen wir dem bezeichneten Fahrweg (Mark.-Nr. 441) durch Wald hinauf zur Stubenalm. Im weiteren Verlauf wandern wir hinauf zur bewirtschafteten Mitterkaseralm (1400 m). Hier verlassen wir den Almfahrweg und steigen links auf Bergsteig über die teilweise freien Hänge zur Falzalm (hier mündet der Anstiegsweg von Königssee über die Kührointhütte ein) an. Das letzte Stück Weg schlängelt sich in Serpentinen zum Falzköpfl und weiter zum Watzmannhaus hinauf.

① Vom Gasthaus Hammerstiel (a)

Eine Forststraße (Mark.-Nr. 444) führt hier durch Wald hinüber zur Schapbach-Holzstube und trifft auf die von der Wimbachbrücke zur Kühroint führende Forststraße. Nun jedoch auf der anderen Talseite auf Wirtschaftweg weiter und hinauf zur Stubenalm. Etwas oberhalb weiter auf Hüttenweg 1.

② Von Königssee (mit Variante über den Grünstein)

Vom Großparkplatz in Königssee-Dorf wandern wir zunächst zur Seeklause und weiter zu den Bauernhöfen oberhalb. Dort geht es rechts ab und vor dem Klingerbach (vor der Brücke) links hoch in den Klingergraben, wo man auf eine Fahrstraße trifft. Nun links weiter auf dieser und in Serpentinen höher, bis rechts der Anstieg zum Grünstein abzweigt. Variante: Auf steilem Weg steigen wir hinauf durch die Abbrüche der Weißen Wand bis zu einem quer führenden Weg und rechts weiter zur Grünsteinhütte (1200 m). Von dort sind es noch 20 Minuten auf Wanderweg zum Grünsteingipfel. Um vom Grünstein zur Kührointalm zu gelangen, folgen wir dem Anstiegsweg zurück bis zur Abzweigung in den Klingergraben, gehen jedoch geradeaus weiter auf Bergsteig durch Wald, steigen dann wieder etwas an und treffen nach einer Dreiviertelstunde auf einen Forstweg. Hier kurz links,

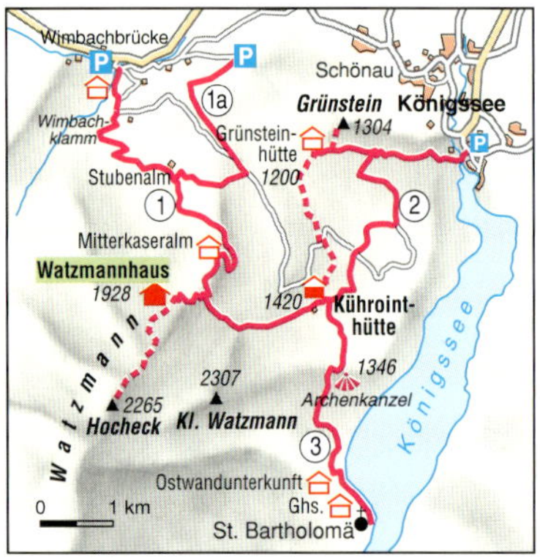

bald wieder rechts und weiter bis zur Kührointhütte, die auf einer schönen Almwiese unter dem Kleinen Watzmann liegt.
Nun geht es jedoch links weiter (Weg-Nr. 443) auf Fahrweg zur Klingeralm, dort erneut über den Klingerbach und weiter durch Wald. Bei den nächsten Verzweigungen rechts bleiben und auf einem Ziehweg bis zum Ende der Forststraße Herrenroint. Dort wandern wir rechts weiter, noch mal eine Forststraße querend, zur Hochfläche der Kührointalm. Jetzt geht es westwärts über die Wiesen zum Waldrand. Bei der Wegverzweigung biegen wir links (Mark.-Nr. 442) in Richtung Watzmannkar ab und steigen über den Falzsteig (einige Sicherungen) zum Teil durch schönen Lärchenwald hinauf zur Falzalm (1630 m). Dort geht es links weiter in zahlreichen steilen Serpentinen zum Watzmannhaus.

③ Von St. Bartholomä

Vom Gasthaus wandern wir rechts am Ufer entlang zum Bergfuß, wo links der gesicherte Rinnkendlsteig ansetzt. Ein kurzes Stück des Steigs führt durch Wald, dann durch überwiegend freies Gelände (im Sommer heiß!). In Serpentinen geht es nun hinauf zum so genannten Rinnkendl, einer felsigen Verengung, dann weiter nordwärts durch die steile Flanke in einen nun wieder grünen Graben und auf breitem Weg zur Kührointhütte. Dort wandern wir weiter wie auf dem Hüttenweg 2.

Der Hüttengipfel

Watzmann-Hocheck, 2651 m: Der Watzmann ist der ungekrönte König der Berchtesgadener Alpen. Auch wer nicht so versiert ist, den höchsten Gipfel oder gar die Überschreitung zu schaffen – schon die Besteigung des leichtesten Gipfels, des Hochecks, ist ein grandioses Erlebnis. Der Steig ist markiert und führt durch Schrofen- und Felsgelände mit einigen ausgesetzten Stellen an der »Schulter« (mit Drahtseilen gesichert). Am Gipfel des Hochecks erwartet uns schließlich eine wirklich phantastische Sicht.

Bild oben: Das Watzmannhaus auf dem Falzköpfl. Man erkennt gut die notwendig gewordenen Erweiterungsbauten. Trotz der großen Bettenkapazität muss man bei gutem Wetter jederzeit mit Überfüllung rechnen.
Gegenüberliegende Seite: Auf dem Watzmann-Hocheck, dem leichtesten Gipfel des Watzmannstocks.

Tipp

Der Anstieg über den Rinnkendlsteig ist der spektakulärste und auch einsamste Anstieg auf das Watzmannhaus. Zudem stellt eine Bootsfahrt über den Königssee einen reizvollen Auftakt dar. Wer von der Wimbachbrücke startet, sollte den kleinen Umweg durch die tosende Wimbachklamm (gebührenpflichtig) einbauen.

Wimbachgrieshütte

Höchste Punkte: Wimbachgrieshütte, 1327 m; Seehorn, 2321 m.

Die Wimbachgrieshütte im hintersten Wimbachtal ist eine Bergsteigerunterkunft des »Touristenvereins Die Naturfreunde«, der größten alpinen Vereinigung neben dem Alpenverein, die nach ihrer Gründung 1895 in Österreich, im Jahre 1905 auch in Deutschland Fuß fasste. Die Hütte wurde 1924 auf dem Gebiet der alten Wimbachgriesalm errichtet, 1956 ersetzte ein Neubau die ursprüngliche Hütte. Sie ist ein idealer Stützpunkt für Wanderungen ins Steinerne Meer.

Tour 11

Hütte

Zeit Von der Wimbachbrücke: 3 Std.; von St. Bartholomä: 4 Std.

Schwierigkeit Vom Parkplatz Wimbachbrücke breiter Wanderweg; von St. Bartholomä anspruchsvoller Bergsteig, der Trittsicherheit und Schwindelfreiheit voraussetzt (einige gesicherte Passagen mit Leitern und Seilen).

Übernachtung Wimbachgrieshütte, 1327 m (TVN-Hütte, 12 Betten, 72 Lager, von Februar bis Mai an Wochenenden, von Mai bis Ende Oktober durchgehend bewirtschaftet, Winterraum; Tel. 08657/344).

Karte Topogr. Karte 1 : 50 000 Berchtesgadener Alpen (BLVA).

Gipfel

Zeit Von der Wimbachgrieshütte: 3 Std., Abstieg zur Hütte: 2 1/2 Std.; insgesamt: 5 1/2 Std.

Schwierigkeit Zur Wimbachscharte bezeichneter steiler Bergsteig, der Trittsicherheit voraussetzt, der Gipfelweg erfordert zusätzlich Schwindelfreiheit (Schwierigkeitsgrad I).

Weitere Hütten

Wimbachschloss, 937 m (im Sommer bewirtschaftet, keine Übernachtung).

① Von der Wimbachbrücke

Auf Fahrweg geht es hinauf zu einer Wegverzweigung, dann links durch die Wimbachklamm oder rechts auf Wirtschaftsweg ins zunächst weite Wimbachtal. Der Wanderweg (Mark.-Nr. 421) führt durch eine prächtige Hochgebirgskulisse, vorbei am Wimbachschloss, zur Wimbachgrieshütte im Talschluss.

② Von St. Bartholomä

Zunächst wandern wir auf breitem Wanderweg (Mark.-Nr. 412) am Seeufer entlang zum Bergfuß, dann ansteigend zum Schrainbachwasserfall und in Kehren durch Wald hinauf ins Schrainbachtal. Oberhalb der verfallenen Schrainbachalm trifft man auf eine Wegverzweigung. Dort geht es rechts über Geröll an die Felsen der Hachelköpfe heran und über eine Steiganlage hinauf zur Sigeretplatte und durch ein Labyrinth von Felsblöcken – immer rechts haltend – zum Trischübelpass (1774 m) und auf gutem Steig jenseits hinab ins Wimbachtal und weiter zur Wimbachgrieshütte.

③ Übergang Ingolstädter Hütte

Siehe Tour 9.

Der Hüttengipfel

Seehorn, 2321 m: Das Palfelhorn liegt näher an der Wimbachgrieshütte, der Gipfelweg dauert aber länger als der zum ebenso aussichtsreichen Seehorn. Von der Wimbachgrieshütte führt der Weg erst über den weiten Gries zum Loferer Seilergraben. Am Fuß des Grabens befindet sich eine Plattenflucht, die wir links umgehen; die rote Markierung weist den weiteren Weg über die Serpentinen zur Wimbachscharte (1986 m). Von dort steigen wir links in die Kematenschneid (2165 m), dann über den Südgrat zum Gipfel des Seehorns.

Die Wimbachgrieshütte der Naturfreunde vermittelt trotz der kargen Umgebung ein Gefühl der Behaglichkeit.

Blaueishütte

Höchste Punkte: Blaueishütte, 1680 m; Schärtenspitze, 2153 m.

Die Blaueishütte ist der einzige alpine Stützpunkt im Hochkaltergebirge und liegt in dem weiten Kessel am Fuße des Blaueisgletschers. Die 1962 eröffnete Hütte hat ihren Namen dem nördlichsten Gletscher der Alpen zu verdanken und steht an der Stelle der alten, 1946 durch Brandstiftung zerstörten Hütte. Trotz seiner bescheidenen Höhenlage von 1680 Metern ist das Umfeld der Hütte Hochgebirge. Der Hochkalter ist dort natürlich das wichtigste bergsteigerische Ziel in Hüttennähe.

① Von Hintersee

Von einem der Parkplätze am Ostufer des Sees wandern wir auf einer Forststraße (Mark.-Nr. 482) in weiten Kehren durch Wald hinauf zur Schärtenalm (1359 m). Der Forststraße folgen wir eben weiter ins Blaueistal bis zum Aussichtspunkt »Eisbankl«. An dieser Stelle zweigt dann bald links der etwas steile und sehr reizvolle Steig ab, der an einer Felswand entlang hinauf ins Blaueiskar und zur Blaueishütte führt.

② Von Ramsau

Von der Ortsmitte Ramsau bei der Kirche – ein sehr beliebtes Fotomotiv vor der mächtigen Bergkulisse – folgen wir einige Minuten der Hinterseer Landstraße, dann gehen wir links über die Achenbrücke (Wegtafel). Zunächst wandern wir auf einer Forststraße durch Wald, bis nach etwa einer Viertelstunde ein Weg (Mark.-Nr. 485) nach rechts abzweigt. Diesem Weg folgen wir nun in südwestlicher Richtung, queren einen Forstweg und treffen dann etwas unterhalb der Schärtenalm auf den von Hintersee heraufführenden Weg. Dort wandern wir weiter wie in Hüttenweg 1 beschrieben.

Der Hüttengipfel

Schärtenspitze, 2153 m: Vom Weg zum Blaueisgletscher zweigt links (bei einem großen Felsblock) ein Steig ab, der recht steil und mit Drahtseilen gesichert über die Schrofenhänge der Südwestseite und zuletzt über den Westgrat hinauf zur Schärtenspitze führt. Einen Helm aufzusetzen ist auf dieser Gipfeltour angeraten, denn auf dem Westgrat muss mit Steinschlag gerechnet werden. Ein phantastischer Blick auf den Gletscher, den Hintersee und die umliegenden Berge belohnt schließlich den etwas anstrengenden Aufstieg zur Schärtenspitze.

Unser Tipp

Auf der Nordostseite des Hochkaltergipfels liegt der nördlichste Gletscher der Alpen, der Blaueisgletscher, der aber schon rapide am Schwinden ist. 20 Minuten von der Blaueishütte.

Tour 12

Hütte

Zeit Von Hintersee: 2 1/2 Std.; von Ramsau: 3 Std.

Schwierigkeit Forstwege und Bergwanderwege. Leicht.

Übernachtung Blaueishütte, 1680 m (AV-Hütte, Kat. I, von Mitte Mai bis Mitte Oktober bewirtschaftet, 28 Betten, 52 Lager; Tel. 08657/271).

Karte Topogr. Karte 1 : 50 000 Berchtesgadener Alpen (BLVA).

Gipfel

Zeit Von der Blaueishütte: 1 1/2 Std., Abstieg zur Hütte: 3/4 Std.; insgesamt: 2 Std.

Schwierigkeit Aussichtsreiche Gipfeltour (Schwierigkeitsgrad I), die Trittsicherheit und Schwindelfreiheit voraussetzt. Markierter und gesicherter Anstieg. Steinschlaggefahr.

Weitere Hütten

Schärtenalm, 1359 m (privat, 8 Lager, Brotzeit und Getränke im Sommer erhältlich).

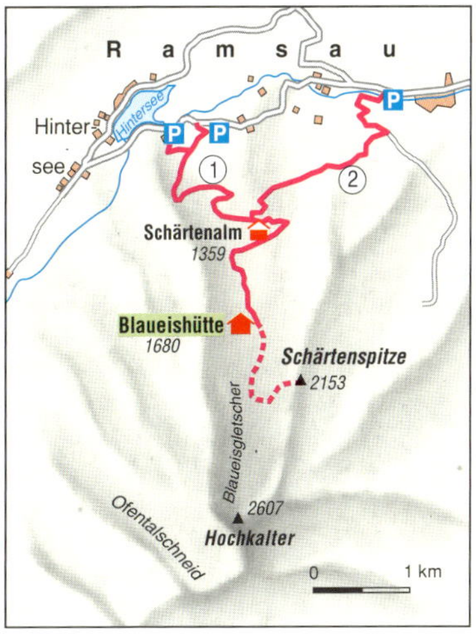

Die Blaueishütte ist der einzige Stützpunkt im Hochkaltergebiet. Möglicherweise wird sie jedoch bald ihren Namen ändern müssen – denn das Blaueis ist rapide am Schwinden.

Neue Traunsteiner Hütte

Höchste Punkte: Neue Traunsteiner Hütte, 1560 m; Großer Weitschartenkopf, 1979 m.

Die Neue Traunsteiner Hütte auf dem Plateau der Reiter Alm verdankt ihre Existenz politischer Querelen zwischen Deutschland und Österreich in den 30er Jahren des 20. Jahrhunderts. Die Alte Traunsteiner Hütte, die knapp hinter der Grenze erbaut war, war plötzlich nicht mehr zugänglich. In der Folge baute die Sektion Traunstein in den Jahren 1936–1938 eine neue, größere Hütte auf der deutschen Seite.

Tour 13

Hütte

Zeit Von Oberjettenberg: 3 3/4 Std.; vom Wachterl: 4 Std.; vom Hintersee: 6 Std.; von der Hirschbichlstraße: 6 Std.; von Reit bzw. Mayrberg 3 1/4 bzw. 3 Std.

Schwierigkeit Die Anstiege von Oberjettenberg, vom Wachterl und von Reit sind leicht. Die Anstiege vom Hintersee (Böselsteig) und vom Hirschbichl (Schaflsteig) erfordern unbedingt Trittsicherheit und Schwindelfreiheit.

Übernachtung Neue Traunsteiner Hütte (AV-Hütte, Kat. I, bewirtschaftet Anfang April bis Ende Oktober, 40 Betten, 106 Lager; Tel. 0171/4378919).

Karte Topogr. Karte 1 : 50 000 Berchtesgadener Alpen (BLVA).

Gipfel

Zeit Anstieg von der Neuen Traunsteiner Hütte: 1 1/4 Std., Abstieg zur Hütte: 3/4 Std.; insgesamt: 2 Std.

Schwierigkeit Leichter Bergwanderpfad, der im Gipfelbereich durch Latschen führt. Der Gipfel selbst fällt nach Norden steil ab.

Weitere Hütten

Bergheim Hirschbichl, am Hirschbichlpass, 1150 m (beaufsichtigte Selbstversorgerhütte, Kat. II, geöffnet Pfingsten bis Ende September, 19 Betten, 20 Lager; Tel. 0043/6582/8354).

Bindalm, 1117 m (Museumskaser, im Sommer einfach bewirtschaftet).

Halsalm, 1211 m (privat, während der Weidesaison einfach bewirtschaftet).

① Von Oberjettenberg

Vom Parkplatz am Ende der Fahrstraße wandern wir zunächst auf breiter Forststraße (Mark.-Nr. 474) hinauf zur Holzstube. Kurz dahinter verzweigt sich der Weg: Wir halten uns links und verlassen die Forststraße (beide Wege treffen sich wieder). Dann steigen wir durch Mischwald weiter bergan, queren unter den Felsen des Wartsteins und gelangen zur Schreckwiese und schließlich hinauf zum Schrecksattel, der den Durchstieg durch die steil abfallenden Felsmauern vermittelt. Jetzt wandern wir rechts haltend über die wellige Hochfläche hinüber zur Neuen Traunsteiner Hütte.

② Vom Wachterl (Schwarzbachwacht)

Vom Parkplatz geht es zunächst eben durch Wald (Weg-Nr. 470), dann in Serpentinen auf dem Wachterlsteig höher, vorbei am Bärenkareck, zu den verfallenen Oberen Schwegelalmen (1438 m). Dann wandern wir über die unübersichtliche baum- und latschenbedeckte Hochfläche weiter und zuletzt durch die »Saugasse« zum Unterkunftshaus.

③ Vom Hintersee

Vom Parkplatz am Ende der Fahrstraße geht es nach 5 Minuten rechts ab (Wegweiser) und durch Wald hinauf zur Halsgrube (rechts zur Halsalm). Wir halten uns links und wandern auf schmalem Weg direkt auf die Felsen zu zum Böslsteig. Der steile Steig ist mit einigen Sicherungsseilen, Holztreppen und künstlichen Tritten gangbar gemacht und erreicht nach etwa 3 1/2 Stunden den Rand des Wagendrischlkars. Dort geht es weiter hinauf auf den Rücken des Reiter Steinbergs. Jenseits nun auf bezeichnetem Weg (Mark.-Nr. 472) hinab zu den Reiter Almen und rechts zur Neuen Traunsteiner Hütte.

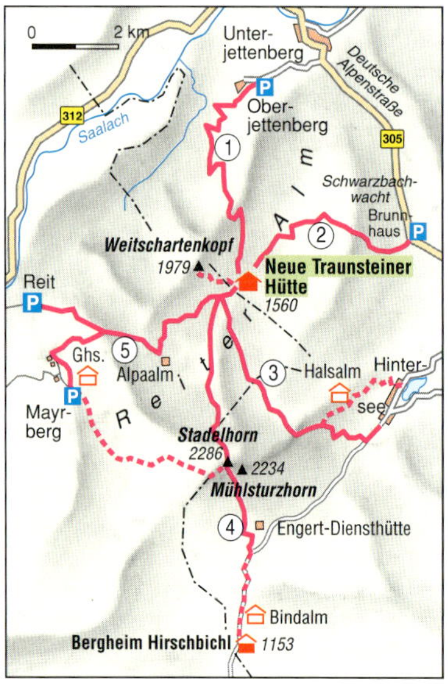

④ Von der Hirschbichlstraße

200 Meter talwärts nach der Engert-Holzstube zweigt rechts der Schaflsteig ab. Der Steig führt steil hinauf zu einer Almwiese (oberhalb Wegweiser) und hinauf durch Wald und Latschen bis an den Fuß der Stadelmauer, dann weiter zum Hochgescheid (hier Einmündung des Loferer Steigs). Wir nehmen rechts den Klettersteig hinauf zur Mayrbergscharte (2053 m). Wir wandern weiter auf dem Weg Nr. 473 links am Wagendrischlhorn vorbei und durch die Roßgasse zu den Reiter Almen und zur Neuen Traunsteiner Hütte.

⑤ Von Reit bzw. Mayrberg

Vom oberen Ortsrand in Reit wandern wir am Donnersbach auf Fahrweg (Mark.-Nr. 470) talein, bis dieser in den Alpasteig übergeht (von rechts mündet der kürzere Weg von Mayrberg ein). Nun geht es steil hinauf zur Alpaalm (1250 m) und scharf links unter den Felsen des Guggenbühel hinauf zur Hochfläche und weiter zum Unterkunftshaus.

Der Hüttengipfel

Großer Weitschartenkopf, 1979 m: Der Weg zum Gipfel beginnt direkt bei der Hütte (Wegweiser). Auf schmalem Pfad wandern wir erst hinüber zur alten Grenzerhütte, dann über die weiten und freien Südosthänge bis in den Gipfelbereich. Dort schlängelt sich der Pfad durch Latschengebüsch hinauf zum höchsten Punkt.

Unser Tipp

Zwischen Weißbach bei Lofer und der Engert-Diensthütte auf der Ramsauer Seite verkehrt zwischen Mai und Oktober über den Hirschbichlpass ein Wanderbus. Von Weißbach gibt es auch den Taxidienst Lofeyer hinauf zum Hirschbichlpass.

Die Neue Traunsteiner Hütte ist die zentrale Anlaufstelle auf dem Hochplateau der Reiter Alm. Ringsum reihen sich zahlreiche, überwiegend leicht erreichbare Gipfel, die für eine ganze Tourenwoche reichen. Gegenüberliegende Seite: Früher war die Grenzerhütte fleißig besetzt, denn es galt den Schmuggel mit Tabak oder Kaffee zu unterbinden, heute ist sie nur mehr Reminiszenz an eine lang vergangene Zeit. Links oben im Bild das Große und das Kleine Häuselhorn.

Stöhrhaus

Höchste Punkte: Stöhrhaus, 1894 m; Berchtesgadener Hochthron, 1972 m.

Tour 14

Hütte
Zeit Von Hallthurm: 3 ½ Std.; von Hintergern/Ettenberg: je 3 Std.; von der Untersbergbahn: 3 ½ Std.

Schwierigkeit Leichte, zum Teil steile Anstiegswege.

Übernachtung Stöhrhaus, 1894 m (AV-Haus, Kat. I, Ende Mai bis Mitte Oktober bewirtschaftet, 16 Betten, 66 Lager, 15 Notlager; Tel. 08652/7233).

Karte Topogr. Karte 1 : 50 000 Berchtesgadener Alpen (BLVA).

Gipfel
Zeit Vom Stöhrhaus: 20 Min., Abstieg zur Hütte: 10 Min.

Schwierigkeit Am Gipfel Vorsicht! Steiler Felsabbruch!

Weitere Hütten
Scheibenkaser, 1440 m (privat, im Sommer einfach bew.).
Toni-Lenz-Hütte, siehe Tour 15.

Das in den Jahren 1898–1900 erbaute Stöhrhaus auf dem Untersberg wurde nach einem Textilfabrikanten aus Thüringen benannt, der sich beim Bau des Hauses und der Zustiegswege finanziell großzügig beteiligte. Das knapp unterhalb des Berchtesgadener Hochthrons gelegene Haus bietet ein beeindruckendes Panorama der Berchtesgadener und Chiemgauer Alpen.

① Von Hallthurm

Vom Parkplatz geht es zum Blasihof und weiter auf Forstweg (Mark.-Nr. 465), bis er sich teilt, dann links halten. Auf Forststraße wandern wir in südöstlicher Richtung bergan, bis diese sich zu einem Steig verengt. In Serpentinen geht es hinauf zum Reisenkaser und weiter zum Lisabethenkaser und zum »Leiterl«. In steilen Kehren steigen wir zum Stöhrhaus.

② Von Hintergern

Vom Gasthaus Theresienklause wandern wir bis zur Straßenverzweigung, dann links weiter auf Fahrweg (Mark.-Nr. 417) zum Nußhof und links auf Steig hinauf zum Stöhrweg. Auf diesem rechts unter Felswänden entlang, dann in Serpentinen hoch zum »Leiterl«. Dort rechts weiter durch Latschenhänge zum Stöhrhaus.

③ Von Ettenberg

Vom Parkplatz in Hinterettenberg wandern wir erst auf Forststraße (Mark.-Nr. 466) rechts haltend in den Ludlgraben hinein, dann über den Bach und links durch Wald hinauf zum Ende des Sträßchens. Auf steilem Bergwanderweg geht es zu den Hängen des Scheibenkasers (1440 m). Im Linksbogen unter der Untersberg-Südwand auf schmalem Steig zum »Leiterl«, dann rechts hinauf zum Stöhrhaus.

④ Von der Untersbergbahn

Von der Bergstation (1776 m) folgen wir erst dem Weg Nr. 410 zum Salzburger Hochthron und steigen jenseits hinab zur Mittagscharte. Dort geht es geradeaus, jenseits wieder bergan und südostwärts am Ochsenkamm vorbei zum Rauheck (1892 m). Bald erreichen wir den Berchtesgadener Hochthron und wandern von dort hinunter zum Unterkunftshaus.

Der Hüttengipfel

Berchtesgadener Hochthron, 1972 m: Vom Stöhrhaus ein Stück dem Höhenweg Nr. 410 folgen, bis rechts der Gipfelweg abzweigt.

Das Stöhrhaus mit dem Hochstaufen.

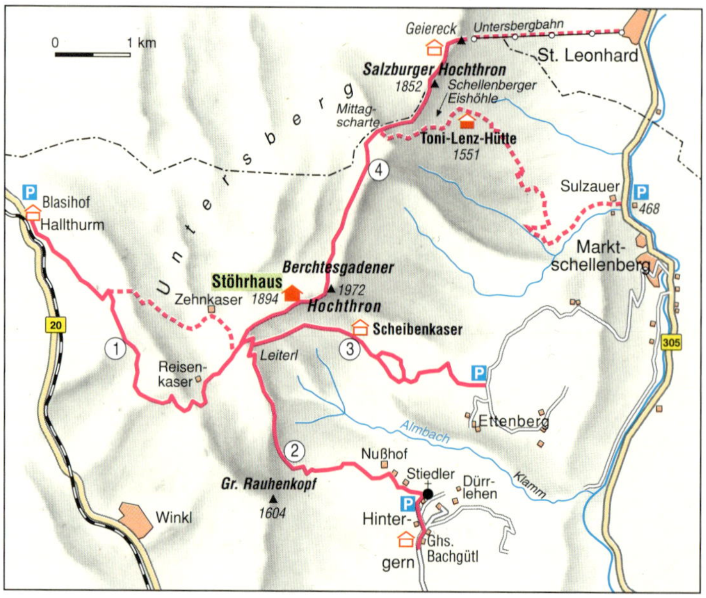

Toni-Lenz-Hütte

Höchste Punkte: Toni-Lenz-Hütte, 1551 m; Salzburger Hochthron, 1853 m.

Im Jahre 1925 wurde in Schellenberg ein Verein für Höhlenkunde gegründet. Sein Anliegen war u. a. der Ausbau der Schellenberger Eishöhle zur Schauhöhle. Eine einfache Schutzhütte in Nähe der Höhle genügte nicht mehr, so errichtete man 1936 eine größere. Bei der 25-Jahr-Feier des Vereins wurde sie nach dem ersten, recht beliebten Hüttenwirt, Toni Lenz, umbenannt.

① Von Marktschellenberg

Vom Parkplatz am alten Schellenberger Paßthurm wandern wir den Weg Nr. 463 oberhalb des Rothmannbaches hinauf zum verfallenen Bachkaser. Dann führt der Weg rechts weiter durch Wald bis zur ehemaligen Jagdhütte Mitterkaser. Nun lichtet sich der Wald, und aussichtsreich wandern wir auf Serpentinen durch Latschenhänge hinauf zur Toni-Lenz-Hütte.

② Über das Geiereck

Von der Bergstation der Untersbergbahn (1776 m) geht es zunächst in wenigen Minuten hinauf zum Geiereck (1806 m) (rechts unterhalb liegt das bewirtschaftete Zeppezauerhaus) und weiter auf dem Bergkamm auf ausgeschildertem Weg zum Salzburger Hochthron (1853 m). Jenseits steigen wir steil durch Latschen hinunter zur Mittagsscharte, dann links auf dem Thomas-Eder-Steig durch die Felsen der Untersberg-Südwand hinab zur Toni-Lenz-Hütte.

Der Hüttengipfel

Salzburger Hochthron, 1853 m: Auf gutem Steig gelangen wir von der Toni-Lenz-Hütte zur Eishöhle, dann geht es weiter auf dem aufregenden und gut gesicherten Thomas-Eder-Steig durch Felstunnels und über zahlreiche Stufen hinauf zur Mittagsscharte. Dort halten wir uns rechts und wandern in einer knappen Stunde hinauf zum Salzburger Hochthron. Beim Abstieg von der Bergstation der Untersbergbahn wird der Gipfel überschritten.

Unser Tipp

Der Untersberg ist der höhlenreichste Gebirgsstock der Bayerischen Alpen. Aber nur die Schellenberger Eishöhle ist für Touristen zugänglich. Die auf 1570 Meter Höhe gelegene größte Eishöhle Deutschlands ist von Pfingsten bis Ende Oktober geöffnet (etwa 1/4 Std. Gehzeit von der Toni-Lenz-Hütte). Es gibt täglich zwischen 10 und 17 Uhr Führungen, jeweils zur vollen Stunde. Warme Kleidung für die Höhlentour erforderlich!

Tour 15

Hütte
Zeit Anstieg von Paßthurm: 2 3/4 Std.; Abstieg vom Geiereck: 1 1/2 Std.

Schwierigkeit Von Paßthurm leichter Bergwanderweg. Der Abstieg vom Geiereck über Mittagsscharte und Thomas-Eder-Steig ist anspruchsvoll.

Übernachtung Toni-Lenz-Hütte, 1551 m (bewirtschaftet von Juni bis Oktober, 12 Betten; Tel. 0043/664/1341690).

Karte Topogr. Karte 1 : 50 000 Berchtesgadener Alpen (BLVA).

Gipfel
Zeit Von der Toni-Lenz-Hütte: 2 Std., Abstieg zur Hütte: 1 1/2 Std.; insgesamt: 3 1/2 Std.

Schwierigkeit Der Thomas-Eder-Steig verlangt Trittsicherheit und Schwindelfreiheit.

Weitere Hütten
Zeppezauerhaus, vgl. Tour 16.

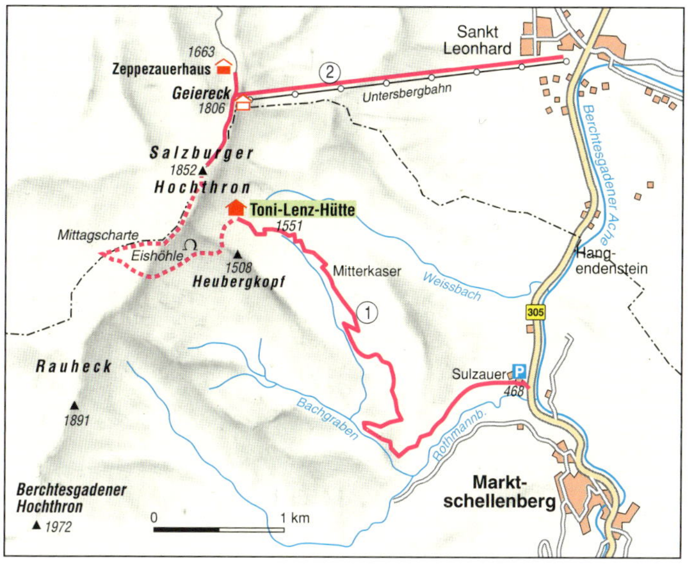

Die Toni-Lenz-Hütte auf der Südseite des Untersbergs.

Zeppezauerhaus

Höchste Punkte: Zeppezauerhaus, 1663 m; Geiereck, 1805 m.

Tour 16

Hütte

Zeit Anstieg über den Reitsteig: 2 1/2 Std.; Anstieg über den Dopplersteig: 2 1/2 Std.; Abstieg von der Bergstation der Untersbergbahn: 10 Min.; Anstieg über den Kienbergsteig: 4 Std.

Schwierigkeit Dopplersteig, Reitsteig und Kienbergsteig sind jeweils nur für trittsichere und schwindelfreie Bergwanderer. Der Abstieg von der Bergstation der Untersbergbahn ist leicht.

Übernachtung Zeppezauerhaus, 1663 m (AV-Hütte, bewirtschaftet von Anfang Mai bis Ende Oktober, 15 Betten, 46 Lager, offener Winterraum mit 15 Lagern, keine Heizmöglichkeit; Tel. 0043/663/9165259).

Karte Topogr. Karte 1 : 50 000 Berchtesgadener Alpen (BLVA).

Gipfel

Zeit Vom Zeppezauerhaus: 20 Min., Abstieg zur Hütte: 1/4 Std.; insgesamt: 35 Min.

Schwierigkeit Leichter Wanderweg.

›››

Das Zeppezauerhaus am Nordhang des Geierecks auf dem Untersberg wurde 1883 von der Sektion Salzburg des Österreichischen Alpenvereins eröffnet. Schon damals war im Haus eine meteorologische Station untergebracht, und bereits im Jahre 1903 installierte man hier auch eine Fernsprechleitung. 1912 brannte das Zeppezauerhaus völlig aus und wurde im Jahre 1914 durch einen größeren Neubau ersetzt. Das schindelbedeckte Unterkunftshaus hat seither sein Aussehen nicht mehr verändert.

① Über den Reitsteig

Vom Parkplatz beim ehemaligen Gasthaus Rositten wandern wir bergan zu einer kleinen Bachbrücke. Vor der Brücke halten wir uns rechts (Weg-Nr. 417) und wandern auf dem so genannten Reitsteig steil durch Wald aufwärts und in zahllosen kleinen Serpentinen – zuletzt über die »Steinerne Stiege« – zum flacheren Nordhang des Geierecks. Auf dem letzten Teilstück geht es durch Latschen hoch zum Zeppezauerhaus.

② Über den Dopplersteig

Vom Parkplatz an der Rosittenstraße geht es zunächst einige Meter bergwärts bis zu einer kleinen Bachbrücke. Dort verzweigen sich die Wege. Wir halten uns links (Weg-Nr. 460), passieren einen alten Steinbruch und folgen dann rechts dem ausgeschilderten Steig. Der Steig schraubt sich bald mit zahlreichen Stein- und auch Betonstufen über der tief eingeschnittenen Klamm des Rosittenbaches höher. Über die verfallene Untere und Obere Rosittenalm (1287 m) steigen wir weiter auf einer Vielzahl von Holzstufen bergan. Etwas oberhalb des letzten Almbodens verzweigt sich dann der Weg. Wir halten uns hier rechts und steuern direkt auf die steile felsige Ostwand des Untersbergs zu. Auch hier gibt es wieder Hunderte von Fels- und Holzstufen, die meist durch Seile gesichert sind. Die Stufen führen hinauf zum latschenbewachsenen Nordrücken des Geierecks. Bald schon treffen wir auf den Reitsteig. Dort wandern wir nun links auf gutem Wanderweg weiter durch Latschen hinauf zum bereits sichtbaren Zeppezauerhaus.

③ Von der Untersbergbahn

Das Zeppezauerhaus ist von der Bergstation der Untersbergbahn (1776 m) auf leichtem Weg in etwa einer Viertelstunde bergab zu erreichen.

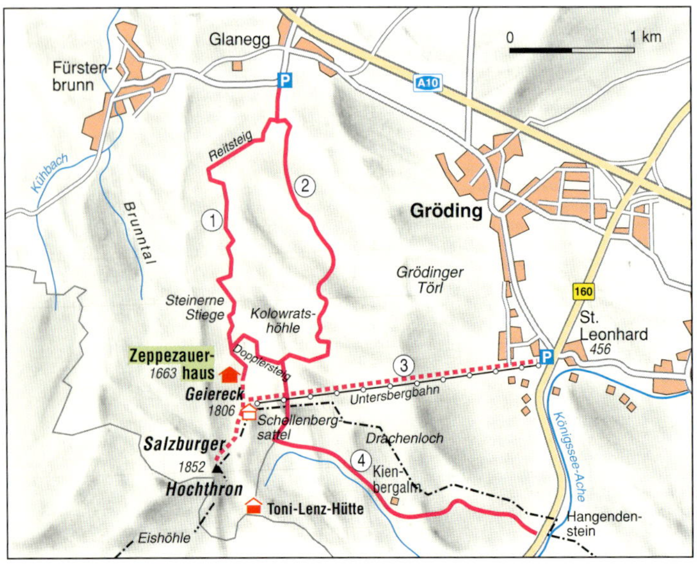

④ Über den Kienbergsteig

Der neu markierte Steig beginnt 100 Meter westlich vom ehemaligen Grenzübergang Hangendenstein. Bevor der Weg über den Weißbach führt, beginnt rechts ein Steig, der direkt zur ehemaligen Kienbergalm hinaufführt. Rechts an der Kienbergalm vorbei steigen wir in Serpentinen hinauf zum Drachenloch (1247 m). Dort geht es weiterhin steil hinauf zum Schellenberger Sattel (1433 m), wo wir auf einen quer führenden Wanderweg (Mark.-Nr. 462) treffen. Hier steigen wir jetzt rechts hinab zur ehemaligen Oberen Rosittenalm. Dort geht es links weiter auf dem Hüttenweg 2 (Dopplersteig) zum Zeppezauerhaus.

Der Hüttengipfel

Geiereck, 1805 m: Das Geiereck ist der nächste Gipfel vom Zeppezauerhaus. Er ist mit einem eindrucksvollen Gipfelkreuz geschmückt. Von der Bergstation der Untersbergbahn ist das Geiereck nicht weit entfernt, vom Zeppezauerhaus erreicht man den Gipfel auf leichtem Wanderweg in ungefähr 20 Minuten.

Unser Tipp

Das Freilichtmuseum Salzburg bei Großgmain zeigt etwa 60 Bauernhöfe, Mühlen, Handwerkerhäuser und Almen aus den verschiedenen Landschaften des Salzburger Landes. Neben den bis zu 500 Jahre alten, restaurierten Gebäuden gibt es Bauerngärten, einen Kramerladen sowie Handwerkervorführungen zu bewundern. Für Kinder wurde ein Erlebnis-Spielpark eingerichtet. Öffnungszeiten: Ende März bis Anfang November täglich außer Montag von 9 – 18 Uhr; in den Weihnachtsferien vom 26. Dezember bis 6. Januar von 10 – 16 Uhr.

Bild oben: Blick vom Zeppezauerhaus in Richtung Süden auf das latschenbewachsene Hochplateau des Untersbergs. Gegenüberliegende Seite: Der Salzburger Hochthron ist die zweithöchste Gipfelerhebung auf dem Untersberg.

>>>

Weitere Hütten

Bergstation der Untersbergbahn, 1776 m (Einkehrmöglichkeit mit kleiner Terrasse; auch warme Gerichte).

Übergänge

Vom Zeppezauerhaus zum Stöhrhaus: 3 Std. (Weg-Nr. 417)

LOFERER UND LEOGANGER STEINBERGE

Die Loferer und Leoganger Steinberge gehören zu den kleinsten eigenständigen Gebirgsgruppen der Alpen. Nur zwei Alpenvereinshäuser und ein bewirtschafteter Kaser bieten dort Unterkunft. Für Genießer stiller Bergwelten aber ist das karge Gebirge mit seinen langen Anstiegen und den stillen hochalpinen Routen eine Offenbarung. Und die höchsten Gipfel dieser nur wenig besuchten Gebirgsgruppe – das Birnhorn und das Große Ochsenhorn – sind für den versierten Bergwanderer keine unerreichbaren Ziele. Großer Beliebtheit erfreut sich auch der Nurracher Höhenweg, der bei der von-Schmidt-Zabierow-Hütte beginnt und über mehrere Gipfel nach St. Ulrich am Pillersee führt.

Das Wehrgrubenjoch stellt den Übergang von St. Ulrich zur von-Schmidt-Zabierow-Hütte her. Gleich in der Nähe beginnt auch der rassigste Anstieg über den »Nackten Hund« auf das Große Hinterhorn (Abbildung links).

Das Melkerloch in den Leoganger Steinbergen ist ein faszinierendes Felsentor am Abstieg vom Birnhorn (Bild oben).

Passauer Hütte

Höchste Punkte: Passauer Hütte, 2033 m; Birnhorn, 2634 m.

Die Passauer Hütte ist bisher die einzige Bergsteigerunterkunft in den Leoganger Steinbergen. Die 1892 von der Sektion Passau erbaute Hütte steht oberhalb der Mittagsscharte und bietet herrliche Ausblicke auf die Berchtesgadener Alpen sowie auf den Alpenhauptkamm. Die gemütliche Hütte brannte 1946 ab, zehn Jahre später wurde sie wieder aufgebaut, danach noch mal erweitert und modernisiert. Der Hauptgipfel in Hüttennähe ist das Birnhorn.

Tour 17

Hütte
Zeit Von Leogang: 2 1/2 Std.; von Diesbach: 4 1/2 Std.; über den Lettlkaser: 4 Std.

Schwierigkeit Der Anstieg von Leogang erfolgt auf markiertem und zum Teil gesichertem Steig, der Trittsicherheit und Schwindelfreiheit erfordert, im Sommer tagsüber sehr heiß. Von Diesbach auf Bergwanderweg, Forstweg und Bergsteig. Über den Lettlkaser und die Hainfeldscharte ebenfalls Trittsicherheit und Schwindelfreiheit erforderlich.

Übernachtung Passauer Hütte, 2033 m (AV-Hütte, Kat. I, von Mitte Juni bis Ende September bewirtschaftet, 45 Lager; Tel. 0043/664/3378529).

Karte Freytag&Berndt-Wanderkarte 101, 1 : 50 000 Lofer – Leogang – Steinberge.

Gipfel
Zeit Von der Passauer Hütte: 1 1/2 Std., Abstieg zur Hütte: 1 1/2 Std.; insgesamt: 3 Std.

Schwierigkeit Trittsicherheit und Schwindelfreiheit unbedingt erforderlich.

Weitere Hütten
Lettlkaser, 1441 m (südlich des Brandhorns; im Sommer am Mittwoch, Freitag und an den Wochenenden sowie an Feiertagen bewirtschaftet; Übernachtung auf Anfrage; Tel. 0043/676/7394694).

① Von Leogang

Vom Parkplatz oberhalb Ullach folgt man zunächst ein kurzes Stück dem Birnbach (Mark.-Nr. 623), dann zweigt der Hüttenweg rechts ab und führt über Bergwiesen zu einer weiteren Wegverzweigung hinauf. Dort hält man sich links und folgt den zahlreichen Serpentinen durch Wald und weiter oben durch eine Latschenzone bis zum Beginn der Felsen. Von hier führt der gesicherte Steig ostwärts durch eine Grube (von rechts führt der Weg über den Lettlkaser heran), dann steil weiter durch Felsengelände und in kurzen Serpentinen hinauf zum Hochtor (1875 m), einem kleinen Sattel am Fuße des Fahnenköpfls. Wir steigen jenseits weiter auf weiterhin gesichertem Steig an die Mittagsscharte heran und erneut steil hinauf zu dieser. Von dort sind es nur mehr wenige Minuten in westlicher Richtung hinauf zur Passauer Hütte.

② Von Diesbach

Vom Parkplatz beim Diesbachbauern folgen wir dem Wegweiser zur Passauer Hütte, überqueren auf einer Brücke die Saalach und halten uns sodann rechts und wandern durch Wiesen auf den Steinbruch am Bergfuß zu. Dort treffen wir auf den markierten Steig (Nr. 622), der zunächst mäßig steil in den Wald hineinführt, dann steil hinauf zu einer Jagdhütte (1125 m). Dort geht es rechts haltend auf einem Forstweg weiter, bis links der Pfad wieder abzweigt und durch schönen Hochwald hinauf zur Jagdhütte auf der Hochgrubachalm (1534 m) führt. Hier gibt es auch eine Ganzjahreswasserquelle. Etwas oberhalb verlässt man den Wald und steigt über die verkarstete Hochgrub – nur mehr leicht ansteigend – weiter hinauf zur Passauer Hütte.

③ Über den Lettlkaser

Von Ullach folgt man zunächst einem Wirtschaftsweg in südöstlicher Richtung bis an die Bahngleise, dann zweigt links der Wanderweg ab, führt durch ein Waldstück hinauf zum so genannten Hochland, einer weitläufigen Bergwiese (dort Einmündung eines Sträßchens vom Gasthaus Mitterbrand). Hier geht es links haltend auf einem Ziehweg durch Wald hinauf und auf dem Kamm des Sinningerbergs – teil-

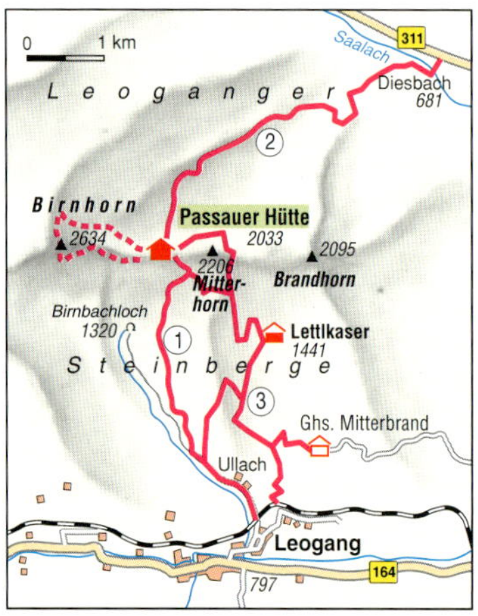

Die Bergsteiger sind unterwegs auf dem Hofersteig, der über das Melkerloch zum Gipfel des Birnhorns führt. Bei guten Bedingungen ist dies der interessanteste Anstieg auf den höchsten Punkt der Leoganger.

Die letzten Meter auf dem Weg zur Passauer Hütte, der einzigen Alpenvereinshütte in den Leoganger Steinbergen.

weise über steile Bergwiesen – zum Lettlkaser (1441 m). Dort wandern wir auf dem Weg Nr. 12 über Bergwiesen, durch lichten Wald zur Latschengrenze, dann südwestwärts leicht absteigend durch einen Graben und hinauf zum Plattenkopf (1661 m). Hier bietet sich die längere Route über die Hainfeldscharte an: Man geht über den latschenbewachsenen Hainfeldriedel zur Hainfeldscharte (1949 m), steigt jenseits auf Steig durch die schrofige Flanke hinab auf die Hochgrub-Seite und folgt dann links dem markierten Steig unterhalb des Mitterhorns Richtung Passauer Hütte wieder bergan. Von dort geht es in gleicher Richtung über den Sieben-Gräben-Steig, bis man knapp unterhalb des Hochtors auf den von Ullach kommenden Steig trifft. Weiter wie bei diesem.

Der Hüttengipfel

Das Birnhorn, 2634 m, ist der höchste Gipfel der Leoganger Steinberge und am besten auf einer Rundtour zu überschreiten. Man verbindet damit den Normalweg mit dem Hofersteig. Letzterer ist zwar anspruchsvoller, aber auch reizvoller. Von der Passauer Hütte folgen wir erst dem markierten Steig in Richtung Westen, der sich nach 10 Minuten verzweigt. Man geht rechts und hält direkt auf die Kuchelnieder zu, eine Einsattelung zwischen Birnhorn und Kuchelhorn. Am obersten Rand des Hochgrub geht es entlang bis zum Fuß des Birnhorn-Ostgrates. Wir steigen rechts haltend in ein Geröllfeld und auf gesichertem Steig hinauf durch eine Rinne in die Kuchelnieder (2437 m), dort links über die breiten Bänder (Sicherungen) auf die Westseite des Gipfels und weiter zum Südwestgrat. Über diesen Grat geht es in entgegengesetzter Richtung zum Gipfelkreuz des Birnhorns. Wir gehen auf dem Anstiegsweg kurz zurück, dann links über ein Band in die Südwand, über mehrere zum Teil gesicherte Felsstufen hinab und links weiter zum »Melkerloch«, einem großen Felsentor zwischen Birnhorn und Hochtint, das wir von Nord nach Süd queren. Ein gut bezeichneter Steig führt zurück zur Passauer Hütte.

Tipp

Am Fuß der über 1300 Meter hohen Birnhorn-Südostwand befindet sich das so genannte Birnbachloch. Auf einer Höhe von etwa 1320 Metern bildet sich alljährlich im Frühjahr ein kleiner Gletscher, der im 19. Jahrhundert zum Kühlen von Bier Verwendung fand. Zahlreiche Arbeiter zerhackten das Eis und schafften es über eine Holzrutsche ins Tal. Vom Parkplatz oberhalb Ullach in einer drei Viertel Stunde erreichbar.

von-Schmidt-Zabierow-Hütte

Höchste Punkte: von-Schmidt-Zabierow-Hütte, 1966 m; Großes Ochsenhorn, 2513 m; Großes Hinterhorn, 2506 m.

Tour 18

Hütte
Zeit Von Lofer: 3 1/2–4 Std.; von St. Martin: 4 1/2 Std.; von St. Ulrich: 4 1/2 Std.; von Waidring: 5 Std.

Schwierigkeit Alle Anstiege sind sehr lang. Der einfachste Weg beginnt im Loferer Hochtal (Normalweg zur Hütte). Alle anderen Hüttenzustiege erfordern Trittsicherheit, die Anstiege von Waidring und durch das Lastal sogar Schwindelfreiheit (jeweils Drahtseilsicherungen).

Übernachtung von-Schmidt-Zabierow-Hütte, 1966 m (AV-Hütte, Kat. I, bewirtschaftet von Anfang Juli bis Ende September, 11 Betten, 56 Lager; Tel. 0043/6588/7284).

Karte Freytag&Berndt-Wanderkarte 101, 1 : 50 000 Lofer – Leogang – Steinberge.

Gipfel
Zeit **Großes Ochsenhorn:** von der von-Schmidt-Zabierow-Hütte: 1 1/2 Std., Abstieg zur Hütte: 1 Std.; insgesamt: 2 1/2 Std.
Großes Hinterhorn: von der von-Schmidt-Zabierow-Hütte: 2 Std., Abstieg zur Hütte: 1 1/2 Std.; insgesamt 3 1/2 Std.

Schwierigkeit
Großes Ochsenhorn: Markierter Steig, Trittsicherheit und Schwindelfreiheit erforderlich; im Sommer liegen in der Nordrinne manchmal noch Firnreste. Einige Stellen im Schwierigkeitsgrad I.
Großes Hinterhorn: Bergsteig, Trittsicherheit erforderlich, aber deutlich leichter als das Große Ochsenhorn. >>>

Die von-Schmidt-Zabierow-Hütte wurde 1899 erbaut und nach dem Gründer der Sektion Passau, einem königlichen Bauoberinspektor, benannt. Sie steht in aussichtsreicher Lage auf einem Felsvorsprung am Rande der Großen Wehrgrube mit herrlichem Blick auf die Reiter Alm und die anderen Gipfel der Berchtesgadener Alpen. Die einzige Bergsteigerunterkunft in den Loferer Steinbergen wurde mehrmals erweitert, zuletzt 1984. Es gibt keinen eindeutigen Hüttengipfel, die beiden höchsten Gipfel der Loferer Steinberge, das Große Ochsenhorn und das Große Hinterhorn, sind jedoch für Normalbergsteiger gut zu bewältigende Ziele.

① Von Lofer

Vom Parkplatz im Loferer Hochtal folgt man dem ausgeschilderten Weg Nr. 601 eben bis zum Talende zu einem Buchenwald, dann auf serpentinenreichem Weg steil hinauf zum Unteren Trett, dann über weitere Geländestufen, nun vegetationsärmer, in zahlreichen Serpentinen hinauf zur von-Schmidt-Zabierow-Hütte auf dem Gamskopf.

② Von St. Martin

Der Schärdinger Steig (Mark.-Nr. 613) beginnt hinter der schönen Wallfahrtskirche. Zunächst führt er in einem sanften Anstieg durch Wald, wird aber nach und nach steiler. Bei der ersten Wegverzweigung hält man sich links und steigt dann durch ein langes Hochtal an. Nach zwei Stunden wird eine Biwakschachtel erreicht. Über weite Karstfelder erreicht man dann den Sattel nördlich des Großen Ochsenhorns. Dort geht es weiter in die Nordwestseite des großen Bergmassivs, bis zur Abzweigung des Gipfelsteigs. Von dort wandern wir weiter durch die Kleine Wehrgrube nahezu eben hinüber zum Unterkunftshaus.

③ Von St. Ulrich am Pillersee

Vom Parkplatz oberhalb von Weißleiten gehen wir auf markiertem Wanderweg (Mark.-Nr. 613) ins Lastal. Zuerst wandern wir flach durch Wald, dann allmählich ansteigend über einen Latschenkamm zu einer Jagdhütte. Über eine Rinne geht es hinauf in die Schneegrube und weiter zu einer Wegteilung (Tafel). Wir steigen an der Scheibenwand entlang, dann über die Ulricher Grube hinauf zum Wehrgrubenjoch (2216 m). Jenseits geht es hinab auf steilem, teilweise drahtseilgesichertem Steig in die verkarstete Große Wehrgrube und weiter zum bereits sichtbaren Bergsteigerstützpunkt. Diese Route ist wohl der schönste Anstiegsweg zur Hütte.

Karrenfelder am Großen Hinterhorn.

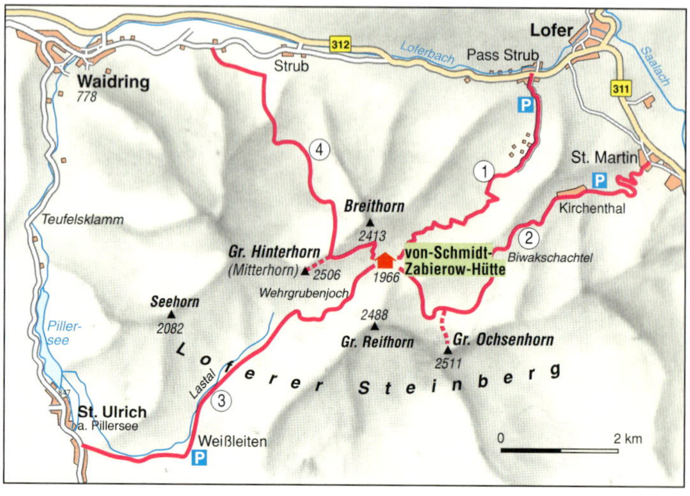

④ Von Waidring

Von der Schranke wandern wir erst auf Forststraße (Waidringer Panoramaweg) bis zu einer Wegverzweigung, dann links hinauf zur ehemaligen Jägeralm. Kurz dahinter (ca. 1 Std. ab Ausgangspunkt) zweigt rechts der Grießbachsteig (Mark.-Nr. 601) ab. Nun geht es steil durch Wald, weiter oben durch Latschengebiet zum großen Geröllfeld oberhalb. Wir steigen über dieses hinweg, dann über drahtseilgesicherte Felsstufen hinauf zur Waidringer Nieder (2302 m). Jenseits geht es links auf gutem Steig (Mark.-Nr. 612) erst flach, dann steil hinab durch die breite Flanke des Breithorns und die Ausläufer der Großen Wehrgrube zur von-Schmidt-Zabierow-Hütte.

Die Hüttengipfel

Großes Ochsenhorn, 2513 m: Der Zugang zum höchsten Gipfel der Loferer Steinberge liegt am Hüttenzugangsweg von St. Martin. Man quert auf diesem Steig in südöstlicher Richtung hinüber zur Kleinen Wehrgrube, dem großen Kar zwischen Reifhorn und Großem Ochsenhorn. Am Fuß der Nordwestflanke folgt man dann den Markierungen, die über einen stark gebänderten Grat bis knapp unter den Gipfel leiten. Dann geht es durch die oft noch mit Schnee gefüllte Rinne hinauf zum Westgrat und wenige Meter weiter auf diesem zum Gipfelkreuz.

Großes Hinterhorn, 2506 m: Von der von-Schmidt-Zabierow-Hütte steigen wir hinauf zur Waidringer Nieder, der Einsattelung zwischen Breithorn und Hinterhorn, über die auch der von Waidring heraufführende Hüttenweg kommt. Der Anstieg verläuft durch die Südseite des Breithorns und ist trotz einiger ausgesetzter Stellen leicht zu begehen. Das Große Hinterhorn, der zweithöchste Gipfel der Loferer, wird über den links abzweigenden markierten Steig erklommen. Am Gipfelaufbau hat man zwei Möglichkeiten, entweder den leichten Normalweg zum Kreuz oder die kleine Klettersteigeinlage (letzte Passage des Klettersteigs »Nackter Hund«).

Die von-Schmidt-Zabierow-Hütte am nordöstlichen Rand der Großen Wehrgrube. Durch die gebankten Schichten führt der Normalweg hinauf auf den zweithöchsten Gipfel der Loferer Steinberge, das Große Hinterhorn. Die Hütte ist auch Ausgangspunkt für einen der schönsten alpinen Höhenwege, den Nurracher Höhenweg.

>>>

Weitere Hütten

Biwakschachtel, 1750 m, auf der Nordseite des Großen Ochsenhorns, direkt am Schärdinger Steig, 5 Schlafplätze. Von St. Martin (Maria Kirchenthal) 3 Std. (2 1/2 Std.)

CHIEMGAUER ALPEN

Die Chiemgauer Alpen sind eine geradezu liebliche alpine Landschaft mit bewaldeten Buckeln und kleinen Gipfeln, von denen keiner die Zweitausendmetermarke erreicht. Höchster Punkt ist das Sonntagshorn mit 1961 m, die markanteste Erhebung ist jedoch die Kampenwand mit ihrem vielzackigen Gipfel. Ein dichtes Wanderwegenetz, sieben Bergbahnen und Sessellifte, sieben Alpenvereinshütten, mehrere Privathütten und zahlreiche bewirtschaftete Almen bilden dabei eine hervorragende touristische Infrastruktur, die jedem Anspruch gerecht wird. Da alle Gipfel dieses Gebietes in einem Tagesausflug erreicht werden können, kommt den Berghütten mehr die Rolle von Berggasthäusern zu.

Blick vom Aufstieg über die Donaueralm zum Taubensee auf das Kaisergebirge (Abbildung links).

Das Taubenseehaus ist ein ganzjährig angesteuertes Wanderziel hoch über Kössen (Bild oben).

Reichenhaller Haus

Höchste Punkte: Reichenhaller Haus, 1750 m; Hochstaufen, 1771 m.

Tour 19

Hütte
Zeit Über die Steinernen Jäger: 3½ Std.; von Mauthausen (Staufenbrücke): 4 Std.; über die Bartlmahd: 3 Std.; von Inzell-Adlgaß: 3½ Std.; von Aufham (Urwies): 3½ Std.

Schwierigkeit Mit Ausnahme des leichtesten Anstiegs über die Bartlmahd setzen alle Anstiege Trittsicherheit und Schwindelfreiheit voraus.

Übernachtung Reichenhaller Haus, 1750 m (AV-Haus, Kat. I, bewirtschaftet von Mitte Mai bis Mitte Oktober, 6 Betten, 24 Lager; Tel. 08651/5566).

Karte Topogr. Karte 1 : 50 000 Berchtesgadener Alpen (BLVA).

Gipfel
Zeit Vom Reichenhaller Haus: ¼ Std., Abstieg zur Hütte: ¼ Std.; insgesamt: ½ Std.

Schwierigkeit Gut angelegter, leichter Bergsteig.

Weitere Hütten
Padinger Alm, 667 m (ganzjährig bewirtschaftet).
Steineralm, 1030 m (privat, von Anfang Juni bis Mitte Oktober bewirtschaftet, 32 Lager; Tel. 08651/1201).

Das Reichenhaller Haus liegt hoch über dem namensgebenden Kurort in exponierter Lage knapp unter dem Hochstaufengipfel, dem östlichsten Vorposten der Chiemgauer Alpen. Traurige Berühmtheit erlangte das Unterkunftshaus, als im Jahre 1993 das Pächterehepaar durch Raubmord ums Leben kam. Der Hüttengipfel, der einen grandiosen Panoramablick bietet, ist in einer knappen Viertelstunde auf gutem Weg zu erreichen.

① Über die Steinernen Jäger

Vom Parkplatz wandern wir zunächst auf der Forststraße durch Wald bergan bis zu einer Wegverzweigung. Dort halten wir uns rechts und wandern weiter durch Wald. Der Steig verengt sich. Über zum Teil freies Gelände – vorbei an einem Brunnen – steigen wir über die Buchmahd bis zum Ostgrat des Hochstaufens. Zuerst geht es links auf dem Grat weiter, dann etwas unterhalb durch gestuftes Gelände immer auf markiertem Steig zum Unterkunftshaus knapp unterhalb des Gipfels.

② Von Mauthausen (Staufenbrücke)

Am Parkplatz weist ein Schild auf den Anstiegsweg. Auf gutem Steig geht es sogleich in den Wald und bald steil in zahllosen Serpentinen hinauf, teilweise ausgesetzt, aber an den entsprechenden Stellen gesichert, zur Kammhöhe. Nun auf dem bewaldeten Kamm über den Fuderheustein (1321 m) und weiter zum felsigen Gipfelaufbau des Hochstaufen. Bei einer Einsenkung mündet rechts der Steig von der Mairalm ein und etwas weiter oben links der Weg von der Padingeralm. Nun weiter wie auf Hüttenweg 1.

③ Über die Bartlmahd

Vom großen Parkplatz oberhalb der Padingeralm folgen wir zunächst dem bergwärts führenden Forstweg, bis nach einer Viertelstunde links der markierte breite Wanderweg über die Bartlmahd zum Hochstaufen abzweigt. Durch Wald aufwärts auf allmählich steiler werdendem Weg. Nach etwa zwei Stunden erreichen wir die so genannte Bartlmahd, das als früheres Weidestück allerdings aufgrund von Aufforstung nicht mehr erkennbar ist. (Hier zweigt links ein schmaler Pfad zur Zwieselalm ab.) Nun geht es weiter in Serpentinen durch überwachsenes Geröll und über Felsen rechts haltend hinauf zum Grat, der die Staufengipfel miteinander verbindet. Der Weg bleibt jedoch breit und ungefährlich und führt meist etwas unterhalb der Gratlinie hinüber zum Hochstaufengipfel. Zuletzt noch einmal steil hinauf zum Reichenhaller Haus.

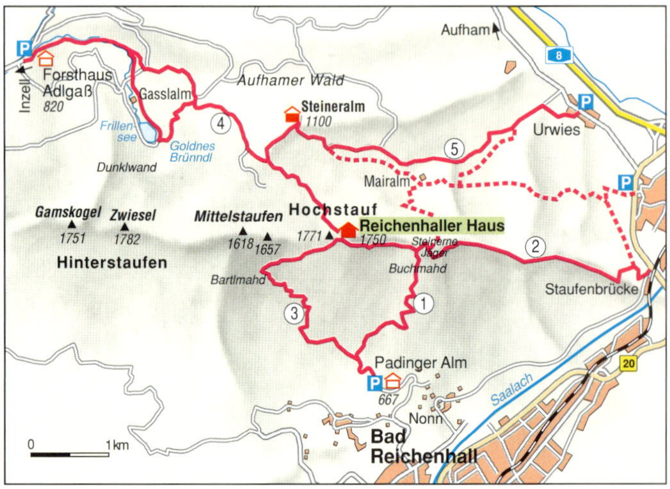

④ Ab Inzell-Adlgaß

In Adlgaß folgen wir der Forststraße in östlicher Richtung (Wegweiser) über eine kleine Brücke, halten uns zweimal rechts und folgen im Wald dem Ziehweg entlang des Frillenseebaches. Dann wandern wir weiter bergan bis zu einer Wegverzweigung. Wir halten uns links (rechts geht es direkt zum Frillensee) und erreichen etwas oberhalb eine Forststraße, die wir überqueren. Dann folgen wir dem bergwärts abzweigenden Weg. In direkter Linie geht es weiter durch Wald aufwärts, wobei wir stets der Ausschilderung »Hochstaufen« folgen. Bei einer Verzweigung halten wir uns rechts, dann wieder links, bis zum Ende der Forststraße bei einem Wendeplatz. Hier beginnt der eigentliche Bergsteig. Durch lichten Wald steigen wir in Serpentinen aufwärts. Der gut angelegte und kürzlich erst erneuerte Steig führt uns über zahlreiche Stufen immer näher an die Felsen heran. Wir steigen direkt auf dem Grat bzw. auf dessen Westseite höher. Nach einer guten Stunde ab Wendeplatz biegen wir auf die Ostseite des Grates, wo wir an einem Marterl vorbeikommen. Immer geleitet von gut sichtbaren Markierungen steigen wir hinauf, schlüpfen durch Felsverengungen und wechseln dann wieder hinüber auf die Westseite. Zuletzt dann in leichten Serpentinen hinauf zum Gipfel des Hochstaufen und jenseits in wenigen Minuten hinab zum Reichenhaller Haus.

⑤ Von Aufham (Urwies)

Kurz hinter Urwies beginnt links ein Wirtschaftsweg, der durch den Leitengraben durch Wald zur Hochalm und weiter zur Steineralm führt. Direkt vor der Alm führt links ein Wiesenpfad durch die Almwiesen, der jenseits der weiten Wiesenmulde zum Wald hin ansteigt und auf den Anstiegsweg von Inzell-Adlgaß mündet. Weiter auf diesem (Hüttenweg 4).

Der Hüttengipfel

Der Hochstaufen, 1771 m, ist nicht der höchste Gipfel der Chiemgauer Alpen, aber sicher einer der markantesten. Vom Reichenhaller Haus führt ein guter Steig in einer Viertelstunde zum Gipfelkreuz. Wer den Hüttenweg von Inzell genommen hat, überschreitet den Gipfel auf dem Weg zum Unterkunftshaus.

Bild oben: Das Reichenhaller Haus knapp unterhalb des Hochstaufengipfels. Gegenüberliegende Seite: Das Gipfelkreuz am Hochstaufen.

Tipp

Ein Besuch der Alten Saline in Bad Reichenhall in der Ludwigstraße. Nach ihrer Fertigstellung im Jahre 1851 galt sie als die schönste Saline der Welt. Heute kann man dort das Hauptbrunnhaus, den Quellenbau und das neu eingerichtete Salzmuseum besichtigen. Besonders eindrucksvoll sind dabei die Wasserräder im Hauptbrunnhaus. Öffnungszeiten: April bis Oktober täglich von 10–11.30 Uhr und von 14–16 Uhr, November bis März nur Dienstag und Donnerstag von 14–16 Uhr.

Zwieselhaus

Höchste Punkte: Zwieselhaus, 1386 m; Zwiesel, 1782 m.

Tour 20

Hütte
Zeit Von Nonn: 3 Std.; von Jochberg: 1½ Std.; von der Deutschen Alpenstr.: 3¾ Std.; von Inzell-Einsiedel: 3½ Std.

Schwierigkeit Vorwiegend Forstwege, dann leichte Wanderwege. Nur der Anstieg von Inzell ist etwas anspruchsvoll. Der Übergang von der Kohleralm zum Zwieselhaus erfolgt auf z. T. anstrengendem Steig.

Übernachtung Zwieselhaus, 1386 m (privat, Mitte Mai bis Mitte Oktober bewirtschaftet, 30 Betten; Tel. 08651/3107).

Karte Topogr. Karte 1 : 50 000 Berchtesgadener Alpen (BLVA).

Gipfel
Zeit Vom Zwieselhaus: 1½ Std., Abstieg zur Hütte: 1 Std.; insgesamt: 2½ Std.

Schwierigkeit Gipfelweg auf leichtem Bergwanderweg. Auch für Nicht-Schwindelfreie!

Weitere Hütten
Gasthaus Listwirt, 580 m (nahezu ganzjährig bew.). **Höllenbachalm**, 785 m (von Mai bis Oktober bewirtschaftet).

Das Zwieselhaus, dahinter das Kaiser-Wilhelm-Haus.

Auf dem Zwieselhaus auf der Südseite der Hochstaufengruppe wird das Andenken an Kaiser Wilhelm II. noch wach gehalten. Das Unterkunftshaus neben dem Zwieselhaus trägt seinen Namen. Aufregender als diese Reminiszenz ist hier jedoch der phantastische Tiefblick, den man von der kleinen Terrasse auf das Reichenhaller Talbecken genießen kann.

① Von Nonn

Vom Parkplatz beim Gasthaus Listwirt folgen wir dem anfangs noch asphaltierten Sträßchen bergwärts und treffen bald auf den Listsee. Am See rechts auf Steig vorbei, oder wir folgen dem ausgeschilderten Forstweg. Auf der Forststraße geht es links und über den Listanger durch Wald leicht bergan, bis der zuvor erwähnte Steig wieder auf diese einmündet. Auf der Forststraße wandern wir in weiten Kehren hinauf, bis zu der vom Jochberg her einmündenden Forststraße. Dort verlassen wir den Forstweg nach rechts und steigen in Serpentinen zur Zwieselalm hinauf.

② Von Jochberg

Vom Parkplatz am oberen Ende in Jochberg (880 m) folgen wir zunächst der Forststraße durch Wald. Nach etwa einer Viertelstunde zweigt rechts der alte Wanderweg ab und kürzt die Forststraße etwas ab. Dann treffen wir auf den von Bad Reichenhall heraufführenden Weg (E 4). Diesem folgen wir nun bergwärts weiter durch Wald. In Serpentinen steigen wir direkt in Richtung Zwiesel-Gipfel und treffen dabei auf den vom Hochstaufen herüberführenden Weg. Wir wandern links weiter in vorwiegend freiem Gelände (oberhalb sehen wir bereits die Zwieselalm) hinauf zum bewirtschafteten Haus.

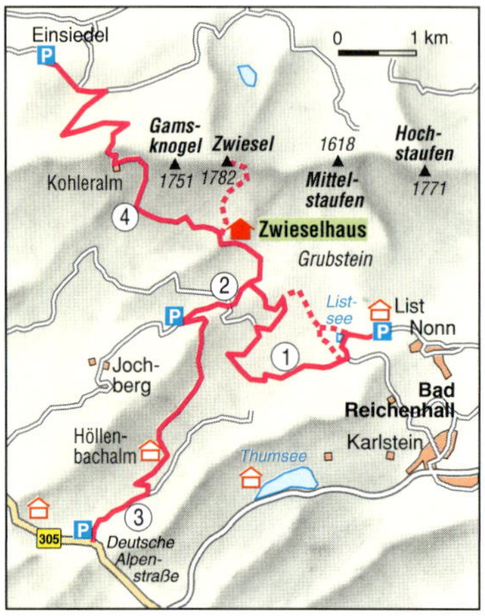

③ Von der Deutschen Alpenstraße

Vom Parkplatz folgt man der Forststraße (Ausschilderung »Höllenbachalm«), passiert eine Schranke und wandert dann oberhalb des Höllenbachs bergwärts. Bei den nächsten Verzweigungen jeweils links und dann wieder rechts und auf den Almfahrweg. Links von der Höllenbachalm führt ein Pfad steil hinauf in den Wald, im Auf und Ab nordwestwärts zum höchsten Punkt und abwärts durch Wald zum Rinnerauerbauern und zum Wanderparkplatz in Jochberg. Weiter wie auf Hüttenweg 2.

④ Von Inzell-Einsiedel

Vom Parkplatz zwischen Bauernhaus und Kirchlein gehen wir den Weg Nr. 23 zum Waldrand, dort rechts auf ausgeschildertem Weg durch Wald hinauf zu einer Forststraße. Auf dieser rechts weiter, links um eine Kehre und bald wieder rechts ab. In Serpentinen durch Mischwald steigen wir empor zu einer Wegverzweigung, links weiter und bergwärts hinauf zu den ersten Schrofen. Bald ist die Kohleralm erreicht. Dort wandern wir links weiter zu einer Wegverzweigung und rechts teilweise eben, dann über wurzeligen Steig und Bergweg in einem weit ausholenden Linksbogen hinüber zur Zwieselalm.

Der Hüttengipfel

Zwiesel, 1782 m: Direkt von der Zwieselalm führt ein leicht begehbarer markierter Steig durch Wald und Latschen hinauf zum Zennokopf (1756 m), dann links weiter über freies Gelände hinüber zum Zwiesel-Gipfel.

Traunsteiner Hütte

Höchste Punkte: Traunsteiner Hütte, 1160 m; Dürrnbachhorn, 1776 m.

Die gemütliche Traunsteiner Hütte – vor kurzem hieß sie noch Traunsteiner Skihütte, womit ihre ursprüngliche Nutzung besser bezeichnet ist – liegt auf dem weiten Plateau der Winklmoosalm. Die ehemalige Almhütte wurde von der Alpenvereinssektion Traunstein im Jahre 1925 erworben, deutlich erweitert und 1987 umfassend renoviert.

① Von Seegatterl

Parallel zur Mautstraße führt links ein ausgeschilderter gesperrter Fahrweg hinauf bis zur Winklmoosalm. Das letzte Stück muss dann allerdings auf der Straße zurückgelegt werden.

② Vom Heutal

Vom Parkplatz am Ende der Straße im Heutal führt ein ausgeschilderter Wirtschaftsweg (»Landweg«) zuerst leicht ansteigend zum Herbstkaser, dann geht es eben durch ein schönes Waldgebiet hinüber bis zur Winklmoosalm.

③ Vom Gasthaus Steinplatte

Vom großen Parkplatz führt rechts haltend ein ausgeschilderter Wirtschaftsweg durch den Westabfall der Steinplatte – vorbei an der Stallenalm – hinauf zur Kammhöhe, dann geht es bei der Weggabelung rechts hinab zur Möseralm. Wir wandern weiter auf Fahrweg durch Wald seitlich am Scheibelberg vorbei zu einer Weggabel und dort rechts hinab zur Muckklause. Bei der Wegverzweigung gehen wir links weiter, und bald wandern wir hinab über die Almwiesen zu den Häusern der Winklmoosalm. Am Gegenhang steigen wir noch kurz auf ausgeschildertem Fahrweg zur Traunsteiner Hütte.

Der Hüttengipfel

Dürrnbachhorn, 1776 m: Am leichtesten ist der Gipfel mit dem Sessellift (Einkehr an der Bergstation möglich) – nur wenige Minuten von der Traunsteiner Hütte entfernt – zu erreichen. Von dort führt ein steiniger, aber leichter Pfad durch Latschen zum Gipfel.
Zu Fuß: Von der Hütte wandern wir auf Wirtschaftsweg durch Wald hinauf zur Dürrnbachalm. Dort quert ein Wanderweg über Grashänge hinüber zur Bergstation des Sessellifts. Von dort aus geht es dann weiter wie oben beschrieben.

Tour 21

Hütte
Zeit Von Seegatterl: 1 1/4 Std.; vom Heutal: 2 Std.; vom Gasthaus Steinplatte: 2 Std.

Schwierigkeit Wirtschafts- und leichte Bergwanderwege.

Übernachtung Traunsteiner Hütte, 1160 m (AV-Hütte, Kat. II, 8 Betten, 40 Lager, nahezu ganzjährig bewirtschaftet, November geschlossen, Mittwoch Ruhetag; Tel.08640/8140).

Karte Topogr. Karte 1 : 50 000 Chiemsee – Chiemg. Alpen (BLVA)

Gipfel
Zeit Von der Traunsteiner Hütte: 2 Std., Abstieg 1 1/2 Std.; insgesamt: 3 1/2 Std.

Schwierigkeit Leicht. Am Gipfel Vorsicht, Steilabbruch!

Weitere Hütten
Winklmoosalm, 1100–1200 m.
Möseralm, 1274 m (privat, ganzjährig bewirtschaftet).

Eine von mehreren Einkehrstellen auf der Winkelmoosalm: die Traunsteiner Hütte.

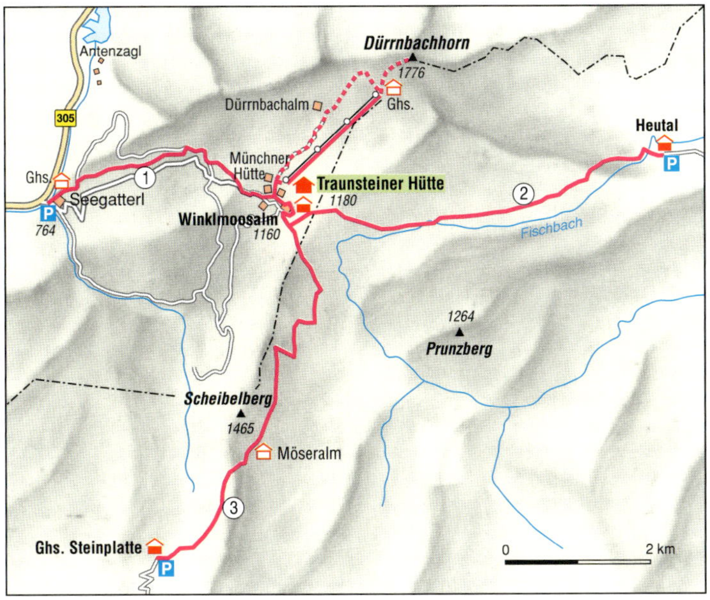

Hochgernhaus

Höchste Punkte: Hochgernhaus, 1510 m; Hochgern, 1748 m.

Tour 22

Hütte
Zeit Von Marquartstein bzw. Unterwössen: 2 1/2 Std.; von Staudach-Egerndach: 3 Std.; von der Kohlstattalm: 3 Std.; vom Hochfellnhaus: 3 Std.

Schwierigkeit Der Anstieg von Marquartstein (Normalweg) ist ein breiter, im oberen Teil auch steiler Wirtschaftsweg. Hüttenweg 2 bis Staudacher Alm Fahrweg, dann sehr steiler Bergpfad. Hüttenwege 3 (bis Eschelmoos Wirtschaftsweg) und 4 überwiegend schöne Bergwanderwege mit einigen steileren Passagen.

Übernachtung Hochgernhaus, 1510 m (privat, ganzjährig bewirtschaftet, 15 Betten, 20 Lager; Tel. 08641/61919).

Karte Topogr. Karte 1 : 50 000 Chiemsee – Chiemgauer Alpen (BLVA)

Gipfel
Zeit Vom Hochgernhaus: ca. 1 Std.; Abstieg zur Hütte: 1/2 Std.; insgesamt: 1 1/2 Std.

Schwierigkeit Bergwanderweg und Bergpfad, leicht. Am Gipfel jedoch Vorsicht! ›››

Das Hochgernhaus unterhalb des Lerchecks ist ein Hüttenziel das ganze Jahr über. Wann immer man unterwegs ist zu dieser aussichtsreich gelegenen Privathütte, der Anteil der jungen Wanderer überwiegt. Der Blick über das weite Tal der Tiroler Achen, auf den Geigelstein und die fernen Kaisergipfel, ja bis zum Großglockner bleiben unvergesslich. Auf dem Hüttenfahrweg über die Agergschwendalm muss allerdings mit zahlreichen Mountainbikern gerechnet werden. Im Winter sind auf dieser Strecke die Rodelfans aktiv. Das Hochgernhaus liegt am Europäischen Fernwanderweg E 4, der auf einer Länge von 8000 Kilometern vom spanischen Algeciras bis nach Kreta führt. Auch Richard Strauss, der gerne wanderte, war hier unterwegs – da gab es allerdings das Hochgernhaus noch nicht. In Marquartstein komponierte er u. a. seine »Salome«.

① Von Marquartstein

Vom oberen Ende des Wanderparkplatzes wandern wir auf Ziehweg bergan (Ausschilderung »Hochgernhaus«), der zuerst die Forststraße quert, dann weiter oben in diese mündet. Auf dieser gut ausgeschildert über die Agergschwendalm. Dort gehen wir links vorbei und auf schmalerem Fahrweg angenehm schattig zur Bergwachthütte oberhalb, dann steigen wir links haltend hinauf zum Hochgernhaus.
Varianten: Der Zustieg kann auch von Unterwössen unternommen werden. Wer den Normalweg zu einer Runde ausbauen will, folgt kurz oberhalb des Parkplatzes den Ausschilderungen zum Schnappenberg und wandert über die Schnappenkirche bis zur Staudacher Alm. Dort trifft man dann auf den Hüttenweg 2.

② Von Staudach-Egerndach

Vom Wanderparkplatz folgt man zunächst dem Wirtschaftsweg (Ausschilderung »Staudacher Alm«, »Hochgern«) dem Alplbach entlang. Bei den nächsten beiden Wegverzweigungen hält man sich rechts. Die letzte große Schleife des Wirtschaftsweges, der direkt zur Staudacher Alm hinaufführt, kann man dann auf einem Wiesenweg abkürzen. Von der Alm dann weiter zum Fuß des Hochgern und auf steilem, bei Nässe rutschigem Pfad hinauf zum Sattel zwischen Hochgern und Zwölferspitz, dort rechts auf breitem Wanderweg hinab zum Hochgernhaus.

③ Von der Kohlstattalm

Man folgt zunächst der Forststraße – angenehm schattig an der Weißen Ache entlang – taleinwärts (Ausschilderung »Eschelmoos«,

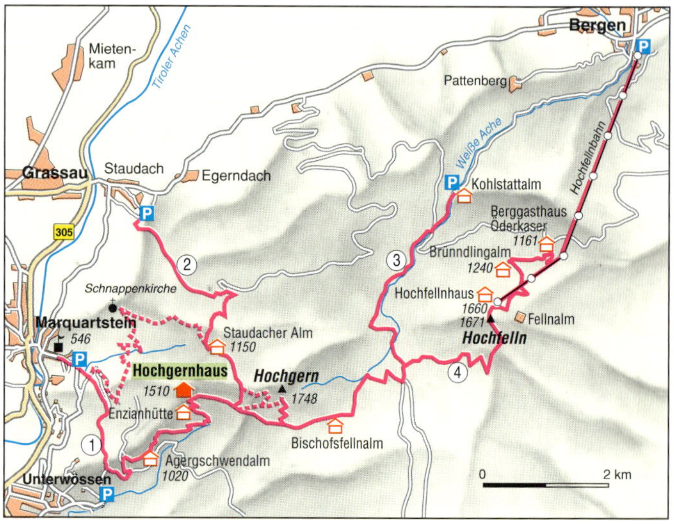

Die große Terrasse am Hochgernhaus ist noch leer, aber bald wird sie mit zahlreichen Mountainbikern und Wanderern gefüllt sein, denn das aussichtsreich gelegene private Unterkunftshaus gehört zu den beliebtesten Zielen in den Chiemgauer Alpen. Gegenüberliegende Seite: Am Aufstieg zum Hochgern, wenige Meter unter dem Gipfel.

»Röthelmoos«), dann geht es weiter ansteigend durch eine wilde Schlucht hinauf zum Eschelmoos. Dort hält man sich rechts (Wegtafel: »Hinteralm«, »Hochgern«) und wandert auf Wirtschaftsweg hinauf zur Hinteralm. Dort beginnt ein markierter Pfad, der über die Bischofsfellnalm (1380 m) auf den vom Hochgern nach Süden herabziehenden Kamm führt (direkter Anstieg zum Gipfel möglich). Wir steigen kurz durch die Südflanke des Hochgern, bis rechts ein Pfad direkt hinauf zum Hochgernhaus führt.

④ Vom Hochfellnhaus (E 4)

Dieser ungewöhnliche Zustiegsweg zum Hochgernhaus benutzt einen Abschnitt des Europäischen Fernwanderweges E 4 und verbindet zwei der aussichtsreichsten Gipfel der Chiemgauer Alpen. Vom Fellhorngipfel geht es zunächst auf dem breiten Höhenweg hinauf zur Kapelle, wo der Abstiegsweg beginnt. Zuerst folgt man der Ausschilderung zur Thoraualm, hält sich jedoch bald rechts und umrundet den Thoraukopf. Bei einem bewaldeten Sattel biegt man rechts ab und wandert durch den Weißgraben talwärts, wo man auf eine Forststraße trifft. Auf dieser hinab zum Eschelmoos. Weiter wie oben.

Der Hüttengipfel

Hochgern, 1748 m: Vom Hochgernhaus führt ein guter Bergwanderweg in östlicher Richtung leicht bergan durch die freien Hänge des Zwölferspitz auf den Westkamm des Hochgern. Dann umwandert man in einem weiten Linksbogen eine große Mulde und steigt über freies Gelände den Westhang hinauf. Nach Passieren eines Überstiegs halten wir uns rechts und steigen das letzte steile Stück hinauf zum Gipfelkreuz. Auf der Nachbarerhebung – der Hochgern verfügt über zwei Gipfel – steht eine Miniaturkirche.

›››

Weitere Hütten

Agergschwendalm, 1020 m (privat, von Mai bis Oktober durchgehend, in der übrigen Zeit bei schönem Wetter bewirtschaftet).
Staudacher Alm, 1150 m (privat, von Anfang Juni bis Ende September bewirtschaftet). Von Staudach-Egerndach 1 ½ Std. Gehzeit.
Enzianhütte, 1380 m (privat, bewirtschaftet von Mai bis Oktober). Knapp unterhalb des Hochgernhauses.
Hochfellnhaus, 1660 m (privat, ganzjährig bewirtschaftet, von November bis etwa Mitte Dezember geschlossen). An der Bergstation der Hochfellnbahn. Von Bergen 3 ½ Std.
Kohlstattalm, 825 m (privat, außer November ganzjährig bewirtschaftet, Mittwoch Ruhetag).
Berggasthaus Öderkaser, 1161 m (privat, bei schöner Witterung ganzjährig bewirtschaftet, 3 Betten). Von der Mittelstation der Hochfellnbahn 15 Minuten.
Brünndlingalm, 1240 m (privat, nahezu ganzjährig bewirtschaftet). Von der Mittelstation der Hochfellnbahn 15 Minuten.
Bischofsfellnalm, 1380 m (privat, während der Weidezeit einfach bewirtschaftet). Von der Kohlstattalm 2 Std.

Straubinger Haus

Höchste Punkte: Straubinger Haus, 1600 m; Fellhorn, 1765 m.

Tour 23

Hütte
Zeit Von Seegatterl: $2\frac{3}{4}$ Std.; von Blindau: $2\frac{1}{2}$ Std.; über die Weißensteinalm: 4 Std.; von der Hagerbrücke: $2\frac{1}{2}$ Std.; von Erpfendorf: $2\frac{3}{4}$ Std.; vom Gasthaus Steinplatte: 2 Std.

Schwierigkeit Leichte Wege.

Übernachtung Straubinger Haus (AV-Haus, Kat. II, bew. Mitte Mai – Anfang Nov., 16 B., 65 L.; Tel. 0043/5375/6429).

Karte Topogr. Karte 1 : 50 000 Chiemsee – Chiem. Alpen.(BLVA)

Gipfel
Zeit Von der Hütte: $\frac{3}{4}$ Std.

Schwierigkeit Wanderweg

Weitere Hütten
Nattersbergalm, 896 m (priv., bew. Weihnachten bis Ostern, Pfingsten bis Allerheiligen, im Sommer Montag Ruhetag, 16 Betten; Tel. 08640/8430).
Hindenburghaus, 1261 m (priv., bew. Mai bis Okt., Dez. bis April, keine Übern.; Tel. 08640/8425).
Brennhütte, 1413 m (privat, ganzjährig bewirtschaftet).

Das Straubinger Haus vor der Kulisse des Wilden Kaisers.

Weitwanderern ist das Straubinger Haus ein Begriff, denn es liegt am E 4, der den Bodensee mit dem Neusiedler See verbindet. Ansonsten sind es vor allem Tagesgäste, die vom Hindenburghaus heraufsteigen und den gewiss unübertrefflichen Kaiserblick genießen wollen. Das Straubinger Haus ist ein Platz für eine ruhige Hüttennacht ohne viel Rummel.

① Von Seegatterl

Am Westende des Parkplatzes geht es über eine Brücke, dann links haltend durch Wald hinauf zur Nattersbergalm. Seitlich an dieser auf schmalem Wanderweg vorbei (Wegweiser) und über die Almwiesen zum Waldrand, dann links weiter zur quer führenden Forststraße. Dort gehen wir links in weiten Serpentinen weiter bergwärts, bis links ein Ziehweg von der Forststraße abzweigt. Auf diesem hinauf zur Oberen Hemmersuppenalm. Am hintersten Gebäude zweigt links ein Weg ab (Wegweiser), der in einen Wiesenpfad übergeht. Wir halten uns links und wandern weiter zum Berghang, leicht ansteigend über freie Wiesen, dann durch Wald. Nach einem Weideüberstieg mündet rechts der Filzenweg ein. Links hinauf zum Straubinger Haus.

② Von Blindau

Vom Parkplatz entweder mit Pendelbus oder zu Fuß auf Wirtschaftssträßchen hinauf zum Hindenburghaus. Dort weiter auf Wirtschaftsweg zu einer Hochfläche, wo rechts der ausgeschilderte Filzenweg abzweigt.

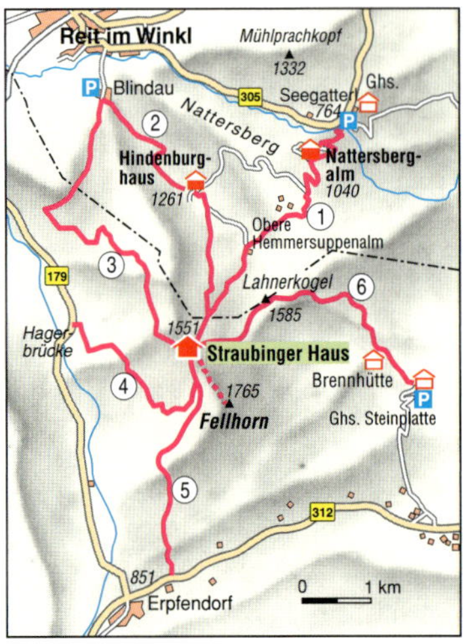

③ Über die Weißensteinalm

Das ist der schönste Hüttenweg: Vom Parkplatz Blindau wandern wir zunächst auf einem Sträßchen zur Klausenbergalm (Variante: Klausenbergklamm), dann links auf dem rotweiß markierten Wanderweg durch Wald zur Weißensteinalm (1080 m). Dort links auf Steig in Serpentinen hinauf zur Neualm (1420 m) und leicht ansteigend durch Wald und über einen Sattel zum Straubinger Haus.

④ Von der Hagerbrücke

Das ist der kürzeste Anstieg von der Tiroler Seite und zugleich der Hüttenversorgungsweg. 200 Meter nördlich der Brücke beginnt der teilweise sehr steile Fahrweg über die Hasenaueralm und die Kreuzangeralm.

⑤ Von Erpfendorf

Von der Kirche gehen wir rechts parallel zur Bundesstraße zum Weiler Völkl, über die Straße und durch Wiesen zum Kramathof und über die Gernalm zum Straubinger Haus.

⑥ Vom Gasthaus Steinplatte

Ein gut ausgeschilderter Wanderweg führt vom Gasthaus in leichtem Auf und Ab hinüber zum Almdorf Durchkaseralm. Weiter geht's über Almwiesen und durch Latschenfelder an den Fuß des Eggenalmkogels. Links leicht ansteigend an diesem vorbei zur Hochtrittalm und durch Mulden zum Straubinger Haus.

Der Hüttengipfel

Fellhorn, 1765 m: Gute 200 Höhenmeter sind es von der Eggenalm, auf der sich das Straubinger Haus befindet, hinauf zum Hüttenberg. Man wandert erst 100 Meter auf dem Fahrweg südlich, bis links der Pfad abzweigt, der über freie Weidehänge zum Gipfel leitet.

Berggasthof Kampenwand

Höchste Punkte: Kampenwandhaus, 1467 m; Kampenwand, 1668 m.

Das Kampenwandhaus liegt wenig oberhalb der Bergstation der Kampenwandbahn und ist vor allem für Tagesausflügler, die mit der Kampenwandbahn heraufkommen, wegen ihrer großen Südwestterrasse beliebt. Leider gibt es für Einzelwanderer, obwohl der Europäische Fernwanderweg E 4 über die Kampenwand führt, kaum noch Übernachtungsmöglichkeiten.

① Über den Reitweg

Von der Talstation gehen wir auf einem Verbindungsweg (Richtung Aschau) vor zu einem Sträßchen, dann rechts auf diesem zum Bergfuß, wo links der ehemalige Reitweg abzweigt. Auf diesem wandern wir unter der Geißstiegwand vorbei zum Hüttenfahrweg und rechts zur Schlechtenbergalm. Kurz davor zweigt rechts der Anstiegsweg zur Hütte ab.

② Von Hintergschwendt

Vom Parkplatz gehen wir links auf markiertem Weg zu einem Holzlagerplatz. Links weiter (Mark.-Nr. 38) zum Ende des Forstwegs und weiter auf Ziehweg. Auf schönem Steig wandern wir bis zu einer Wegverzweigung. Dort links und durch ein Bachtal zum Roßboden. Rechts um den Sulten zum Hüttenfahrweg der Steinlingalm. Dort geht es rechts auf dem Panoramaweg zum Kampenwandhaus.

③ Von Adersberg

Vom Parkplatz hinter dem Gasthaus wandern wir zur Rottauer Hinteralm. Dort rechts auf Wanderweg hinauf durch Wald zur Gederer Alm (1342 m) und über Weidehänge zu einem Sattel, wo man auf den Hüttenfahrweg stößt. Links weiter zur Steinlingalm und auf dem Panoramaweg hinüber zum Kampenwandhaus.

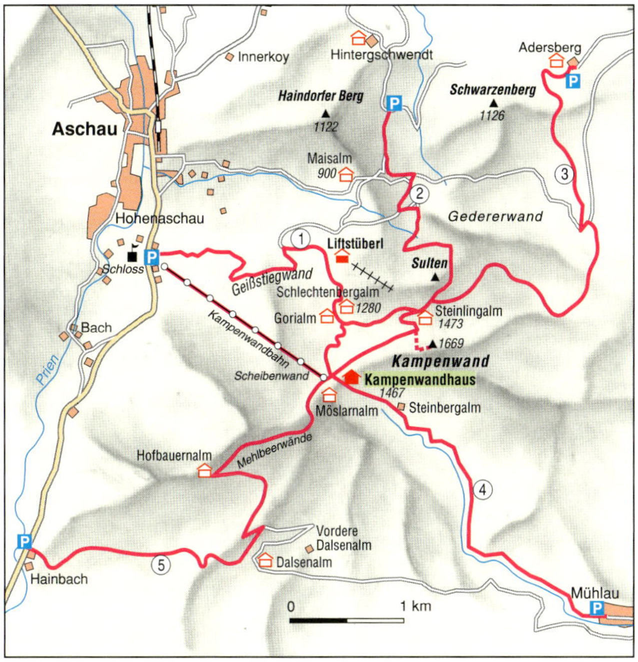

④ Von Mühlau

Vom Parkplatz auf Forstweg in Richtung Dalsenalm, bis der Weg zur Steinbergalm abzweigt. Nach der Alm links zur Hütte.

⑤ Von Hainbach

Vom Parkplatz durch Wald und den Klausgraben zum Sattel vor den Dalsenalmen, wo links der Weg zum Kampenwandhaus abzweigt.

Der Hüttengipfel

Kampenwand-Ostgipfel, 1668 m: Von der Hütte zur Steinlingalm, wo rechts der markierte Gipfelweg beginnt. Auf den rot markierten Pfadspuren durch die »Kaisersäle« zum letzten Gipfelaufschwung.

Tour 24

Hütte

Zeit Von Hohenaschau: 2½ Std.; von Hintergschwendt: 2½ Std.; von Adersberg: 3 Std.; von Mühlau: 3 Std.; von Hainbach: 2½ Std.

Schwierigkeit Wirtschafts- und einfache Bergwanderwege.

Übernachtung Berggasthof Kampenwand, 1467 m (privat, von Mitte November bis Weihnachten und Ende April geschlossen, 55 Betten, nur für Gruppen nach Voranmeldung; Tel. 08052/4543).

Karte Topogr. Karte 1 : 50 000 Chiemsee – Chiemg. Alpen (BLVA)

Gipfel

Zeit Vom Kampenwandhaus: 1¼ Std., Abstieg zur Hütte: ¾ Std.; insgesamt: 2 Std.

Schwierigkeit Trittsicherheit und Schwindelfreiheit unbedingt erforderlich. Eine Drahtseilsicherung und Eisenbrücke.

Weitere Hütten

Steinlingalm, 1473 m (ganzjährig bewirtschaftet, im Winter nur von Do. bis So., Mo. Ruhetag; Tel. 08052/2962).
Schlechtenbergalm, 1280 m (privat, fast ganzjährig bewirtschaftet; Tel. 08052/909870).
Liftstüberl, 1170 m (privat, ganzjährig bew., Mi. Ruhetag, 25 Lager, Übernachtung: Tel. 08052/2709).
Gorialm, 1250 m (privat, ganzjährig bewirtschaftet, im Mai nur an den Wochenenden).
Maisalm, 905 m (privat, im Sommer bew., Mo. Ruhetag).
Hofbauernalm, 1379 m (priv., bew. Mitte Juni bis ca. 20. Sept.).
Möslarnalm, 1450 m (privat, im Sommer bewirtschaftet).

Bild oben: Das Kampenwandhaus unter dem Westgipfel der Kampenwand.

Priener Hütte

Höchste Punkte: Priener Hütte, 1410 m; Geigelstein, 1808 m.

Tour 25

Hütte

Zeit Von Sachrang: 3 Std.; von Ettenhausen: 3 Std. (bei Benutzung des Sessellifts: 1 1/2 Std.); über die Roßalm: 4 Std.; von Walchsee: 3 1/2 Std.

Schwierigkeit Von Sachrang und Walchsee Wirtschaftswege. Anstiege von Ettenhausen auf Wirtschafts- und leichten Bergwanderwegen.

Übernachtung Priener Hütte, 1410 m (AV-Hütte, Kat. II, mit Ausnahme von ein paar Wochen im Spätherbst und im frühen Frühjahr ganzjährig bewirtschaftet, 55 Betten, 85 Lager; Tel. 08057/428).

Karte Topogr. Karte 1 : 50 000 Chiemsee – Chiemgauer Alpen (BLVA)

Gipfel

Zeit Von der Priener Hütte: 1 1/2 Std., Abstieg zur Hütte: 1 Std.; insgesamt: 2 1/2 Std.

Schwierigkeit Leichter Bergsteig, Trittsicherheit jedoch erforderlich. ›››

Die 1925 erbaute Priener Hütte wirkt von außen wie ein recht funktionaler Bau, doch der mit einem Kachelofen ausgestattete Gastraum setzt einen gemütlichen Akzent. Die umweltfreundliche ver- und entsorgte Hütte ist ein Vorzeigeprojekt des Alpenvereins. Es gibt kein Dieselaggregat mehr, die Energie wird mit Holz und Pflanzenöl erzeugt. Zwei Hüttenberge – der Geigelstein und der Breitenstein – bieten sich als unschwierige Gipfelziele an. Direkt gegenüber liegt der Zahme Kaiser und rundet das Panorama hochalpin ab. Die Hütte ist das ganze Jahr über bewirtschaftet und die Küche bis 20 Uhr geöffnet.

① Von Sachrang (oder Huben)

Vom Parkplatz am Waldrand wandern wir links den ausgeschilderten Fahrweg durch Wald hoch (der Anstiegsweg von Huben mündet etwas oberhalb auf diese Route). Obwohl dieser breite Wirtschaftsweg bis zum Unterkunftshaus führt, lässt sich der Anstieg idealerweise gut variieren. Mehrere alte Ziehwege verkürzen die weiten Schleifen des Fahrweges und machen ihn abwechslungsreicher. Im obersten Teil der Route wird der Weg dann flacher und führt durch Weidegelände, bis die Hütte erreicht ist. Kurz vor Erreichen der Hütte kann man noch einen Schlenker nach rechts einbauen und bei der altehrwürdigen Ackernalm einkehren. Von dort aus führt dann ein Bergpfad direkt hinüber zur Priener Hütte.

② Von Ettenhausen

Der Anstieg kann natürlich mit dem Sessellift bis knapp unterhalb der Wuhrsteinalm verkürzt werden. Wer jedoch zu Fuß gehen will, benutzt den gesperrten Fahrweg (Mark.-Nr. 208), der von der Talstation in Schleifen durch Wald hinaufführt. Von der Wuhrsteinalm führt ein guter Bergwanderweg hinauf zur Wirtsalm, wo sich der Weg verzweigt. Hier wandern wir nun links auf markiertem Bergpfad hinauf in die Einsattelung, die den Geigelstein vom Breitenstein trennt, dann jenseits auf steilem, aber gut zu begehendem Pfad hinab zur Priener Hütte.

③ Über die Roßalm

Von der Talstation der Geigelsteinbahn wandern wir auf gesperrtem Forstweg durch

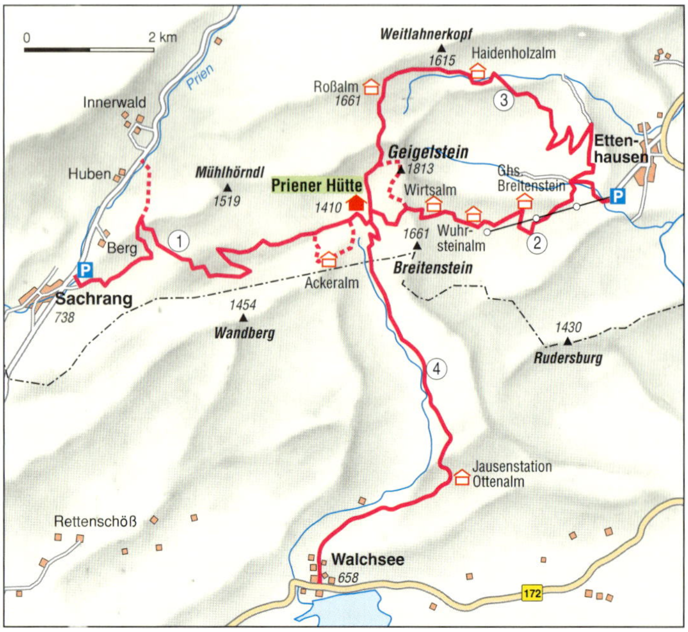

Wald (Mark.-Nr. 208) eine Viertelstunde bergan, bei der Weggabel halten wir uns rechts und bei der nächsten Verzweigung wieder links. Nun geht es in weiten Kehren durch Wald hinauf bis zum Ende des Wirtschaftswegs bei der Haidenholzalm. Von dort führt ein Bergwanderweg (Mark.-Nr. 207) zuerst steil über eine Geländestufe in das kleine Hochtal oberhalb, dann in einem Linksbogen hinauf zur Roßalm. Von der Roßalm geht es weiter bergan, dann auf einer Hochfläche eben weiter bis zum Sattel östlich des Wandspitz und jenseits hinab zur bereits sichtbaren Priener Hütte.

④ Von Walchsee

Von der Ortsmitte führt ein ausgeschildertes Sträßchen zum Ortsteil Winkel. Es geht nun weiter auf einem Wirtschaftsweg durch Wald in Richtung Ottenalm (das Gasthaus liegt rechts). Bei der Weggabelung halten wir uns dann links und wandern über die Baumgartneralm – zuletzt über freies Gelände – hinauf zu einem Jagdhaus und schließlich weiter die letzten Meter zur Priener Hütte.

Der Hüttengipfel

Geigelstein, 1808 m: Der Blumenberg der Chiemgauer Alpen ist auf leichtem Wanderweg von der Priener Hütte zu ersteigen. Idealerweise kann man diesen Ausflug auch in Form einer Rundtour unternehmen. Von der Priener Hütte geht es zunächst einmal auf Almweg bergan, bis nach wenigen Minuten der Wanderweg in Richtung Roßalm rechts abzweigt. Über die weiten Almwiesen wandern wir dann rechts haltend in den Sattel nördlich des Geigelsteingipfels, dann rechts durch Latschen hinauf zum höchsten Punkt mit Gipfelkreuz und kleiner Kapelle. Jenseits geht es in Serpentinen über einen schrofigen Hang hinab, dann aber nicht nach links zur Wirtsalm absteigen, sondern auf dem Kamm bleiben. Auf Höhe der Priener Hütte zweigt rechts ein schmaler Pfad ab, der steil hinab zur Hütte führt.

Die Priener Hütte (Bild oben) und der Geigelstein, vom Breitenstein aus gesehen (gegenüberliegende Seite).

>>>

Weitere Hütten

Ackeralm, 1200 m (im Sommer einfach bewirtschaftet).
Berggasthaus Breitenstein, 1000 m (ganzjährig bewirtschaftet, Übernachtungsmöglichkeit).
Wuhrsteinalm, 1160 m (privat, bewirtschaftet von Mai bis Oktober und von Weihnachten bis Ostern, Übernachtungsmöglichkeit; Tel. 08649/218).
Haidenholzalm, 1350 m (privat, am Wochenende während der Weidezeit bewirtschaftet).
Rossalm, 1661 m (privat, im Sommer einfach bew.).
Jausenstation Ottenalm, 965 m (privat, ganzj. bew.).

Wandberghaus

Höchste Punkte: Wandberghaus, 1318 m; Lochner Horn, 1448 m.

Tour 26

Hütte
Zeit Von Sachrang: je 2 ½ Std.; von Feistenau: 1 ½ Std.; von Walchsee: 2 ½ Std.; über die Baumgartneralm: 3 Std.

Schwierigkeit Wirtschaftswege.

Übernachtung Wandberghaus, 1318 m (privat, fast ganzj. bew., 30 Betten und Lager; Tel. 0043/664/4321770).

Karte Topogr. Karte 1 : 50 000 Chiemsee – Chiem. Alpen (BLVA)

Gipfel
Zeit Vom Wandberghaus: ¾ Std., Abstieg: ¾ Std.

Schwierigkeit Wanderweg.

Weitere Hütten
Wildbichlalm, 1000 m (privat, bew. von Mai bis Oktober).
Priener Hütte, siehe Tour 25.
Ackeralm, 1200 m (privat, von Juni bis Mitte September bew.).
Jausenstation Ottenalm, siehe Tour 25

Leicht zu erreichen: das Wandberghaus.

Das Wandberghaus ist eine private, 1957 erbaute Unterkunftshütte hoch über dem Walchsee. Sie liegt in einem großen Almgelände und ist neben der Priener Hütte ein idealer Ausgangspunkt für Berg- und Mountainbiketouren in diesem Gebiet.

① Von Sachrang (via Priener Hütte)

Vom Parkplatz am Waldrand links auf Fahrweg durch Wald hoch. Im oberen Teil wird der Weg flacher. Bald geht es rechts auf Fahrweg zur Ackernalm. Links vorbei, durch ein Waldstück, hinab zu einem Wirtschaftsweg, auf diesem links hoch zum Wandberghaus.

② Von Sachrang (via Wildbichlalm)

Vom Wanderparkplatz folgt man dem Fahrweg zur Priener Hütte in den Wald. Nach wenigen Minuten zweigt rechts der Steig ab, der zur Wildbichler Alm führt. Kurz weiter im Talboden zu einem Wirtschaftsweg, dann links auf steilem, aber gutem Steig zur Wildbichler Alm. Dort links auf Almfahrweg durch Wald zur Rettenbachalm und zum Wandberghaus.

③ Von Feistenau (Winterweg)

Vom Weiler Feistenau führt ein Wirtschaftsweg über die Rettenbachalm und links um den Wandberg herum zum Wandberghaus.

④ Durch den Lochner Graben

Von der Ortsmitte Walchsee auf Sträßchen in Richtung Winkel, bald links ab und direkt auf den Berg zu; dort über den Bach und links weiter (Mark.-Nr. 54; Wegtafel »Wandberghaus«). Nach einem Gatter geht es rechts hoch zu einer Wegverzweigung. Rechts weiter (Mark.-Nr. 55 b) durch Wald zu einem Forstweg und durch den Lochner Graben. Am Ende links steil hoch zu den Wandbergalmen.

⑤ Über die Baumgartneralm

Ab Ortsmitte Walchsee führt ein Sträßchen zum Ortsteil Winkel. Auf Wirtschaftsweg geht es durch Wald in Richtung Ottenalm, bei der Weggabel links und zur Baumgartneralm. Oberhalb zweigt links der Weg zur Hütte ab.

Der Hüttengipfel

Lochner Horn, 1448 m: Vom Wandberghaus rechts auf Wirtschaftsweg zur Lochneralm und an einer Verzweigung links zum Lochnerhorn.

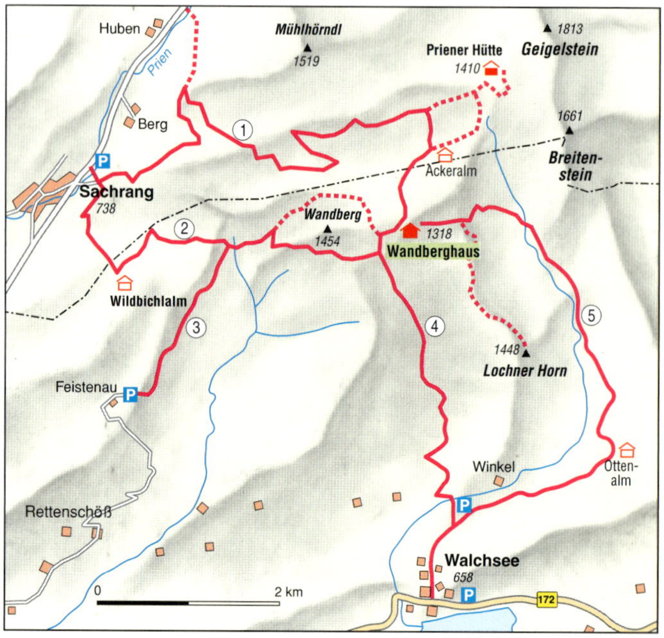

Klausen

Höchste Punkte: Klausen, 1508 m; Klausenberg, 1554 m.

Diese urige Einkehr für Bergsteiger und Wanderer trägt den simplen Namen »Klausen« – benannt nach dem Klausenberg, auf dem sich diese kleine Hütte befindet. Bewirtschaftet wird dieses kleine Refugium auf dem Höhenzug zwischen Aschau und Sachrang von der Familie Fritz.

① Von Hohenaschau

Vom Schloss wandern wir auf Fahrstraße zum Bergfuß, dann links bis Hammerbach. Dahinter beginnt der Weg zur Klausen (Mark.-Nr. 10/26). Bei der folgenden Wegverzweigung halten wir uns links zur Ellandalm (989 m). Über Schinder, Baumgartenalm und Klausgraben geht es zur Hochfläche der Klausenhütte.

② Von Hainbach

Beim Wanderparkplatz überquert man die Staatsstraße und folgt dem ausgeschilderten Almweg durch Wald. In weiten Kehren geht es durch Wald hinauf, zweimal queren wir eine breite Forststraße. Wenn man sie das dritte Mal berührt, folgt man ihr nach rechts. Bei der nächsten Verzweigung geht es links und dann wieder rechts. Bei der Abzweigung zur Schoßrinnalm wandern wir rechts um einen Ausläufer des Zinnenbergs zu dem von Aschau heraufkommenden Wanderweg. Hier geht es links weiter und über freies Gelände durch den Graben des Schoßrinnbaches zur Kammhöhe, auf der sich die Klausenhütte befindet.

③ Von Innerwald

Diese Route ist am besten im Abstieg zu begehen: Von der Klausen wandern wir über die Almweiden hinab (Ausschilderung »Spitzstein«), dann leicht ansteigend nahezu weglos durch die freie Westseite des Zinnenbergs. Etwas absteigend geht es zur aussichtsreich gelegenen Feichtenalm (1472 m). Von dort ist es nur noch ein kurzes Stück hinab bis zur Wegverzweigung Richtung Innerwald. Nun halten wir uns links und wandern durch Wald zur Brandelbergalm. Knapp unterhalb der Alm verzweigt sich der Weg erneut und führt links weiter hinab zum Kohlstätter Bach. Das letzte Stück führt dann auf einem Fahrweg nach Innerwald.

④ Durch das Trockenbachtal

Vom Parkplatz wandern wir auf ausgeschildertem Wirtschaftsweg durch das anfangs bewaldete Tal, dann über Almwiesen bis zu einer Jagdhütte. Dort verzweigt sich der Weg. Nun geht es rechts in Kehren durch den Klausner Wald, bei den folgenden Wegverzweigungen halten wir uns links, bis rechts der ausgeschilderte Weg zur Klausenhütte abzweigt.

⑤ Über die Hochries

Nach der Auffahrt mit der Hochriesbahn wandern wir von der Bergstation auf Wirtschaftsweg (Mark. E 4) in nordöstlicher Richtung auf dem Kamm hinab zur Riesenalm. Dort verzweigt sich der Weg: Wir gehen rechts auf Pfad durch Wald hinab zum Almfahrweg. Auf diesem wandern wir links weiter, bis rechts der Wanderweg über die Abergalm (Mark.-Nr. 218) zur Klausen abzweigt. Über steile Berghänge geht es nun auf Pfad hinauf zum Predigtstuhl, dann auf der Kammhöhe über den Klausenberg weiter bis zur Klausenhütte.

Der Hüttengipfel

Der Klausenberg, 1554 m, wird beim Übergang vom Hochrieshaus überschritten.

Tour 27

Hütte
Zeit Von Hohenaschau: 3 1/2 Std.; von Hainbach: 2 1/2 Std.; von Innerwald: 3 Std.; durch das Trockenbachtal: 2 1/2 Std.; über die Hochries: 2 1/2 Std.

Schwierigkeit Bergwanderwege, die jedoch Trittsicherheit voraussetzen. Der leichteste Anstieg führt durch das Trockenbachtal; überwiegend Almfahrwege, zuletzt Bergwanderweg.

Übernachtung Klausen, 1508 m (privat, ganzjährig an Wochenenden, im Sommer auch wochentags bewirtschaftet – nur bis 19 Uhr, 8 Betten, 12 Lager; Tel. 0171/995/4952).

Karte Topogr. Karte 1 : 50 000 Chiemsee – Chiem. Alpen (BLVA)

Gipfel
Zeit Nur wenige Minuten von der Hütte.

Schwierigkeit Bergwanderweg.

Weitere Hütten
Hochrieshaus, siehe Tour 29.

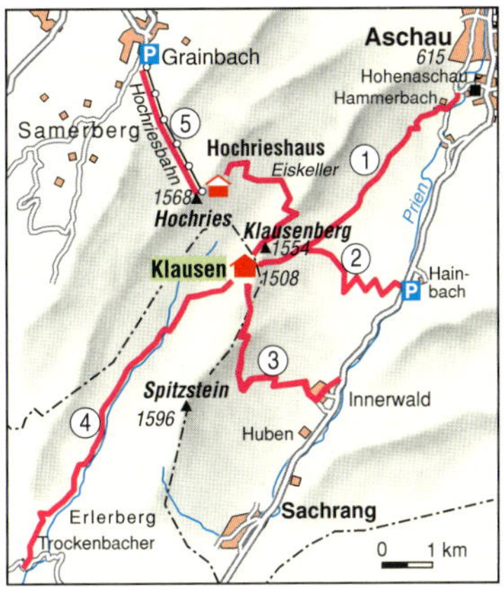

Die Klausenhütte liegt auf einem freien Bergkamm hoch über dem Priental.

Riesenhütte

Höchste Punkte: Riesenhütte, 1345 m; Riesenberg, 1444 m.

Tour 28

Hütte
Zeit Von Hohenaschau: 2 ½ Std.; vom Sagberg: 2 Std.; von Frasdorf: 2 ½ Std.; vom Hochrieshaus: 40 Min.; von Grainbach: 2 ½ Std.

Schwierigkeit Wirtschaftswege und leichte Wanderwege.

Übernachtung Riesenhütte, 1345 m (AV-Hütte, Kat. II, 12 Betten, 30 Lager, 15 Notlager, ganzj. bew., im Nov. geschlossen; Tel. 08052/2921).

Karte Topogr. Karte 1 : 50 000 Chiemsee – Chiem. Alpen (BLVA)

Gipfel
Zeit Von der Hütte: 20 Min.; Abstieg zur Hütte: 15 Min.

Schwierigkeit Pfadspuren.

Weitere Hütten
Frasdorfer Berghaus, 950 m (privat, nahezu ganzjährig bewirtschaftet, Montag und Dienstag Ruhetag, 43 Betten und Lager; Tel. 08052/5140).
Hofalm, 970 m (privat, im Sommer bewirtschaftet).
Hochrieshaus, siehe Tour 29.

Die Riesenhütte bietet viel ungefährlichen Auslauf für Kinder.

Die 1913 erbaute Riesenhütte der AV-Sektion Oberland liegt in einem stillen Hochtal zwischen Riesenberg und Spielberg. Sie ist ein idealer Stützpunkt für Weitwanderer – der E 4 führt hier vorbei – und besonders auch für Familien mit Kindern geeignet. Im Sommer weidet hier oben auf den weiten Almwiesen das Jungvieh, größere Kinder erkunden mit ihren Eltern eine der zahlreichen Höhlen der Umgebung, z. B. die Spielberg- und die Schlüssellochhöhle.

① Von Hohenaschau

Von Hohenaschau (oder Aschau) wandern wir auf ausgeschilderten Wegen (»Hofalm«, »Riesenhütte«) zum Bergfuß, dann rechts und gleich wieder links auf steilem Almfahrweg durch Wald hinauf zur Hofalm. Dort gehen wir seitlich vorbei und nach 150 Metern links vom Almfahrweg weg, um den Fahrweg abzukürzen. Bald geht es weiter auf Forststraße bergwärts wieder durch Wald. Bei einer scharfen Rechtskurve wandern wir geradeaus weiter und erreichen schließlich den Almboden der Riesenalm, wo auch die Riesenhütte liegt.

② Vom Sagberg

Ein Wirtschaftsweg führt gut ausgeschildert in mäßiger Steigung hinauf zur Hütte.

③ Von Frasdorf

Vom Holzlagerplatz an der Lederstube führt ein Wirtschaftsweg über den Zellboden und an der Frasdorfer Hütte vorbei überwiegend durch Wald hinauf zur Riesenhütte.

④ Von der Hochries

Von der Bergstation der Hochriesbahn bzw. vom Hochrieshaus wandern wir auf ausgeschildertem Wanderweg (Mark. E 4) durch Latschen und lichten Wald hinunter zu den Riesenalmen und weiter zur Riesenhütte.

⑤ Von Grainbach

Von der Talstation der Hochriesbahn wandern wir links auf gesperrtem Wirtschaftsweg hinauf zur Mittelstation, dann wenige Meter oberhalb (oder Variante links über die Ebersberger Alm) auf dem links abzweigenden Weg über einen Almboden und schließlich durch Wald auf ausgeschildertem Weg hinauf zu den Riesenalmen und zur Riesenhütte.

Der Hüttengipfel

Riesenberg, 1444 m: Der bewaldete Bergrücken, der von der Hochries zum Zellboden reicht, kann von der Riesenhütte in einer guten Stunde bestiegen werden und eröffnet einen herrlichen Fernblick auf das Alpenvorland.

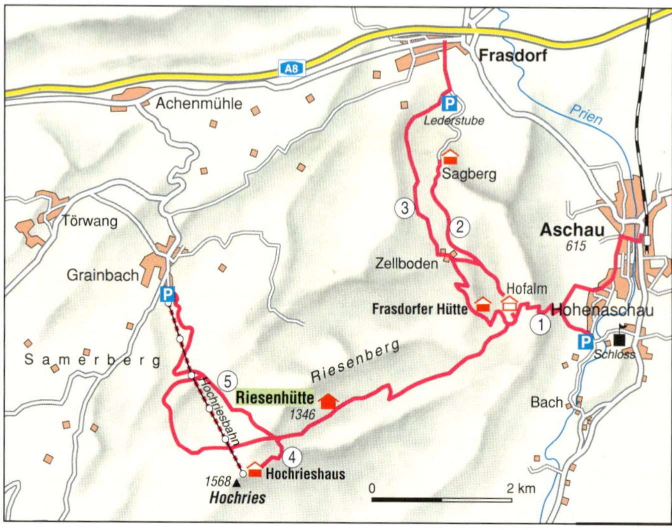

Hochrieshaus

Höchste Punkte: Hochrieshaus, 1569 m; Feichteck, 1514 m.

Die Hochries gilt als Aussichtsberg par excellence. Direkt am Gipfel wurde 1913 das Hochrieshaus erbaut, das 1959 einem Neubau weichen musste. Mit dem Bau der zweiteiligen Hochriesbahn war es aber nicht um die Bedeutung der Hütte als Wanderstützpunkt geschehen. Im Sommer sind es die Wanderer, Gleitschirmflieger und Drachenflieger, im Winter die Skifahrer, die bei Sonne den Aufenthalt auf der Terrasse, bei Wind und Wetter die gemütlichen Gasträume schätzen.

① Von Grainbach

Von der Talstation der Hochriesbahn geht es links auf gesperrtem Fahrweg zur Mittelstation, dann rechts haltend weiter auf dem Almfahrweg bis zum Ende bei der Moseralm. Von dort führt der Wanderweg geradeaus in den Wald hinein und leitet in einem steilen Rechtsbogen hinauf zur Wimmeralm. Dort wandern wir links auf dem freien Kamm in steilen Serpentinen über die Seitenalm hinauf zum Westgrat der Hochries und links zum Hochrieshaus.

② Von der Spatenau

Vom Wanderparkplatz geht es auf breitem Wirtschaftsweg (ausgeschildert) hinauf zur Doaglalm. Wir wandern rechts an der Alm vorbei und auf nun schmalem Wirtschaftsweg in einem Linksbogen durch Wald zur Kammhöhe, dort links auf der Kammhöhe (E 4/ Mark.-Nr. 221) hinauf zum Hochrieshaus.

③ Aus dem Gammernwald

Vom Wanderparkplatz wandern wir auf ausgeschildertem breiten Weg durch Wald zur Wagneralm, dann rechts an dieser vorbei durch Wald ins Trockenbachtal (Mark.-Nr. 220), bis die Straße bei einer Spitzkehre zur Feichteckalm abzweigt. Hier geht es rechts weiter in zahlreichen Kehren über die Pölcheralm hinauf zur Kammhöhe hinter dem Feichteck. Von dort führt der Höhenweg (Mark.-Nr. 221) hinauf zum Hochrieshaus.

④ Von Hohenaschau

Siehe die Anstiegsbeschreibung bei Tour 28.

Der Hüttengipfel

Da das Hochrieshaus bereits auf der höchsten Erhebung des gesamten Gebiets liegt, bietet sich als Gipfeleinlage der Besuch des Feichtecks (1514 m) an. Vom Hochrieshaus geht es auf Bergsteig (Mark.-Nr. 221/E 4) auf dem Gipfelkamm südwestwärts leicht bergab, rechts um den Karkopf herum, bis in Höhe der Pölcheralm links ein Bergsteig vom hier querenden Almweg abzweigt. Über einen Bergsteig wandern wir erst durch Wald, dann durch Latschen und Grashänge zum Feichteck.

Tour 29

Hütte
Zeit Von Grainbach: 2 1/2 Std.; von der Spatenau: 2 1/2 Std.; aus dem Gammernwald: 2 1/2 Std.;

Schwierigkeit Wirtschafts- und leichte Bergwanderwege.

Übernachtung Hochrieshaus, 1569 m (AV-Hütte, Kat. II, 18 Betten, 40 Lager, ganzj. bew., Do. Ruhetag; Tel. 08032/8210).

Karte Topogr. Karte 1 : 50 000 Chiemsee – Chiemg. Alpen (BLVA)

Gipfel
Zeit Vom Hochrieshaus: 1 Std.; Abstieg zur Hütte: 1 1/2 Std.

Schwierigkeit Bergsteig, der nur Trittsicherheit voraussetzt.

Weitere Hütten
Hofalm, siehe Tour 28.
Riesenhütte, siehe Tour 28.
Doaglalm, 980 m (privat, Mai bis Okt. bew., Mo. Ruhetag).
Wagneralm, 1050 m (privat, ganzjährig bewirtschaftet).
Zur Kräuterhexe, 915 m (privat, ganzj. bew., Di. Ruhetag).
Bergbahnstüberl, 1548 m (ganzj. bew., Mo. Ruhetag, 14 Schlafplätze; Tel. 08032/8977)

Das Hochries ist ein richtiges Gipfelhaus.

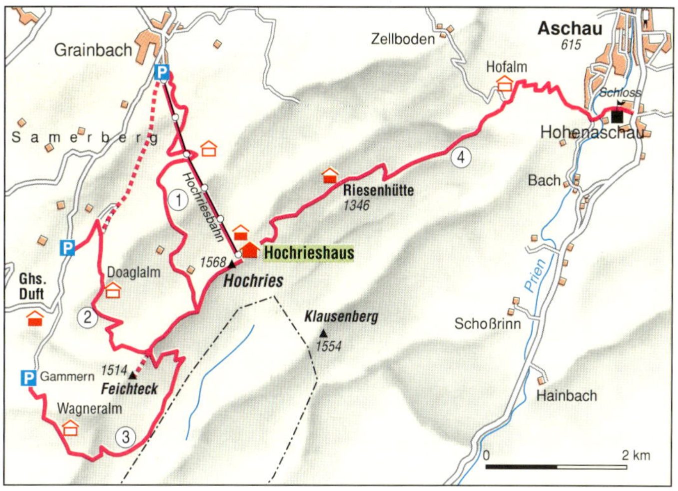

Spitzsteinhaus

Höchste Punkte: Spitzsteinhaus, 1335 m; Spitzstein, 1596 m.

Tour 30

Hütte
Zeit Von Sachrang über Mitterleiten bzw. über Mesneralm: jeweils 2 Std.; von Innerwald: 2 1/2 Std.; vom Erler Berg: 1 Std.

Schwierigkeit Bergwanderwege, abschnittsweise Wirtschaftswege; vom Erler Berg durchgehend Wirtschaftsweg zur Hütte.

Übernachtung Spitzsteinhaus, 1335 m (AV-Haus, Kat. II, von Anfang April bis Anfang November und von 26. Dezember bis Ende Februar bewirtschaftet, 20 Betten, 52 Lager; Tel. 0043/5373/8330).

Karte Topogr. Karte 1 : 50 000 Chiemsee – Chiemgauer Alpen (BLVA).

Gipfel
Zeit Anstieg vom Spitzsteinhaus: 3/4 Std., Abstieg zur Hütte: 1/2 Std.; insgesamt: 1 1/4 Std.

Schwierigkeit Im oberen Teil steiniger und wurzeliger Bergweg, aber keine ausgesetzten Stellen.

Weitere Hütten
Goglalm, 1140 m (privat, Mai bis Oktober bewirtschaftet).
Gasthaus Moosbauer, 980 m (privat, ganzjährig bewirtschaftet, Freitag Ruhetag).

Das gemütliche Spitzsteinhaus aus dem Jahr 1905 gibt es nicht mehr, ein Brand zerstörte es bis auf die Grundmauern. An seiner Stelle entstand in den Jahren 1980/81 das neue Haus, das aber so gar nicht an eine Bergsteigerunterkunft denken lässt. Das Spitzsteinhaus ist neben anderen Hütten in den Chiemgauer Alpen am Projekt »Direktvermarktung landwirtschaftlicher Produkte auf Alpenvereinshütten« beteiligt und nahezu das ganze Jahr über bewirtschaftet.

① Von Sachrang über Mitterleiten

Vom Wanderparkplatz gehen wir durch den Ort Sachrang. Hinter dem Ortsende zweigt rechts ein ausgeschilderter Wanderweg ab, der direkt nach Mitterleiten (883 m) hinaufführt. Wir folgen ungefähr 100 Meter geradeaus dem Sträßchen, dann geht es auf Wanderweg über Bergwiesen und durch Wald zur Steinmoosalm und schließlich weiter zum Spitzsteinhaus.

② Von Sachrang über Mesneralm

Vom Wanderparkplatz gehen wir in den Ort bis zur Kirche und dort rechts auf Asphaltsträßchen hinauf, wo nach 700 Metern der ausgeschilderte Wanderweg (Mark.-Nr. 213) zum Spitzstein abzweigt.
Zunächst wandern wir auf rauem Fahrweg in den Wald, wir halten uns bei der Wegverzweigung rechts und steigen hoch zur Mesneralm (1197 m). Durch aufgeforstetes Almgelände geht es über den Mesnerboden hinauf zu einem Sattel unterhalb der Aueralm. Dort wandern wir links auf Wirtschaftsweg hinüber zum Spitzsteinhaus.

Bild oben: Von der Terrasse des Spitzsteinhauses bietet sich ein herrlicher Blick auf das Kaisergebirge und die Kitzbüheler Alpen.

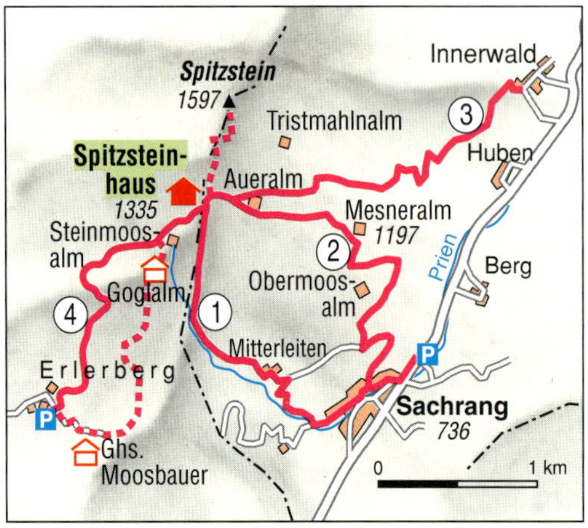

③ Von Innerwald

Vom westlichen Ortsrand wandern wir auf Wirtschaftsweg am Brandelbach entlang, bis links der markierte Weg Nr. 212 abzweigt. Auf diesem geht es durch Wald hinauf – über den Graben des Schwarzenbachs hinweg – zu einer Wegverzweigung in einem ebenen Waldstück. Wir wandern links weiter zur Aueralm (1305 m) und von dort auf Almweg nahezu eben hinüber zum Spitzsteinhaus.

④ Vom Erler Berg

Vom Wanderparkplatz führt ein sanft ansteigender, ausgeschilderter Wirtschaftsweg bis zum Spitzsteinhaus. Alternativ dazu führt ein Wanderweg (Mark.-Nr. 211) vom Gasthaus Moosbauer über die Goglalm dorthin.

Der Hüttengipfel

Spitzstein, 1596 m: Vom Spitzsteinhaus wandern wir auf ausgeschildertem Weg über den freien Südhang, dann in Kehren durch lichten Wald zum Gipfel mit Kreuz und Kapelle.

Daffnerwaldalm

Höchste Punkte: Daffnerwaldalm, 1050 m; Wasserwand, 1358 m.

Die Daffnerwaldalm ist eine Gemeinschaftsalm mit einem großen hügeligen Almgelände am Fuße des Heubergs. Von den fünf Almhütten sind zwei für Wanderer – und auch Mountainbiker – bewirtschaftet. In beiden kann man sogar übernachten. Die kurzen Anstiegswege und die schöne Aussicht auf die östlichen Chiemgauer Alpen machen diese Alm zu einem Klassiker unter den einfachen Wanderzielen.

① Aus dem Gammernwald

Vom Parkplatz folgt man dem rechten Abzweiger der Forststraße zunächst eben durch Wald. Bei der nächsten Verzweigung geht es rechts über den Fluderbach, dann bald links durch Wald – zuletzt über die Almwiesen – zu den Hütten der Daffnerwaldalm.

② Von Schweibern

Kürzester Anstiegsweg: Vom Parkplatz folgt man dem breiten Ziehweg durch Wald, bis man nach einer Dreiviertelstunde auf den von Nußdorf heraufführenden Fahrweg stößt. Auf diesem links weiter zur Daffnerwaldalm.

③ Von Nußdorf

Vom östlichen Ortsrand (am Bergfuß) folgt man zunächst dem Kreuzweg hinauf zur Wallfahrtskapelle und wandert dann auf dem durchgehenden Fahrsträßchen immer durch Wald hinauf zur Daffnerwaldalm.

④ Von Windshausen

Vom Parkplatz wandern wir auf markierter Route (Mark.-Nr. 223) über die Weiler Mühlhausen, Haus und Buchberg auf Wirtschaftswegen und Sträßchen hinauf in Richtung Euzenauer Alm. Noch bevor man diese erreicht, zweigt links ein Wanderweg ab, der den Forstweg abkürzt. Kurz weiter auf diesem, dann links auf Wanderweg durch Wald zur Daffnerwaldalm.

Der Hüttengipfel

Wasserwand, 1358 m: Der in einer knappen Stunde auf schmalem Pfad erreichbare mehrgipfelige Hausberg, der Heuberg, bietet ein wirklich grandioses Gipfelpanorama, das bis in die Zentralalpen hineinreicht. Eine kleine Zugabe ist der kurze Klettersteig rechts hinauf zur Wasserwand.

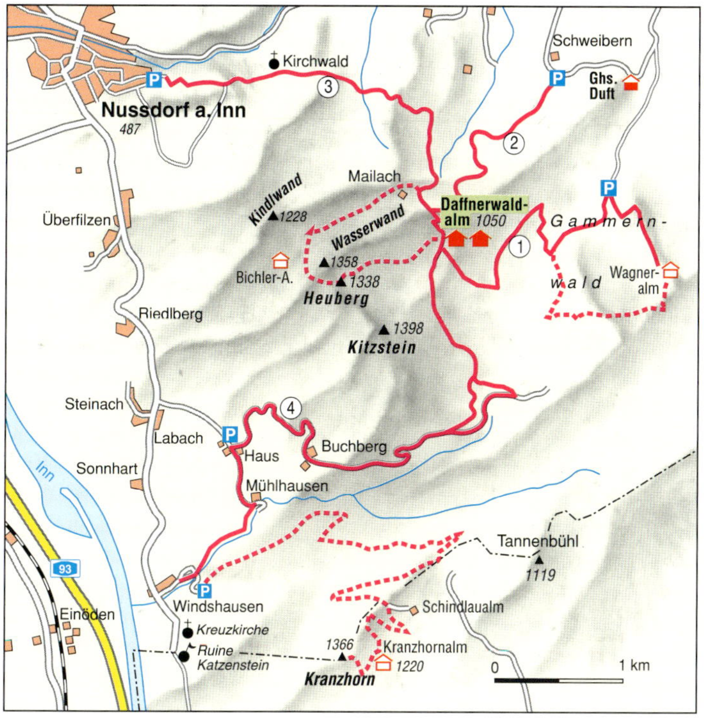

Tour 31

Hütte

Zeit Aus dem Gammernwald: 1½ Std.; von Schweibern: 1 Std.; von Nußdorf: 2 Std.; von Windshausen: 2½ Std.

Schwierigkeit Wirtschaftswege.

Übernachtung Daffnerwaldalm, 1050 m (privat, bew. von Ende Mai bis Ende Sept., von Anfang Okt. bis Ende Mai an den Wochenenden, Feiertagen sowie in den Ferienzeiten, 20 Lager; Tel. 0171/4215310). Löwenbräuhaus (Laglerhütte), 1050 m (privat, von Juni bis Ende September bewirtschaftet, 10 Betten; Tel. 08032/8737).

Karte Topogr. Karte 1 : 50 000 Chiemsee – Chiemg. Alpen (BLVA)

Gipfel

Zeit Von der Daffnerwaldalm: 1 Std., Abstieg zur Alm: ½ Std.

Schwierigkeit Trittsicherheit und Schwindelfreiheit an der Wasserwand erforderlich.

Weitere Hütten

Wagneralm, 950 m (privat, ganzj. bew., keine Übern.). **Kranzhornalm**, 1122 m (privat, 20 Lager; Tel. 0043/5373/8137).

Die Laglerhütte auf der Daffnerwaldalm.

KAISERGEBIRGE

Das Kaisergebirge mit seinen 60 Felsgipfeln ist den meisten Bergsteigern vorwiegend als Kletterdorado ein Begriff. Doch auch auf den Normalwanderer übt diese von steilen Felsschluchten und öden Karen geprägte alpine Landschaft einen ungeheuren Reiz aus. Die Gipfel des Zahmen Kaisers sind auf Wanderwegen erreichbar, nicht so jedoch die steilen, abweisenden Felsgipfel des Wilden Kaisers. Einige der großen Gipfel – so die Ellmauer Halt, die alle anderen an Höhe überragt – sind durch Steiganlagen gangbar gemacht, erfordern aber trotzdem den versierten Bergwanderer. Doch auch das Wandern durch die wilden Schluchten, hinauf zu kleine Aussichtskanzeln und zu den »einfachen« Gipfeln bieten Erlebnisse besonderer Art. Sechs bewirtschaftete Alpenvereinshütten und einige Privathütten erleichtern dabei die Unternehmungen.

Die Gruttenhütte ist der ideale Stützpunkt für die Besteigung des höchsten Kaiser-Gipfels, der Ellmauer Halt – rechts im Bild. Direkt über der Hütte erhebt sich der Kaiserkopf (Abbildung links).

Das Stripsenjochhaus (Bild oben) liegt am Endpunkt des Kaisertals, das den Wilden Kaiser vom Zahmen Kaiser trennt.

Kaindlhütte

Höchste Punkte: Kaindlhütte, 1317 m; Scheffauer, 2111 m.

Tour 32

Hütte
Zeit Vom Brentenjoch: 1 Std.; Übergang vom Anton-Karg-Haus: 2 Std.; vom Hintersteiner See: 2 1/2 Std.; von Kufstein-Weißach: 3 Std.

Schwierigkeit Mit Ausnahme des Bettlersteigs (Hüttenweg 4), der Trittsicherheit voraussetzt, leichte Wirtschaftswege und Bergwanderwege.

Übernachtung Kaindlhütte, 1317 m (privat, von Anfang Mai bis Allerheiligen bewirtschaftet, 16 Betten, 18 Lager; Tel. 0043/664/5304882).

Karte Freytag&Berndt-Wanderkarte 301, 1 : 50 000 Kufstein – Kaisergebirge – Kitzbühel.

Gipfel
Zeit Von der Kaindlhütte: 3 Std., Abstieg zur Hütte: 2 Std.; insgesamt: 5 Std.

Schwierigkeit V. a. für den Widauersteig Trittsicherheit und Schwindelfreiheit erforderlich!

Weitere Hütten
Berghaus Aschenbrenner, 1128 m (privat, ganzjährig bewirtschaftet, Montag Ruhetag, 21 Betten; Tel. 0043/5372/622 20). Pendelbus von Kufstein zum Berghaus Aschenbrenner.
Weinbergerhaus, 1272 m (privat, Mai bis Mitte November, Dezember bis Mitte April bewirtschaftet, 15 Betten, 20 Lager; Tel. 0043/5372/65148). 10 Min. von der Bergstation des Sessellifts.
Brentenjochalm, 1272 m (privat, im Sommer bewirtschaftet). Nähe Lift-Bergstation.
Walleralm, 1171 m (privat, im Sommer bewirtschaftet).
Anton-Karg-Haus, vgl. Tour 34.

Die Küche der Kaindlhütte ist ökologisch ausgerichtet und verarbeitet v. a. regionale Produkte.

Die Kaindlhütte auf der Nordseite des Wilden Kaisers ist eine der wenigen Privathütten in diesem Gebirge. Erbaut wurde sie im Jahre 1903 vom Bergführer Michael Kaindl. Heute ist die Hütte Anlaufstelle nicht nur für Kletterer, sondern auch für zahlreiche Wanderer, die die Anstiegshilfe des Wilder-Kaiser-Lifts nutzen und so schnell Kaiserluft schnuppern wollen.

① Vom Brentenjoch

Von der Bergstation wandern wir rechts in einem Linksbogen hinab zur Brentenjochalm, dann links dem Sandsträßchen folgend ins Talende »In der Antalau«. Immer auf der linken Bachseite, passiert man nach der Wegverzweigung einen Stadel und gelangt über eine weite Rechtskurve auf die andere Talseite. Auf Almfahrweg in weitem Linksbogen durch Almwiesen zur Steinbergalm mit seinen Hütten, der Kapelle und der Kaindlhütte.

② Vom Anton-Karg-Haus

Der lohnende Bettlersteig, der beide Hütten verbindet, beginnt wenige Meter von der Ostseite des Hauses entfernt (Wegtafel; Mark.-Nr. 97) und führt unter den Nordabstürzen der Hackenköpfe und des Scheffauer hindurch, quert die Schlucht des Talofenbaches, steigt dort steil zu einem Bergrücken an und führt zu den Wiesen der Steinbergalm hinab.

③ Vom Hintersteiner See

Vom Parkplatz in Hinterstein folgt man vor dem Café Seestüberl der Ausschilderung zur Walleralm. Ein Wanderweg führt erst durch Bergwiesen, dann durch Nadelwald immer in nordwestlicher Richtung den Berg hinauf, bis man die Böden der Walleralm erreicht. Das letzte Stück wandert man auf einem Almsträßchen, das von links aus dem Tal heraufführt.

④ Von Kufstein-Weißach

Hier leitet uns der Wilder-Kaiser-Steig über die Locherer Kapelle und den Haberghof durch Wald und über Bergwiesen hinauf zum Pestkreuz (772 m). Dort steigen wir links in steilen Serpentinen hinauf zur Walleralm und auf schönem Steig hinüber zur Kaindlhütte.

Der Hüttengipfel

Scheffauer, 2111 m: Von der Hütte auf rot markiertem Wanderweg (Wegweiser »Scheffauer«), der direkt auf die Felsen zuhält, dann links haltend in Serpentinen und über zwei Geländestufen ins Kar »Großer Friedhof«, unter der Nordwand des Scheffauer. Am Beginn des Kars links und über Geröll zum linken oberen Ende des Kars, wo der Einstieg des Klettersteigs (1700 m; Tafel) zum Gipfel ist.

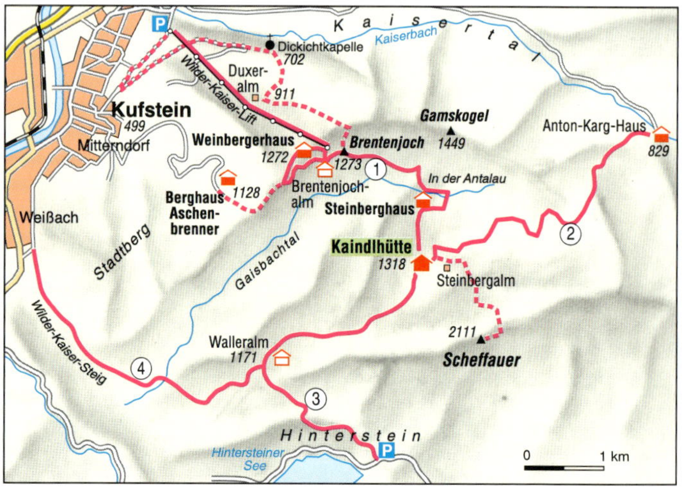

Vorderkaiserfeldenhütte

Höchste Punkte: Vorderkaiserfeldenhütte, 1384 m; Naunspitze, 1635 m.

Die Vorderkaiserfeldenhütte liegt in aussichtsreicher Lage am Südhang des Zahmen Kaisers und ist das einzige Unterkunftshaus in diesem Gebiet. Der mehrfach erweiterte Bau basiert auf einer ehemaligen Almhütte, die im Jahre 1900 von der Alpenvereinssektion Oberland erworben und dann zum Unterkunftshaus umgebaut wurde.

① Von Kufstein-Sparchen

Vom Parkplatz mit Orientierungstafel steigen wir auf Treppenweg (»Sparchenstiege«) erst über eine Geländestufe hoch ins Kaisertal, dann folgen wir dem Talweg bis hinter den Veitenhof. Bei der Wegverzweigung halten wir uns links und steigen durch Wald hinauf auf das Plateau der Rietzaualm (1160 m; Einkehrmöglichkeit). Auf gutem Weg geht es in einer halben Stunde zur Vorderkaiserfeldenhütte.

② Vom Gasthaus Zur Schanze

Wir wandern auf der Straße in Richtung Ebbs, nach 5 Minuten nach rechts auf einem Wirtschaftsweg weiter, bald in den Wald hinein und in östlicher Richtung weiter bis zu einer Wegverzweigung. Hier geht es rechts ab und in Serpentinen hinauf zu den Böden der Rietzaualm. Dort wandern wir links weiter auf dem von Kufstein heraufführenden Hüttenweg.

③ Von Ebbs

Von der Kirche in Ebbs folgen wir der Beschilderung (Weg.-Nr. 811) auf der Straße leicht ansteigend nach Feldberg, dann weiter in Richtung Café Zacherl. Bald geht es rechts in den Kaiserwald. Der Weg biegt dann in südliche Richtung ab, passiert die Ebbser Jagdhütte und quert unter den Nordabstürzen der Naunspitze herum zu einem kleinen Sattel. Dort wandern wir unter einer Felswand entlang, dann links in einem Graben aufwärts und hinaus zu dem vom Veitenhof kommenden Weg. Links nun zur Vorderkaiserfeldenhütte.

④ Vom Anton-Karg-Haus

Vom Unterkunftshaus in Hinterbärenbad geht es über den Bach und nach der Kapelle links haltend über den westlichen Ausläufer des Längecks und hinab ins Bärental. Beim Steg wechseln wir die Bachseite und wandern links haltend durch Wald hinauf zur Hochleitenalm. Weiter geht's in nordwestlicher Richtung durch Hochwald zum Weg, der vom Veitenhof herraufführt. Rechts weiter zur Hütte.

Der Hüttengipfel

Die Naunspitze, 1635 m, bietet eine hervorragende Aussicht hinab ins Inntal. Nach drei Seiten fallen die Felsflanken ins Tal, die Südseite erlaubt einen unproblematischen Aufstieg. Von der Vorderkaiserfeldenhütte geht es auf gutem Steig durch lichten Wald bergan (Mark.-Nr. 95) bis zu einer Scharte. Links über den Gipfelhang bis zum Gipfelkreuz.

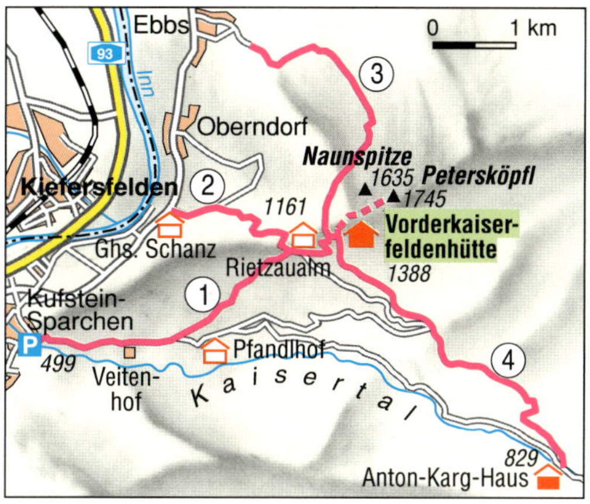

Tour 33

Hütte

Zeit Von Sparchen: 2 1/2 Std.; vom Gasthaus Zur Schanze: 2 1/2 Std.; von Ebbs: 3 Std.; vom Anton-Karg-Haus: 2 Std.

Schwierigkeit Leichte Wanderungen, vom Gasthaus Zur Schanze und von Ebbs jedoch steil, aber angenehm schattig durch Wald.

Übernachtung Vorderkaiserfeldenhütte, 1384 m (AV-Hütte, Kat. I, ganzjährig bewirtschaftet, von Mitte Januar bis Ende Februar geschlossen, 35 Betten, 60 Lager; Winterraum (AV-Schlüssel) mit 22 Schlafplätzen; Tel. 0043/5372/634 82).

Karte Freytag&Berndt-Wanderkarte 301, 1 : 50 000 Kufstein – Kaisergebirge – Kitzbühel.

Gipfel

Zeit Von der Vorderkaiserfeldenhütte 3/4 Std., Abstieg zur Hütte 1/2 Std.; insgesamt: 1 1/4 Std.

Schwierigkeit Markierter Steig, Trittsicherheit nötig.

Weitere Hütten

Jausenstation Rietzaualm, 1160 m (privat, im Sommer einfach bewirtschaftet).
Anton-Karg-Haus, vgl. Tour 34.

Bild oben: Von der nahezu ganzjährig bewirtschafteten Vorderkaiserfeldenhütte hoch über dem Inntal lassen sich die leicht erreichbaren Gipfel des Zahmen Kaisers besteigen.

Anton-Karg-Haus

Höchste Punkte: Anton-Karg-Haus, 829 m; Sonneck, 2261 m.

Tour 34

Hütte
Zeit Von Kufstein: 2 1/2 Std.; Übergang zum Stripsenjoch: 1 1/2 Std.; Übergang von der Kaindlhütte über den Bettlersteig: 2 Std.

Schwierigkeit Leichte Bergwanderwege und zum Teil breite Wirtschaftswege.

Übernachtung Anton-Karg-Haus, 829 m (AV-Hütte, Kat. I, von Anfang Mai bis Ende Oktober bewirtschaftet, 30 Betten, 70 Lager; Winterraum mit 10 Lagern, Schlüssel bei der OeAV-Sektion Kufstein; Tel. 0043/5372/62578).

Karte Freytag&Berndt-Wanderkarte 301, 1 : 50 000 Kufstein – Kaisergebirge – Kitzbühel.

Gipfel
Zeit Anstieg von der Hütte: 4 Std., Abstieg: 2 1/2 Std.

Schwierigkeit Gesicherte Steiganlage, Trittsicherheit und Schwindelfreiheit nötig.

Weitere Hütten
Griesner Alm, 1006 m (privat, nahezu ganzjährig bewirtschaftet, Mitte März bis Mitte April sowie Anfang November bis etwa Mitte Dezember geschlossen, 10 Betten, 45 Lager; Tel. 0043/5352/64443). Im Winter Hausbus.
Pfandlhof, 783 m (privat, ganzjährig bewirtschaftet, 48 Betten; Tel. 0043/5372/62 118). Von Kufstein-Sparchen 1 1/2 Std.
Stripsenjochhaus, vgl. Tour 36.
Kaisertalhaus (Hans-Berger-Haus), 936 m (bei Hinterbärenbad im Kaisertal, TVN, von Mitte Mai bis Mitte Oktober bewirtschaftet, 29 Betten, 45 Lager; Tel. 0043/5372/62575).
Kaindlhütte, siehe Tour 32.

Bild oben: Das Anton-Karg-Haus im Kaisertal.

Das Anton-Karg-Haus in Hinterbärenbad wurde 1899 erbaut. Ein Vorgängerbau, auf dem Anton Karg Hüttenwart war, wurde 1899 durch ein Feuer zerstört. Damit gehört das Anton-Karg-Haus zu den ältesten Schutzhäusern im Kaisergebirge, denn die erste Unterkunftsmöglichkeit wurde bereits 1883 in der ehemaligen Bärenbadalm geschaffen. Seit 1900 trägt es auch den Namen des langjährigen Vorsitzenden der österreichischen Alpenvereinssektion Kufstein.

① Von Kufstein

Vom Parkplatz in Sparchen wandert man zunächst auf angelegtem Treppenweg steil hinauf (reizvoller Rückblick auf Kufstein) und erreicht so die höher gelegene Talstufe des Kaisertals. Dann folgt man dem nunmehr breiten Talweg (Mark.-Nr. 801) bis hinter den Veitenhof (dort geht es links hinauf zur Vorderkaiserfeldenhütte) und weiter zum ebenfalls bewirtschafteten Pfandlhof. Im weiteren Wegverlauf hat man beeindruckende Blicke auf die Felskolosse des Wilden Kaisers. Hier bieten sich nun der Fahrweg bzw. der Wanderweg (alter Kaisertalweg) über die Antoniuskapelle an, die sich bei der Klaushütte wieder treffen, dann auf Fahrweg weiter nach Hinterbärenbad mit dem Anton-Karg-Haus. Auf altem Saumweg geht es zum Kaisertalhaus und weiter durch Wald und zuletzt in weiten Kehren über die freien Grashänge hinauf zum Stripsenjoch mit dem gleichnamigen Haus.

② Übergang von der Kaindlhütte

Siehe Beschreibung Tour 32: Bettlersteig.

③ Übergang zum Stripsenjoch

Ein bequemer und breiter Wanderweg (Mark.-Nr. 81) führt vom Anton-Karg-Haus nach einem kurzen Wegstück vom Kaiserbach links weg und durch Wald in zahlreichen Serpentinen hinauf unter die Felsen des Predigtstuhls. Der Steig geht dann entlang unter den Abstürzen der Fleischbank und des Totenkirchls. Zuletzt führt der Weg hinauf zu der im Stripsenjoch gelegenen gleichnamigen Hütte.

Der Hüttengipfel

Das Sonneck (2261 m) ist einer der leichteren Gipfel des Wilden Kaisers und ist seit 1917 mit dem Güttlersteig zugänglich gemacht. Vom Anton-Karg-Haus zunächst auf dem Bettlersteig eine Dreiviertelstunde in Richtung Kaindlhütte, dann links ab (Tafel!) auf den rot markierten Steig.

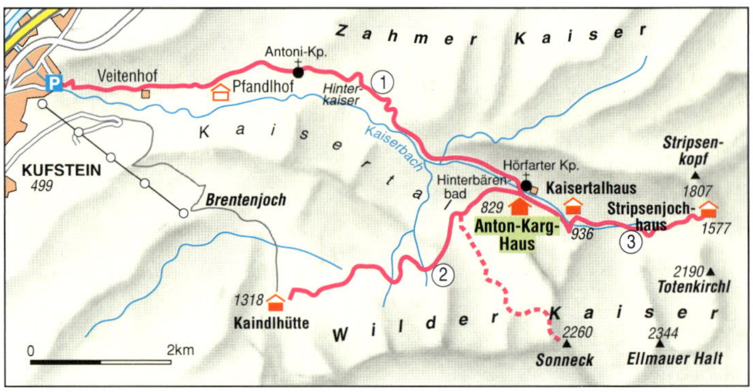

Gaudeamushütte

Höchste Punkte: Gaudeamushütte, 1267 m; Hintere Goinger Halt, 2192 m.

Die Gaudeamushütte ist fest in den Händen der Familie Hochfilzer aus Going, die den Betrieb seit über 20 Jahren »schmeißt«; davor bewirtschaftete der Strobl Hermann, ein Onkel der Familie, 23 Jahre lang die ehemals klassische Bergsteigerhütte. Die ursprüngliche Besitzerin der 1927 erbauten Hütte, die Akademische Alpenvereinssektion Berlin (der lat. Name sollte auch Programm sein: »Freuet euch!«), musste 1999 die Hütte an die Sektion Main-Spessart verkaufen.

① Von der Wochenbrunner Alm

Vom Parkplatz bei der Wochenbrunner Alm folgt man dem Hüttenfahrweg (Mark.-Nr. 812) zunächst durch Wald, dann über steile Almwiesen zur Gaudeamushütte.

② Von Going

Von der Ortsmitte geht es auf Sträßchen über Schwendt hinauf nach Wieser (Waldparkplatz). Auf Forstweg (Mark.-Nr. 815/813) weiter zur Tannenbühelkapelle. Kurz dahinter ist eine Weggabelung: Links weiter durch Wald zur Schöntalau und zur Gaudeamushütte.

③ Übergang von der Gruttenhütte

Der leichteste, aber nicht leichte Weg führt durch das »Klamml«, eine Felsspalte. Von der Hütte (Mark.-Nr. 813) geht es in Serpentinen über einen Grashang in eine Mulde, durchs »Klamml« und am Fuß der Felsen zu den Grashängen oberhalb der Gaudeamushütte.

④ Übergang vom Stripsenjochhaus

Von der Hütte wandern wir 10 Minuten auf dem Weg zur Griesner Alm hinab, dann rechts auf den markierten Eggersteig. Dieser leitet an den Fuß der berühmten Fleischbank, führt leicht bergan (Sicherungen, Felsstufen) über den hier plattigen Nordgrat und etwas absteigend in die Steinerne Rinne. Auf der linken Seite der Rinne in Kehren über Felsstufen (Seilsicherungen, künstliche Tritte) zu deren Ende. Die letzte knappe Stunde geht es weniger steil und ohne Sicherungen hinauf zum Ellmauer Tor. Jenseits hinab ins Kübelkar, bei der Wegverzweigung links, bald rechts (Mark.-Nr. 812) und hinab zur Gaudeamushütte.

Der Hüttengipfel

Hintere Goinger Halt, 2192 m: Von der Gaudeamushütte wandern wir links haltend über Bergwiesen zu den Latschenfeldern, die das Kübelkar nach unten begrenzen. Dort geht es über eine Geländestufe ins Kar hinein, dann weiter über weite Schuttströme zum Ellmauer Tor (1995 m). Direkt am Ellmauer Tor führt rechts der steile Steig hinauf zur Vorderen Goinger Halt, die spektakuläre Einblicke ins Kaisergebirge bietet.

Tour 35

Hütte

Zeit Von der Wochenbrunner Alm: ½ Std.; von Going: 1½ Std.; von der Gruttenhütte: 1 Std.; vom Stripsenjochhaus: 4 Std.

Schwierigkeit Der Normalweg ist leicht, alle anderen Zustiege erfordern Trittsicherheit, der Übergang vom Stripsenjochhaus auch Schwindelfreiheit.

Übernachtung Gaudeamushütte, 1267 m (AV-Hütte, Kat. I, von Mitte Mai bis Mitte Oktober bewirtschaftet, 15 Betten, 50 Lager, 10 Notlager; Winterraum mit 10 Lagern, Schlüssel nur bei der Sektion; Tel. 0043/5358/2262).

Karte Freytag&Berndt-Wanderkarte 301, 1 : 50 000 Kufstein – Kaisergebirge – Kitzbühel.

Gipfel

Zeit Von der Gaudeamushütte: 2 Std., Abstieg zur Hütte: 1½ Std.; insgesamt: 3½ Std.

Schwierigkeit Bergsteig, der Trittsicherheit und Schwindelfreiheit voraussetzt (einige Sicherungen am Gipfelaufbau).

Weitere Hütten
Ackerlhütte, 1460 m (AV-Hütte, Selbstversorger, 15 Lager, von Juni bis September an Wochenenden beaufsichtigt). 1½ Std. von der Gaudeamushütte.
Wochenbrunner Alm, siehe Tour 37.
Gruttenhütte, siehe Tour 37.
Stripsenjochhaus, siehe Tour 36.

Die Gaudeamushütte war früher auch Stützpunkt für den Nanga-Parbat-Bezwinger Hermann Buhl, der von hier aus seine Kaisertouren startete.

Stripsenjochhaus

Höchste Punkte: Stripsenjochhaus, 1577 m; Stripsenkopf, 1807 m.

Tour 36

Hütte
Zeit Von Kufstein: 4 ½ Std.; von der Griesner Alm: 1 ½ Std.; Übergang von der Vorderkaiserfeldenhütte über den Feldalmsattel: 4 Std.

Schwierigkeit Leichte Bergwanderwege und zum Teil breite Wirtschaftswege. Der Höhenweg von der Vorderkaiserfeldenhütte zum Stripsenjoch erfordert Trittsicherheit und ist nahezu ohne Schatten.

Übernachtung Stripsenjochhaus, 1577 m (AV-Haus, Kat. I, von Mitte Mai bis Ende Oktober bewirtschaftet, 50 Betten, 130 Lager; Tel. 0043/5372/62579).

Karte Freytag&Berndt-Wanderkarte 301, 1 : 50 000 Kufstein – Kaisergebirge – Kitzbühel.

Gipfel
Zeit Vom Stripsenjochhaus: ¾ Std.; Abstieg zur Hütte: ½ Std.; insgesamt: 1 ¼ Std.

Schwierigkeit Leichter Gipfelweg.

Weitere Hütten
Griesner Alm, 1006 m (privat, nahezu ganzjährig bewirtschaftet, Mitte März bis Mitte April sowie Anfang November bis etwa Mitte Dezember geschlossen, 10 Betten, 45 Lager; Tel. 0043/5352/64443).
Vorderkaiserfeldenhütte, vgl. Tour 33.
Anton-Karg-Haus, vgl. Tour 34.
Kaisertalhaus (Hans-Berger-Haus), 936 m (bei Hinterbärenbad im Kaisertal, TVN, von Mitte Mai bis Mitte Oktober bewirtschaftet, 29 Betten, 45 Lager; Tel. 0043/5372/62575).

Bild oben: Blick vom Stripsenkopf auf Fleischbank, Hintere Karlspitze und Totenkirchl.

Das Stripsenjochhaus liegt auf dem gleichnamigen Joch auf der Ostseite des Wilden Kaisers und wurde 1902 erbaut. Mehrere Erweiterungsbauten folgten, z. B. das 1958 geschaffene zusätzliche Schlafhaus. Diese Bergsteigerunterkunft ist auch alpine Meldestelle und Ausbildungszentrum für Kletterer mit eigener Kletterwand. Das Haus ist ein bevorzugter Stützpunkt für Touren am Totenkirchl, an der Fleischbank und am Predigtstuhl, außerdem ein idealer Ausgangspunkt für einen Übergang über die Steinerne Rinne auf die Südseite des Kaisergebirges. Der kürzeste Aufstieg beginnt an der Griesner Alm, der landschaftlich schönste, aber auch längste durch das Kaisertal.

① Von Kufstein

Vom Parkplatz in Sparchen (mit Orientierungstafeln) wandert man zunächst auf angelegtem Treppenweg steil hinauf (reizvoller Rückblick auf Kufstein) und erreicht so die höher gelegene Talstufe des Kaisertals. Dann folgt man dem nunmehr breiten Talweg (Mark.-Nr. 801) bis hinter den Veitenhof (dort geht es links hinauf zur Vorderkaiserfeldenhütte) und anschließend weiter zum ebenfalls bewirtschafteten Pfandlhof.
Im weiteren Wegverlauf gibt es beeindruckende Blicke auf die Felskolosse des Wilden Kaisers. Hier bieten sich nun der Fahrweg bzw. der Wanderweg (alter Kaisertalweg) über die Antoniuskapelle an, die sich bei der Klaushütte wieder treffen, dann auf Fahrweg weiter nach Hinterbärenbad mit dem Anton-Karg-Haus. Auf einem alten Saumweg geht es dann zum Kaisertalhaus, weiter durch Wald und zuletzt in weiten Kehren über die freien Grashänge hinauf zum Stripsenjoch mit dem gleichnamigen Haus.

② Von der Griesner Alm

Ein bequemer und breiter Wanderweg (Mark.-Nr. 81) führt von der Griesner Alm bald vom Kaiserbach links weg und durch Wald in

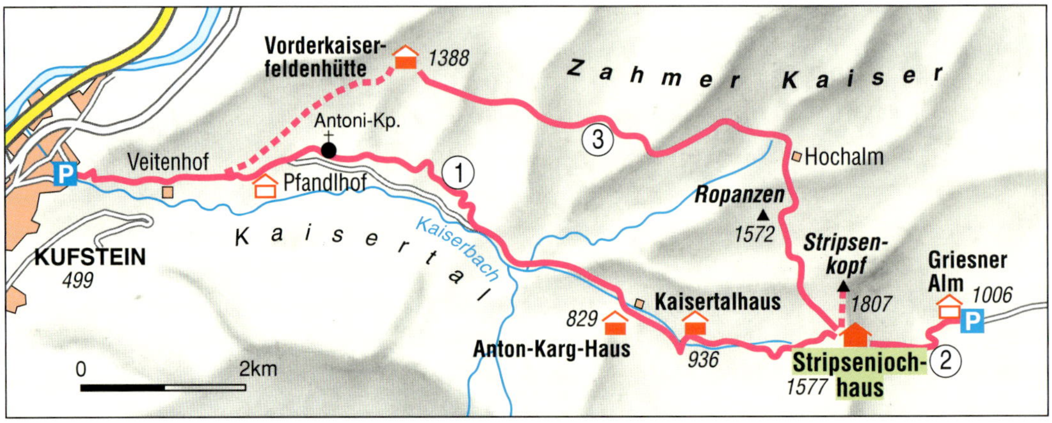

Die »Strips« im Stripsenjoch, dem Übergang vom Kaisertal ins Griesner Tal.

einigen Serpentinen hinauf unter die Felsen des Predigtstuhls. Dort quert der Weg dann unter den Abstürzen der Fleischbank und des Totenkirchls entlang und führt zuletzt hinauf zum im gleichnamigen Joch gelegenen Stripsenjochhaus.

③ Übergang von der Vorderkaiserfeldenhütte

Wir gehen den Anstiegsweg zur Hütte ein Stückchen zurück, biegen dann links ab (Weg-Mark. 811/816) und wandern nun auf schönem Höhenweg durch lichten Wald in Richtung Osten. Bei der folgenden Wegverzweigung halten wir uns rechts. Nach ungefähr einer halben Stunde steigt der Weg bis unter die Latschen an. Der weitere Weg führt nun in stetigem Auf und Ab durch Latschen und Kare zur Hochalm (1404 m). Von der Hochalm geht es jetzt weiter über den Ropanzen zum Feldalmsattel (1428 m) und schließlich über die ausgedehnten latschenbedeckten Südwesthänge des Stripsenkopfes hinüber zum Stripsenjoch.

Der Hüttengipfel

Stripsenkopf, 1807 m: Den Stripsenkopf erreicht man vom Stripsenjochhaus in nördlicher Richtung auf einem leicht zu gehenden Wanderweg auf der Route zum nur wenig höheren Feldberg. Man passiert zuerst das Tavonarokreuz und steigt dann in gleichmäßiger Steigung – zuletzt über einige Schrofen – bis zum Gipfel an.

Tipp

Abstecher in die Sparchenklamm: Am Eingang ins Kaisertal verlässt man den Kaisertalweg und wandert erst zur Sparchenmühle, dann hinab zur Klamm. Nach einer Dreiviertelstunde erreicht man wieder den Kaisertalweg.

Gruttenhütte

Höchste Punkte: Gruttenhütte, 1619 m; Ellmauer Halt, 2344 m.

Tour 37

Hütte

Zeit Von Ellmau: 2 1/2 Std.; von Scheffau: 3 Std.; von der Wochenbrunner Alm: 1 1/2 Std.

Schwierigkeit Alle Zustiege erfolgen auf leichten Bergwanderwegen.

Übernachtung Gruttenhütte, 1619 m (AV-Hütte, Kat. I, von Anfang Juni bis Mitte Oktober bewirtschaftet, 50 Betten, 100 Lager, 20 Notlager; Tel. 0043/5358/2242).

Karten AV-Karte 1 : 25 000 Kaisergebirge. Freytag&Berndt-Wanderkarte 301, 1 : 50 000 Kufstein – Kaisergebirge – Kitzbühel.

Gipfel

Zeit Von der Gruttenhütte: 2 1/2 Std., Abstieg zur Hütte: 2 Std.; insgesamt: 4 1/2 Std.

Schwierigkeit Trittsicherheit und absolute Schwindelfreiheit erforderlich. Nur für Geübte! Klettersteigcharakter mit Seilsicherungen, Eisenbügeln und Eisenstiften. Im Frühjahr muss mit Altschneefeldern gerechnet werden; Steinschlaggefahr.

Weitere Hütten

Wochenbrunner Alm, 1087 m (privat, ganzjährig bewirtschaftet, 30 Betten; Tel. 0043/5358/2180). Am Ende der Mautstraße von Ellmau.

Riedlhütte, 1224 m (privat, von Mai bis Oktober bewirtschaftet, 14 Betten). Von Scheffau 1 3/4 Std. bzw. von Ellmau 1 1/2 Std.

Gasthaus Wochenbrunn, 981 m (privat, ganzjährig bewirtschaftet, 60 Betten; Tel. 0043/5358/2263). An der Mautstraße zur Wochenbrunner Alm.

Die Gruttenhütte im Wilden Kaiser wurde 1899 von der Alpenvereinssektion »Turner Alpenkränzchen« erbaut, 1890 eröffnet und besteht mittlerweile aus drei Gebäuden: zwei Schlafhäusern und einem Wirtschaftsbau. Um diese Zeit wurde auch der Gamsängersteig auf die Ellmauer Halt angelegt, den höchsten Gipfel des Kaisergebirges und den Hausberg der »Grutten«. Ihr heutiges Aussehen erhielt die Hütte erst 1963. Sie liegt auf der landschaftlich besonders reizvollen Südseite und bietet schöne Ausblicke über die Kitzbüheler Alpen hinweg auf den vergletscherten Alpenhauptkamm. Die »Grutten« trägt ihren Namen von der großen Karmulde Grutten, die sich unterhalb des Kaiserkopfs erstreckt. Die ideale Lage der Hütte macht sie zum Stützpunkt für zahlreiche Kaisertouren. Wegen des hoch gelegenen Wanderparkplatzes auf der Wochenbrunner Alm hat sie ihre Bedeutung als Stützpunkt etwas eingebüßt. Die meisten Kaisertouren lassen sich in einem Tag erledigen. Wer aber den neu markierten Wilden-Kaiser-Steig »schultern« will, findet hier eine Unterkunft, die Bergsteigergeschichte geschrieben hat.

① Von Ellmau

Von der Ortsmitte (Bushaltestelle) folgen wir zunächst dem kleinen Sträßchen (Mark.-Nr. 22, 23) nach Wimm. Dort bieten sich zwei Möglichkeiten an: entweder rechts auf dem Forstweg (Mark.-Nr. 23) über das Gasthaus Riesen und in weiten Kehren in Richtung Riedlhütte oder links der Markierung 24 folgend auf Wirtschaftsweg durch Wald hinauf zur Biedringer Platte und weiter zur Riedringalm, wo wir auf den von rechts heraufführenden ersten Weg stoßen. Dann geht es gemeinsam (Mark.-Nr. 23) weiter zur Riedlhütte. Von dort wandern wir rechts weiter aufwärts zum Krummbacheck, wo wir an der Verzweigung den linken Weg nehmen, der uns hinauf zum Wilder-Kaiser-Steig (Mark.-Nr. 13) bringt. Dort wandern wir unter den steilen Abbrüchen des Treffauer rechts nur mehr leicht ansteigend zur Gruttenhütte.

② Von Scheffau

Man kann den Anstiegsweg verkürzen, indem man der Ausschilderung zum Jagerwirt (Asphaltsträßchen von knapp 2 km) folgt und dort parkt. Dort geht es auf Wanderweg Nr. 22 hinab zum Talbach, dann jenseits hinauf zum Grecklberg, wo wir auf den direkten Wanderweg stoßen. Nun links weiter. Oder wir gehen von der Ortsmitte von Scheffau auf dem

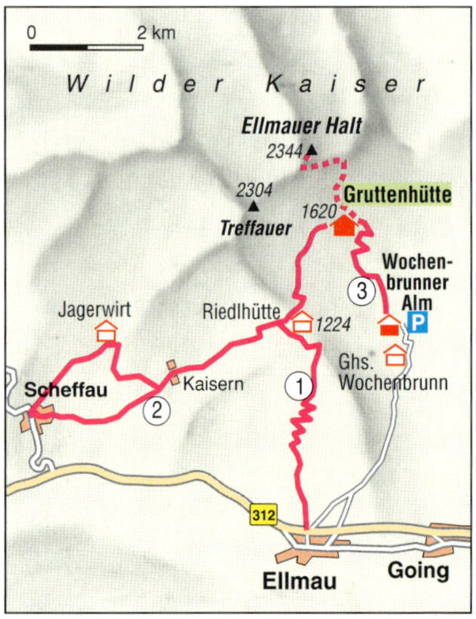

Blick über die Gruttenhütte auf die Bergbauernlandschaft der Kitzbüheler Alpen mit ihren zahlreichen Almen und Wäldern.
Gegenüberliegende Seite: Unterwegs am Jubiläumssteig, der von der Gruttenhütte zum Ellmauer Tor führt.

Wanderweg Nr. 13 in Richtung Riedlhütte zum Bad und wandern hinauf nach Mittersbach, biegen dort rechts ab, dann gleich wieder links und schließlich auf einem Sträßchen (Mark.-Nr. 14) zum Weiler Kaisern. Hier geht es weiter auf Wanderweg über die Buchauer Alm durch Wald und Bergwiesen zur Riedlhütte. Weiter wie Hüttenweg 1.

③ Von der Wochenbrunner Alm

Vom Parkplatz bei der Wochenbrunner Alm (Wegtafel) folgt man links haltend dem bequemen Weg über Almböden, dann durch Buchenwald hinauf zu den Abhängen des Gruttenplateaus. Zuletzt geht es über Latschenhänge zur schön gelegenen Hütte.

Der Hüttengipfel

Ellmauer Halt, 2344 m: Von der Gruttenhütte folgt man erst dem markierten Steig ins Hochgrubachkar. Dort befindet sich der Einstieg zum Klettersteig, dessen Verlauf nun bis zum Gipfel mit roten Punkten markiert ist. Zunächst steigen wir in direkter Linie gesichert bergan, dann nehmen wir eine Querung vor in westlicher Richtung zu den Gras- und Schrofenbändern der »Gamsänger«. Nach einer Passage blockigen Geländes erreicht man die glatte »Jägerwand«, die man mit Drahtseil gesichert über eine »Treppe« aus Eisenstiften überwindet. Über eine lehmige Passage steigen wir bis zur Einmündung des Anstiegs über die Rote-Rinn-Scharte, der von Hinterbärenbad heraufführt. Dort geht es rechts steil hinauf zu einem auffälligen Felskopf. Über Felsgelände steigen wir weiter, durch eine große Rinne bis unter einen Felsturm zur »Achselrinne«. Dort steigt man rechts exponiert, aber gesichert in einer plattigen Verschneidung weiter oder links durch einen schmalen Kamin mittels Leiter hinauf zum breiten Schuttband der »Maximiliansstraße«. Drahtseilgesichert geht es nun auf dem breiten Grat zum Babenbergerstübchen (nur Unterstand, bei Gewitter meiden) und zum höchsten Punkt der Ellmauer Halt, die ein eisernes Kreuz schmückt.

Tipp

In Ellmau befindet sich das neue Kaiserbad für den sommerlichen Badebetrieb und gleich nebenan – für kühle Tage – ein Erlebnis-Hallenbad mit Kletterwand.

ROFAN UND BRANDENBERGER ALPEN

Das Rofangebirge und die Brandenberger Alpen werden im Westen vom Achensee, im Süden und Osten vom Inn und im Norden von der bayerisch-tirolerischen Grenze eingefasst. Drei Alpenvereinshütten und vier Privathütten bieten dort Unterkunft für Bergwanderer. Die beiden, in ihrem Charakter sehr unterschiedlichen Berggebiete werden von der Brandenberger Ache geteilt, wobei das Rofan für den alpineren Teil steht, während die Brandenberger Alpen mit ihren bis zu den Gipfel bewaldeten Flanken eher Mittelgebirgscharakter aufweisen. Höchster Punkt ist der Hochiss mit 2399 m. Der zentrale Teil des Rofangebirges ist eine schräge Hochfläche mit ausgeprägten felsigen Kämmen.

Am Abstiegsweg vom Rofangipfel mit Blick nach Westen ins Karwendelgebirge. Nach Norden brechen die Wände hier steil zum Ampmoosboden ab (Abbildung links).

Die Dalfazalm hoch über dem Achensee bietet auch für Bergwanderer Unterkunft (Bild oben).

Kufsteiner Haus

Höchste Punkte: Kufsteiner Haus, 1537 m; Pendling, 1563 m.

Das Kufsteiner Haus auf dem Pendling liegt direkt über Kufstein und führt den Namen zu Recht. Es ist das höchste und auch exponierteste Unterkunftshaus in den Brandenberger Alpen und bietet herrliche Blicke auf Wilden Kaiser, Kitzbüheler Alpen und weiter bis in die Zentralalpen.

Tour 38

Hütte

Zeit Vom Gasthaus Schneeberg: 1 1/2 Std.; über die Jausenstation Kala-Alm: 2 Std.; von Unterlangkampen: 4 Std.; von Kufstein: 4 Std.

Schwierigkeit Bergwanderwege; der Inntal-Anstieg ist steil.

Übernachtung Kufsteiner Haus, 1537 m (privat, von Anfang Mai bis Ende Oktober bewirtschaftet, 35 Betten, 45 Lager; Tel. 0043/5376/5374).

Karte Freytag&Berndt-Wanderkarte 301, 1 : 50000 Kufstein – Kaisergebirge – Kitzbühel.

Gipfel

Zeit Von der Hütte: 5 Min.

Schwierigkeit Bergwanderweg.

Weitere Hütten

Kala-Alm, 1475 m (im Sommer bewirtschaftet, nur Einkehr).
Höhlensteinhaus, 1230 m (privat, von Mai bis Oktober bewirtschaftet, 30 Betten; Tel. 0043/ 5358/8156).
Gasthaus Schneeberg, 1020 m (privat, ganzjährig bew.).

Das Kufsteiner Haus liegt hoch über dem Inntal.

① Vom Gasthaus Schneeberg

Erst wandern wir bergwärts auf Fahrweg und halten uns bei einer Wegverzweigung links an die Ausschilderung »Pendling«. Eine halbe Stunde geht es einen Forstweg entlang, bis wir bei einer scharfen Kehre links auf den Steig Richtung Kufsteiner Haus abzweigen. Wir steigen steil durch Wald bergan. An der letzten Weggabelung halten wir uns rechts, wo wir auf den quer führenden neuen Wirtschaftsweg treffen (links zum Kufsteiner Haus, rechts zur Kala-Alm bzw. ins Inntal), steigen links haltend weiter an durch Waldgelände und erreichen das Gipfelkreuz des Pendling. Von dort hinab zum Kufsteiner Haus.

② Über die Jausenstation Kala-Alm

Vom Gasthaus Schneeberg führt ein ausgeschilderter Forstweg direkt zur Kala-Alm. Dort geht es links weiter auf neu angelegtem Wirtschaftsweg links auf der bewaldeten Nordseite des Pendling hinauf zum Kufsteiner Haus.

③ Von Unterlangkampfen

Von der Kirche gehen wir auf Fahrweg nach Westen (Ausschilderung »Höhlenstein«) bis zum Ende. Auf kehrenreichem Waldweg steigen wir durch die Hänge des Schnaizlbergs zum Almgelände zwischen Feuerköpfl und Jochberg und weiter zum Höhlensteinhaus. Von dort führt ein Wirtschaftsweg auf die Nordseite des Bergkammes zur Kala-Alm und rechts weiter zum Kufsteiner Haus.

④ Von Kufstein (bzw. Thiersee)

Vom Bahnhof Kufstein wandert man erst hinüber zum Ortsteil Zell und folgt dabei der Ausschilderung des E 4a, unterschreitet die Inntalautobahn und erreicht so den Weiler Maistall. Dort geht es links haltend am Bergfuß entlang zum Stimmersee und rechts hoch durch Wald zum Dreibrunnenjoch (732 m). Dort mündet der Anstiegsweg vom Thiersee ein. Links leicht ansteigend zu einer Jagdhütte, wieder links haltend durch den Nordhang des Pendling, bis zum Anstiegsweg vom Gasthaus Schneeberg. Links zum Kufsteiner Haus.

Der Hüttengipfel

Pendling, 1563 m: Der das Kufsteiner Haus nur wenige Meter überragende Gipfel bietet ein überwältigendes Panorama.

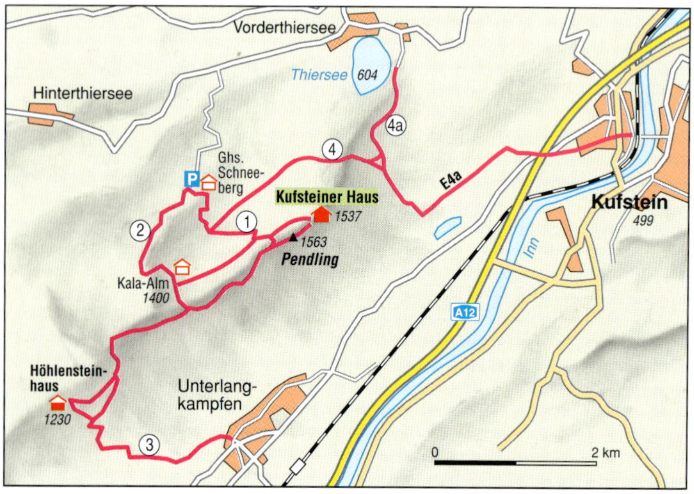

Kaiserhaus

Höchste Punkte: Kaiserhaus, 750 m; evtl. Hirschlack, 1284 m.

Das Kaiserhaus ist ein ehemaliges Forsthaus im hintersten Tal der Brandenberger Achse, das auf eine über 500 Jahre alte Geschichte zurückblicken kann. Heute ist das romantisch einsam gelegene Haus ein wichtiger Stützpunkt für Fernwanderer, die auf dem E 4 alpin unterwegs sind.

① Durch die Kaiserklamm

Vom Parkplatz am Kaiserhaus geht es einige Minuten auf dem gesperrten Fahrweg hinunter zur Brandenberger Ache. Direkt bei der Brücke beginnt links der gesicherte Steig durch die wildromantische Kaiserklamm. Hoch darüber steigen wir auf gesichertem Steig eng an den steilen Felsen entlang talaufwärts. Das Tal öffnet sich wieder, und auf gutem Wanderweg geht es durch lichten Wald immer der Ache entlang zum »zweiten oberen Ausstieg«, wo man auf eine Forststraße trifft. Dieser folgt man etwa 100 Meter bis zu einer Brücke (Trauersteg). Vor dieser führt der Weg links ab und weiter geht es durch Wald – immer

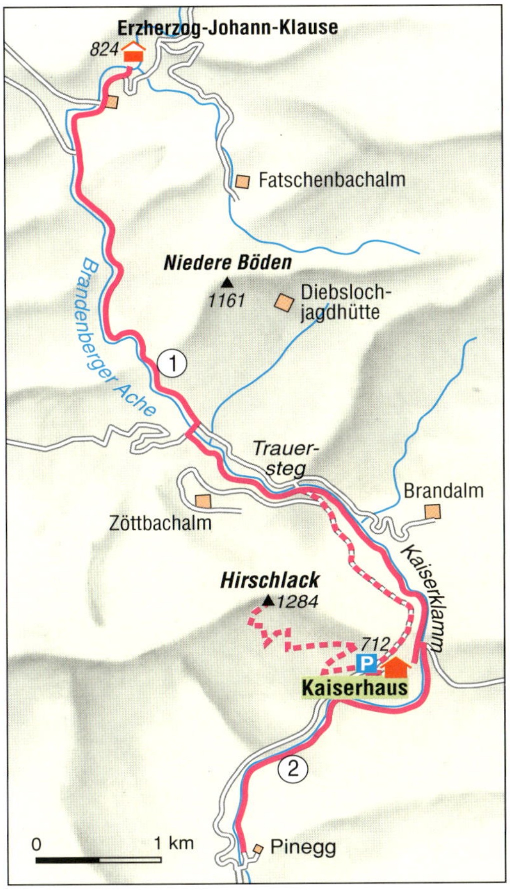

links der Ache – bis zu einer weiteren Brücke. Dort quert man die Ache erneut. Nach der Brücke nun links der talaufwärts führenden Forststraße weiter. Nach einer Stunde erreicht man das frühere Zollgebäude und kurz dahinter die Reste der ehemaligen Erzherzog-Johann-Klause. Hier geht es erneut über die Ache und dann zur gleichnamigen Ausflugswirtschaft mit reizvoller Kapelle oberhalb. Der Rückweg erfolgt auf dem Anstiegsweg.

② Von Pinegg

Falls man mit dem Bus angefahren ist, bietet sich vom Dörfchen Pinegg der Fußweg auf der rechten Bachseite zum Kaiserhaus an. Man wandert zuerst an der Brandenberger Ache entlang taleinwärts, quert dann den Ellbach und anschließend die Brandenberger Ache und geht zuletzt wieder ein paar hundert Meter talaus zum Kaiserhaus.

Der Hüttengipfel

Hirschlack, 1284 m: Im Bereich des Kaiserhauses gibt es keinen ausgeprägten Hüttengipfel. Alle umliegenden Erhebungen sind dicht bewaldet und ohne ausgeschilderte Wege. Wer nicht markierten Pfaden folgen will, kann dies an der Hirschlack versuchen.

Tour 39

Hütte

Zeit Durchwanderung der Kaiserklamm, zur Erzherzog-Johann-Klause und weiter zum Kaiserhaus: 2 1/2 Std.; Rückweg: 2 Std.; von Pinegg zum Kaiserhaus: 3/4 Std.

Schwierigkeit Der Steig vom Kaiserhaus durch die Kaiserklamm ist mit zahlreichen Brückchen versehen und durch Seilgeländer abgesichert; Schwindelfreiheit trotzdem erforderlich.

Übernachtung Kaiserhaus, 750 m (privat, 12 Betten, 12 Lager, bewirtschaftet von Ostern bis Anfang November; Tel. 0043/5331/5271).

Karte Freytag&Berndt-Wanderkarte 321, 1 : 50 000 Achensee – Rofan – Unterinntal.

Gipfel

Zeit Vom Kaiserhaus: 3/4 Std., Abstieg zur Hütte: 1/2 Std.; insgesamt: 1 1/4 Std.

Schwierigkeit Unmarkierte Pfade.

Weitere Hütten

Erzherzog-Johann-Klause, siehe Tour 55.

Bild oben: Ihren heute noch gültigen Namen hat die Hütte nach einem Besuch des Kaisers Franz Joseph I. erhalten, als dieser den damals wichtigen Triftklausen einen Besuch abstattete. Auch für Tagesgäste gibt es reichlich zu entdecken: Ein Erlebnis ist die Durchwanderung der Kaiserklamm auf einem ehemaligen Triftsteig zur Erzherzog-Johann-Klause; oder man wandert talaus nach Kramsach und durchstreift dabei die Tiefenbachklamm.

Bayreuther Hütte

Höchste Punkte: Bayreuther Hütte, 1600 m; Vorderes Sonnwendjoch, 2224 m.

Tour 40

Hütte

Zeit Von Kramsach: 2 1/2 Std.; von der Bergstation der Sonnwendjochbahn: 1 3/4 Std.; von Münster: 3 Std.

Schwierigkeit Der schnellste und einfachste Zugang erfolgt von der Bergstation der Sonnwendjochbahn auf leichten Bergwanderwegen. Der Anstieg von Münster ist recht steil und erfolgt überwiegend auf Bergsteig. Der Anstieg von Kramsach verläuft vorwiegend auf einem Almfahrweg.

Übernachtung Bayreuther Hütte, 1600 m (AV-Hütte, Kat. I, von Pfingsten bis Mitte Oktober bewirtschaftet, 20 Betten, 46 Lager, 20 Notlager; Tel. 0043/664/3425103).

Karte Freytag&Berndt-Wanderkarte 321, 1 : 50 000 Achensee – Rofan – Unterinntal.

Gipfel

Zeit Anstieg von der Bayreuther Hütte: 1 1/2 Std., Abstieg zur Hütte: 1 Std.; insgesamt: 2 1/2 Std.

Schwierigkeit Bergsteig, nicht ausgesetzt.

Weitere Hütten

Sonnwendjochhaus, 1790 m (an der Bergstation der Sonnwendjochbahn, bewirtschaftet nur während des Seilbahnbetriebs).

Bergalm, 1520 m (private Jausenstation, bewirtschaftet von Pfingsten bis Anfang Oktober). Knapp unterhalb der Bayreuther Hütte.

Die an aussichtsreicher Stelle gelegene Hütte – der Blick reicht übers Inntal hinweg bis in die Zillertaler Alpen – wurde 1908 als Privathütte einer Tiroler Familie erbaut. 1926 erfolgte der Verkauf an die Sektion Bayreuth, die die Hütte seit dieser Zeit betreut. Nach dem Ende des Zweiten Weltkrieges wurde die Hütte beschlagnahmt und erst 1956 wieder an die Eigentümer zurückgegeben. Danach erfolgte eine Generalsanierung: Eine Kläranlage wurde gebaut, eine drei Kilometer lange Wasserleitung zur Hütte gelegt und ein Dieselaggregat angeschlossen. 1995 schlug die ökologische Stunde: Die Energieversorgung wurde vorbildlich mit einer Fotovoltaikanlage und einer thermischen Solaranlage umgerüstet.

① Von Kramsach

Von der Talstation der Sonnwendjochbahn führt in einem weiten Bogen der markierte Almfahrweg (Nr. 9) zum Rotgschöß und in vielen Kehren hinauf zum Pletzachgatterl. Dann geht es weiter über den Ludoibach und den Seitenbach – immer links haltend – hinauf zur Bayreuther Hütte.

② Von der Bergstation der Sonnwendjochbahn

Von der Bergstation der Sonnwendjoch-Bergbahn (1790 m) geht es zunächst hinauf zum Roßkogel (1940 m), dann auf der Kammhöhe eben in Richtung Westen. Ein schmaler Pfad führt hinab zum Zireiner See (bei Nässe Vorsicht!). Am Südufer wandern wir vorbei in Richtung Marchgatterl zu einer Wegverzweigung oberhalb, an dieser links und hinab zur Zireinalm (1698 m). Von dort folgt man ein Stück der Almfahrstraße talwärts bis zur großen Linkskehre, wo rechts der Anstieg zur Bayreuther Hütte beginnt.

③ Von Münster

Von der Ortsmitte wandert man zunächst auf Fahrweg bergwärts zu den Häusern von Höllenstein, kreuzt oberhalb einen Fahrweg, überquert rechts einen Bach und steigt dann steil zum so genannten Wiesl an. An der Wegverzweigung rechts halten (links Variante über die verfallene Steinlackenalm); zunächst geht es sanft, später jedoch sehr steil durch Wald (Mark.-Nr. 412) und schrofige Hänge bergan zur Bayreuther Hütte.

Der Hüttengipfel

Vorderes Sonnwendjoch, 2224 m: Genießt man bereits von der Bayreuther Hütte einen Panoramablick, so steigert sich dieser vom Sonnwendjoch zu einer grandiosen Rundschau, da der Blick dort auch nach Westen frei ist. Von der Bayreuther Hütte folgt man dem markierten Wanderweg (Nr. 20) um den Berglkopf herum zu einem Sattel, dann über grasige Flanken und mit Latschen bedeckte Schrofen zum breiten Gipfelkamm mit Kreuz.

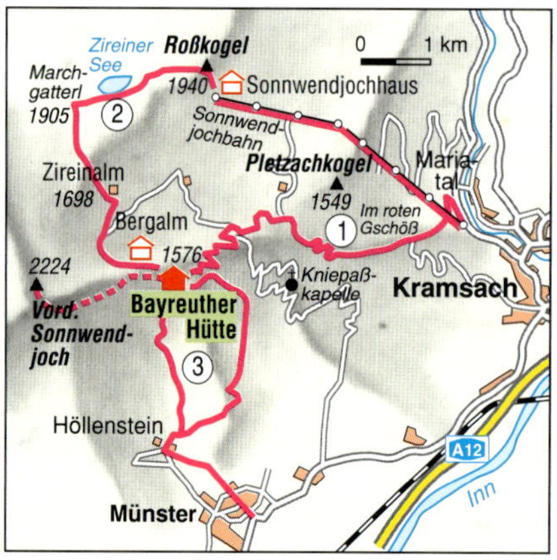

Die Bayreuther Hütte: Hier trafen sich früher auch Spitzenkletterer wie Hermann Buhl und Matthias Rebitsch. Heute ist die Hütte beliebtes Ziel wanderfreudiger Familien.

Erfurter Hütte

Höchste Punkte: Erfurter Hütte, 1834 m; Hochiß, 2299 m.

Die Erfurter Hütte, nach der gleichnamigen Alpenvereinssektion benannt, wurde 1895 erbaut. Ein Brand zerstörte 1920 die Hütte. Nach dem Neubau im Jahre 1925 kamen die Schwierigkeiten: In den 30er Jahren kam der Reiseverkehr nach Österreich fast zum Erliegen, 1945 wurde die Hütte beschlagnahmt, danach unter Zwangsverwaltung gestellt. 1959 wurde die Rofanbergbahn eröffnet, was mehr Tagesgäste brachte, aber die Übernachtungszahlen drückte. Erst 1973 konnte die Sektion die Hütte wieder erwerben. Die Hütte wurde renoviert, 1980 ans Stromnetz angeschlossen, 1985 und 1995 gab es Hüttenanbauten. Die Sektion Erfurt ging 1995 in der Sektion Ettlingen auf, der Hüttenname aber blieb.

① Mit der Rofanbergbahn

Der einfachste Weg: Die Erfurter Hütte liegt nur wenige Meter neben der Bergstation der Rofanbergbahn.

② Von Maurach über die Buchauer Alm

Von der Talstation der Rofanbergbahn führt ein ausgeschilderter Wirtschaftsweg (Mark.-Nr. 401) durch Wald hinauf zur Buchauer Alm. Anschließend geht es auf leichtem Bergsteig durch Almwiesen und Waldstücke über den verfallenen Mauritzalm-Niederleger hinauf zur Rofan-Hochfläche mit der Seilbahn-Bergstation und der Erfurter Hütte.

③ Über die Dalfazalm

Von der Talstation der Rofanbergbahn führt ein ausgeschilderter Bergsteig (Mark.-Nr. 13) durch Wald und über die Durraalm hinauf zur Dalfazalm. Von dort folgt man rechts dem Panoramaweg (Mark.-Nr. 413) leicht ansteigend hinauf zur Erfurter Hütte.

Der Hüttengipfel

Hochiß, 2299 m: Die höchste Erhebung des Rofangebirges kann mit Hilfe der Rofanbergbahn auf gutem Steig in kurzer Zeit erstiegen werden. Zudem bietet sich der Gipfelweg als abwechslungsreiche Rundtour an. Von der Erfurter Hütte geht es zunächst auf breitem Weg (durchgehende Mark.-Nr. 413) in Richtung Gschöllkopf – links an der Mauritzalm vorbei – und an dessen Ostflanke vorbei. Anschließend geht es links hinauf in die Einsenkung zwischen Gschöllkopf und Spieljoch. Wir wandern nun eben weiter, dann links durch die Südflanke der Hochiß (Seilsicherungen) und über die westliche Kammhöhe zum Gipfel. Der Abstieg kann dann über den Streichkopf, den Kotalmsattel und die Dalfazalm erfolgen.

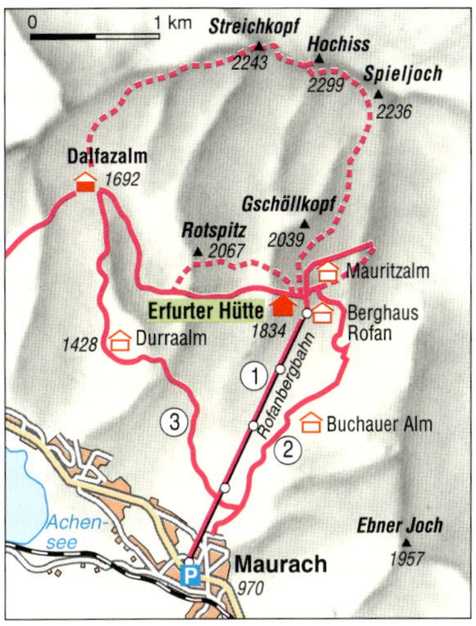

Tour 41

Hütte

Zeit Mit der Rofanbergbahn: 15 Minuten; über die Buchauer Alm 2 3/4 Std.; über die Dalfazalm 3 Std.; Übergang zur Bayreuther Hütte 3 Std.

Schwierigkeit Leichte, teilweise steile Bergwanderwege; von Maurach bis zur Buchauer Alm Wirtschaftsweg.

Übernachtung Erfurter Hütte, 1834 m (AV-Hütte, Kat. II, Pfingsten bis Mitte Oktober, Weihnachten bis Ostern bewirtschaftet, im Januar nur Tagesbetrieb, am Wochenende auch Übernachtung, 20 Betten, 50 Lager, 10 Notlager; Tel. 0043/5243/5517).

Karte Freytag&Berndt-Wanderkarte 321, 1 : 50 000 Achensee – Rofan – Unterinntal.

Gipfel

Zeit Von der Erfurter Hütte: 1 1/2 Std., Abstieg über den Kotalmsattel 2 1/4 Std.; insgesamt: 3 3/4 Std.

Schwierigkeit Trittsicherheit und Schwindelfreiheit erforderlich. Seilsicherungen.

Weitere Hütten

Buchauer Alm, 1385 m (während der Weidesaison bewirtschaftet). Von Maurach 1 1/4 Std. **Dalfazalm**, 1693 m (privat, von Mitte Mai bis Allerheiligen bewirtschaftet, 36 Übernachtungsplätze in Zimmern und Lager; Tel. 0043/5243/5224). Von Maurach 2 Std. **Mauritzalm**, 1845 m (privat, von Pfingsten bis Mitte Oktober bewirtschaftet, 10 Lager; Tel. 0043/5244/63248). 10 Minuten oberhalb der Bergstation Rofanbergbahn.

Die Erfurter Hütte mit den Dalfazer Wänden im Hintergrund.

TEGERNSEER UND SCHLIERSEER BERGE

Die Tegernseer und Schlierseer Berge umfassen das Gebiet zwischen dem Inntal im Osten und dem Isarwinkel im Westen, sowie der Landesgrenze im Süden, im Norden gehen sie in das Alpenvorland über. Zwei großartige Seen bestimmen hier das Landschaftsbild. Nahezu alle Gipfel sind auf überwiegend leichten Wegen zu erwandern, doch gibt es auch einige Felsgipfel, die Kletterern vorbehalten sind. Zehn Alpenvereinshütten, einige Privathütten sowie ein paar bewirtschaftete Almen bieten Einkehr und Unterkunft, manche davon aber nur nach Voranmeldung. Ihren höchsten Punkt erreicht diese Gruppe im Hinteren Sonnwendjoch mit 1986 m.

Vom Hirschberg bietet sich ein phantastischer Blick auf den Tegernsee; in der Bildmitte erkennt man das ganzjährig bewirtschaftete Hirschberghaus (Bild links).

Das Neureuthhaus (Bild oben) liegt auf dem bewaldeten Kamm gegenüber und kann ebenfalls das ganze Jahr über angesteuert werden.

Gufferthütte

Höchste Punkte: Gufferthütte, 1475 m; Halserspitze, 1861 m.

Tour 42

Hütte

Zeit Durch die Lange Au: 3 Std.; über die Blaubergalm: 4 1/2 Std.; vom Köglboden: 2 1/4 Std.

Schwierigkeit Durch die Lange Au erst Wirtschaftsweg, dann Bergwanderweg; über die Wolfsschlucht anspruchsvoll, Trittsicherheit und Schwindelfreiheit erforderlich (Variante über Königsalm leicht); Anstieg vom Köglboden auf Wirtschaftsweg.

Übernachtung Gufferthütte, 1475 m (AV-Hütte, Kat. I, von Mitte Mai bis Ende Oktober bewirtschaftet, 8 Betten, 62 Lager, Winterraum mit 6 Plätze; Tel. 0161/1815887).

Karte Amtliche Österr. Karte 1 : 50 000 Achenkirch. Evtl. Topogr. Karte 1 : 50 000 Mangfallgebirge (BLVA).

Gipfel

Zeit Anstieg von der Gufferthütte: 1 1/4 Std., Abstieg zur Hütte: 1 Std.; insg.: 2 1/4 Std.

Schwierigkeit Leichte Bergwanderwege und Bergpfade.

Weitere Hütten

Schweigeralm, 800 m (privat, von Weihnachten bis Anfang November bewirtschaftet).
Schönleitenalm, 1470 m (privat, während des Weidebetriebs einfach bewirtschaftet).
Blaubergalm, 1540 m (privat, durchgehend bewirtschaftet von Juni bis Oktober, im Oktober nur wochenends, 15 Lager; Tel. 0043/664/2306719).
Siebenhüttenalm, 836 m (privat, von Mai bis Oktober bewirtschaftet, Di. Ruhetag).
Königsalm, 1114 m (privat, während der Almsaison bew., Dienstag Ruhetag).

Die Gufferthütte wird zwar den Brandenberger Alpen zugeschrieben, liegt aber eindeutig noch im Gebiet der Tegernseer Berge. Und auch der mehrfach gewechselte Name (zeitweise hieß sie auch Ludwig-Aschenbrenner-Hütte, nach einem Vorsitzenden der Sektion München) zeugt von einer Zwitterstellung der Hütte. Für den Guffert ist die Hütte kein idealer Ausgangspunkt, näher liegt da schon die Halserspitze als Hüttenberg. Die 1926 erbaute, 1957 abgebrannte und wieder aufgebaute Gufferthütte liegt in einem schönen Wandergebiet mit zahlreichen Wander- und Klettermöglichkeiten.

① Durch die Lange Au

Vom Parkplatz »Lange Au« wandern wir auf Wirtschaftsweg über die Schweigeralm leicht ansteigend in die bewaldete Lange Au bis zum Steinernen Kreuz (884 m). Dort geht es rechts weg (Mark. BB 1) und bald in steilen Serpentinen durch Wald zu einer Wasserscheide (1222 m) und den Böden der Bayrbachalm. Dort halten wir uns rechts und steigen durch Wald und über Bergwiesen durch steiles Gelände bergan und wechseln schließlich hinüber zur Bayerischen Wildalm und weiter zur Gufferthütte.

② Über die Blaubergalm

Am Parkplatz »Lange Au« gehen wir rechts über die Weißachbrücke, folgen dem unbefestigten breiten Weg am Flussufer entlang (nicht dem asphaltierten Weg nach Wildbad Kreuth) bis zu einer Brücke. Dort überqueren wir nun die Weißach, wandern auf der anderen Seite links weiter und erreichen schließlich die versteckt gelegene Siebenhüttenalm. Von dort geht es auf Fahrweg weiter zur Königsalm und jenseits wieder hinab ins Tal der Felsweißach. Nun wandern wir teilweise im Bachbett zum Talschluss. Auf zum Teil mit Drahtseilen gesichertem Steig geht es durch die steile Wolfsschlucht hinauf zum Blaubergsattel und links weiter zur Blaubergalm (1540 m). Nun wandern wir auf Almfahrweg weiter und auf der Südseite des Blaubergkamms im leichten Auf und Ab hinüber zur Schönleitenalm (1470 m). Dort geht es in gleicher Richtung weiter, bis rechts der markierte Weg hinab zur Gufferthütte führt.

③ Leichte Variante über die Königsalm

Vom Parkplatz »Lange Au« folgen wir zunächst dem breiten Weg zur Siebenhüttenalm, bis rechts ein ausgeschilderter Weg zur Königsalm abzweigt. Auf diesem steigen wir steil durch Wald zur Geißalm, dann über die Almwiesen hinauf zur Königsalm, dort – links vom so genannten Kavaliershaus – über den

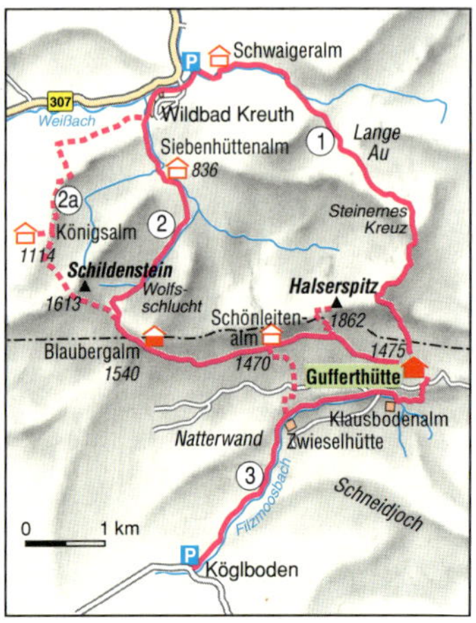

Bach (Mark. BB 2) über Almwiesen hinauf zum Graseck. Dort geht es rechts haltend weiter und am Waldrand entlang hinauf zum Sattel (1536 m) zwischen Schildenstein und Platteneck, erst etwas abwärts, dann weiter auf leichtem Weg (von links mündet der Weg aus der Wolfsschlucht ein) zur Blaubergalm.

④ Vom Köglboden

Vom Parkplatz am Köglboden folgen wir dem ausgeschilderten Fahrweg in das bewaldete Tal des Ampelbachs. Bei der Zwieselhütte (1144 m) wendet sich der Weg in Richtung Osten und folgt nunmehr dem Filzmoosbach aufwärts, vorbei an der Ludernalm, bis in den Sattel zwischen Schneidjoch (am Weg zu diesem Vorgipfel des Guffertmassivs wurden etruskische Inschriften gefunden) und den Südausläufern der Halserspitze. Dort dann links weiter hinauf zur Gufferthütte.

Der Hüttengipfel

Halserspitze, 1861 m: Von der in einer Waldlichtung gelegenen Hütte folgen wir der Ausschilderung zur Halserspitze in nordwestlicher Richtung. Wir steigen zunächst auf der bewaldeten Südseite der Halserspitze an, bis wir nach einer Dreiviertelstunde bei einer Lichtung auf eine Wegverzweigung stoßen. Von dort folgen wir einem steilen Pfad über einen Wald- und Latschenhang zur Karspitze (1801 m) auf der Westseite der Halserspitze. Wir bleiben auf der Kammhöhe und steigen rechts den steilen Steig hinauf zum Gipfelkreuz der Halserspitze. Der Abstieg erfolgt auf dem Aufstiegsweg oder in Kombination mit den Hüttenzustiegswegen.

Bild oben: Unterwegs am Blaubergkamm mit Blick auf die Halserspitze, die höchste Erhebung der Tegernseer Berge.
Bild gegenüberliegende Seite: Die Gufferthütte liegt unterhalb der Halserspitze auf einem freien Waldflecken.
Bild unten: Die Blaubergalm ist eine ökologisch ausgerichtete Alm mit eigener Käseherstellung, überdies bietet sie Nachtlager für müde Wanderer.

Tipp

Auf der Blaubergalm wird Biokäse, aber auch Butter, Brot und sogar Schnaps hergestellt und kann dort auch erworben werden. Es gibt aber auch eine Verkaufsstelle im Tal.

Brünnsteinhaus

Höchste Punkte: Brünnsteinhaus, 1360 m; Brünnstein, 1634 m.

Tour 43

Hütte
Zeit Von der Rosengasse: 2 Std.; vom Tatzelwurm: 2 Std.; von Oberaudorf (Lift): 2 Std.; aus der Rechenau: 2 1/4 Std.; aus der Gießenbachklamm: 1 3/4 Std.

Schwierigkeit Bergwanderwege und Bergpfade.

Übernachtung Brünnsteinhaus, 1360 m (AV-Haus, Kat. I, ganzjährig bew., von November bis Weihnachten nur an Wochenenden, von Mitte März bis Ende April (Ausnahme: Osterferien) geschlossen, 18 Betten, 40 Lager, 15 Notlager; Tel. 08033/1431).

Karte Topogr. Karte 1 : 50 000 Mangfallgebirge (BLVA).

Gipfel
Zeit Vom Brünnsteinhaus: 3/4 Std., Abstieg: 1/2 Std.

Schwierigkeit Leichter Klettersteig mit einigen Seilsicherungen und Leitern.

Weitere Hütten
Gießenbachhütte, 874 m (Mai bis Oktober bew., 30 Lager).

Das Brünnsteinhaus ist Ausgangspunkt für einen reizvollen kurzen Klettersteig.

Das bereits 1894 erbaute Brünnsteinhaus liegt etwas versteckt im Wald auf der Südseite des Brünnsteins. Das Haus ist fast das ganze Jahr über geöffnet. Viele leichte Wege führen dorthin, der Weg zum Gipfel über dem Haus setzt aber Trittsicherheit und Schwindelfreiheit voraus.

① Von der Rosengasse

Man wandert vom Parkplatz 100 Meter hoch, dann links auf Almfahrweg zur Rosengassenalm. Dort beginnt der Steig. An den Almen links vorbei und hinauf zu einer Schneide, bei der nächsten Abzweigung rechts halten. Bei der Seeonalm trifft man dann auf den Almfahrweg, der zum Brünnsteinhaus führt.

② Vom Gasthaus Tatzelwurm

Auf markiertem Weg geht es zu den Tatzelwurm-Wasserfällen, der am oberen Wanderparkplatz endet. Dort beginnt links der Almfahrweg (Mark.-Nr. 657) zur Schoißeralm. Man kreuzt einen quer führenden Verbindungsweg und wandert geradeaus weiter bis zu einer starken Rechtskurve. Dort zweigt rechts der ausgeschilderte Wanderweg ab, der hinauf zum Brünnsteinhaus führt.

③ Von Oberaudorf (bzw. Buchau)

Von der Bergstation des Sessellifts folgt man dem Fahrweg durch das Wiesenplateau zu einer Wegverzweigung. Dort geht es rechts durch Wald auf markiertem Wanderweg zu einer Forststraße. Links kurz auf dieser weiter, bis rechts ein Pfad abzweigt, der auf den von Buchau heraufführenden Weg (Mark.-Nr. 652) stößt. Links steil hinauf zum Brünnsteinhaus.

④ Aus der Rechenau

Vom Parkplatz folgt man dem gesperrten Fahrweg oder dem Ziehweg auf der linken Bachseite zum Weiler Rechenau. Dort links (Mark.-Nr.651) auf dem Almfahrweg durch Wald über den Kleinen Brünnberg zur Hütte.

⑤ Aus der Gießenbachklamm

Vom Parkplatz geht es auf Wirtschaftsweg ins Hintere Gießenbachtal zur Gießenbachhütte. Dort beginnt rechts ein Steig (Mark.-Nr. 653) durch Wald zur Himmelmoosalm. Dann geht es rechts auf Wirtschaftsweg zur Hütte.

Der Hüttengipfel

Brünnstein, 1634 m: Der Dr.-Julius-Mayr-Klettersteig führt von der Hütte erst durch Wald, dann mit Leitern und Seilsicherungen gut markiert zum Gipfel. Im Abstieg nimmt man den Steig auf der anderen Gipfelseite.

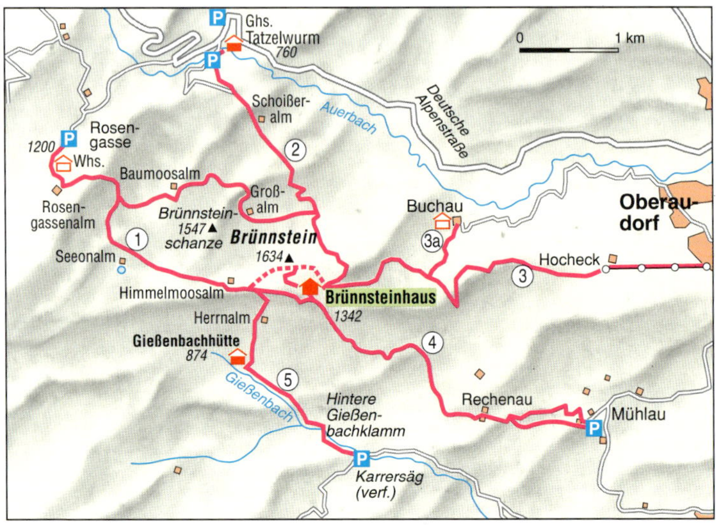

Mitteralm

Höchste Punkte: Mitteralm, 1200 m; Wildalpjoch, 1720 m.

Die Mitteralm der Sektion Bergbund Rosenheim liegt etwas versteckt hinter Bäumen an der bewaldeten Nordostflanke des Wildalpjochs. Die Wendelstein-Zahnradbahn hat direkt neben der Hütte einen Haltepunkt. Die Hütte liegt zudem am Europäischen Fernwanderweg E 4.

① Von Brannenburg

Vom Ortsteil St. Margarethen führt ein ausgeschilderter Almfahrweg direkt zur Mitteralm. Man kann auch übers Breitenberghaus ansteigen: Vom Fahrweg zweigt bald rechts ein weiterer Fahrweg (Ausschilderung »Breitenberghaus«) ab, der bald in einen Wanderweg übergeht und steil durch Wald zum Breitenberghaus führt. Von dort sind es ungefähr 10 Minuten in Richtung Lechneralm, bis links ein Wanderweg abzweigt, der zum Haltepunkt Aipl hinüberführt. Dort geht es weiter auf dem Almfahrweg zur Mailalm, wo links der Zufahrtsweg zur Mitteralm beginnt.

② Von Osterhofen

Mit der Wendelsteinseilbahn fahren wir bis zur Bergstation, dann auf ausgeschildertem Wanderweg rechts hinab zur Reindlerscharte, unter der Trasse der Zahnradbahn hindurch, auf schmalem Steig zur Reindleralm. Dort geht es rechts weiter in Richtung Brannenburg, bis rechts der direkte Zugangsweg zur Hütte abzweigt.

③ Von Bad Feilnbach

Vom Parkplatz im Jenbachtal zunächst eben auf unbefestigtem Wirtschaftsweg zum Talende. Dort verzweigen sich die Wege: links über eine Brücke und gleich wieder rechts zum Ende des Fahrwegs. Knapp oberhalb der Wegverzweigung geht es links auf einem steilen Bergsteig durch den Wald (»Weiße Wand«) hoch zum quer führenden Weitwanderweg E 4 und auf diesem links zur Reindleralm. Weiter nun wie oben.

④ Vom Arzmoos

Am Nordende des Parkplatzes an der Sudelfeldstraße queren wir diese rechts und wandern nach wenigen Metern auf ausgeschildertem Wirtschaftsweg über die Krappen- und die Oberarzmoosalm zum Ende der Bergwiesen bei der Kronberger Alm. Kurz dahinter zweigt links ein Weg zur Mitteralm ab.

Der Hüttengipfel

Wildalpjoch, 1720 m: Dieser Nebengipfel des Wendelsteins bietet einen von allem Trubel fernen Rundblick. Von der Mitteralm geht es über die Gleise der Zahnradbahn, dann links auf markiertem Steig in Serpentinen hinauf zur Soinalm. Wir wandern rechts um den kleinen See herum und links hinauf zum Joch zwischen Seewand und Wildalpjoch. Dann geht es links über schrofiges Gelände zum Gipfel.

Tour 44

Hütte

Zeit Von Brannenburg: 2 1/2 Std., übers Breitenberghaus: 2 Std.; von Osterhofen (Abstieg von der Bergstation der Seilbahn): 1 Std.; von Bad Feilnbach (Jenbachparkplatz): 3 Std.; vom Arzmoos: 1 1/2 Std.

Schwierigkeit Almfahrwege und Bergwanderwege; der Anstieg aus dem Jenbachtal über die »Weiße Wand« ist sehr steil und anstrengend.

Übernachtung Mitteralm, 1200 m (AV-Hütte, Kat. III, ganzjährig bewirtschaftet, Montag Ruhetag, Sonntag ab 18 Uhr geschlossen, 10 Betten, 84 Lager; Tel. 08034/2760).

Karte Topogr. Karte 1 : 50 000 Mangfallgebirge (BLVA).

Gipfel

Zeit Von der Mitteralm: 1 1/2 Std., Abstieg zur Hütte: 1 Std.; insgesamt: 2 1/2 Std.

Schwierigkeit Bergsteig.

Weitere Hütten

Breitenberghaus, 980 m (Naturfreundehaus, ganzjährig bewirtschaftet, Dienstag Ruhetag, 12 Betten, 35 Lager; Tel. 08034/8663).
Wirtsalm, siehe Tour 47.
Wendelsteinhaus, siehe Tour 47.

In der gemütlichen Mitteralm werden bis 21 Uhr diverse Tagesgerichte serviert. Danach kann man auf dem breiten Wanderweg zu Tal wandern oder auch eine ungestörte Hüttennacht verbringen.

Schuhbräualm

Höchste Punkte: Schuhbräualm, 1139 m; Hochsalwand, 1625 m.

Tour 45

Hütte
Zeit Von Brannenburg: 1 ½ Std.; aus dem Jenbachtal: 1 ½ Std.; von Kutterling: 2 ½ Std.

Schwierigkeit Wirtschafts- und leichte Wanderwege.

Übernachtung Schuhbräualm, 1139 m (privat, von Anfang Mai bis Ende Oktober bewirtschaftet, 19 Betten, Übernachtung nur nach Voranmeldung; Tel. 08034/2391).

Karte Topogr. Karte 1 : 50 000 Mangfallgebirge (BLVA).

Gipfel
Zeit Von der Schuhbräualm: 1 ¾ Std., Abstieg zur Hütte: 1 ¼ Std.; insgesamt: 3 Std.

Schwierigkeit Trittsicherheit und Schwindelfreiheit erforderlich, kurze Seilsicherungen.

Weitere Hütten
Schlipfgrubalm, 854 m (privat, ganzjährig bewirtschaftet, Mi. Ruhetag). Am Hüttenweg 1.
Huberalm, 1260 m (privat, von Juni bis September einfach bewirtschaftet. Am Hüttenweg 3.

Die Almen oberhalb von Brannenburg im Inntal gehören zu den ältesten in den Bayerischen Voralpen. Die Schlipfgrubalm kann bereits auf eine über 500-jährige Geschichte zurückblicken. Die Schuhbräualm etwas oberhalb dürfte etwas jünger sein. Der jetzige kleine und geduckte Steinbau wurde im Jahre 1898 errichtet. Da nahezu alle Zugänge zu dieser Alm aus Wirtschaftswegen bestehen, steht sie natürlich besonders bei Bikern in gutem Ruf. Die Kuchen sind selbst gemacht, Butter und Käse stammen von den umliegenden Almen.

① Von Brannenburg

Vom Parkplatz am oberen Ende von Brannenburg folgt man links dem Wirtschaftsweg durch das bewaldete Kirchbachtal hinauf zur Schlipfgrubalm. Dann geht es weiter auf einem Wirtschaftsweg zu einer Weggabelung. Hier halten wir uns rechts und wandern weiter durch Wald über den Hundsrücken zur Schuhbräualm. Die Alm liegt auf dem Sattel, der die Rampoldplatte mit dem Mitterberg verbindet.

② Aus dem Jenbachtal

Vom Parkplatz am Ende der Jenbachtalstraße zweigt nach wenigen Metern talein links ein Almfahrweg ab. Diesem folgt man bis kurz vor die Hillsteiner Alm, dann steigt man links haltend auf Wanderweg über steile Berghänge hinauf zur Antretteralm. Von dort geht es links auf Almfahrweg weiter zur Schuhbräualm.

③ Von Kutterling

Vom Parkplatz in Kutterling wandern wir auf ausgeschildertem Almfahrweg durch Wald zu den Bergwiesen der Walch- und der Hansenalm und weiter bis zur Einsenkung zwischen Farrenpoint und Mitterberg. Dort geht es rechts weiter auf Almfahrweg hinauf zur Schuhbräualm.

Der Hüttengipfel

Hochsalwand, 1625 m: Von der Schuhbräualm folgen wir rechts einem schmalen Steig über Almwiesen hinauf zur Rampoldalm (1244 m). Dort gehen wir nur ein kurzes Stück rechts, dann wandern wir links den Bergkamm hinauf zur Rampoldplatte (hier gibt es ein Kreuz). Wir steigen jenseits der Rampoldplatte hinab und dann auf Grasschneide hinauf bis an den Fuß des Lechnerköpfls. Wir umrunden nun das Lechnerköpfl und steigen über einen steilen, schrofigen Hang (gesichert mit einigen Drahtseilen) in die Scharte auf der Westseite der Hochsalwand. Dort geht es nun links durch Latschen bis zum höchsten Punkt, von dem aus wir eine weite Aussicht ins Inntal genießen.

Gemütliche Einkehr in der Schuhbräualm.

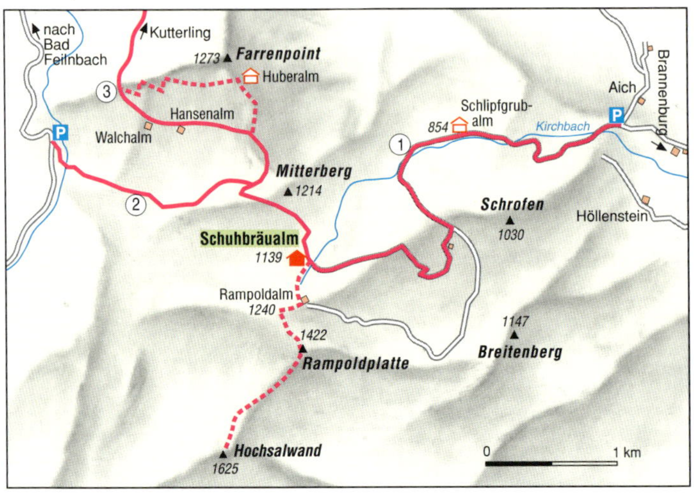

Hubertushütte

Höchste Punkte: Hubertushütte, 1585 m; Breitenstein, 1622 m.

Die kleine, ganz aus Holz gebaute Hubertushütte ist eigentlich eine Alm – der Kuhstall steht separat gleich nebenan. Die Hütte weist eine ideale Lage auf, denn sie liegt direkt unter dem Gipfel des Breitensteins und kann von mehreren Seiten auf guten Bergwanderwegen angesteuert werden. Wer es bis zur großen Sonnenterrasse vor der Hütte geschafft hat, kann erst einmal innehalten und eine Brotzeit zu sich nehmen, denn den kurzen Aufstieg zum Gipfel schafft man allemal noch. Eingelullt vom Glockengeläut der Kühe lässt es sich auch gut im kleinen Lager übernachten.

① Von Birkenstein

Vom Parkplatz oberhalb der Wallfahrtskirche führt ein Almfahrweg zur Kesselalm. Dort geht es rechts bergwärts in den Sattel zwischen Schweinsberg und Breitenstein. Am Sattel hält man sich links und wandert an den Fuß des Gipfelaufbaus und über eine steile, aber problemlose Passage zur Hubertushütte.

② Von Elbach über die Bucheralm

Von der Ortsmitte geht es zum Weiler Buch, dann auf Wiesenweg rechts nach Buchenberg. Bei einer Wegverzweigung rechts, bei einer Wegteilung im Wald links, bei einer Lichtung rechts auf Pfad zu einer Forststraße. Bei der Weggabelung wandern wir links und folgen der Markierung »B« zur Bucheralm. Von dort zum Joch rechts des Bocksteins und zur Hubertushütte.

③ Aus dem Jenbachtal

Vom Parkplatz wandern wir auf Wirtschaftsweg seitlich an der Wirtsalm vorbei zum Talende und einer Wegverzweigung: links über eine Brücke und gleich wieder rechts bis zum Ende des Fahrwegs. Knapp oberhalb an der Wegverzweigung geht es rechts auf Bergwanderweg in Kehren an den Gipfelaufbau des Breitensteins. Rechts weiter zur Hubertushütte.

Der Hüttengipfel

Breitenstein, 1622 m: Von der Hubertushütte sind es 15 Minuten bis zum Gipfel. Der Weg ist nicht zu verfehlen, er beginnt direkt an der Hütte. Am Gipfel erwartet uns freie Sicht.

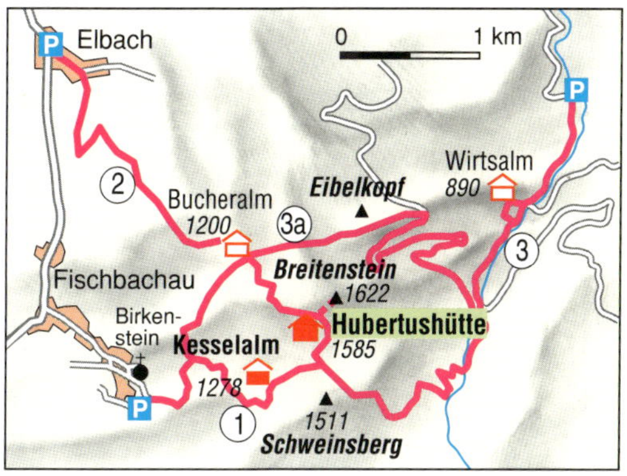

Tour 46

Hütte

Zeit Von Birkenstein: 2 ½ Std.; von Elbach: 2 ½ Std.; aus dem Jenbachtal: 2 ½ Std.

Schwierigkeit Im Talbereich jeweils Wirtschaftswege, dann Bergwanderwege, im Schlussaufstieg jeweils recht steil. Trittsicherheit erforderlich.

Übernachtung Hubertushütte, 1585 m (privat, von Juni bis Anfang November bewirtschaftet, im Winter auch an schönen Wochenenden, Weihnachten durchgehend, 15 Lager; Tel. 0171/2785737).

Karte Topogr. Karte 1 : 50 000 Mangfallgebirge (BLVA).

Gipfel

Zeit Von der Hubertushütte: ¼ Std., Abstieg zur Hütte: 10 Min.; insgesamt: knapp 30 Minuten.

Schwierigkeit Bergwanderweg. Am Gipfel Vorsicht!

Weitere Hütten

Kesselalm, 1278 m (privat, im Sommer durchgehend, im Winter nur an Wochenenden bewirtschaftet, 15 Lager; Tel. 08028/2602).
Bucheralm, 1200 m (privat, während der Weidezeit einfach bewirtschaftet).
Wirtsalm, siehe Tour 47.

Bild oben: Die Hubertushütte unter dem Breitenstein kann mit einer großen Terrasse aufwarten. Und selbst nach einer deftigen Brotzeit ist der kurze Gipfelaufstieg noch zu bewältigen.

Aiblinger Hütte

Höchste Punkte: Aiblinger Hütte, 1311 m; Wendelstein, 1838 m.

Tour 47

Hütte
Zeit Von Birkenstein: 1½ Std.; vom Jenbachparkplatz: 1½ Std.; von Osterhofen: 3½ Std. (von der Wendelstein-Bergstation: 1 Std.).

Schwierigkeit Zu Beginn jeweils Wirtschaftswege, dann leichte Bergwanderwege; teilweise steilere Abschnitte.

Übernachtung Aiblinger Hütte, 1311 m (AV-Hütte, Kat. I, 45 Lager, Selbstversorgerhütte, von Mitte April bis Ende Dezember nur an Wochenenden bewartet (Samstag ab 12 Uhr bis Sonntag 15 Uhr), Getränkeverkauf; Tel. Tal 08061/1850).

Karte Topogr. Karte 1 : 50 000 Mangfallgebirge (BLVA).

Gipfel
Zeit Von der Aiblinger Hütte: 1½ Std., Abstieg zur Hütte: 1 Std.; insgesamt: 2½ Std.

Schwierigkeit Bergwanderweg; auf den Gipfel führt ein mit Treppen und Geländer versehener Steig.

Weitere Hütten
Wendelsteinhaus, 1725 m (privat, ganzjährig bewirtschaftet, keine Übernachtung). An der Bergstation der Wendelsteinbahnen.
Wirtsalm, 890 m (privat, von Mai bis Ende Oktober bewirtschaftet).
Kesselalm, siehe Tour 46.
Wendelsteinalm, 1708 m (privat, während der Weidezeit bewirtschaftet).

Auf der Aiblinger Hütte gibt es mehrere Schlafräume mit Stockbetten, ein Hüttenschlafsack ist jedoch erforderlich. An ihr führt der »Maximiliansweg« vorbei, der den Bodensee mit dem Königssee verbindet.

Die Hütte der AV-Sektion Bad Aibling ist komplett aus Holz gefertigt und strahlt rundum Gemütlichkeit aus. Sie ist auch Nichtmitgliedern zugänglich, es gibt aber keine Voranmeldungen. In der Küche darf Essen zubereitet werden, ehrenamtliche Hüttenwarte verkaufen Getränke.

① Von Birkenstein

Vom Parkplatz oberhalb der Wallfahrtskirche in Birkenstein geht es auf ausgeschildertem Almfahrweg durch Wald hinauf zur Kesselalm. Dort wandern wir rechts durch Almwiesen bergwärts in den Sattel zwischen Schweinsberg und Breitenstein. Dort hält man sich rechts und wandert eben zu den Bergwiesen der Durhamer Alm, wo links der Wanderweg zur etwas unterhalb liegenden Aiblinger Hütte abzweigt.

② Aus dem Jenbachtal

Vom Parkplatz wandern wir zunächst eben auf unbefestigtem Wirtschaftsweg – seitlich an der Wirtsalm vorbei – bis zum Talende. Links geht es über eine Brücke und gleich wieder rechts bis zum Ende des Fahrwegs. Knapp oberhalb der Wegverzweigung wandern wir links auf Bergwanderweg in Kehren durch Wald hinauf, bei der folgenden Weggabel gehen wir rechts und weiter zur Aiblinger Hütte.

③ Von Osterhofen

Vom Parkplatz bzw. vom Haltepunkt der BOB geht es auf ausgeschildertem Weg durch den kleinen Ort Osterhofen, dann links auf dem schmalen Asphaltsträßchen hinauf nach Hochkreuth. Beim zweiten Bauernhof schwenken wir links auf einen Ziehweg ein (Mark.-Nr. B 1c) und wandern durch lichten Wald in Kehren hoch. Über die Bergwiesen der Kreuther und der Siegelalm gelangen wir weiter zu den Wendelsteinalmen. Dort geht es links weiter, unter die Felsen des Wendelsteins, unter der Seilbahn hindurch und schließlich auf einem Bergsteig hinab zu einer Weggabel. Dort halten wir uns links Richtung Elbachalm, wo wir rechts über die Bergwiesen der Durhamer Alm bis zur Aiblinger Hütte wandern.

Der Hüttengipfel

Wendelstein, 1838 m: Von der Aiblinger Hütte folgt man dem ausgeschilderten Wanderweg über die Durhamer Alm und die Elbachalm bis an die Felsen des Gipfelaufbaus heran. Dann halten wir uns bei der Weggabelung rechts und steigen in Serpentinen bergan, weiter durch die Westflanke des Berges und kurz nach der Seilbahn links hinauf zum Wendelsteinhaus. Auf gut angelegtem Steig geht es noch das letzte Stück weiter zum Gipfel mit dem Oberservatorium und der Wetterwarte.

Gindelalm

Höchste Punkte: Gindelalm, 1242 m; Gindelalmschneid, 1335 m.

Die Gindelalmen im Waldgebiet zwischen Tegernsee und Schliersee gehören zu den beliebtesten Ausflugszielen in den Bayerischen Voralpen. Dort konzentrieren sich gleich drei bewirtschaftete Almen auf einer großen Waldlichtung. Sie gehören Haushamer Bauern.

① Von Schliersee (Hennerer Au)

Vom Parkplatz führt ein steiler Almfahrweg durch Wald hinauf zur Gindelalm. Oder vom Bahnhof Schliersee erst hinunter zum See, dann rechts am Ufer entlang und über eine Brücke zum Sportplatz. Dann geht es links auf Sträßchen zum Freudenberg hinauf, rechts über die Bahnlinie und immer geradeaus zur Straße in die Hennerer Au. Links weiter.

② Von Hausham

Vom Parkplatz folgen wir dem Almfahrweg zur Huberalm, gehen an dieser links vorbei und wandern auf unbefestigtem Wirtschaftsweg zum Waldrand. Links geht es weiter auf Bergwanderweg zum Berggasthaus Huberspitz. Wir wandern den Kamm entlang zum Fahrweg, gehen kurz auf diesem, dann auf markiertem Waldweg über den Rainerberg und den Auer Berg hinüber zur Gindelalm.

③ Von Tegernsee über Neureuth

Wir gehen vom Bahnhof zur Volkshochschule, wo der Treppenweg zur Privatklinik Westerhof beginnt. Wir folgen der Fahrstraße, dann dem Westerhofweg steil bergan. Bald münden der alte Sommerweg und der Bayernweg auf die Route ein. Ein Stück unterhalb der Neureuth trifft man auf eine Bergwiese. Dort führt ein Wiesenweg hoch zur Gindelalm.

④ Von Tegernsee über die Baumgartenschneid

Von der Bahnhofstraße gehen wir links über die Kleinbergstraße und den Sonnleitenweg zum Pfliegelhof. Wir wandern ums Pfliegeleck herum zur Kammhöhe und rechts zum Berggasthaus Riederstein. Dahinter verzweigen sich die Wege. Wir gehen rechts auf dem direkten Weg zur Baumgartenschneid. Den Gipfel kann man links umgehen. Über die Baumgartenalm (1368 m) geht es steil auf Bergpfad hinab zum Sagfleckl, auf markiertem Pfad links um das Kreuzbergköpfl zu einem Almfahrweg und rechts weiter zur Kreuzbergalm. Jenseits steigen wir auf Pfad hinab und links durch Bergwiesen steil hoch zur Kammhöhe. Kurz vor der Gindelalmschneid geht es rechts hinab zur Gindelalm.

Der Hüttengipfel

Gindelalmschneid, 1335 m: Der wenig ausgeprägte Gipfel ist in einem kurzen Anstieg durch Weidegebiet schnell erreichbar.

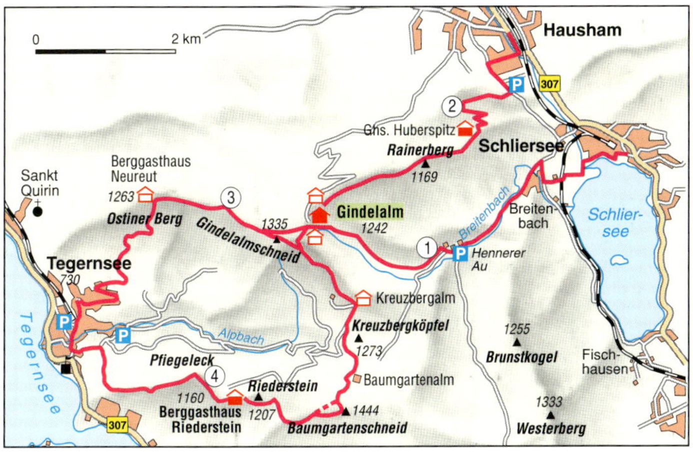

Tour 48

Hütte

Zeit Von Schliersee: 2 Std. (von der Hennerer Au: 1 Std.); von Hausham: 2 Std.; von Tegernsee über die Neureuth: 2 Std.; von Tegernsee über die Baumgartenschneid: 4 Std.

Schwierigkeit Von Schliersee Wanderwege und Sträßchen, dann steiler Almfahrweg. Von Hausham und Tegernsee/Nekreuth leichte Bergwanderwege. Der Weg über die Baumgartenschneid erfordert Trittsicherheit.

Übernachtung Berggasthaus Gindelalm II, 1242 m (privat, von Christi Himmelfahrt bis Kirchweih (Oktober) bewirtschaftet, kein Ruhetag, 25 Betten; Tel. 0173/9439384

Karte Topogr. Karte 1 : 50 000 Mangfallgebirge (BLVA).

Gipfel

Zeit Von der Gindelalm: 15 Minuten Anstieg.

Schwierigkeit Leichter Bergpfad.

Weitere Hütten

Gindelalm I und III, 1242 m (privat, von Mai bis Oktober bewirtschaftet).
Neureuth, 1264 m (privat, ganzjährig bewirtschaftet, im April Betriebsurlaub, Montag Ruhetag).
Berggasthaus Huberspitz, 1052 m (privat, ganzjährig bewirtschaftet).
Berggasthaus Riederstein (Galaun), 1060 m (privat, bei »Marei«, ganzjährig bewirtschaftet, 32 Betten, Mittwoch Ruhetag; Tel. 08022/273022).
Kreuzbergalm, 1223 m (privat, während der Weidesaison bewirtschaftet, Montag ab 16 Uhr geschlossen).

Die Gindelalm II ist die Übernachtungsstation der drei Almhütten.

Rotwandhaus

Höchste Punkte: Rotwandhaus, 1737 m; Rotwand, 1885 m.

Tour 49

Hütte
Zeit Von der Taubensteinbahn-Bergstation: 1½ Std.; von Spitzingsee: 2½ Std.; aus dem Ursprungtal: 4 Std.; von Geitau: 4½ Std.

Schwierigkeit Überwiegend Wirtschaftswege (der Normalweg vom Spitzingsee sogar durchgehend bis zum Haus), das letzte Stück auf der Route von Geitau auf Bergwanderweg. Der Anstieg vom »Schweren Gatter« ist der anspruchsvollste, er setzt im oberen Teil Trittsicherheit und Schwindelfreiheit voraus, ist aber sicher der einsamste. Der schnellste und aussichtsreichste Zugang erfolgt von der Bergstation der Taubensteinbahn.

Übernachtung Rotwandhaus, 1737 m (AV-Haus, Kat. I, 36 Betten, 90 Lager, ganzjährig bewirtschaftet, von Anfang November bis Mitte Dezember geschlossen; Tel. 08026/7683).

Karte Topogr. Karte 1 : 50 000 Mangfallgebirge (BLVA).

Gipfel
Zeit Vom Rotwandhaus: knapp 30 Min., Abstieg zur Hütte: 15 Min.; insgesamt: etwa 45 Min.

Schwierigkeit Breiter leichter Wanderweg.

Weitere Hütten
Sillberghaus, 1060 m (privat, ganzjährig bewirtschaftet, im Winter jedoch nur an den Wochenenden, Mittwoch Ruhetag, Übernachtung nach Voranmeldung möglich; Tel. 08023/533). Auf steil ansteigendem gesperrten Fahrweg vom Parkplatz »Beim Schweren Gatter« in 40 Minuten zu erreichen.
Taubensteinhaus, siehe Tour 50.

Das 1906 erbaute und 1907 eröffnete Alpenvereinshaus der Sektion Turner-Alpenkränzchen ist eine Institution für Bergwanderer in den Schlierseer Bergen. Da das Rotwandhaus inmitten eines abwechslungsreichen Geländes auf der Südseite der Rotwand liegt, hat es sich auch als beliebte Anlaufstelle für Familien mit Kindern entwickelt. Mit etwas Glück lassen sich hier Murmeltiere und sogar Gämsen beobachten. Außerdem gibt es im Sommer natürlich auch Almvieh auf den umliegenden Bergweiden. Das kinderfreundliche Haus verfügt sogar über einen Spielplatz. Drinnen gibt es Spiel- und Lesematerial. Die Küche ist auch auf Kinderteller eingestellt. Das Rotwandhaus war einer der Vorreiter in der umweltfreundlichen, netzunabhängigen Energieversorgung. Mit staatlicher Förderung entstand dort eine der ersten Windkraftanlagen auf einer Berghütte, kombiniert mit einer Fotovoltaikanlage. Das Panorama, das man vom Rotwandhaus aus genießt, kann sich sehen lassen. Und die Sonnenauf- und -untergänge haben Filmreife.

① Von der Taubensteinbahn-Bergstation

Von der Bergstation der Taubensteinbahn (1611 m) geht es zuerst auf felsigem Steig hinauf zum Sattel hinter dem Taubenstein (hier ist ein Abstecher zum Gipfel für Trittsichere möglich). Dann wandern wir nur mäßig ansteigend in südwestlicher Richtung weiter durch freies Gelände (links sieht man den massiven Klotz des Hochmiesing), bis zum Fuß des Lempersbergs, den man unterhalb seiner Kammlinie quert. Wir gehen ein Stück abwärts, dann wieder hinauf zum Kirchsteinsattel. Dort ist bereits das Rotwandhaus zu sehen. Wir wandern in weitem Bogen hinüber zum Alpenvereinshaus. Wer gleich den Rotwandgipfel mitnehmen will, kann vom Kirchsteinsattel auf schönem Wanderweg direkt zum Gipfel hinüberqueren.

② Von Spitzingsee (Wurzhütte)

Vom Südufer des Sees, beim Gasthaus Wurzhütte, wandert man jenseits der Sperre auf dem ausgeschilderten Fahrweg in Richtung Valepp, bis bald links der befestigte Fahrweg zur Schwarzenkopfhütte abzweigt. Diesem folgt man durch Wald bis oberhalb der Bergwachthütte, wo rechts der unbefestigte Fahrweg (Schranke) – weiterhin durch Wald – zur Wildfeldalm hinaufführt. Dort weiter auf dem Hüttenzufahrtsweg, nun jedoch durch freies Gelände hinauf zum Rotwandhaus.

③ Aus dem Ursprungtal

Vom Parkplatz »Beim Schweren Gatter« geht es zuerst auf breitem, aber steilem Fahrweg hinauf zum Sillberghaus. Dort wandern wir westwärts auf Almfahrweg zunächst durch Wiesengelände, dann durch Wald zur Wirthsalm. Der weitere Weg führt auf einem Steig weiter – in leichtem Auf und Ab – durch die überwiegend freien Hänge der Maroldschneid-Südseite. Wir umgehen den Südgrat des Auerspitz links und steigen rechts aufwärts zur Kümpfelscharte (1700 m) zwischen Auerspitz und Rotwand. Hier geht es

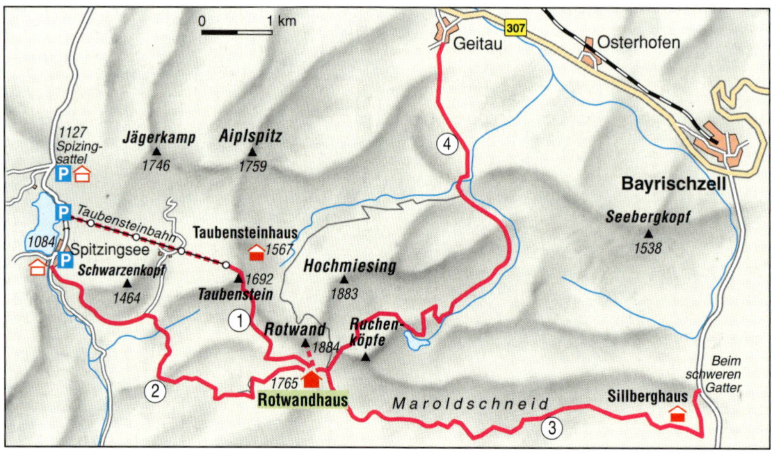

nun links auf gutem Steig hinauf zum aussichtsreich gelegenen Rotwandhaus.

④ Von Geitau

Kurz vor dem Parkplatz am westlichen Ortsende von Geitau zweigt links ein für den allgemeinen Verkehr gesperrtes Fahrsträßchen ab, dem man – vorbei an einem Segelflugplatz – bis zu einer Weggabelung (von links mündet hier die Straße von Osterhofen ein) folgt. Dort gehen wir rechts weiter, queren auf einer Brücke den Alpbach und treffen oberhalb einer Forsthütte auf eine weitere Wegverzweigung. Man nimmt nun den links abzweigenden Wirtschaftsweg, der in einem weiten Linksbogen um den bewaldeten Steilenberg herum (man bleibt immer auf der rechten Seite des Steilenbaches) bergwärts führt. Nach einer Bergwiese steigt der Weg in steilen Kehren zur Schellenbergalm an und erreicht dann durch ein weiteres Waldstück den Soinsee. Nun wandern wir rechts an diesem entlang weiter zur Großtiefenthalalm, wo der Fahrweg endet. Auf schönem Bergwanderweg geht es nun links haltend hinauf zur Kümpfelscharte und dort ein kurzes steiles Stück hinauf zum Rotwandhaus.

Der Hüttengipfel

Rotwand, 1885 m: Der Gipfelanstieg zum Hausberg des Rotwandhauses ist von diesem auf breitem Wanderweg in einer knappen halben Stunde zu bewältigen. Ein Gipfelkreuz und eine herrliche Aussicht sind die Krönung der Tour. Aber Achtung am Gipfel, die Rotwand fällt nach Norden und Osten steil ab.

Blick vom Rotwandgipfel über das Rotwandhaus auf das Hintere Sonnwendjoch. Das ganzjährig bewirtschaftete Rotwandhaus war Vorreiter einer umweltfreundlichen Energieversorgung.

Tipp

Auf der Route von Geitau kommt man am romantischen Soinsee vorbei. Der fünf Hektar große und 12 Meter tiefe See wurde durch Gletschereis gebildet und ist bis zu acht Monate im Jahr zugefroren. In seinem Wasser spiegeln sich die bizarren Ruchenköpfe. Eine ideale Kulisse für ein längeres Picknick.

Taubensteinhaus

Höchste Punkte: Taubensteinhaus, 1567 m; Aiplspitz, 1759 m.

Tour 50

Hütte
Zeit Vom Spitzingsattel: 2 Std.; vom Spitzingsee: 1 1/2 Std.; von Geitau 2 Std.

Schwierigkeit Vom Spitzingsattel Bergwanderweg; vom Spitzingsee bzw. von Geitau Wirtschaftsweg, das letzte Stück auf Wanderweg.

Übernachtung Taubensteinhaus, 1567 m (AV-Haus, Kat. II, 6 Betten, 52 Lager, ganzj. bew., November bis etwa 10. Dez. geschlossen; Tel. 08026/7070).

Karte Topogr. Karte 1 : 50 000 Mangfallgebirge (BLVA).

Gipfel
Zeit Vom Taubensteinhaus: 1 Std., Abstieg zur Hütte: 1 Std.; insgesamt: 2 Std.

Schwierigkeit Bergsteig. Trittsicherheit und Schwindelfreiheit erforderlich. Am »Tanzeck« eine Drahtseilsicherung.

Weitere Hütten
Krottenthaler Alm, 1435 m (Naturfreundehaus, am Wochenende Getränkeverkauf).
Obere Maxlrainer Alm, siehe Tour 53.
Schönfeldhütte, siehe Tour 51.

Vom Taubensteinhaus hat man freie Sicht auf die Rotwand, den Miesing und Wendelstein.

Das schindelverkleidete Taubensteinhaus im Spitzingseegebiet macht zwar einen altehrwürdigen Eindruck, gehört aber nicht zu den sehr alten Hütten in den Bayerischen Alpen. Erst 1936 wurde der Bau errichtet. Mit dem Bau der Taubensteinbahn, die 1972 eröffnet wurde und deren Bergstation knapp oberhalb des Hauses steht, ist der rege Zulauf zur Hütte gesichert.

① Vom Spitzingsattel

Am anderen Ende des Parkplatzes auf markiertem Steig (SB 4 und Nr. 643/644) geht es zuerst über Wiesengelände, dann durch die bewaldeten Hänge der Lochgrabenschneid. Bei der Wegverzweigung biegen wir links ab (Ausschilderung rechts führt ebenfalls zum Taubenstein) und wandern über weite Bergwiesen zur Schönfeldhütte (1410 m). Dort halten wir uns auf dem Fahrweg rechts, bis nach dem Lochgrabenlift der Wanderweg zum Taubenstein abzweigt. Auf diesem geht es durch ein kurzes Waldstück, dann seitlich der Piste hinauf zur Bergstation der Seilbahn und links hinab zum Taubensteinhaus.

② Vom Spitzingsee (Wurzhütte)

Vom Südufer des Sees beim Gasthaus Wurzhütte folgt man jenseits der Sperre dem ausgeschilderten Fahrweg in Richtung Valepp, bis bald links der befestigte Fahrweg zur Schwarzenkopfhütte abzweigt. Auf diesem Weg geht es nun durch Wald bis oberhalb des Gasthauses Igler, wo rechts der ausgeschilderte Wanderweg zur Oberen Maxlrainer Alm abzweigt. Von der Alm wandern wir links haltend hinauf zur Bergstation der Taubensteinbahn und rechts hinab zur Hütte.

③ Von Geitau

Vom Parkplatz in Geitau geht es auf Fahrstraße über einen Wiesengrund – immer rechts haltend – bis an den Bergfuß, über eine Brücke und zur Mieseben-Diensthütte. Bei den nächsten zwei Wegverzweigungen gehen wir rechts und auf Almfahrweg durch den bewaldeten Krottenthaler Graben. Im Linksbogen wandern wir um die Nordwestseite des Hochmiesing herum, bis kurz vor der Kleintiefenthalalm der Hüttenzugangsweg rechts abzweigt.

Der Hüttengipfel

Aiplspitz, 1759 m: Die Ersteigung des Aiplspitz kann vom Taubensteinhaus als Rundtour unternommen werden. Man geht hinauf zur Bergstation der Taubensteinbahn und folgt rechts dem Wanderweg (Mark.-Nr. 642) links am Rauhkopf vorbei zum Almboden der Schnittlauchmoosalm. Dort folgt man rechts dem Pfad zum »Tanzeck« (Mark.-Nr. 643), geht seitlich an diesem vorbei, über die seilgesicherten Schrofen des Südwestgrats zum Gipfel des Aiplspitz. Jenseits geht es auf leichterem Steig durch Latschen auf dem Ostgrat hinab, dann rechts haltend über freie Hänge zur Krottenthaler Alm. Dort führt ein Pfad seitlich am Rauheck vorbei bis zum Taubensteinhaus.

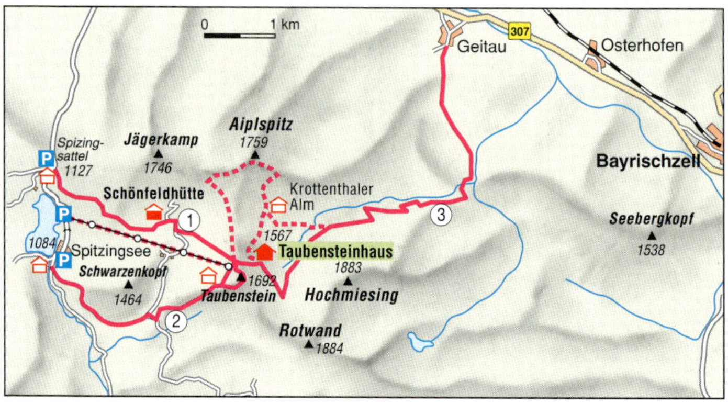

Schönfeldhütte

Höchste Punkte: Schönfeldhütte, 1410 m; Jägerkamp, 1746 m.

Dieser Tourenstützpunkt ging aus der Unteren Schönfeldalm hervor, den die Alpenvereinssektion München im Jahre 1929 erwarb. Knapp 20 Jahre später wurde sie jedoch durch eine Lawine schwer beschädigt und musste durch einen Neubau ersetzt werden. Ihre heutige Gestalt erhielt sie nach einer Erweiterung im Jahre 1967.

① Vom Spitzingsattel

Vom Ende des Parkplatzes geht es auf markiertem Steig (SB 4 und Nr. 644) zuerst über Wiesengelände, dann durch die bewaldeten Hänge der Lochgrabenschneid. Bei der Wegverzweigung nach dem Waldstück links weiter über die freien Hänge zur Schönfeldhütte.

Bild oben: Die Schönfeldhütte, oberhalb des Spitzingsees gelegen, ist ein idealer Aufenthaltsort für einen Bergurlaub mit Kindern. Der kürzeste Hüttenanstieg dauert nur eine Stunde, drumherum gibt es ein weites Almgelände und mit dem Jägerkamp einen leicht zu erreichenden Aussichtsgipfel.

② Mit der Taubensteinbahn

Von der Bergstation gehen wir hinab zum Taubensteinsattel, dann über den markierten Wanderweg (Mark.-Nr. 644) am Rande der Piste hinab zu einem Almfahrweg. Dort rechts weiter, bis links der Hüttenzufahrtsweg abzweigt. Die Hütte liegt am Gegenhang.

③ Vom Spitzingsee

Vom Südufer des Sees, beim Gasthaus Wurzhütte, folgt man jenseits der Sperre dem Fahrweg in Richtung Valepp, bis bald links der befestigte Fahrweg zur Schwarzenkopfhütte abzweigt. Auf diesem durch Wald – vorbei am Gasthaus Igler – bis zur Wegverzweigung bei der Schwarzenberghütte (Wegtafeln). Hier rechts weiter auf dem schmalen Almfahrweg, unter der Taubensteinbahn hindurch, bis links der Hüttenzufahrtsweg abzweigt. In wenigen Minuten hinauf zur Schönfeldhütte.

④ Über den Jägerkamp

Vom Spitzingsattel geht es über freies Gelände hinauf zum Waldrand, dann links haltend unter den Felswänden entlang, bis man auf den von der Spitzingstraße heraufführenden Weg stößt. Nun rechts weiter auf diesem zur Jägerbauernalm. Dort rechts haltend auf den Nordgrat des Jägerkamp zu und auf dem Grat durch Latschen zum Gipfel. Links geht es hinab auf markiertem Weg zu einer Wegverzweigung, rechts steil hinab zu den Oberen Schönfeldalmen und zur Hütte.

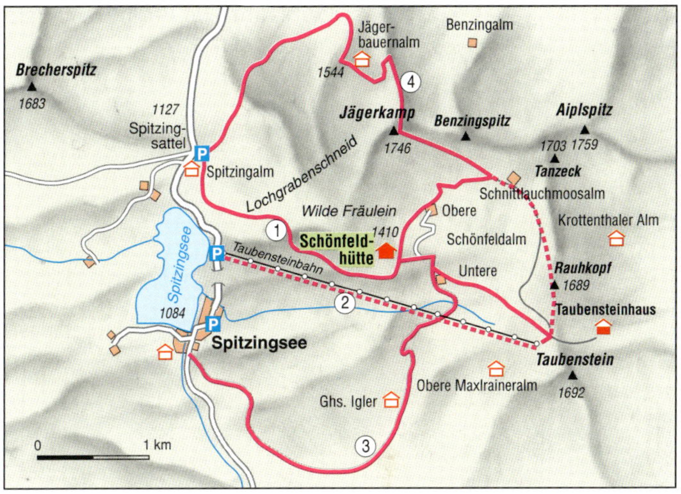

Der Hüttengipfel

Jägerkamp, 1746 m: Von der Schönfeldhütte geht es auf markiertem Weg (Nr. 643) über die Weidehänge zu den Oberen Schönfeldalmen; dann weiter zu einer Wegverzweigung auf einem Hochplateau. Dort links auf Bergsteig (Mark.-Nr. 642) und durch Latschen zum Gipfel.

Tour 51

Hütte

Zeit Vom Spitzingsattel: 1 Std.; von der Taubensteinbahn-Bergstation: 1/2 Std.; vom Spitzingsee (Wurzhütte): 1 1/2 Std.; über den Jägerkamp: 3 3/4 Std.

Schwierigkeit Anstieg vom Spitzingsattel und Abstieg von der Bergstation leichte Bergwanderwege. Von der Wurzhütte überwiegend Fahrweg. Der Übergang über den Jägerkamp erfordert Trittsicherheit.

Übernachtung Schönfeldhütte, 1410 m (AV-Hütte, aber frei zugänglich, nahezu ganzjährig bewirtschaftet, 15 Betten, 22 Lager; Tel. 08026/7496).

Karte Topogr. Karte 1 : 50 000 Mangfallgebirge (BLVA).

Gipfel

Zeit Von der Schönfeldhütte: 1 Std., Abstieg zur Hütte: 3/4 Std.; insgesamt: 1 3/4 Std.

Schwierigkeit Bergwanderweg; auch für Kinder geeignet.

Weitere Hütten

Spitzingalm, 1127 m (ganzjährig bewirtschaftet). Am Spitzingsattel.
Taubensteinhaus, vgl. Tour 50.
Berggasthof Igler, vgl. Tour 53.
Jägerbauernalm, 1544 m (privat, im Sommer einfach bewirtschaftet).

Blecksteinhaus

Höchste Punkte: Blecksteinhaus, 1060 m; Stolzenberg, 1604 m.

Das Blecksteinhaus im Spitzingseegebiet zählt zu den leicht erreichbaren Hütten und ist daher ideal für Wanderurlaube mit der Familie. Das Unterkunftshaus der Alpenvereinssektion Männer-Turnverein München ist seit dem Jahr 1927 im Besitz der Sektion und wurde erst kürzlich renoviert. Es gibt nicht nur Kinderbetten zum Beistellen, sondern auch Schlafräume mit nur drei, vier oder fünf Betten sowie ein spezielles Speisen- und Getränkeangebot für Kinder. Rund um das Haus gibt es zahlreiche Spiel- und Tourenmöglichkeiten.

Tour 52

Hütte

Zeit Vom Spitzingsee: 1/2 Std.; aus der Valepp: 1 1/2 Std.; vom Stümpflinghaus: 1 1/4 Std.

Schwierigkeit Gesperrte Fahrsträßchen und Bergwanderwege.

Übernachtung Blecksteinhaus, 1060 m (AV-Haus, Kat. II, 18 Betten, 26 Lager, vorherige Anmeldung erwünscht, ganzjährig bewirtschaftet, Dienstag Ruhetag, Anfang November bis Mitte Dezember geschlossen; Tel. 08026/71204).

Karte Topogr. Karte 1 : 50 000 Mangfallgebirge (BLVA).

Gipfel

Zeit Vom Blecksteinhaus: 2 Std., Abstieg über die Grünseealm: 2 Std.; insgesamt: 4 Std.

Schwierigkeit Zu Beginn Almfahrweg, dann Bergsteige und Pfade, nur teilweise markiert.

Weitere Hütten

Albert-Link-Hütte, 1000 m (AV-Hütte, Kat. II, ganzjährig bewirtschaftet, November geschlossen, 22 Betten, 20 Lager; Tel. 08026/71264).
Stümpflinghaus, 1480 m (Bergstation der Stümpflingbahn, während des Bahnbetriebs bewirtschaftet).
Bäckeralm, 1100 m (privat, nahezu ganzjährig bewirtschaftet).
Monialm, 1050 m (privat, nahezu ganzjährig bewirtschaftet).

① Vom Spitzingsee

Vom Parkplatz bei der Wurzhütte wandern wir auf ausgeschildertem (gesperrtem) Fahrweg in Richtung Valepp, bis rechts das Zufahrtssträßchen zum Haus abzweigt.

② Aus der Valepp

Vom Parkplatz bei der Brennerklamm geht es auf Wanderweg an der für Verkehr gesperrten Straße entlang in Richtung Spitzingsee, bis bei der Winterstube der direkte Zugangsweg zum Blecksteinhaus nach links abzweigt.

③ Vom Stümpflinghaus

Mit der Stümpflingbahn fahren wir zur Bergstation, dann geht es rechts auf markiertem Weg auf der Kammhöhe zur Grünseealm, dann auf gutem Pfad hinauf zum Roßkopf (1580 m). Wir wandern jenseits hinab, bei der Wegverzweigung links über die steilen Bergwiesen hinab zum Grünsee, kurz ansteigend und erneut talwärts, bis wir auf einen Almfahrweg treffen. Auf diesem geht es hinab zur Unteren Haushamer Alm und auf Wirtschaftsweg talwärts, der direkt auf die Albert-Link-Hütte zuhält. Bei der Wegkreuzung wandern wir aber rechts weiter zum Blecksteinhaus.

Der Hüttengipfel

Stolzenberg, 1604 m: Vom Blecksteinhaus geht es wie beschrieben zur Unteren Haushamer Alm, wo links ein markierter Bergsteig zum Stolzenberg abzweigt. Auf diesem geht es nun hinauf zum überwiegend bewaldeten Gipfel. Über den Gipfelkamm wandern wir in einer Rechtsbiegung auf den Rotkopf zu, dann jedoch rechts auf steilem Pfad hinab zu den Wiesen der Unteren Haushamer Alm und auf dem Zustiegsweg zurück zum Ausgangspunkt.

Unser Tipp

Wer am betriebsamen Spitzingsee eine bequeme und einsame Bergwanderung machen will, fährt mit der Stümpflingbahn zur Bergstation und wandert rechts über den Stolzenberg hinab zum Blecksteinhaus. Dort folgt man dem Tal der Roten Valepp zur Brennerklamm und kehrt mit dem Bus zur Talstation zurück.

Das Blecksteinhaus im Spitzinggebiet hat sich spezialisiert auf Wanderurlaube für Familien.

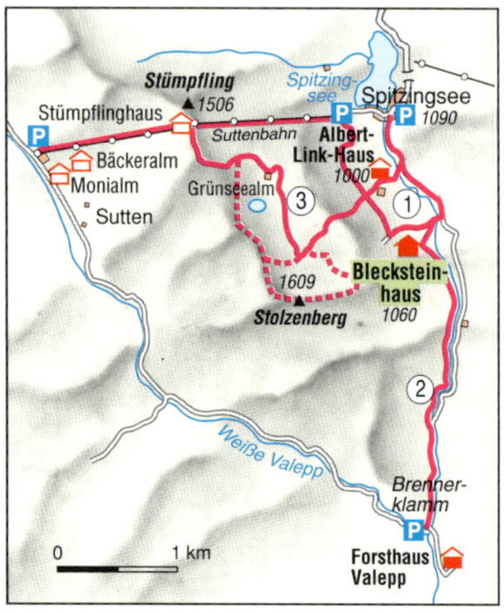

Obere Maxlrainer Alm

Höchste Punkte: Obere Maxlrainer Alm, 1500 m; Taubenstein, 1693 m.

Über drei Jahrhunderte lang war die Obere Maxlrainer Alm eine richtige Alm, und wo heute die Gäste gemütlich in der Stube sitzen, standen früher die Kälber und Kühe. 1946 hatte dann einer die gute Idee, hier – am Fuße des Taubensteins, der hier mit einer steilen Felswand abfällt – einen Stützpunkt für Bergwanderer, Kletterer und Skifahrer einzurichten. Die Almhütte wurde komplett umgebaut. Und seitdem kann man die Nacht bequem in kleinen Dachmansardenzimmern mit zwei, drei oder fünf Betten – und zwar in bezogenen Federbetten – verbringen.

① Vom Spitzingsee (Wurzhütte)

Vom Südufer des Sees, beim Gasthaus Wurzhütte, folgt man jenseits der Sperre dem ausgeschilderten Fahrweg in Richtung Valepp, bis bald links der befestigte Fahrweg zur Schwarzenkopfhütte abzweigt. Auf dem Fahrweg wandert man durch Wald bis oberhalb des Gasthauses Igler, wo rechts der ausgeschilderte Wanderweg zur Oberen Maxlrainer Alm abzweigt. Wir wandern kurz durch Wald, dann links der Piste entlang hinauf zur Oberen Maxlrainer Alm.

② Vom Spitzingsattel

Am anderen Ende des Parkplatzes wandern wir auf markiertem Steig (SB 4 und Nr. 644) zuerst über Wiesengelände, dann durch die bewaldeten Hänge der Lochgrabenschneid. Bei der Wegverzweigung nach dem Waldstück geht es rechts weiter (links geht es zur Schönfeldhütte), unter der Taubensteinbahn hindurch, bis wir auf einen Fahrweg treffen. Auf diesem Weg wandern wir hinauf zur Schwarzenberghütte und zu einer Kapelle; dort Wegverzweigung. Rechts auf Fahrsträßchen hinab (bald zweigt links ein Pfad zur Oberen Maxlrainer Alm ab) und hinab bis zur ehemaligen Unteren Maxlrainer Alm. Dort gibt es eine Wegtafel. Wir wandern nun links weiter wie oben beschrieben.

③ Von der Taubensteinbahn

Von der Bergstation der Taubensteinbahn am Taubensteinsattel (1611 m) führt ein Fußweg in 10 Minuten hinab zur Hütte.

Der Hüttengipfel

Taubenstein, 1693 m: Von der Oberen Maxlrainer Alm führt rechts ein Wanderweg um die steile Südwestwand herum, dann über Grashänge in einem Linksbogen durch Wald und schrofiges Gelände steil hinauf zum Gipfel mit großem Kreuz. Vom Gipfel steigen wir wieder hinab, dann links auf dem steilen Pfad hinab zum Taubensteinsattel und wiederum links auf Wanderweg hinab zur Oberen Maxlrainer Alm.

Tour 53

Hütte
Zeit Vom Spitzingsee: 1 1/2 Std.; vom Spitzingsattel: 2 Std.; Abstieg von der Taubensteinbahn-Bergstation: 10 Min.

Schwierigkeit Bergwanderwege, vom Spitzingsee die erste Hälfte auf gesperrter Fahrstraße.

Übernachtung Obere Maxlrainer Alm, 1500 m (privat, 40 Betten im Sommer, 35 Betten im Winter, ganzjährig bewirtschaftet; Tel. 08026/7382).

Karte Topogr. Karte 1 : 50 000 Mangfallgebirge (BLVA).

Gipfel
Zeit Von der Oberen Maxlrainer Alm: 1/2 Std., Abstieg zur Hütte: 1/2 Std.; insgesamt: 1 Std.

Schwierigkeit Trittsicherheit und Schwindelfreiheit erforderlich.

Weitere Hütten
Schönfeldhütte, siehe Tour 51.
Taubensteinhaus, siehe Tour 50.
Berggasthof Igler, 1300 m (privat, ganzjährig bewirtschaftet, 22 Betten, Mittwoch Ruhetag; Tel. 08649/7476).

Bild oben: Die Obere Maxlrainer Alm am Fuße des Taubensteins ist eine Privathütte mit regem Zulauf vor allem auch durch Schulklassen und kleine Wandergruppen.

Bodenschneidhaus

Höchste Punkte: Bodenschneidhaus, 1365 m; Bodenschneid, 1668 m.

Tour 54

Hütte
Zeit Von Fischhausen: 1½ Std.; vom Spitzingsattel 1½ Std.; vom Stümpflinghaus: 1½ Std.; von Kühzagl: 1½ Std.

Schwierigkeit Von Fischhausen, vom Spitzingsattel bis zur Oberen Firstalm sowie von Kühzagl gesperrte Wirtschaftswege; ansonsten gute Bergwanderwege, die jedoch gelegentlich Trittsicherheit erfordern.

Übernachtung Bodenschneidhaus, 1365 m (AV-Haus, Kat. II, 18 Betten, 34 Lager, ganzjährig bewirtschaftet; Tel. 08026/ 4692).

Karte Topogr. Karte 1 : 50 000 Mangfallgebirge (BLVA).

Gipfel
Zeit Vom Bodenschneidhaus: 1 Std.; Abstieg zur Hütte: ¾ Std.; insgesamt: 1¾ Std.

Schwierigkeit Steiler, aber ungefährlicher Bergpfad. >>>

Das im Jahre 1916 erbaute und mittlerweile ganzjährig bewirtschaftete Bodenschneidhaus – das Wirtsehepaar hat es zu seinem ständigen Wohnsitz erkoren – liegt etwas abseits der üblichen und viel begangenen Routen rund um den Spitzingsee. Das hängt damit zusammen, dass vor dem Ausbau der Zufahrtsstraße zum Spitzingsee das Haus noch an der Hauptroute lag. Diese Abgeschiedenheit wird heute keineswegs bedauert. Etwas oberhalb des Bodenschneidhauses ereignete sich im Übrigen jener Jagdunfall, der dazu beitrug, die berühmte Moritat vom Wildschütz Jennerwein in die Welt zu setzen.

① Von Fischhausen

Vom Bahnhof bzw. von der Ortsmitte Fischhausen wandern wir zum südlichen Ortsrand, dann geht es unfehlbar auf ausgeschildertem Wirtschaftsweg (ein größerer Schlenker kann abgekürzt werden) zunächst am Dürnbach entlang, dann weiter durch Wald. Zuletzt wandern wir über Bergwiesen zum Bodenschneidhaus.

② Vom Spitzingsattel

Vom Parkplatz am Spitzingsattel aus überqueren wir die Straße und gehen auf dem ausgeschilderten Trautweinweg zur Oberen Firstalm. Von dort geht es hinauf zum Freudenreichsattel (Wegweiser). Wir wandern nun links haltend auf etwas steinigem Bergwanderweg durch die teilweise bewaldete Flanke der Krettenburg hinüber zum Bodenschneidhaus.

③ Vom Stümpflinghaus

Wir fahren mit der Suttenbahn oder der Stümpflingbahn zum Stümpflinghaus an der Bergstation und wandern links bzw. rechts auf dem breiten Kamm (Skipiste) in eine Einsenkung, dann jenseits auf Bergwanderweg hinauf zur Bodenschneid. Jenseits geht es auf Bergpfad hinab. Die letzten Meter wandern wir auf gutem Wirtschaftsweg zum Bodenschneidhaus.

④ Von Kühzagl

Vom Parkplatz aus wandern wir auf Fahrweg durch Wald – immer am Kühzaglbach entlang – zur Kühzaglalm, dann weiter bis zu einer Wegverzweigung. Dort halten wir uns rechts und bald wieder rechts zum Hüttenzubringerweg. Auf diesem Weg wandern wir über die Raineralm und Rettenböckalm zum Bodenschneidhaus.

Die Obere Firstalm hat eine Terrasse mit schönem Ausblick.

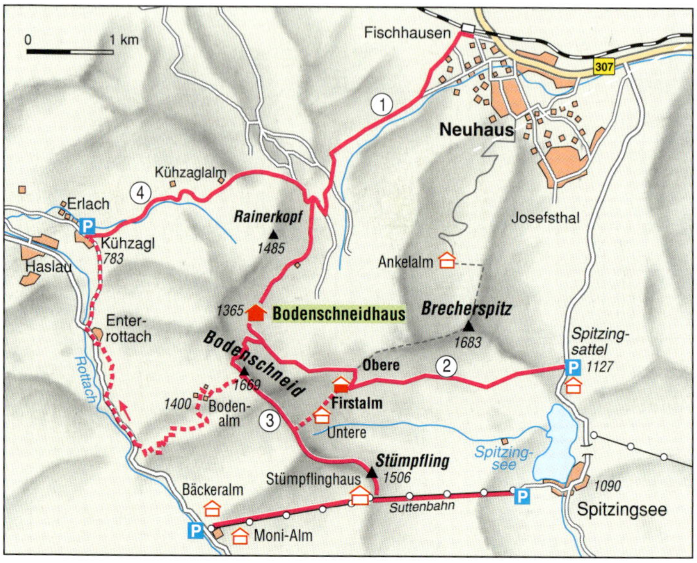

Das Bodenschneidhaus ist ganzjährig bewirtschaftet – im Sommer sind es die Wanderer, im Winter die Rodler, die hier ein Refugium finden.

Der Hüttengipfel

Bodenschneid, 1668 m: Vom Bodenschneidhaus folgt man zunächst dem Wirtschaftsweg in südlicher Richtung einige Minuten eben zum Bergfuß, dort zweigt rechts ein steiler, serpentinenreicher Bergwanderweg ab, der über freies Gelände hinauf zum großen Gipfelkreuz leitet. Vom Gipfel führt rechts ein direkter Weg hinab zum Parkplatz Hufnagelstube in der Sutten. Der Gipfel kann von hier aber auch in südöstlicher Richtung überschritten werden. Man wandert dann aussichtsreich auf Pfadspuren auf der anderen Seite des Gipfels hinab, erreicht bald ein Waldstück und zweigt beim Suttenstein, dem tiefsten Punkt der Einsenkung zwischen Bodenschneid und Stümpfling, links ab und folgt den Pfadspuren hinab zur Unteren Firstalm. Von dort gelangt man über einen gestuften Weg hinauf zur Oberen Firstalm und hat damit wieder Anschluss zum Hüttenweg 2. Oder man folgt vom Suttenstein dem wieder ansteigenden Pfad zur Bergstation der Suttenbahn auf dem Stümpfling.

Unser Tipp!

Der Friedhof von Rottach-Egern ist ein Platz zum Aufspüren bekannter Namen. Der Opernsänger Leo Slezak und Maidi von Liebermann ruhen hier, aber auch internationale Aristokratie liegt hier begraben. Man kann das Grab von Ludwig Thoma, dem Verfasser der »Lausbubengeschichten«, sowie das von Ludwig Ganghofer, dem vor hundert Jahren populären Heimatschriftsteller, ausfindig machen, der im Gaistal in der Leutasch ein Jagdhaus besaß und dort mehrere seiner Romane verfaßte. Auch der Wildschütz Jennerwein, der an der Bodenschneid von einem Jäger erschossen wurde, hat auf diesem Friedhof seine letzte Ruhestätte gefunden. Vor Jahren hat ein sympatisierender Wilderer einen Gämsbock auf sein Grab niedergelegt, was damals beträchtliches Aufsehen erregte.

>>>

Weitere Hütten

Obere Firstalm, 1375 m (privat, ganzjährig bewirtschaftet, 30 Betten, 30 Lager; Tel. 08026/7302).
Untere Firstalm, 1317 m (privat, ganzjährig bewirtschaftet, Freitag Ruhetag).
Stümpflinghaus, siehe Tour 52.
Bäckeralm und Monialm, (jeweils ganzjährig bewirtschaftet, nur Einkehr).

Erzherzog-Johann-Klause

Höchste Punkte: Erzherzog-Johann-Klause, 824 m; Schinder, 1808 m.

Früher lebte das Brandenberger Tal von intensiver Holznutzung. Dafür wurde neben der Kaiserklause 1833 die Erzherzog-Johann-Klause errichtet, die das Wasser des Baches staute, um die Holztrift hinaus ins Tirolerische zu ermöglichen. Die Trift wurde in den 1960er Jahren eingestellt. Das frühere Wirtschaftsgebäude wurde zu einer Gaststätte umfunktioniert und ist heute ein beliebter Treffpunkt für Wanderer und Mountainbiker.

Tour 55

Hütte

Zeit Aus der Valepp: 2 Std.; von der Ackernalm: 2 1/4 Std.

Schwierigkeit Aus der Valepp zu Beginn Wirtschaftsweg, dann angelegter Steig, der jedoch Trittsicherheit erfordert. Von der Ackernalm führt ein Wirtschaftsweg zur Erzherzog-Johann-Klause.

Übernachtung Erzherzog-Johann-Klause, 824 m (privat, 10 Lager, ganzjährig bewirtschaftet; Tel. 0043/5397/8346).

Karte Topogr. Karte 1 : 50 000 Mangfallgebirge (BLVA).

Gipfel

Zeit Von der Erzherzog-Johann-Klause: 3 Std., Abstieg in die Valepp: 1 3/4 Std.; insgesamt: 4 3/4 Std.

Schwierigkeit Zu Beginn Wirtschaftsweg, dann Bergsteig. Für den Abstieg nach Norden sind Trittsicherheit und Schwindelfreiheit erforderlich.

Weitere Hütten

Forsthaus Valepp, 872 m (privat, nahezu ganzjährig bewirtschaftet, 15 Betten).

Ackernalm, 1883 m (privat, Anfang Mai bis Ende Oktober bewirtschaftet, Übernachtung möglich).

Trausnitzalm, 1420 m (privat, während der Weidezeit Getränke erhältlich).

Bild oben: Der Name der Hütte geht auf einen Bruder des österreichischen Kaisers Franz I. zurück, der als Beschützer des Landes Tirol gilt.

① Aus der Valepp

Vom Parkplatz bei der Brennerklamm geht es auf der Fahrstraße zum Forsthaus Valepp, an diesem vorbei und den Fahrweg durch Wiesen entlang. Bei der Wegverzweigung im hinteren Bereich hält man sich rechts und folgt durch Wald dem Weg ins Enzenbachtal. Bei weiteren Verzweigungen bleibt man rechts und erreicht so das Ende der Forststraße. Hier beginnt der Steig, der 200 Meter über der Grundache und der Brandenbergache Richtung Süden führt. Man steigt in den Grund der Klamm ab, quert auf einer Hängebrücke den Bach und folgt auf der anderen Seite dem Wanderweg bis zur Erzherzog-Johann-Klause.

② Von der Ackernalm

Vom Parkplatz am Ende der Mautstraße folgen wir der Forststraße, die zum Marchbach führt, ihn überquert, in Kehren durch die bewaldeten Nordhänge des Schmaleggerjochs talwärts führt und wieder auf den Marchbach stößt. Auf der rechten Bachseite wandern wir weiter talwärts, bei der nächsten Weggabelung links. Erneut überschreiten wir den Marchbach, bis wir auf die Brandenberger Ache treffen. Diese entlang zur Alten Klause, dann rechts hoch zum Gasthaus.

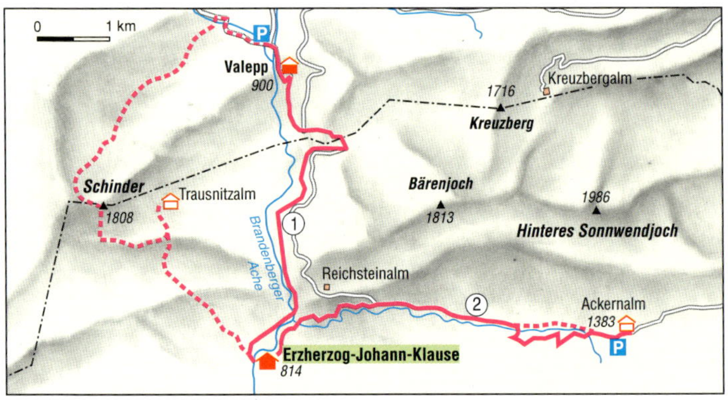

Der Hüttengipfel

Schinder, 1808 m: Von der Erzherzog-Johann-Klause gehen wir kurz auf dem Weg Richtung Valepp, bei einem Brunnen links auf einen Wanderpfad, der zu einer Forststraße führt. Auf dieser kurz rechts bergan, dann links auf dem markierten Bergpfad steil durch Wald zur Reichenböden-Jagdhütte und zuletzt in Serpentinen hinauf zum Trausnitzmarterl und hinüber zu den Trausnitzalmen. Bei der Wegverzweigung vor den Almen halten wir uns links, dann im Bogen den latschenbewachsenen Rücken auf Steig hoch zum Vorgipfel und zum Hauptgipfel. Dann steigen wir auf dem Gipfelgrat leicht fallend Richtung Westen und durch eine drahtseilgesicherte Rinne zum »Tor«, mittels Drahtseilsicherungen über Fels hinab zum »Fenster« und übers steile Schinderkar in den Karboden. Der markierte Pfad führt zur Schlagalm. Wir wandern über die Weideböden zur Mautstraße (Bushaltestelle). Rechts die Straße entlang zum Parkplatz.

Man sieht dem Wallberghaus sofort seine Herkunft an: Bis 1952 stand hier ein veritabler Bergbauernhof. Der damals abgebrannte Bauernhof wurde 1953/54 wieder aufgebaut und dann als Berggasthaus weitergeführt. Wenn die Tagesausflügler mit der Wallbergbahn talwärts schweben, kehrt hier Ruhe ein. Und wer sich entschlossen hat, hier eine Nacht zu verbringen, setzt sich zuerst auf die große Terrasse und genießt sein Abendessen bei Sonnenuntergang.

① Mit der Wallbergbahn

Mit der Kabinenbahn fahren wir bis zur Bergstation, dann vorbei am Wallbergkircherl auf breitem Wanderweg hinab zum Wallberghaus.

② Von Rottach-Egern

Von der Talstation der Wallbergbahn führt auf der rechten Seite ein Kiesweg durch Wald bergan. Nach 20 Minuten zweigt rechts der Verbindungsweg zum Scharlinger Moos ab. Man hält sich jedoch links und steigt in zahlreichen Serpentinen durch Wald hinauf und erreicht so den Sattel zwischen Wallberg und Setzberg, auf dem sich das Wallberghaus befindet.

② Vom Scharlinger Moos (a)

Von der Talstation der Wallbergbahn geht es auf Mautstraße hinauf zum Berggasthaus Wallbergmooshütte. Von dort wandern wir auf markiertem Bergwanderweg durch den bewaldeten Klaffenbachgraben hinauf, berühren bei der Bachbrücke den Forstweg und wandern dann in einer Rechts-Links-Kehre hinauf zum breiten Sommerweg, der von der Talstation heraufführt. Dort rechts weiter zum Wallberghaus.

③ Aus der Sutten

Vom Parkplatz »Hufnagelstube« führt ein unbefestigter Almfahrweg (beliebt bei Mountainbikern) über die Rottachalm und die Portnersalm zunächst durch Wald, dann über Bergwiesen hinauf zum Wallberghaus.

Der Hüttengipfel

Wallberg, 1722 m: Vom Wallberghaus wandern wir auf breitem ausgeschilderten Weg zunächst – vorbei am Wallbergkircherl – hinauf zur Bergstation der Wallbergbahn, dann etwas steiler weiter bis an den Fuß des felsigen Gipfelaufbaus. Auf Steig geht es über Schrofengelände auf das Gipfelplateau und links um den obersten Felsaufbau herum zum höchsten Punkt, den ein großes Metallkreuz schmückt.

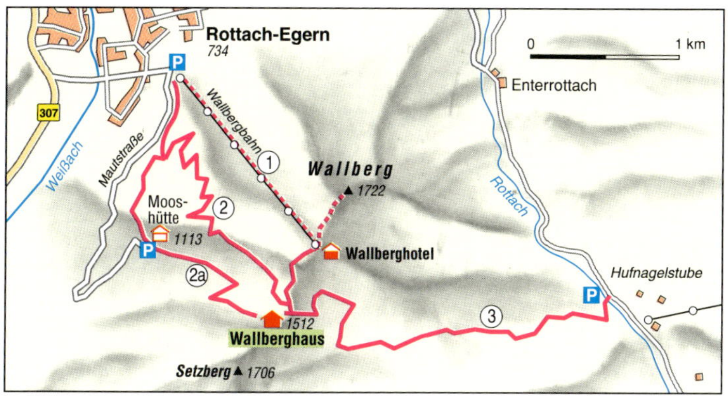

Tour 56

Hütte

Zeit Mit der Wallbergbahn: 20 Min. zu Fuß von der Bergstation; von Rottach-Egern: 2 Std.; aus der Sutten 2 1/2 Std.

Schwierigkeit Von allen Seiten leichte Wanderwege.

Übernachtung Wallberghaus, 1512 m (privat, ganzjährig bewirtschaftet, im November und nach Ostern zwei Wochen Betriebsruhe, 4 Betten, 75 Lager, Übernachtung nur nach Voranmeldung; Tel. 08022/6288).

Karte Topogr. Karte 1 : 50 000 Mangfallgebirge (BLVA).

Gipfel

Zeit Vom Wallberghaus: 1 Std.; Abstieg zur Hütte: 1/2 Std.; insgesamt: 1 1/2 Std.

Schwierigkeit Im unteren Teil breiter und leichter Wanderweg, im Gipfelbereich sind Trittsicherheit und Schwindelfreiheit erforderlich.

Weitere Hütten

Panoramarestaurant Wallberg, 1604 m (privat, ganzjährig bewirtschaftet, Öffnungszeiten wie Bergbahn). Liegt direkt bei der Bergstation der Wallbergbahn.
Gasthaus Wallbergmooshütte, 1113 m (privates Berggasthaus im Scharlinger Moos; ganzjährig bewirtschaftet). Von der Talstation der Wallbergmoosbahn auf Mautstraße erreichbar.

Bild oben: Zum Wallberghaus gehört auch die Setzbergalm. Ein Teil der servierten Produkte kommt daher aus eigener Herstellung. Am 14. September gibt es eine große Almkirta mit Musik und viel Bier.

Tegernseer Hütte

Höchste Punkte: Tegernseer Hütte, 1650 m; Roßstein, 1698 m, und Buchstein, 1701 m.

Die spektakuläre Lage ist das Markenzeichen der Tegernseer Hütte. In der engen Scharte zwischen Roß- und Buchstein hat die Tegernseer Hütte einen wirklich unvergleichlichen Platz gefunden. Die 1968 erbaute Hütte gehört der Alpenvereinssektion Tegernsee, und für Bergwanderer gehört diese exponiert gelegene Bergsteigerunterkunft zu den Musstouren in den Bayerischen Alpen. Die Hütte wird mittlerweile mit Solarstrom versorgt, und aufgrund ihrer wasserarmen Lage kann auf den Regen nicht verzichtet werden. Eine Zisterne mit Entkeimungsanlage liefert das dringend benötigte Nass für Wanderer und Kletterer gleichermaßen. Während die einen sich mit dem leicht zu ersteigenden Roßstein zufrieden geben, testen die anderen schon mal ihren Mut und ihre Schwindelfreiheit am Buchstein. Kletterer holen sich ihre Adrenalinstöße an der Roßsteinnadel. Auf der kürzlich erweiterten Terrasse dürfen sich dann alle ihre Belohnung durch die Kehle rinnen lassen.

Tour 57

Hütte

Zeit Von Bayerwald: 2 ½ Std.; durchs Schwarzenbachtal: 2 ½ Std.; über Röhrlmoosalm: 3 Std.; von Lenggries: 4 Std.

Schwierigkeit Von Bayerwald steiler und schmaler Bergwanderweg, ab »Brotzeitfelsen« Trittsicherheit und Schwindelfreiheit erforderlich (einige Seilsicherungen). Durchs Schwarzenbachtal und von Lenggries bis auf die letzten Meter Almfahrwege, dann leichte Wanderwege. Der Weg durchs Schliffbachtal zur Röhrelmoosalm erfolgt auf leichtem Wanderweg.

Übernachtung Tegernseer Hütte, 1650 m (AV-Hütte, Kat. I, 30 Lager, bewirtschaftet von Mitte Mai bis Anfang November; Tel. 0161/1836381).

Karte Topogr. Karte 1 : 50 000 Mangfallgebirge (BLVA).

Gipfel

Zeit Von der Tegernseer Hütte: zum Roßstein sind es nur einige Minuten, zum Buchstein ¼ Std., Abstieg insgesamt: ½ Std.

Schwierigkeit Zum Roßstein keine Schwierigkeiten. Für den Buchstein sind absolute Schwindelfreiheit und Trittsicherheit nötig, der Fels ist sehr abgegriffen, nicht bei nassem Fels aufsteigen, keinerlei Sicherungsmittel vorhanden!

Weitere Hütten

Röhrlmoosalm, 1100 m (privat, im Sommer einfach bewirtschaftet).
Buchsteinhütte, vgl. Tour 59.
Schwarzentennalm, vgl. Tour 59.

① Von Bayerwald

Vom Parkplatz an der Achenseestraße geht es auf ausgeschildertem steilen Steig in Serpentinen hinauf zum Sonnbergalm-Niederleger (1144 m). Wir wandern zwischen den Hütten hindurch und nun durch lichten Wald weiter bergan. Der letzte Abschnitt vor dem Sonnbergalm-Hochleger ist etwas weniger steil, und bald ist dann auch die Almhochfläche erreicht, von der man den ersten reizvollen Blick auf die Tegernseer Berge genießen kann. Nun wandern wir links leicht ansteigend zum Fuß des Roßsteins. Beim so genannten Brotzeitfelsen beginnt rechts ein leichter Klettersteig, der direkt hinauf zur Tegernseer Hütte führt.

② Durchs Schwarzenbachtal

Vom Parkplatz an der Achenseestraße wandern wir auf dem ausgeschilderten, leicht ansteigenden Almfahrweg durch Wald in Richtung Norden (bei der ersten Bachbrücke nach links Abzweigung zum parallel führenden Wanderweg). Nach einer knappen Stunde wird der Wald lichter, das Tal weitet sich, und bald erreicht man die Almwiesen der Schwarzentennalm. Hier überqueren wir links den Bach und folgen dem breiten Hüttenweg zur Buchsteinhütte. Von dort führt ein ausgeschilderter Wanderweg an den Nordfuß von Roß- und Buchstein, der sich zuletzt in steilen Serpentinen hinauf zu der Scharte zieht, in der sich die Tegernseer Hütte befindet.

③ Über die Röhrlmoosalm

Vom Parkplatz an der Achenseestraße wandern wir auf ausgeschildertem Wanderweg (Mark.-Nr. 631) ins Schliffbachtal hinein, rechts über den Bach und links an diesem

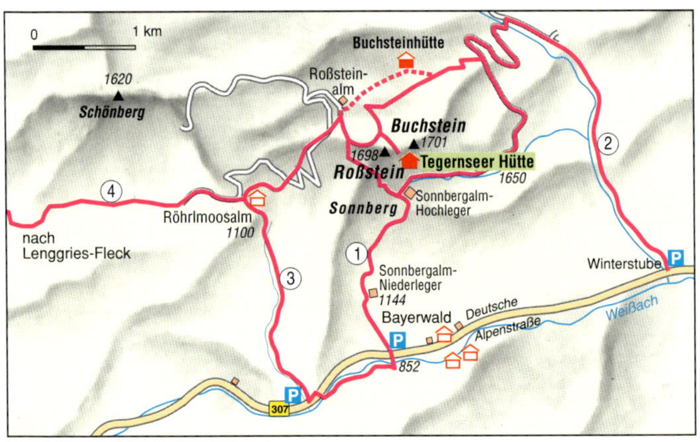

durch Wald leicht ansteigend zur Röhrelmoosalm. Dort geht es rechts weiter wie auf Hüttenweg 4.

④ Von Lenggries

Vom Ortsteil Fleck führt ein breiter ausgeschilderter Almfahrweg (Mark.-Nr. 631) seitlich am Schönberg vorbei zur Röhrlmoosalm (1100 m) und weiter zur Roßsteinalm (diese Passage wird z. T. auf Wanderwegen abgekürzt). Dann geht es rechts auf dem Kamm weiter, bei der Wegverzweigung entweder geradeaus weiter zum »Brotzeitfelsen« hinauf, wo man auf dem Weg von Bayerwald trifft, oder aber links hinab auf die Nordseite von Roß- und Buchstein und über den »Altweibersteig« (siehe Tipp) hinauf zur Hütte.

Die Hüttengipfel

Roßstein, 1698 m: Von der Tegernseer Hütte führt ein schmaler Pfad hinauf zum leicht erreichbaren Gipfel, den ein Gipfelkreuz ziert. Falls es auf der Hütte zu eng werden sollte – und das ist nicht selten der Fall –, gibt es auch hier Platz für die Brotzeit.

Buchstein, 1701 m: Der Anstieg zum Buchstein beginnt direkt auf der Ostseite der Hütte. Zunächst steigt man durch eine schrofige Rinne hinauf zum westlichen Vorgipfel, dann geht es auf dem Grat weiter bis zum Hauptgipfel.

Unser Tipp!

Wer nicht ganz trittsicher und schwindelfrei ist, aber trotzdem die unvergleichliche Lage der Tegernseer Hütte genießen will, sollte als Hüttenweg den so genannten Altweibersteig wählen. Um diese geruhsamere Variante zu gehen, hält man sich beim »Brotzeitfelsen« (Hüttenwege 1 und 4) links und umgeht somit den Roßstein und steigt dann von Norden hinauf zur Hütte.

Die Tegernseer Hütte kann mit einer unvergleichlichen Lage aufwarten. Wer dort sein Glas erhebt, ist direkt mit dem Himmel konfrontiert. Nur die wenigsten machen sich dann noch auf, um den Buchstein zu erklimmen.
Gegenüberliegende Seite: Der leichte Gipfel des Doppelgespanns Roß- und Buchstein: links der Roßstein, rechts unten die Böden der Roßsteinalm.

Hirschberghaus

Höchste Punkte: Hirschberghaus, 1544 m; Hirschberg, 1670 m.

Tour 58

Hütte
Zeit Von Scharling: 2 Std.; von Bad Wiessee: 2 1/4 Std.; von Kreuth: 2 Std.

Schwierigkeit Schmaler Fahrweg bis zur Talstation des Materiallifts, dann leichter, aber steiler Bergsteig (Hüttenweg 1). Die beiden anderen Anstiegswege verlaufen ebenfalls zu Beginn auf Wirtschaftswegen und gehen in Bergwanderwege über.

Übernachtung Hirschberghaus, 1544 m (privat, nahezu ganzjährig bewirtschaftet, im März und eine Woche vor Weihnachten geschlossen, Montag Ruhetag, 20 Betten, 38 Lager, Übernachtung jedoch nur im Sommer; Tel. 08029/465).

Karte Topogr. Karte 1 : 50 000 Mangfallgebirge (BLVA).

Gipfel
Zeit Vom Hirschberghaus: 1/2 Std., Abstieg zur Hütte: 20 Minuten; insgesamt: eine knappe Stunde.

Schwierigkeit Leichter Bergwanderweg.

Weitere Hütten
Aueralm, 1260 m (privat, ganzjährig bewirtschaftet, November und Dezember geschlossen, Montag Ruhetag, keine Übernachtung; Tel. 08022/83600).
Söllbachklause, 820 m (im Tal, ganzjährig bewirtschaftet, Montag Ruhetag, keine Übernachtung).
Bauer in der Au, 900 m (privat, ganzjährig bewirtschaftet, Freitag Ruhetag, keine Übernachtung).

Der heutige Bau wurde im Jahr 1968 anstelle des abgebrannten alten Hauses errichtet. Das Hirschberghaus verdankt seine Existenz einem 1887 gegründeten Hirschbergverein, der es im gleichen Jahr errichten ließ. Im Gefolge zahlreicher Naturschwärmer kam viel Prominenz, allen voran die Mitglieder des Hauses Wittelsbach. Selbst Fürst Bismarck gab sich dort oben die Ehre.

① Von Scharling

Am Nordende von Scharling weist eine Tafel beim Gasthaus Hirschberg nach Westen. Auf asphaltierter Fahrstraße wandern wir am Weiler Leiten vorbei zum Hochwald, dann auf unbefestigtem Fahrweg durch Wald bergauf, bis nach einer Stunde links ein Ziehweg abzweigt. Dort folgen wir aber dem rechts weiterführenden breiten Wirtschaftsweg, der sich in zahlreichen Kehren hinauf zur Hirschlache (1300 m) zieht. Am Ende des Fahrweges beim Materiallifthäuschen halten wir uns links und steigen in steilen Serpentinen in einer halben Stunde hinauf zum Hirschberghaus.

② Von Bad Wiessee

Vom Parkplatz am Eingang ins Söllbachtal wandern wir auf breitem, unbefestigtem Fahrweg am Söllbach entlang zur Söllbachklause. Wir wandern weiter den Söllbach entlang, bis der Weg zum Bauern in der Au nach 250 Metern links abzweigt, dort über eine Brücke und nun leicht ansteigend durch Wald hinauf zum Bauern in der Au (904 m). Dort geht es auf einem breiten Wirtschaftsweg noch etwa 700 Meter weiter in Richtung Schwarzentennalm, bis links – nach Bachquerung – der Anstiegsweg zum Hirschberghaus abzweigt. Erst gehen wir leicht ansteigend auf Wirtschaftsweg das Bachtal einwärts, dann rechts auf Bergwanderweg weiter und um das Luchseck herum zur Hirschlache, wo man auf den Aufstiegweg von Scharling trifft. Auf diesem zum Hirschberghaus.

③ Von Kreuth

Am nördlichen Ortsende, bei der Abzweigung Richtung Scharling, links dem ausgeschilderten Wanderweg folgend durch Wald bergan, dann durch den Pletschergraben und hinauf zu einer Forststraße. Rechts weiter, nach 100 Metern verlassen wir diese wieder und folgen links dem Pfad hinauf zur Rauheckalm. Wir steigen über den nordöstlichen Gipfelausläufer und hinab zum Hirschberghaus.

Der Hüttengipfel

Hirschberg, 1670 m: Vom Hirschberghaus wandern wir in einem weiten Rechtsbogen auf Wanderweg über freie Bergwiesen, dann zum bewachsenen Vorgipfel und über seinen Osthang hinauf zum höchsten Punkt.

Das private Hirschberghaus ist eine Bergwanderinstitution in den Tegernseer Bergen.

Buchsteinhütte

Höchste Punkte: Buchsteinhütte, 1240 m; Schönberg, 1620 m.

Die Buchsteinhütte auf der Nordseite des Roß- und Buchsteins steht in stiller Konkurrenz zur Tegernseer Hütte mit ihrem unvergleichlichen Aussichtsplatz, hat mit ihrer Lage auf einer Waldlichtung aber einen eigenen, reizvollen Charakter. Sie ist Eigentum des Hüttenvereins Buchstein, der 1932 gegründet wurde und heute trotz Zuwachs nicht mal 500 Mitglieder hat.

① Von der Achenseestraße

Vom Parkplatz an der Achenseestraße wandern wir auf ausgeschildertem Almfahrweg durch Wald in Richtung Norden (bei der ersten Bachbrücke links Abzweigung zum parallelen Wanderweg). Nach einer knappen Stunde wird der Wald lichter, das Tal weitet sich, bald erreicht man die Almwiesen der Schwarzentennalm. Es geht links über den Bach und auf breitem Hüttenweg zur Buchsteinhütte.

② Von Bad Wiessee

Vom Parkplatz wandern wir am Söllbach entlang auf Wirtschaftsweg zur Söllbachklause, an dieser vorbei, bald links über eine Brücke und auf der linken Bachseite leicht ansteigend durchs stille Söllbachtal bis zu den Bergwiesen der Schwarzentennalm. Am Ende der weiten Lichtung zweigt rechts ein ausgeschilderter Forstweg ab, dem man 20 Minuten folgt, bis rechts der eigentliche Hüttenweg abzweigt. Auf diesem rechts hinauf zur Buchsteinhütte.

③ Über die Röhrlmoosalm

Vom Parkplatz an der Achenseestraße geht es auf ausgeschildertem Wanderweg (Mark.-Nr. 631) ins Schliffbachtal hinein, rechts über den Bach und links an diesem durch Wald leicht ansteigend zur Röhrlmoosalm (1100 m) und rechts weiter auf Almfahrweg hinauf zur Roßsteinalm. Wir wandern jenseits auf markiertem Wanderweg durch Almwiesen und kleine Waldstücke hinab zur Buchsteinhütte.

Der Hüttengipfel

Schönberg, 1620 m: Von der Buchsteinhütte geht es auf ausgeschildertem Wanderweg erst durch Wald, dann ein Wiesengelände hinauf zur Roßsteinalm. Auf der Almstraße gehen wir rechts eben weiter zur Amperthalalm und leicht hinauf zur Schönbergalm (1459 m). Von dort führt ein markierter Wanderweg über die Südseite hinauf zum Gipfelkreuz, dann rechts auf dem Kamm bis zum höchsten Punkt des Schönbergs.

Tour 59

Hütte

Zeit Von Bad Wiessee: 3 Std.; von der Achenseestraße: 2 Std.; über die Röhrelmoosalm: 2 1/2 Std.

Schwierigkeit Lediglich der Anstieg über die Röhrlmoosalm erfolgt zum Teil auf leichtem Wanderweg, ansonsten handelt es sich bei allen Hüttenzustiegswegen um relativ breite Wirtschaftswege.

Übernachtung Buchsteinhütte, 1240 m (privat, ganzjährig bewirtschaftet, von Mitte November bis Anfang Dezember geschlossen, Montag Ruhetag, 30 Betten, 23 Lager; Tel. 08029/244).

Karte Topogr. Karte 1 : 50 000 Mangfallgebirge (BLVA).

Gipfel

Zeit Von der Buchsteinhütte: 1 1/2 Std., Abstieg zur Hütte: 1 Std.; insgesamt: 2 1/2 Std.

Schwierigkeit Bergwanderwege und Almfahrwege. Nach Regen am Gipfel leicht morastig.

Weitere Hütten

Röhrlmoosalm, 1100 m (privat, im Sommer einfach bewirtschaftet).
Schwarzentennalm, 1027 m (privat, während der Almsaison täglich, den Rest des Jahres an Wochenenden und Feiertagen bewirtschaftet).

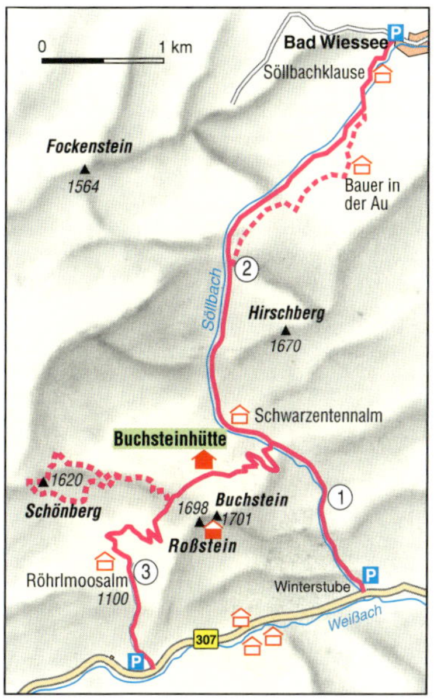

Das Haupthaus des Hüttenvereins Buchstein wird als allgemeines Berggasthaus geführt, das Nebenhaus ist für Mitglieder reserviert.

KARWENDEL

Das Karwendel mit seinen riesigen Karen und stillen Gipfeln ist bis heute ein eher schwer zugängliches Gebirge geblieben. Mit Ausnahme des Engtals, das auf einer Mautstraße erreicht werden kann, erfordert es den ausdauernden Bergwanderer, der auch lange Talmärsche nicht scheut. Die hohen Gipfel sind zwar in der Regel durch Steige erschlossen, verlangen aber den versierten Bergwanderer. Im Karwendel wurde mit dem Alpenpark das größte zusammenhängende Naturschutzgebiet der Ostalpen geschaffen. Da dieses Gebiet weit nach Tirol hinein reicht, werden hier nur die Hütten vorgestellt, die man üblicherweise von Norden her ansteuert.

Das Almdorf Eng im Karwendel ist das größte seiner Art in Tirol. Über 20 Hütten drängen sich im Engboden, der den Ausgangspunkt für reizvolle Wanderungen und Bergtouren bildet (Foto links).

Die Lamsenjochhütte (Foto oben) ist von hier in zweieinhalb Stunden Gehzeit auf leichtem Bergweg zu erwandern.

Falkenmoosalm

Höchste Punkte: Falkenmoosalm, 1328 m; Juifen, 1988 m.

Die Falkenmoosalm liegt in einem weitläufigen Almgebiet oberhalb von Achenkirch und ist ein guter Stützpunkt für die Besteigung des Juifen oder für eine Durchquerung des Vorkarwendels hinüber nach Fall oder andersherum. Für die Übernachtung stehen zwei Vierbettzimmer, ein Dreibettzimmer und ein Zweibettzimmer zur Verfügung. Ideal also für einen Familienausflug mit idyllischer Übernachtung auf einer Alm.

Tour 60

Hütte

Zeit Von Achental: $1^{1}/_{4}$ Std.; von Achenkirch über Seewaldhütte: 3 Std.; von Achenwald zur Rotwandlhütte: $2^{1}/_{2}$ Std.; von Fall zur Rotwandlhütte: 3 Std.

Schwierigkeit Forst-, Alm- und leichte Wanderwege.

Übernachtung Falkenmoosalm, 1328 m (privat, von Mai bis Oktober bewirtschaftet sowie an Wochenenden im Winter, nur für Selbstversorger mit Voranmeldung, 13 Betten; Tel. 0049/8841/7043 oder mobil Tel. 0171/475362).

Karte Freytag&Berndt-Wanderkarte 321, 1 : 50 000 Achensee – Rofan – Unterinntal.

Gipfel

Zeit Von der Falkenmoosalm: $2^{1}/_{4}$ Std., Abstieg zur Alm: $1^{3}/_{4}$ Std.

Schwierigkeit Almfahrweg und leichter Bergwanderweg.

Weitere Hütten

Seewaldhütte, 1640 m (AV-Hütte, Kat. I, 20 Lager, von Mitte Juli bis Mitte September durchgehend bewartet, von Mai bis Anfang November an Wochenenden nur Getränke ; Tel. 0043/664/3537019).
Rotwandlhütte, 1525 m (AV-Hütte für Selbstversorger, am Wochenende bewartet, 14 Lager). Von Achenwald $2^{1}/_{2}$ Std.; von Fall über Forsthaus Aquila 3 Std.
Rotwandlalm, 1500 m (privat, im Sommer bewirtschaftet).
Jausenstation Kleinzemmalm, 1560 m (privat, im Sommer bewirtschaftet).
Forsthaus Aquila, 919 m (privat, v. a. am Wochenende bewirtschaftet). Von Fall 2 Std.

① Von Achental

Auf ausgeschildertem Forstweg wandern wir zu den letzten Häusern, dann weiter durch Wald. Dort, wo das Sträßchen eine scharfe Rechtskurve macht, nimmt man geradeaus einen Abkürzer auf Ziehweg, um die große Nordschleife des Fahrweges abzukürzen. Dann weiter auf diesem zur Falkenmoosalm.

② Von Achenkirch über die Seewaldhütte

Vom Parkplatz bei den Christlumliften gehen wir rechts zum Eingang des Unterautales, über die Brücke, links kurz auf Forstweg, dann auf markiertem Bergsteig steil durch Wald hinauf, bis wir auf einen Almfahrweg treffen. Auf diesem links weiter über die Bründlalm und die Jochalm zur Seewaldhütte (1640 m). Dort geht es direkt auf die Hochplatte zu und im Rechtsbogen zum Almfahrweg, der hinab zur Falkenmoosalm führt. Variante: Vom Parkplatz auf Forstweg durch das Unterautal hinauf zur Jausenstation Kleinzemmalm wandern und rechts zur Seewaldhütte hinüberschlendern.

③ Vom Gasthaus Hagen (Achenwald)

Vom Gasthaus führt ein durchgehender Almfahrweg hinauf in den Juifensattel mit der Rotwandlhütte. Dann geht es rechts weiter zum Marbichler Joch und zur Falkenmoosalm.

④ Vom Forsthaus Aquila (Fall)

Vom Parkplatz wandern wir auf Forststraße (Mark.-Nr. 236) durchs Dürrachtal zum Forsthaus Aquila. Dort halten wir uns auf Almweg links und wandern über die Zotenalm und die Baieralm zur Rotwandlhütte. Weiter wie oben.

Der Hüttengipfel

Juifen, 1988 m: Von der Falkenmoosalm folgt man dem Forstweg in einer großen Linksschleife zur Großzemmalm und weiter zu einer neuen Almhütte, wo der Fahrweg endet. Auf rauer Trasse geht es nun weiter zum Marbichler Joch (1720 m). Dort wandern wir rechts den roten Markierungen folgend über steile Bergwiesen hinauf zum grasigen Südgrat und auf Pfadspuren zum Gipfel.

Die Falkenmoosalm liegt am Weg zum Juifen.

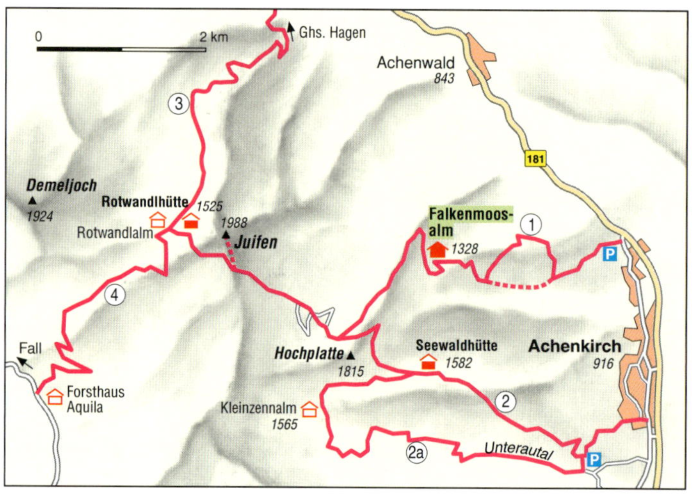

Tölzer Hütte

Höchste Punkte: Tölzer Hütte, 1825 m; Schafreuter, 2100 m.

Die Tölzer Hütte steht an aussichtsreicher Stelle am Südhang des Schafreuters, mit herrlichem Blick auf die großen Karwendelgipfel. Die in den Jahren 1922–24 erbaute massive Hütte ist vor allem auf Familien mit Kindern eingestellt. Ein Nebenraum der Hütte ist sogar für sie reserviert. Kinder bis sechs Jahren können dort oben kostenlos und Jugendliche bis 16 Jahren in Begleitung der Eltern ermäßigt im Lager übernachten.

① Vom Parkplatz Leckbach

Vom Parkplatz an der Einmündung des Leckbaches wandern wir auf gutem, aber steilem Jagdsteig (Mark.-Nr. 239) in zahlreichen Serpentinen hinauf durch die bewaldete Flanke des Wiesingberges zum Pfannlochgraben. Dort verzweigen sich die Wege, das Ziel ist jedoch dasselbe. Beide Wege führen in einem Rechts- bzw. einem Linksbogen durch Latschenfelder hinauf zur Tölzer Hütte.

② Von der Oswaldhütte

Auf einem gut markierten, serpentinenreichen Steig (Mark.-Nr. 238) wandern wir steil durch Wald hinauf zur Moosenalm. Von dort führt rechts ein schöner Höhenweg (Mark.-Nr. 237) seitlich am Westgrat des Schafreuters vorbei. Wir steigen jetzt teils durch Latschen, teils durch freies Gelände und erreichen bald die Tölzer Hütte.

③ Von Fall über das Delpsjoch

Von Fall führt eine Forststraße in weitem Bogen in das Krottenbachtal. Die Forststraße endet beim Griesmann-Niederleger und geht dort in einen schmaleren Weg über. Am Ende des langen Bachtals führt dann ein ausgesetzter Steig hinauf bis zum Delpssee (1590 m). Vom Delpssee aus wandern wir nun rechts auf einem guten Wanderweg hinauf zur Tölzer Hütte.

Der Hüttengipfel

Schafreuter, 2100 m: Von der Tölzer Hütte führt uns ein serpentinenreicher Steig über den Südgratrücken des Schafreuters. Zuerst geht es über freies Gelände, dann führt der Steig durch Latschen bis an den Gipfelaufbau. Zuletzt steigen wir dann durch eine gesicherte Schrofenrinne zum Gipfel des Schafreuters mit Gipfelkreuz.

Tour 61

Hütte

Zeit Vom Parkplatz Leckbach: 3 Std.; von der Oswaldhütte: 4 Std.; von Fall: 5 Std.

Schwierigkeit Steile, aber gut markierte Wanderwege und Bergsteige. Der Anstieg von Fall durchs Krottenbachtal und übers Delpsjoch erfordert Trittsicherheit und Schwindelfreiheit (nur für Geübte).

Übernachtung Tölzer Hütte, 1825 m (AV-Hütte, Kat. I, bew. von Mitte Mai bis Mitte Okt., 33 Betten, 38 Lager, 4 Notlager, Winterraum mit 4 Plätzen; Tel. 0043/664/1801790).

Karte Topogr. Karte 1 : 50 000 Karwendelgebirge (BLVA).

Gipfel

Zeit Von der Tölzer Hütte: 1 Std., Abstieg zur Hütte: 1/2 Std.; insgesamt: 1 1/2 Std.

Schwierigkeit Bergsteig, Trittsicherheit erforderlich.

Weitere Hütten

Gasthaus Kaiserhütte, 885 m (privat, von Mai bis Oktober bewirtschaftet). Kurz vor dem Parkplatz Leckbach.

Bild oben: Die Tölzer Hütte vor dem ersten Gipfelaufschwung des Schafreuters.

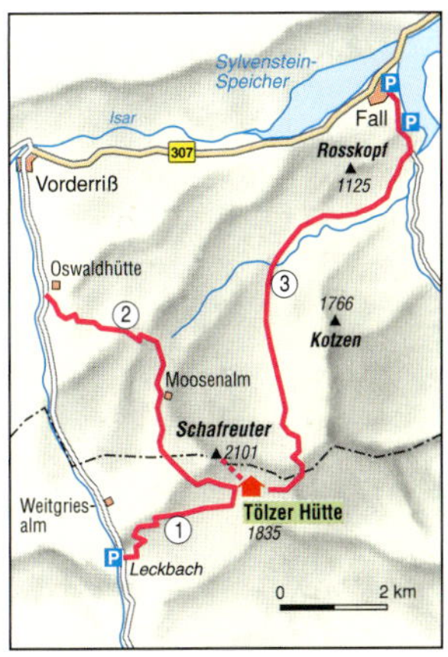

Plumsjochhütte

Höchste Punkte: Plumsjochhütte, 1630 m; Montscheinspitze, 2106 m.

Tour 62

Hütte

Zeit Von Hagelhütten über die Haseltalalmen: 2 Std.; von Hagelhütten über die Plumsalm: 1 3/4 Std.; von der Gernalm: 1 1/2 Std.

Schwierigkeit Almfahrwege und Bergwanderwege.

Übernachtung Plumsjochhütte, 1630 m (privat, von Anfang Juni bis Ende Oktober bewirtschaftet, 30 Lager; Tel. 0043/5243/5487).

Karte Topogr. Karte 1 : 50 000 Karwendelgebirge (BLVA).

Gipfel

Zeit Von der Plumsjochhütte: 2 Std., Abstieg zur Hütte: 1 1/2 Std.; insgesamt: 3 1/2 Std.

Schwierigkeit Absolute Trittsicherheit und Schwindelfreiheit erforderlich. Fast Schwierigkeitsgrad II.

Weitere Hütten

Haseltal-Mittelleger, 1553 m (priv., im Sommer bew.). **Gernalm**, 1166 m (privat, von Mitte Mai bis Ende Oktober u. Mitte Dezember bis Ende März bewirtschaftet, 20 Betten, 30 Lager; Tel. 0043/5243/55794).

Die Plumsjochhütte ist der ehemalige Hochleger der Plumsalm und steht an aussichtsreicher Stelle an einem Jochübergang. Von ihrer Terrasse hat man einen überwältigenden Blick auf die Karwendelhauptkette. Im Vordergrund dominieren jedoch die Gipfel der Gamsjochgruppe. Die gemütliche private Unterkunftshütte liegt an einer beliebten Mountainbikeroute, die vom Tannheimer Tal bis nach Kitzbühel führt.

① Von Hagelhütten über die Haseltalalmen

Vom Parkplatz bei den Hagelhütten (1077 m) wandern wir zunächst auf dem ausgeschilderten Fahrweg zu den Haseltalalmen. Dort geht es bei der Wegverzweigung links über eine Brücke und in weiten Kehren durch Wald bergwärts. Man überschreitet dann den Haseltalbach und erreicht bald den Haseltalalm-Niederleger (1266 m). Dort beginnt ein Steig, der sich über die Almwiesen und durch Wald hinauf zum Mittelleger (1553 m) schlängelt. Man überschreitet die Waldgrenze und erreicht über die weiten Hänge den Verbindungskamm zwischen Kompar und Satteljoch. Bei den Wegtafeln (1825 m) hält man sich rechts, und auf der Kammhöhe geht es seitlich am Satteljoch vorbei zur Plumsjochhütte, die unterhalb des gleichnamigen Sattels liegt.

② Von Hagelhütten über die Plumsalm

Vom Parkplatz quert man rechts über das Bett des Plumsbachs und folgt dem Wanderweg (Mark.-Nr. 233), der die weite Schleife des Almfahrwegs zur Plumsalm abkürzt. Dort geht es links auf diesem bergan bis zur Plumsalm (1423 m), wo links der markierte Wanderweg abzweigt (man kann allerdings auch dem Fahrweg weiter folgen). Auf diesem wandern wir hinauf durch Wald, zuletzt durch Latschen und freie Wiesenhänge zur Plumsjochhütte.

③ Von der Gernalm

Vom Parkplatz vor der Gernalm wandern wir auf Wirtschaftsweg seitlich an dieser vorbei und auf steilem Wirtschaftsweg in zahlreichen Kehren hinauf zum Plumssattel (1649 m) und links hinab zur Plumsjochhütte.

Der Hüttengipfel

Montscheinspitze, 2106 m: Von der Plumsjochhütte geht es zunächst hinauf zum Plumssattel, dann auf einem markierten Pfad zum Plumsjoch (1921 m; mit Kreuz). Jenseits steigen wir auf dem latschenbewachsenen Kamm in die Montscheinsenke und auf schmalem Pfad zu den ersten Felsen. Dann geht es rechts des ersten Aufschwunges vorbei und hinauf zum Gipfelgrat. Durch eine steile Rinne zum letzten Gipfelaufschwung und über einen schrofigen Grashang zum höchsten Punkt.

Blick über die Plumsjochhütte auf die Gamsjochgruppe.

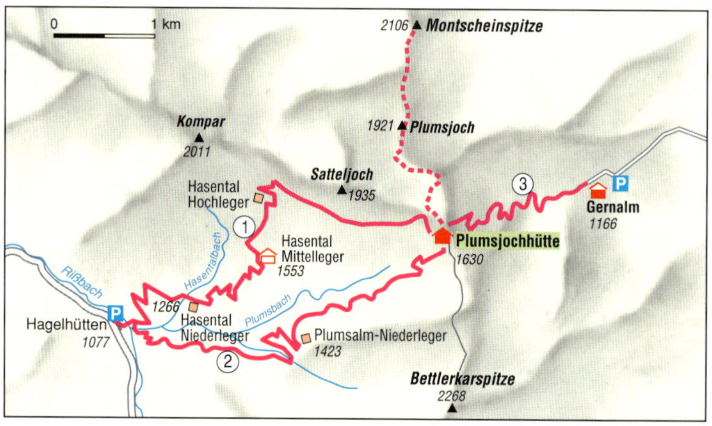

Soiernhaus

Höchste Punkte: Soiernhaus, 1616 m; Schöttelkarspitze, 2050 m.

Die Soiernhäuser waren königliche Jagdhäuser, die im Jahre 1867 errichtet worden waren. Später pachtete, erwarb und erweiterte die Sektion Oberland des Deutschen Alpenvereins die beiden Hütten und funktionierte das obere Haus, das so genannte Königshaus, zu einer Unterkunftshütte für Bergwanderer um. Das untere Haus, das ehemalige Bedienstetenhaus, ist nicht zugänglich (Stützpunkt für die Bergwacht). Die Hütten liegen reizvoll am Rande der Soiernseen.

① Von Krün

Von Krün wandert man zunächst auf einer Forststraße in nordöstlicher Richtung überwiegend durch Wald hinauf zur Fischbachalm. Zum Soiernhaus kann man von dort dann auf zwei verschiedenen Wegen gelangen: entweder auf dem leichten ehemaligen Reitweg durch den so genannten Hundsstall (1238 m, mit Höhenverlust) und über den Wasserfall oder über den Lakaiensteig westlich davon in der Bergflanke. Der Weg beginnt beim Brunnen der Fischbachalm und zieht sich nur leicht ansteigend durch die steilen Berghänge, überschreitet einige Gräben und erreicht so die Schulter, auf der das Soiernhaus steht.

② Von Mittenwald (via Fereinalm)

Man folgt dem Forstweg in östlicher Richtung und wandert oberhalb der tief eingeschnittenen Seinsklamm durch die bewaldeten Südhänge der Soierngruppe. Bei der Wegverzweigung im Seinsgraben hält man sich links und erreicht bald die Fereinalm. Wer die Forststraße nicht gehen will, kann stattdessen den Seinsbach überqueren, zur Aschauer Alm wandern und den Jägersteig zur Fereinalm nehmen. Im Sommer ist dieser Fußweg der Fahrstraße vorzuziehen, im Herbst aber liegt er fast den ganzen Tag im Schatten. Bei der Fereinalm zweigt links der ausgeschilderte Steig ab, der in Serpentinen durch Wald ansteigt, dann in einem Rechtsbogen um den »Turm« (1598 m) herumleitet, in einem weiten Bogen rechts um die Soiernspitze zum Steinkarsattel und dann in Serpentinen zum Soiernhaus hinunterführt.

Der Hüttengipfel

Schöttelkarspitze, 2050 m: Der dem Soiernhaus am nächsten gelegene Gipfel kann mit seiner Aussicht, dem Tiefblick auf Krün und die kurze Anstiegszeit punkten. Vom Soiernhaus führt der ehemalige Reitsteig bis in Gipfelnähe. Man folgt vom obersten Haus ein kurzes Stück dem Lakaiensteig und zweigt dann links ab. Der Weg steigt erst nur mäßig an und führt zum Ende der großen Soiernmulde, von wo er sich in steilen Serpentinen hinauf zum Grat zieht und diesem bis auf den kreuzbesetzten Gipfel folgt.

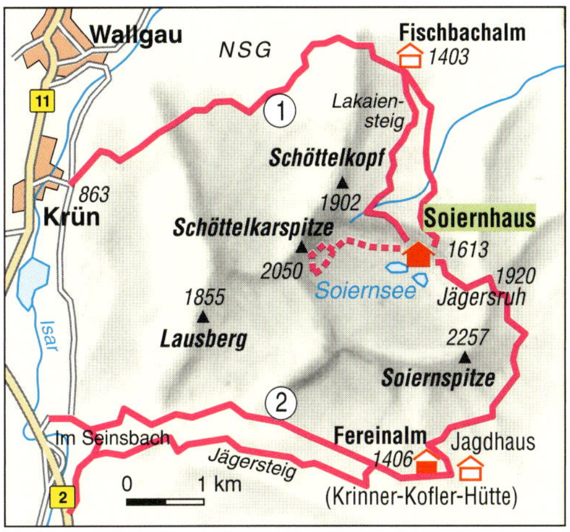

Tour 63

Hütte

Zeit Von Krün: 3 1/4 Std.; von Mittenwald: 6 Std.

Schwierigkeit Der Anstieg von Krün über den »Hundsstall« ist leicht, die Variante über den Lakaiensteig erfordert Trittsicherheit und Schwindelfreiheit. Der Anstieg über die Fereinalm erfordert ab der Fereinalm Trittsicherheit.

Übernachtung Soiernhaus, 1616 m (AV-Haus, Kat. I, von Pfingsten bis Mitte Oktober bewirtschaftet, 65 Lager, 5 Notlager; Tel. 0171/5465858).

Karte Topogr. Karte 1 : 50 000 Karwendelgebirge (BLVA).

Gipfel

Zeit Vom Soiernhaus: 1 Std., Abstieg zur Hütte: 3/4 Std.; insgesamt: 1 3/4 Std.

Schwierigkeit Leichter Bergwanderweg, der im oberen Teil Trittsicherheit erfordert.

Weitere Hütten

Fischbachalm, 1403 m (von Anfang Mai bis Ende Oktober einfach bewirtschaftet).
Krinner-Kofler-Hütte, 1395 m (zerstört, zur Zeit noch nicht wieder aufgebaut).
Fereinalm, 1406 m (Jägerhaus mit einfacher Bewirtschaftung im Sommer).

Bild oben: Die Soiernhütte liegt etwas versteckt im Wald über dem Soiernsee. Der »Märchenkönig« ließ sich bei seinen Jagdaufenthalten gerne nachts bei Fackelschein über diesen kleinen Gebirgssee rudern.

Brunnsteinhütte

Höchste Punkte: Brunnsteinhütte, 1560 m; Rotwandlspitze, 2192 m.

Tour 64

Hütte
Zeit Von Mittenwald: 2 Std.; Abstieg über den Pürzlgrat nach Scharnitz: 3 1/2 Std.; Aufstieg zur Karwendelbahn-Bergstation: 2 Std.

Schwierigkeit Der Hüttenanstieg ist leicht. Die Gipfelwege sind jedoch anspruchsvoll: Der Heinrich-Noé-Weg ist an ausgesetzten Stellen mit Seilen gesichert und nur für Trittsichere und Schwindelfreie. Der Anstieg zur Brunnsteinspitze ist wesentlich leichter, an einigen Stellen befinden sich ebenfalls Seilsicherungen. Auch der Abstieg über den Pürzlgrat erfordert den geübten Bergwanderer.

Übernachtung Brunnsteinhütte, 1560 m (AV-Hütte, Kat. I, von Mitte Mai bis Mitte Oktober bewirtschaftet, im Winter und im Frühjahr an schönen Wochenenden, 30 Lager; Tel. 0172/8909613).

Karte Topogr. Karte 1 : 50 000 Karwendelgebirge (BLVA).

Gipfel
Zeit Von der Brunnsteinhütte: 1 1/2 Std., Abstieg zur Hütte: 1 Std.; insgesamt: 2 1/2 Std.

Schwierigkeit Trittsicherheit und Schwindelfreiheit erforderlich, Seilsicherungen.

Weitere Hütten
Tiroler Hütte, 2153 m (privat, im Sommer einfach bewirtschaftet, 6 Lager).

Bild oben: Die Brunnsteinhütte trägt das Umweltgütesiegel. So wird die Materialseilbahn mit Rapsöl betrieben, es gibt Trockentoiletten, und Abwässer werden mit einer neuen Kläranlage und Grauwasseranlage entsorgt.

Die Brunnsteinhütte ist die am westlichsten gelegene Hütte des gesamten Karwendels. 1935 direkt am Waldrand oberhalb des Isartals bei Mittenwald auf einer steilen Bergwiese erbaut, bietet sie einen freien Ausblick auf das Wettersteingebirge, die Ammergauer Alpen und das Estergebirge. Im Innern lockt bei Schlechtwetter ein warmer Kachelofen.

① Von Mittenwald

Vom Parkplatz an der Straße nach Scharnitz queren wir die Bahnlinie (hierher gelangt man auch vom südlichen Ortsende über das Hoffeld) und gehen rechts auf Fahrweg durch Wiesen weiter ein Stück Richtung Süden, bis links der ausgeschilderte Weg zur Brunnsteinhütte abzweigt. Zunächst wandern wir durch schönen Mischwald hinauf, dann geht es auf dem querenden Leiterweg rechts weiter, durch die Sulzleklamm und links haltend in zahlreichen Serpentinen durch Hochwald hinauf zur Brunnsteinhütte.

② Abstieg nach Scharnitz

Von der Brunnsteinhütte wandern wir wie unten beschrieben zur Tiroler Hütte, dann auf dem Kammer weiter in Richtung Süden, vorbei am Brunnsteinkopf (1924 m) und über den steilen Pürzlgrat durch Wald – zuletzt über zahlreiche steile Serpentinen – hinab nach Scharnitz und rechts zum Bahnhof.

③ Aufstieg zur Karwendelbahn-Bergstation

Der anspruchsvolle Steig (Heinrich-Noé-Weg) beginnt bei der Brunnsteinhütte und führt gut markiert links hinauf zur Oberen Sulzleklamm, dann durch den Sulzlewald und den gleichnamigen Anger und steil durch die felsige Westseite der Linderspitzen hinauf zur Grathöhe. Dort trifft man auch auf den Mittenwalder Klettersteig. Auf Klettersteig geht es links weiter zur Bergstation der Karwendelbahn.

Der Hüttengipfel

Rotwandlspitze, 2192 m: Von der Brunnsteinhütte geht es rechts auf markiertem Steig in Richtung Süden, dann in steilen Serpentinen über Bergmähder und Latschen hinauf zum Brunnsteinanger (2069 m). Dort hält man sich rechts, macht eventuell kurz Station bei der kleinen Tiroler Hütte und steigt dann noch die letzten Meter zum Gipfelkreuz der Rotwandlspitze empor.

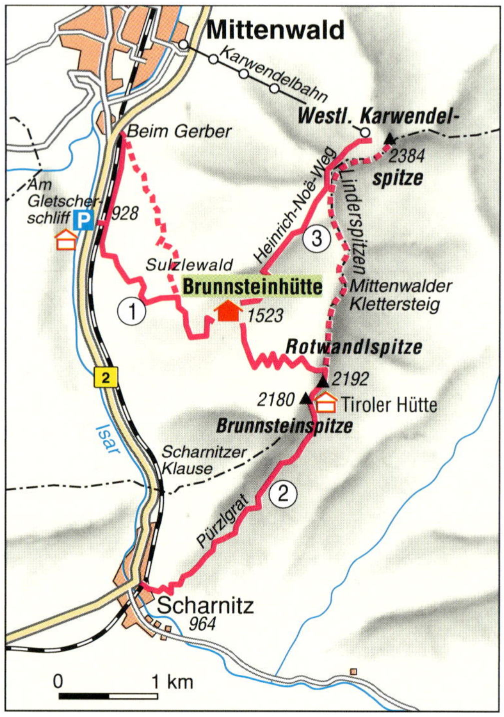

Hochlandhütte

Höchste Punkte: Hochlandhütte, 1623 m; Wörner, 2476 m.

Die bereits 1909 von einer Klilterergruppe in Eigenregie erbaute Hochlandhütte im Karwendel steht an aussichtsreicher Stelle auf einem breiten Gratbuckel vor dem imposanten Wörner. Von ihrer Terrasse hat man einen freien Blick auf über 100 Berggipfel von Wettersteingebirge, Ammergauer Alpen, Estergebirge bis hinein in die Allgäuer Alpen.

① Von Mittenwald

Vom Wanderparkplatz (vom Bahnhof über die Dammkarstraße) bummeln wir auf befestigter Straße durch Wald hinauf, machen einen Rechtsbogen Richtung Dammkarhütte und nehmen bei der Talstation des Materiallifts zur Dammkarhütte den linken Steig. Vorwiegend oberhalb der Waldgrenze geht es durch Kare und ein Waldstück zur Hochlandhütte.

② Über die Obere Kälberalm

Vom Parkplatz wandern wir auf Wanderweg (parallel zur Straße) einen Kilometer zurück, bis nach der Brücke rechts der Steig ansetzt. Durch Wald geht es in Serpentinen empor bis zu einer Forststraße. Auf dieser rechts über dem Gassellahnbach talein, bis nach 20 Minuten links haltend der Weg zur Oberen Kälberalm weiterführt. Bei einer Wegverzweigung geht es rechts über ein Brückerl und durch einen Graben steil hoch zur Oberen Kälberalm und rechts weiter zur Hochlandhütte.

③ Abstieg durch das Dammkar

Von der Bergstation der Karwendelbahn wandern wir durch Stollen auf die Ostseite der

Bild oben: Die im Sommer durchgehend bewirtschaftete Hochlandhütte bietet einfache Bewirtung, ein Bergsteigeressen am Abend, Suppen, Brotzeiten – wie z. B. Speckplatte – sowie Getränke auch tagsüber.

Westlichen Karwendelspitze, mittels Steiganlage ins Hintere Dammkar und zu einer Wegverzweigung oberhalb der Dammkarhütte. Dort zweigt rechts ein Pfad ab, der rechts am Predigtstuhl vorbei zur Hochlandhütte führt.

Der Hüttengipfel

Der Wörner, 2476 m, ist kein leichter Hüttengipfel und setzt alpine Erfahrung voraus. Von der Hochlandhütte geht es Richtung Nordosten durch ein Kar zum Wörnersattel (1989 m) und über einen steilen Steig hinauf zum Grat. Trittspuren leiten südwestlich des Grats durch die Felsen, dann hinab zu einer Rinne. Nach einer Querung passieren wir die anspruchsvollste Stelle (Markierung »W«) und steigen auf der rechten Seite der Rinne steil hinauf. Unter der Grathöhe queren wir links und steigen durch einen Riss zum Gipfelkreuz.

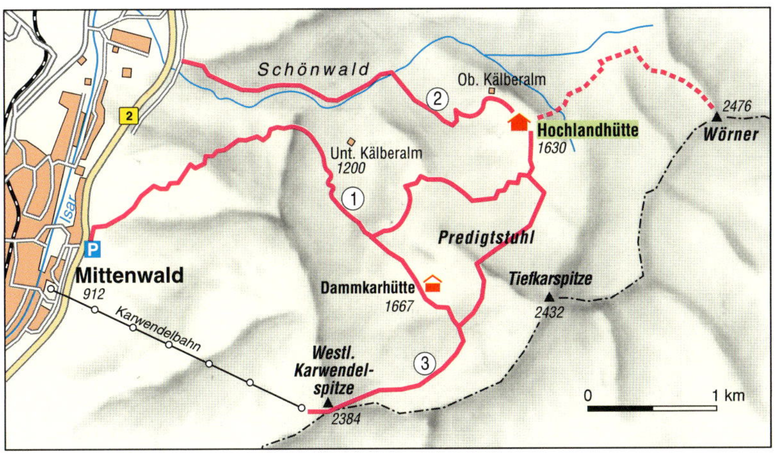

Tour 65

Hütte

Zeit Von Mittenwald: 3 Std.; über die Obere Kälberalm: 2 1/2 Std.; Abstieg durch das Dammkar: 2 Std.

Schwierigkeit Die Hüttenzugangswege erfolgen auf leichten Wirtschafts- und Bergwanderwegen. Lediglich der Abstieg durch das Dammkar erfordert Trittsicherheit und Schwindelfreiheit, gesicherte Steiganlage, aber Gefahr durch steile Altschneefelder.

Übernachtung Hochlandhütte, 1623 m (AV-Hütte, Kat. I, 35 Lager, kein Winterraum, einfach bewirtschaftet von Anfang Juni bis zum zweiten Sonntag im Oktober, warme Gerichte erst am Abend; Tel. 0174/9897863).

Karte Topogr. Karte 1 : 50 000 Karwendelgebirge (BLVA).

Gipfel

Zeit Von der Hochlandhütte: 3 Std., Abstieg zur Hütte: 2 Std.; insgesamt: 5 Std.

Schwierigkeit Der Gipfelabstecher auf den Wörner erfordert Trittsicherheit, Schwindelfreiheit und etwas Orientierungssinn, eine anspruchsvolle Stelle (II).

Weitere Hütten

Dammkarhütte, siehe Tour 66.
Bergstation Karwendelbahn, 2244 m (Einkehrmöglichkeit während der Betriebszeiten).

Mittenwalder Hütte

Höchste Punkte: Mittenwalder Hütte, 1518 m; W. Karwendelspitze, 2384 m.

Tour 66

Hütte

Zeit Von Mittenwald: 1 3/4 Std.; Anstieg zur Bergstation der Karwendelbahn: 2 1/2 Std.; Übergang zur Dammkarhütte: 1 1/4 Std.; Abstieg nach Mittenwald: 1 1/2 Std.

Schwierigkeit Hüttenanstieg leicht, eine seilgesicherte Stelle. Der Anstieg zur Bergstation ist steil und lang, einige gesicherte Stellen, evtl. mit Schnee gefüllte Rinnen. Der Übergang ins Dammkar erfolgt durch Felsstollen und Steiganlage. Steile Firnfelder bis in den Sommer. Nur für Geübte!

Übernachtung Mittenwalder Hütte, 1518 m (AV-Hütte, Kat. I, 20 Lager, bewirtschaftet von Mitte Mai bis Mitte Oktober; Tel. 0172/8558877).

Karte Topogr. Karte 1 : 50 000 Karwendelgebirge (BLVA).

Gipfel

Zeit Von der Mittenwalder Hütte: 3 Std., Abstieg zur Hütte: 2 Std.; insgesamt: 5 Std.

Schwierigkeit Trittsicherheit erforderlich. Am Gipfelaufbau kleine Steiganlage.

Weitere Hütten

Dammkarhütte, 1650 m (privat, 12 Lager, von Ostern bis Anfang Oktober bewirtschaftet, Übernachtung nur nach schriftlicher Anmeldung; Andrea Hornsteiner, Klausnerweg 14, 82481 Mittenwald; Tel. 08823/8313). Anstieg vom Parkplatz an der B 2 bzw. vom Bahnhof Mittenwald: 2 1/4 Std.

Karwendelbahn-Bergstation, 2244 m (Gaststätte, während der Betriebszeit der Bahn bew.).

Bild oben: Die Mittenwalder Hütte ist Stützpunkt für den Mittenwalder Klettersteig.

Die Mittenwalder Hütte liegt am steilen Westhang der Westlichen Karwendelspitze und wurde 1949 errichtet, nachdem die alte Hütte durch Brandstiftung zerstört worden war. Die Sicht von der Terrasse auf Mittenwald ist überwältigend. Nach dem Bau der Karwendelbahn schien die Hütte an Bedeutung zu verlieren, aber mittlerweile gibt es wieder genügend Anhänger des reinen Bergsteigens, so dass die Hütte nicht über mangelnden Zulauf klagen kann.

① Von Mittenwald

Vor dem Bahnhof gehen wir links vor zur Dammkarstraße, rechts auf dieser über die Isar und rechts vor zur Unterführung unter die B 2 zum Parkplatz. Dort beginnt der alte Karwendelsteig. Wir gehen kurz rechts an der B 2 entlang, bis links ein Schotterweg abzweigt. Auf diesem gut ausgeschilderten Weg wandern wir zur alten Erzgrube, wo der Steig beginnt. Auf dem Steig geht es hinauf zu einer Wegverzweigung (Wegtafeln; nach rechts zweigt der Leitersteig ab). Nun folgen wir weiter bergwärts der Ausschilderung zur Mittenwalder Hütte durch Wald und meistern eine seilgesicherte Hangquerung, bis wir die Hütte erreichen.

② Rundtour über das Dammkar

Von der Mittenwalder Hütte geht es in Kehren hinauf, in einer Linksquerung unter der Bahntrasse hindurch in einen weiten Karkessel und in Serpentinen weiter hinauf zur Bergstation der Karwendelbahn. Von der Bergstation führt ein Tunnel zum oberen Ende des Dammkars, über einen Grashang und Schrofen hinab zur Dammkarhütte, wo ein leichter Steig hinab zum Anstiegsweg zur Hochlandhütte führt. Auf diesem Steig geht es nun links hinab zum Parkplatz an der B 2 bzw. nach Mittenwald.

Der Hüttengipfel

Westliche Karwendelspitze, 2384 m: Von der Bergstation der Karwendelbahn (2244 m) geht es auf breitem Weg zur Karwendelgrube, dann in einem Rechtsbogen weiter zum Gipfelaufbau. Eine kleine Steiganlage leitet uns hinauf zum Gipfel.

Unser Tipp

Für Kletterbegeisterte empfiehlt sich eine Begehung des Mittenwalder Klettersteigs (ab Bergstation Karwendelbahn: 4 bis 5 Std., Abstieg über Brunnsteinhütte: 2 1/2 Std.): Die lange Gratüberschreitung beginnt am südlichen Ende der Karwendelgrube, beim bayerisch-österreichischen Grenzstein (Hinweistafel). In Kehren geht es zur Nördlichen Linderspitze (2374 m). Man überschreitet nacheinander die Südliche Linderspitze, die Sulzleklammspitze und die Kirchlspitze. Über schrofendurchsetzte Schafweiden geht es dann hinab zur kleinen Tiroler Hütte und rechts weiter zur Brunnsteinhütte und schließlich hinab nach Mittenwald.

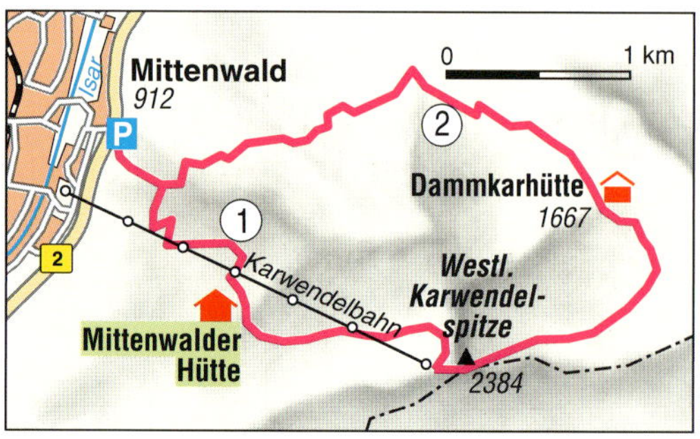

Pleisenhütte

Höchste Punkte: Pleisenhütte, 1757 m; Pleisenspitze, 2569 m.

Die Pleisenhütte ist das Lebenswerk des Pleisen-Toni, wie ihn seine Bergfreunde liebevoll nennen. Der ehemalige Bergführer Toni Gaugg erbaute nach dem Zweiten Weltkrieg aus eigener Kraft die Pleisenhütte im Karwendel. Das Holzmaterial holte er sich aus dem Umfeld der neuen Hütte. Grund genug, dieser lebenden Karwendellegende einen Besuch abzustatten – falls er gerade auf der Hütte ist. Denn seit einiger Zeit ist sein Sohn der Hüttenwirt.

① Von Scharnitz

Vom Parkplatz »Karwendeltäler« am Ortsrand von Scharnitz folgen wir auf einem Sträßchen den Ausschilderungen in Richtung Hinterautal. An der jungen Isar entlang gelangen wir bis vor das Gasthaus Schönwieshof (1029 m). Dort zweigt links (Wegtafel) der Hüttenfahrweg ab. Auf diesem erreichen wir den Wasserlegraben. Über ein Brückchen und steiler durch Wald geht es zur Lablehnerbrünst, rechts die Bergflanke querend zur Pleisenhütte.

② Übergang vom Karwendelhaus

Die gut markierte, teilweise weglose Route ist eine Herausforderung an die Kondition und an den Orientierungssinn. Es werden mehrere Scharten überschritten und große Kare durchquert. An der Breitgrießkarscharte passiert man eine Biwakschachtel. Wer diesen Übergang plant, sollte die detaillierte Routenbeschreibung im Alpenvereinsführer »Karwendelgebirge« dabeihaben, die von Toni Gaugg (Initiator dieses Weges) verfasst wurde.

Der Hüttengipfel

Pleisenspitze, 2569 m: Von der Pleisenhütte folgt man einem Steig in Richtung Vorderkar, das von den beiden südlichen Pleisengraten eingefasst wird, durchschreitet einige Latschengassen und steigt zum Hinteren (rechten) Pleisengrat an. Dieser leitet leicht, aber schweißtreibend zum höchsten Punkt.

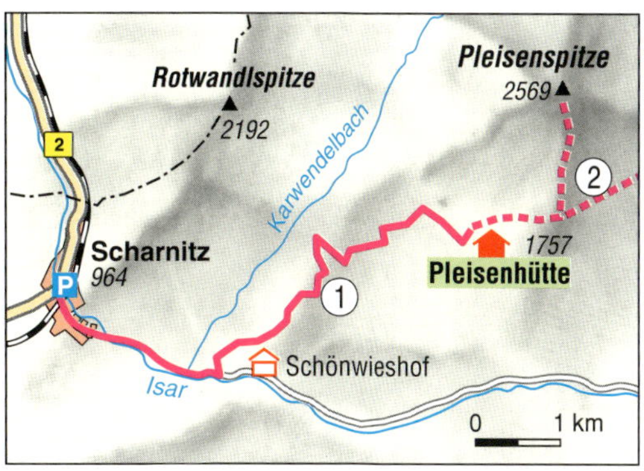

Tour 67

Hütte

Zeit Von Scharnitz: 3 Std.; Übergang vom Karwendelhaus: 8 Std.

Schwierigkeit Von Scharnitz Wirtschaftswege und Hüttenfahrweg. Der Übergang vom Karwendelhaus erfordert Trittsicherheit, Schwindelfreiheit und etwas Orientierungssinn; einige Seilsicherungen.

Übernachtung Pleisenhütte, 1757 m (privat, 25 Lager, ganzj. am Wochenende bew.; Tel. 0043/663/9158792).

Karte Topogr. Karte 1 : 50 000 Karwendelgebirge (BLVA).

Gipfel

Zeit Von der Pleisenhütte: 2 Std., Abstieg zur Hütte: 1 1/2 Std.; insgesamt: 3 1/2 Std.

Schwierigkeit Bezeichneter Steig, sehr der Sonne ausgesetzt.

Weitere Hütten

Schönwieshof, 1029 m (privat, ganzjährig bewirtschaftet).

Bild oben: Die Pleisenhütte hat nur einen Hüttenberg zu bieten, die Pleisenspitze. Wer den Übergang zum Karwendelhaus in Angriff nehmen will, sollte sich vom Hüttenwirt beraten lassen – oder die Wegbeschreibung im Alpenvereinsführer »Karwendelgebirge« lesen, die Toni Gaugg als Initiator dieses Weges verfasst hat.

Karwendelhaus

Höchste Punkte: Karwendelhaus, 1765 m; Birkkarspitze, 2749 m.

Tour 68

Hütte

Zeit Von Scharnitz: 5 Std.; von Hinterriß: 3 1/2–4 Std.; Übergang von der Falkenhütte: 2 1/2 Std.

Schwierigkeit Wirtschaftswege und leichte Bergwanderwege.

Übernachtung Karwendelhaus, 1765 m (AV-Haus, Kat. I, 50 Betten, 150 Lager, bewirtschaftet von Anfang Juni bis Mitte Oktober, unversperrter Winterraum mit 20 Plätzen und Selbstversorgerraum; Tel. 0043/5213/5623).

Karte Topogr. Karte 1 : 50 000 Karwendelgebirge (BLVA).

Gipfel

Zeit Vom Karwendelhaus: 3 Std., Abstieg zur Hütte: 2 Std.; insgesamt: 5 Std.

Schwierigkeit Einige mit Drahtseilen gesicherte Stellen, schottriges Gestein auf den Bändern am Westgrat. Achtung bei Altschneeresten im Schlauchkar, die sich bis in den Sommer dort halten können. Trittsicherheit und Schwindelfreiheit sind unbedingt erforderlich!

Weitere Hütten

Larchetalm, 1174 m (privat, von Mitte Mai bis Ende Oktober bewirtschaftet, 20 Betten; Tel. 0043/664/9759311). Von Scharnitz 1 1/2 Std.

Falkenhütte, siehe Tour 70.

Das 1908 erbaute Karwendelhaus des Männerturnvereins München steht ikonenhaft für das Karwendelbergerlebnis schlechthin. Bereits der Name gibt dem Haus Gewicht, und tatsächlich steht es im Karwendeltal, am Zugang zum höchsten Berggipfel des Karwendels, der Birkkarspitze, die dem Karwendelhauptkamm mit 2749 Metern Höhe die Krone aufsetzt. Das auf einer ausgesprengten Plattform errichtete Haus vermittelt großartige Rundblicke und liegt auch wanderstrategisch an günstiger Stelle. Das Haus ist auch alpine Unfallmeldestelle – was in Handyzeiten allerdings nicht mehr so wichtig ist wie früher.

① Von Scharnitz

Bei Scharnitz laufen die drei bedeutendsten Karwendeltäler zusammen: Karwendeltal, Hinterautal und Gleierschtal. Die lange Talwanderung zum Karwendelhaus führt durch das gleichnamige Tal. Von der Isarbrücke in Scharnitz wandern wir zunächst auf der Hinterautalstraße (Mark.-Nr. 201, E 4a) südostwärts, bis zur Abzweigung links ins Karwendeltal. Dort geht es dann weiter auf etwas monotonem Fahrweg, dafür aber in grandioser Landschaft, unfehlbar über die Larchetalm (1174 m) und die Angeralm bis zum Karwendelhaus.

② Von Hinterriß

Vom Alpenhof queren wir die Wiese und über eine Brücke den Rißbach und folgen dann dem markierten Steig (Weg-Nr. 231) zunächst steil durch Wald hinauf zu einer Forststraße. Dieser folgen wir links um das Luchsegg herum in das Johannestal. Am Ende der Straße geht es weiter auf einem Steig zur verfallenen Johannestalalm, wo wir auf die Johannestalstraße treffen, der wir bis zum Hermann-von Barth-Denkmal im Kleinen Ahornboden folgen

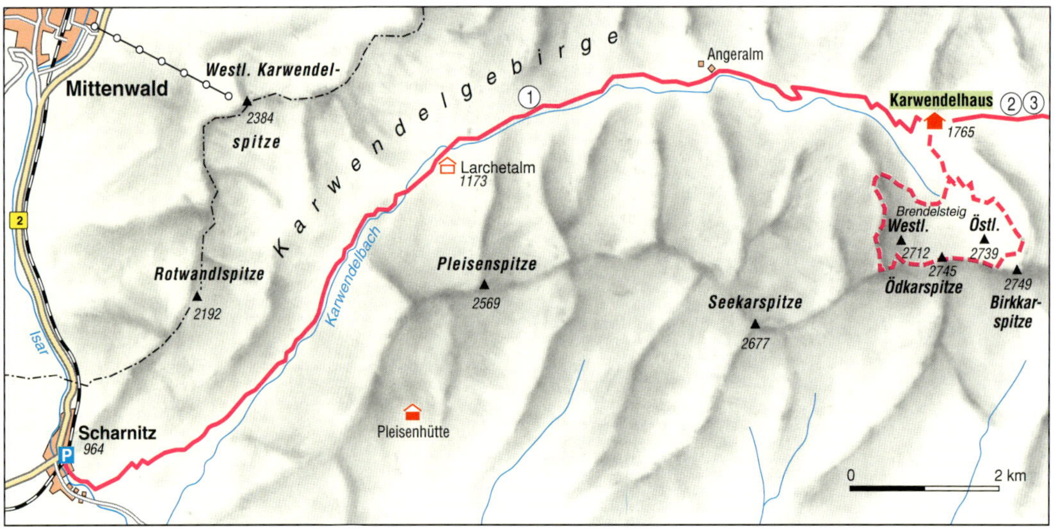

Bild oben: Die kleine Kapelle am Hochalmsattel. Im Hintergrund erkennt man das Karwendelhaus. Rechts davon befindet sich das Schlauchkar, durch das der Anstieg zur Birkkarspitze führt.

Das Karwendelhaus steht hoch über dem Karwendeltal. Gegenüber erhebt sich die Östliche Karwendelspitze, deren Ersteigung aber recht anspruchsvoll ist.

(parallel dazu führt auch ein schmaler Wanderweg, der im oberen Talbereich dann wieder auf das Sträßchen trifft). Bei den Jagdhütten (1399 m) im Kleinen Ahornboden wandern wir rechts auf Fahrweg hinauf zum Hochalmsattel (1803 m) und leicht fallend hinab zum Karwendelhaus.

③ Übergang von der Falkenhütte

Der Europäische Fernwanderweg E 4a verbindet die beiden Hütten miteinander. Große Abschnitte des Weges verlaufen dabei auf Forst- und Hüttenzufahrtswegen. Siehe hierzu Tour 70.

Der Hüttengipfel

Birkkarspitze, 2749 m: Gleich beim Karwendelhaus beginnt der Steig, der uns zuerst über eine gesicherte Felsstufe ins Schlauchkar führt. Nahezu waagrecht wandern wir unter dem Hochalmkreuz vorbei. Immer auf der linken Seite des Kars steigen wir dann steil in Serpentinen hinauf (im Frühjahr und Frühsommer findet sich hier oft noch harter Firn) in den Schlauchkarsattel, der Scharte zwischen Ödkarspitze und Birkkarspitze (wenig östlich davon steht ein Unterstandshüttchen, die Birkkarhütte). Direkt links am Felsfuß beginnt ein gesicherter Steig, der uns zuerst nahe dem Westgrat, dann über die plattige Südwestflanke zum Gipfel führt.

Unser Tipp

Ein Besuch des Hermann-von-Barth-Denkmals im Kleinen Ahornboden: Hermann von Barth, der große Erschließer der Nördlichen Kalkalpen, erstieg die Birkkarspitze am 6. Juli 1870 als erster Tourist. Wenn wir heute seinen Spuren folgen wollen, haben wir es jedoch erheblich leichter. Damals gab es weder das Karwendelhaus noch einen markierten Steig auf den Gipfel.

Hallerangerhaus

Höchste Punkte: Hallerangerhaus, 1768 m; Speckkarspitze, 2621 m.

Im hintersten Karwendeltal, beim Ursprung der Isar, liegt das Hallerangerhaus im Naturpark Karwendel, dem größten Naturschutzgebiet Österreichs. Dieser Umstand erfordert natürlich ein besonderes Augenmerk auf den Zustand der Hütte. Der erste Bau entstand im Jahre 1901, wurde jedoch 1914 von einer Lawine hinweggefegt. Erst im Jahre 1924 machte man sich an den Wiederaufbau. 1985 wurde das Nebengebäude zu einer Selbstversorgerhütte umgebaut. Mittlerweile wurde auch eine biologische Abwasserreinigungsanlage eingebaut. Die Energieversorgung erfolgt durch Wasserkraft, unterstützt durch Sonnenkollektoren. Das etwas im Wald versteckte Unterkunftshaus liegt an der klassischen Route der Alpenüberquerer von »München nach Venedig«. Von Norden her gibt es keinen schnellen Weg dorthin. Allein der Anstieg von der Haller Seite hält sich in Grenzen, allerdings ist er mit einem erheblichen Anstieg und Abstieg verbunden.

Tour 69

Hütte
Zeit Durch das Hinterautal: 5 Std.; durch das Gleirschtal: 8 Std.; aus dem Halltal: 3 Std.

Schwierigkeit Überwiegend unbefestigte Wirtschaftswege, das jeweils letzte Stück zur Hütte auf guten Wanderwegen. Der Wilde-Bande-Steig zwischen Pfeishütte und Lafatscher Joch ist mit Drahtseilen und Eisenklammern gesichert und erfordert Trittsicherheit und Schwindelfreiheit (Hüttenweg 2).

Übernachtung Hallerangerhaus, 1768 m (AV-Haus, Kat. I, 26 Betten, 70 Lager, bewirtschaftet von Anfang Juni bis Mitte Oktober, von Mitte Juli bis Mitte September empfiehlt sich unbedingt eine Voranmeldung; Winterraum mit 12 Plätzen und Selbstversorgerraum; Tel. 0043/5213/5326).

Karten Freitag&Berndt-Wanderkarte 321 u. 322, 1 : 50 000. Alpenvereinskarte 1 : 25 000, Karwendelgebirgw mittleres und westliches Blatt.

Gipfel
Zeit Vom Hallerangerhaus: 3 Std., Abstieg zur Hütte: 2 Std.; insgesamt: 5 Std. >>>

① Durch das Hinterautal

In der Ortsmitte von Scharnitz folgen wir zunächst der Hauptstraße in südlicher Richtung (Ausschilderung »Karwendeltäler«), gehen dann links ab zur Isarbrücke und überqueren diese. Dann wandern wir weiter am Isarufer entlang, überqueren diese erneut am Ende der Ortsbebauung und folgen dann dem Sträßchen, die zum Schönwieshof führt. Der Weg führt nun allmählich weg von der Isar, steigt hoch über einer Bachschlucht an und senkt sich dann wieder ins Tal.
Im Talgrund geht es weiter bis zur Kastenalm. Dort wandern wir rechts über eine Brücke und nun am Lafatscher Bach entlang weiterhin auf Fahrweg – nun steiler ansteigend – hinauf zum Talboden unterhalb des Überschalljochs mit den beiden Unterkunftshäusern: Hallerangerhaus und Hallerangeralm.

② Durch das Gleirschtal

In Scharnitz wandert man auf der rechten Isarseite zunächst zum Ortsteil Eisack, wo rechts ein ausgeschilderter Steig abgeht, dem man bis zur Scharnitzer Alm folgt. Jenseits der Alm wandern wir weiter – weiterhin oberhalb am Bach entlang –, bis man auf den von rechts heranführenden Gleirschbach trifft, den man auf einem Steg überquert, und hinauf zur ins Gleirschtal führenden Forststraße. Auf dieser gehen wir rechts weiter talein, bis die Straße den Bach quert, dann links weiter zur Möslalm. Nun wandern wir links haltend auf Wirtschaftsweg weiter am Gleirschbach entlang, dann auf ausgeschildertem Wanderweg hinauf in den Pfeisgraben und zur Pfeishütte. Von hier verbindet der Wilde-Bande-Steig über das Stempeljoch, das Lafatscher Joch und den Lafatscher Durchschlag die beiden Hütten.

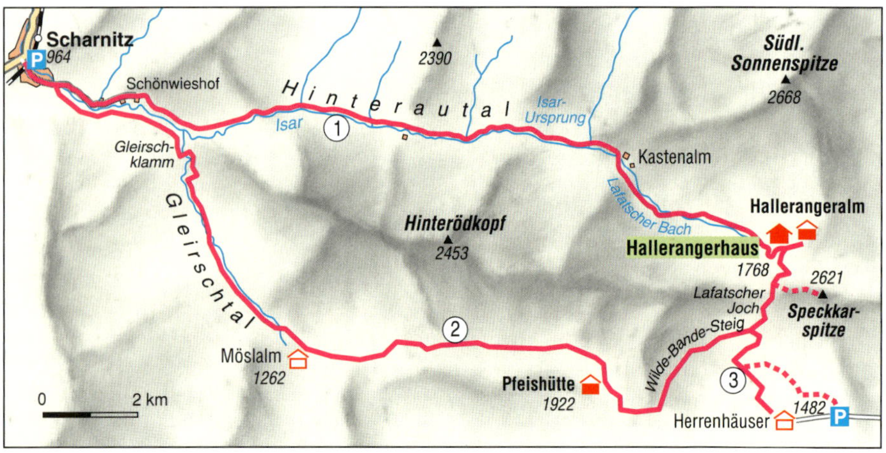

③ Aus dem Halltal

Vom Parkplatz am oberen Ende der Mautstraße im Halltal wandert man in einer halben Stunde auf breitem Weg hinauf zu den Herrenhäusern (Parallelroute durch das Isstal möglich), gelangt über das Issjöchl zum Issanger und steigt in weiten Serpentinen durch Latschen hinauf zum Lafatscher Joch (2081 m). Von dort folgt man der Ausschilderung durch die karge Einsenkung hinüber zum so genannten Durchschlag (hier wurde ein neuer Klettergarten eingerichtet) und steigt dann jenseits in zahlreichen Serpentinen hinab zum Hallerangerhaus.

Der Hüttengipfel

Speckkarspitze, 2621 m: Diese stolze felsige Pyramide, die sich direkt über dem Hallerangerboden erhebt, gilt zu Recht als der Hüttenberg des Hallerangerhauses. Obwohl sie auf den ersten Blick so abweisend wirkt, ist sie auch für den Normalbergsteiger gut zu ersteigen. Vom Hallerangerhaus folgt man zunächst der Ausschilderung zum Lafatscher Joch bis oberhalb des Lafatscher Durchschlags. Dort beginnt links der markierte Steig, der zunächst in das kleine Kar auf der Westseite des Gipfels führt und im oberen Teil der Route dann knapp unterhalb des Nordwestgrats hinauf zum Gipfel leitet. Für den Abstieg muss man nun nicht die gleiche Route nehmen, sondern kann auf dem Südwestgrat absteigen. Bald zweigt rechts ein Verbindungssteig zum Nordwestkamm ab; man kann so ohne Umweg wieder zum »Durchschlag« zurückkehren. Oder man folgt den roten Markierungen auf dem bald grasig werdenden Südwestkamm – zuletzt über Geröll – hinab zum Lafatscher Joch (2081 m) und kehrt dann über den Lafatscher Durchschlag zum Hallerangerhaus zurück oder man nimmt links den Weg hinab zum Issanger und steigt ins Halltal ab.

Bild oben: Das Hallerangerhaus ist vor allem Station auf Alpendurchquerungen. Gegenüberliegende Seite: Die Kapelle am Halleranger und Speckkarspitze.

›››

Schwierigkeit Trittsicherheit und Schwindelfreiheit erforderlich. Drahtseilsicherungen.

Weitere Hütten
Pfeishütte, 1922 m (AV-Hütte, Kat. I, bew. von Mitte Juni bis Mitte Okt., 30 Betten, 40 Lager, kleiner Winterraum mit 6 Lagern; Tel. 0043/512/29 23 33).
Hallerangeralm, 1770 m (priv., bew. von Anfang Juni bis Mitte Okt., 28 Betten, 60 Lager; Tel. 0043/5213/5277).
Möslalm, 1262 m (priv., bew. von Mai bis Anfang Okt., 30 Lager; Tel. 0043/512/20 46 04).

Falkenhütte

Höchste Punkte: Falkenhütte, 1846 m; Mahnkopf, 2094 m; Steinfalk, 2347 m.

Tour 70

Hütte

Zeit Aus der Eng: 2 Std.; durch das Laliderer Tal: 3 Std.; von Hinterriß: 3 1/2 Std.; Übergang vom Karwendelhaus: 2 1/2 Std.

Schwierigkeit Durchweg leichte, manchmal jedoch auch steile ausgeschilderte Bergwanderwege, zum Teil auch Forststraßen.

Übernachtung Falkenhütte, 1846 m (AV-Hütte, Kat. I, 23 Betten, 110 Lager, bewirtschaftet von Anfang Juni bis Mitte Oktober; Winterraum mit 8 Plätzen und Selbstversorgerraum, nicht versperrt; Tel. 0043/5245/245).

Karte Topogr. Karte 1 : 50 000 Karwendelgebirge (BLVA). Alpenvereinskarte 1 : 25 000, Karwendelgebirge, mittleres Blatt.

Gipfel

Zeit Mahnkopf: insgesamt 1 1/2 Std. Steinfalk: Von der Falkenhütte: 3 Std., Abstieg zur Hütte: 2 Std.; insgesamt: 5 Std.

Schwierigkeit Zum Mahnkopf leichte Wanderung, zum Steinfalk anspruchsvolle Bergwanderung, die Trittsicherheit und Schwindelfreiheit voraussetzt, jedoch durchgehend markiert ist.

Weitere Hütten

Engalmen, 1227 m (privat, Almdorf mit Einkehrmöglichkeit und Kaufladen für Almprodukte; in einigen der Almen kann auch übernachtet werden, siehe Tafeln!).

Alpengasthof Eng, 1203 m (privat, von Mitte Mai bis Ende Oktober bewirtschaftet, 33 Betten, 30 Lager; Tel. 0043/5245/231).

Die Falkenhütte wurde auf dem Boden der ehemaligen Winkelmoosalm, direkt gegenüber der Riesenmauer der Laliderer Wände, errichtet. Die Sektion Oberland hat sich damit im Jahre 1923 eine Bergsteigerunterkunft erbaut, die besonders den Extremen unter den Bergsteigern lange Jahre zweite Heimat war. 1960 wurde der Bau erweitert und erhielt damit seine heutige Gestalt. In einem kleinen Zusatzbau ist der Winterraum untergebracht. Mit dem Beinamen »Adolf-Sotier-Haus« sollte das Verdienst des 1. Vorsitzenden der Sektion gewürdigt werden, der neue Name hat sich allerdings nie durchgesetzt. Durch ihre Lage an einem der schönsten Flecken des Karwendelgebirges und an der Route der großen Karwendeldurchquerung ist sie heute eine beliebte Unterkunft für Wanderer.

① Aus der Eng

Von den großen Parkplätzen wandern wir auf dem asphaltierten Weg in 10 Minuten hinüber zu den Engalmen (1227 m). Hinter den Almen folgen wir noch etwa 100 Meter geradeaus dem Fahrweg, passieren ein Weidegatter und halten uns dann rechts am Wegweiser hinauf zur Falkenhütte. Auf einem der zahlreichen Pfade wandern wir nun über die sonnigen Almwiesen und erreichen einen lichten Bergwald, lassen diesen aber auch bald wieder hinter uns und kommen zu den weiten Wiesen am Hohljoch (1794 m). Jenseits geht es nun etwas hinab und über die Laliderer Reisen (Kare) nahezu eben zum Spielißjoch (1773 m) und rechts hinauf zur Falkenhütte.

② Durchs Laliderer Tal

Vom Parkplatz (980 m) am Eingang ins Laliderer Tal folgen wir zunächst der Forststraße (Weg-Nr. 232) auf der orographisch rechten Seite des Laliderer Baches und queren kurz vor dem Gumpenalm-Niederleger auf die andere Talseite. Der Anstiegsweg verläuft sanft ansteigend bis zur Almsiedlung Laliders (1526 m). Dort zweigen wir links ab und folgen den steilen Serpentinen des in den letzten Jahren sanierten Anstiegsweges hinauf zur Falkenhütte.

③ Von Hinterriß

Vom Alpenhof queren wir auf einem Weg die Wiese und über eine Brücke den Rißbach und folgen dann dem markierten Steig (Weg-Nr. 231), der zunächst steil durch Wald hinauf zu einer Forststraße führt. Dieser folgen wir links um das Luchsegg herum in das Johannestal. Am Ende der Straße geht es weiter auf Steig zur verfallenen Johannestalalm. Dort treffen wir auf die Johannestalstraße, der wir bis zum Hermann-von-Barth-Denkmal im Kleinen Ahornboden folgen. Dann weiter wie auf Hüttenweg 4.

Unterwegs von der Falkenhütte zum Hohljoch.

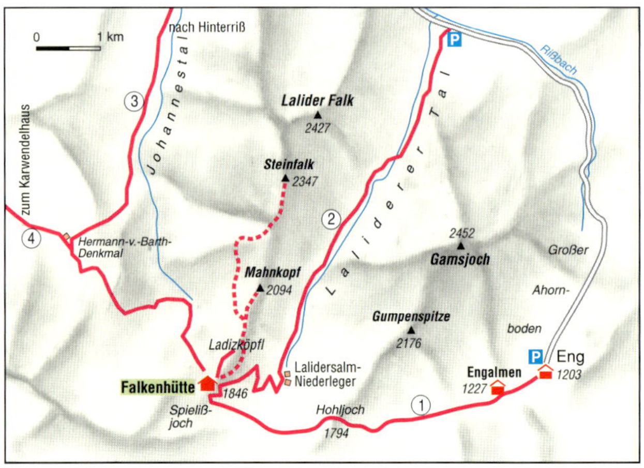

④ Übergang vom Karwendelhaus

Ein schöner und gut markierter Höhenweg (Mark.-Nr. 201; auch E 4a) führt über den Hochalmsattel (1803 m) hinab ins Unterfilztal zum Hermann-von-Barth-Denkmal im Kleinen Ahornboden. Von dort wandern wir auf Fahrweg durch den Sauißwald hinauf zur Ladizalm (1573 m), weiter hinauf (Abkürzer möglich) zum Spielißjoch (1773 m) und links in Kehren hinauf zur Falkenhütte.

Die Hüttengipfel

Mahnkopf, 2094 m: Von der Falkenhütte geht es auf markiertem Steig zunächst nahezu eben links bzw. rechts um das Ladizköpfl herum in das Ladizjöchl (1825 m). Auf der Kammhöhe folgen wir dem rotweiß markierten Steig in zahlreichen Serpentinen hinauf zum Mahnkopf, den ein Gipfelkreuz schmückt.

Steinfalk, 2347 m: Eindrucksvoll gestaltet sich die Wanderung auf den Steinfalk. Dort lässt sich der gewaltige Eindruck des Karwendel-Bergerlebnisses sogar noch steigern.

Zunächst steigen wir ins Ladizjöchl, dann auf einem Steig durch den latschenbewachsenen Westhang des Mahnkopfes zu einem Sattel südlich des Steinfalk (1965 m). Über den grünen Kamm geht es nun aufwärts, bis dieser steil und schmal wird. Hier halten wir uns nun links auf einem Pfad und gelangen leicht absteigend über die Arzklamm, dann durch einen Graben über schrofiges Gelände zum Grat. Schließlich erreichen wir links über eine Schulter den Gipfel.

Die Falkenhütte vor der imposanten Kulisse der Lalider Wände, die in den 1920er Jahren die großen Kletterer der Zeit anlockten. Heute ist die Hütte eher Station für Bergwanderer. Natürlich ist sie auf dem neuesten Stand der Technik, zumindest was die Abwasserbeseitigung betrifft, denn schließlich liegt sie auch im Alpenpark Karwendel.

Lamsenjochhütte

Höchste Punkte: Lamsenjochhütte, 1958 m; Lamsenspitze, 2508 m.

Tour 71

Hütte
Zeit Von der Engalm: 2 ½ Std.; aus dem Stallental: 2 ½ Std.; von der Gramaialm: 2 Std.

Schwierigkeit Wirtschafts- und Bergwanderwege.

Übernachtung Lamsenjochhütte, 1958 m (AV-Hütte, Kat. I, 30 Betten, 102 Lager, bewirtschaftet Anfang Juni bis Mitte Oktober; Winterraum mit 42 Plätzen und Selbstversorgerraum im Nebenhaus, nicht versperrt; Tel. 0043/5244/62063).

Karte Topogr. Karte 1 : 50 000 Karwendelgebirge (BLVA). Alpenvereinskarte 1 : 25 000 Karwendelgebirge, östl. Blatt.

Gipfel
Zeit Von der Lamsenjochhütte: 2 Std., Abstieg zur Hütte: 1 ½ Std.; insgesamt: 3 ½ Std.

Schwierigkeit Trittsicherheit und Schwindelfreiheit unbedingt erforderlich. Der Anstieg hat Klettersteigcharakter.

Weitere Hütten
Engalmen, vgl. Tour 70.
Alpengasthof Eng, vgl. Tour 70.
Binsalm, 1503 m (privat, bewirtschaftet von Mitte Mai bis Ende Oktober, 40 Betten, 40 Lager; Tel. 0043/5245/214).
Gramaialm, 1263 m (Alpengasthof im Falzthurntal, ganzjährig bewirtschaftet, Übernachtungsmöglichkeit; Tel. 0043/5243/5166).
Stallenalm, 1340 m (privat, bewirtschaftet von Anfang Mai bis Ende Okt., Übernachtung: Tel. 0043/5223/54503). ¾ Std. oberhalb des Parkplatzes.
Jausenstation Stallenrast, 1346 m (privat, im Sommer bew.). Bei der Stallenalm.

Bild oben: Die Lamsenjochhütte mit der Lamsenspitze im Hintergrund.

Die 1905/06 erbaute Lamsenjochhütte lag unterhalb des Lamsenjochs am Fuße eines großen Kars im obersten Stallental. Die neue Hütte (erbaut 1908) steht nach der Zerstörung der alten durch eine Lawine weiter östlich auf dem Lamsenjoch. Mittlerweile ist sie auch umwelttechnisch auf dem neuesten Stand mit mechanisch-biologischer Abwasseranlage und gasbetriebenem kleinen Heizkraftwerk. Die Hütte liegt am Übergang über die Lamsscharte ins Vomper Loch.

① Von der Engalm

Vom Parkplatz in der Eng geht es auf gesperrtem Fahrweg zur Almsiedlung, dann links haltend (beim Gasthof Eng steiler Abkürzer möglich) auf unbefestigtem Fahrweg (Mark.-Nr. 201) über den Binsalm-Niederleger (1503 m) zum Binsalm-Hochleger (1614 m). Über Bergwiesen und durch Latschen wandern wir zum Westlichen Lamsenjoch (1940 m) und nahezu eben zur Lamsenjochhütte.

② Aus dem Stallental

Vom Parkplatz auf Wirtschaftsweg (Mark.-Nr. 227) wandern wir zuerst nahezu eben, dann durch den Stallenboden hinauf zur Stallenalm. Weiter geht es auf Fahrweg nur leicht ansteigend (im oberen Teil führt parallel ein Wanderweg zur Hütte) zur Lamsenjochhütte.

③ Von der Gramaialm

Wir gehen am Alpengasthof links vorbei und auf unbefestigtem Wirtschaftsweg (Mark.-Nr. 201) durch den Gramaier Grund, dann zu Beginn noch mäßig ansteigend in das latschendurchsetzte Kar. Anschließend steigen wir in zwei Stufen in zahlreichen Serpentinen hinauf zum Östlichen Lamsenjoch und weiter zur Lamsenjochhütte.

Der Hüttengipfel

Lamsenspitze, 2508 m: Von der Lamsenjochhütte geht es eben direkt auf die Lamsenspitze zu, dann bei der Wegverzweigung rechts und über das steile Kar bis an die steil abfallenden Felsen heran und mit Hilfe einiger Sicherungen hinauf zur Lamsscharte (2217 m). Über Geröll führt der Weg weiter gut markiert auf die Felsen des Gipfelaufbaus zu. Die steinschlaggefährdete Turnerrinne wird drahtseilgesichert rechts umgangen. Über gestuften Fels bis an die Gipfelfelsen heran und durch eine Felsrinne hinauf in Richtung Gipfelgrat, dann rechts unterhalb der Grathöhe über Geröll bis zum Gipfel hinauf.

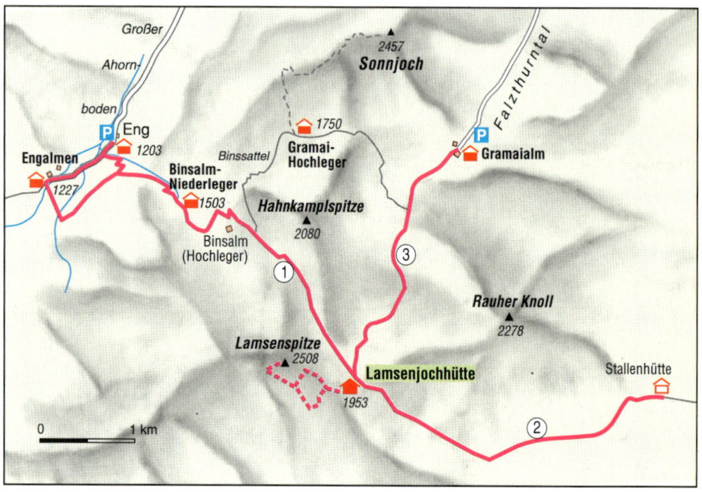

Gramai-Hochleger

Höchste Punkte: Gramai-Hochleger, 1756 m; Sonnjoch, 2457 m.

Der Gramai-Hochleger liegt in einer Einsenkung zwischen Sonnjoch, Gramaijoch (das hier einen Berggipfel meint), Binssattel und Hahnkampljoch. Sein Pendant, der Niederleger, befindet sich im Falzthurntal und gehört zu den beliebten Ausflugszielen vom Achensee aus, denn die ehemalige Alm ist ein veritabler Alpengasthof. Im Schatten des mächtigen Sonnjochs geht es beschaulicher und alpiner zu – eine schöne Alternative zur überlaufenen Lamsenjochhütte.

① Aus der Eng

Beim Gasthaus Eng wenden wir uns in südöstliche Richtung (Variante: Wanderweg zu den Engalmen und die dort abzweigende Almfahrstraße zur Binsalm hinaufwandern) und steigen durch den Binsgraben auf schmalem Steig durch Wald hinauf zu einer Almstraße, der wir zur Binsalm folgen. Weiter über Almböden bis an den Fuß der Hahnkamplspitze (rechts: Weg zur Lamsenjochhütte). Wir halten uns links und steigen steil auf zum Binssattel und in nordöstlicher Richtung ab über die Almböden zum Gramai-Hochleger.

② Von der Gramaialm

Wir wandern am Alpengasthof links vorbei und auf Wirtschaftsweg (Mark.-Nr. 201) durch den Gramaier Grund bis zu einer Wegverzweigung bei einem großen Geröllfeld. Hier geht es rechts (Wegtafel) auf breitem Weg in einen weiten Graben hinein, zunächst auf der linken, dann auf der rechten Seite, zuletzt in Serpentinen hinauf zum Gramai-Hochleger.

③ Von der Lamsenjochhütte

Von der Hütte geht es auf dem ausgeschilderten Weg erst über das Östliche Lamsenjoch zum Westlichen Lamsenjoch (1940 m), dann am Hahnkampl vorbei (Überschreitung ist möglich, erfordert aber Trittsicherheit und Schwindelfreiheit) und hinab zu einer Wegverzweigung. Dort steigen wir rechts hinauf zum Binssattel und jenseits leicht hinab und im Rechtsbogen zum Gramai-Hochleger, der etwas abseits vom Anstiegsweg zum Sonnjoch liegt.

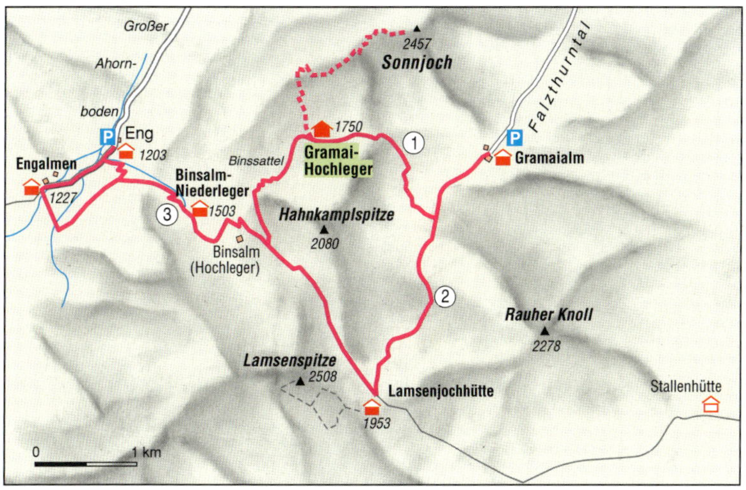

Der Hüttengipfel

Sonnjoch, 2457 m: Vom Gramai-Hochleger steigen wir links haltend zum Gramaisattel am Südwestfuß des Sonnjoch-Gipfels, dann über Almböden und Schotterhänge auf den felsigen Westgrat und dann weiter zum Gipfel.

Tour 72

Hütte

Zeit Aus der Eng: 2 1/2 Std.; von der Gramaialm: 1 3/4 Std.; Übergang von der Lamsenjochhütte: 1 1/2 Std.

Schwierigkeit Leichte Wanderungen auf Wirtschaftswegen bzw. guten Bergwanderwegen und -steigen.

Übernachtung Gramai-Hochleger, 1756 m (privat, 16 Lager, bewirtschaftet von Anfang Mai bis Mitte Okt., Vergünstigung für AV-Mitglieder; Tel. 0043/5243/5166).

Karte Topogr. Karte 1 : 50 000 Karwendelgebirge (BLVA). Alpenvereinskarte 1 : 25 000 Karwendelgebirge, östl. Blatt.

Gipfel

Zeit Vom Gramai-Hochleger: 2 Std., Abstieg zur Hütte: 1 1/2 Std.; insgesamt: 3 1/2 Std.

Schwierigkeit Trittsicherheit und Schwindelfreiheit erforderlich. Der Anstieg ist jedoch objektiv nicht schwierig. Bezeichneter Steig.

Weitere Hütten

Engalmen, siehe Tour 70.
Alpengasthof Eng, siehe Tour 70.
Binsalm, 1503 m (privat, bewirtschaftet von Mitte Mai bis Ende Oktober, 40 Betten, 40 Lager; Tel. 0043/5245/214)
Gramaialm, 1263 m (Alpengasthof im Falzthurntal, ganzjährig bewirtschaftet, Übernachtungsmöglichkeit; Tel. 0043/5243/5166).
Lamsenjochhütte, vgl. Tour 71.

Bild oben: Der private Gramai-Hochleger am Weg zum Sonnjoch. Vom Hüttengipfel hat man einen prächtigen Blick auf den Achensee.

ISARWINKEL

Der Isarwinkel umfasst die westlichen Randgipfel der Tegernseer Berge, die Benediktenwandgruppe mit dem Brauneck und das einsame Estergebirge. Fünf Alpenvereinshütten, von denen ein paar sogar ganzjährig bewirtschaftet sind, bilden neben den Seilbahnen am Brauneck, am Blomberg und am Herzogstand das touristische Rückgrat. Dazu gesellen sich einige private Unterkunftshäuser und Almen. Ein gut ausgebautes Wanderwegenetz rundet das Angebot ab. Der höchste anzusteuernde Gipfel ist der Krottenkopf im Estergebirge mit 2086 m, an dessen Gipfelfuß sich auch das höchstgelegene Unterkunftshaus der bayerischen Voralpen befindet.

Die Benediktenwandgruppe ist das zentrale Gebirgsmassiv im Isarwinkel, hier aus ungewöhnlicher Perspektive von Süden aus gesehen. Rechts der Einschnitt des Rotöhrsattels, davor die Bichleralm (Bild links).

Die Denkalm oberhalb von Lenggries ist Ziel für eine beliebte Kurzwanderung mit Einkehrmöglichkeit (Bild oben).

Lenggrieser Hütte

Höchste Punkte: Lenggrieser Hütte, 1338 m; Seekarkreuz, 1601 m.

Tour 73

Hütte
Zeit Von Lenggries über den Sulzersteig: 2 Std.; von Lenggries über die Grasleite: 2 Std.; Übergang von der Tegernseer Hütte: 2 Std.

Schwierigkeit Leichte Bergwander- und Wirtschaftswege. Sulzersteig kann nach längerem Regen rutschig sein.

Übernachtung Lenggrieser Hütte, 1338 m (AV-Hütte, Kat. I, 44 Betten, 7 Lager, Selbstversorgerraum: 7 Plätze, ganzjährig bewirtschaftet, im Frühjahr und Spätherbst je 3 Wochen geschlossen, November bis Mai am Dienstag Ruhetag; Tel. 0175/5962809).

Karte Topogr. Karte 1 : 50 000 Bad Tölz – Lenggries und Umgebung (BLVA).

Gipfel
Zeit Von der Lenggrieser Hütte: 3/4 Std., Abstieg: 1/2 Std.; insgesamt: 1 1/4 Std.

Schwierigkeit Etwas lehmige Wege, unschöne Varianten.

Weitere Hütten
Tegernseer Hütte, vgl. Tour 57.
Buchsteinhütte, vgl. Tour 59.

Die Lenggrieser Hütte hat wenig Aussicht, ist aber sehr gemütlich.

Auf der Westseite der Tegernseer Berge gibt es mit Ausnahme der Denkalm nur eine bewirtschaftete Hütte, doch diese bietet das ganze Jahr über Einkehr- und Übernachtungsmöglichkeit. Die im Jahre 1950 von der gleichnamigen Alpenvereinssektion erbaute Lenggrieser Hütte ist mitten im Wald gelegen und ohne Aussicht auf die umliegenden Berge – doch hat sie sich unter den Bergwanderern einen guten Namen gemacht, denn sie ist klein und gemütlich.

① Ab Lenggries über Sulzersteig

Vom Parkplatz in Hohenburg (Wegtafeln; Mark.-Nr. 601, 612) folgen wir dem Fahrweg Richtung Hirschtalsattel. Erst geht es durch Bauernwiesen, dann durch Wald, bis der Weg allmählich steiler wird. Bald treffen wir auf den Hirschbach. Bei der letzten von drei Bachbrücken biegen wir rechts zum Sulzersteig ab. Wir erreichen eine Almwiese, wo ein Almfahrweg erst zur Seekaralm und weiter zur Lenggrieser Hütte führt.

② Von Lenggries über die Grasleite

In Hohenburg folgen wir nach dem Schloss und der Gaststätte der Wegabzweigung nach rechts und wandern zum Bauerndorf Mühlbach. Dort zweigt links ein Wirtschaftsweg (Mark.-Nr. 621) ab, der über den Weiler Tradln an den Waldrand führt. Weiter geht es nun auf einem Steig durch Wald zur Lenggrieser Hütte.

③ Übergang von der Tegernseer Hütte

Wir steigen von der Hütte nach Norden über Serpentinen ab, halten uns bei der Wegverzweigung links, steigen wieder leicht auf Pfad an und erreichen in einem Rechtsbogen die Roßsteinalm (1460 m). Dort folgen wir nun rechts der Wirtschaftsstraße (von rechts mündet der Anstieg von der Buchsteinhütte ein), halten uns bei der Wegverzweigung rechts und folgen anschließend der Almstraße in Richtung Schönbergalm, bis nach etwa 20 Minuten rechts ein Wanderweg abzweigt (Mark.-Nr. 621).
Nun gehen wir links am Plattel vorbei, dann weiter auf der Kammhöhe und in einem Rechtsbogen zum Mariaeck (1469 m). Dort steigt der Weg wieder an, und wir wandern weiter auf der freien Kammhöhe, bis wir auf den Weg zum Seekarkreuz treffen. Von dort geht es links auf dem Anstiegsweg hinab zur Lenggrieser Hütte.

Der Hüttengipfel

Seekarkreuz, 1601 m: Wir folgen dem von der Hütte Richtung Osten führenden Weg (Wegtafeln) und steigen bald durch dichten Wald und vorbei an zahlreichen Wegvarianten hinauf zu den freien Gipfelhängen mit dem großen Kreuz.

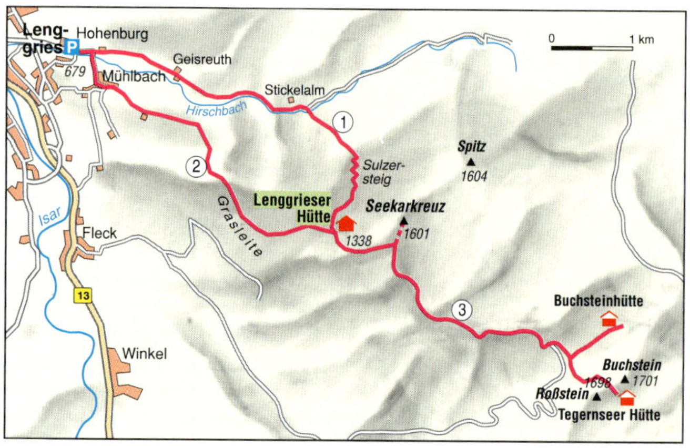

Blomberghaus

Höchste Punkte: Blomberghaus, 1203 m; Zwiesel, 1348 m.

Dem Blomberghaus hoch über Bad Tölz sieht man nicht mehr an, dass seine Ursprünge auf eine Almhütte zurückzuführen sind. 1905 baute man hier einen Stall mit kleiner Almhütte, die immerhin über einen Herd verfügte. Bereits in den 30er Jahren entwickelte sich daraus eine Almwirtschaft mit Einkehrmöglichkeit. Heute gehört sie der Stadt Tölz, und der Pächter darf sich freuen, denn an schönen Tagen tummeln sich zahlreiche Wanderer, Mountainbiker und Rodelfans.

① Von der Talstation

Am schnellsten geht es mit dem Sessellift der Blombergbahn. Von der Bergstation sind es noch 20 Minuten auf breitem Forstweg durch Nadelwald etwas bergab, dann leicht ansteigend zum Blomberghaus. Vom Tal: Vom Parkplatz an der Talstation geht es rechts auf Forststraße bergan, die man nach 200 Metern nach links verlässt. Man wandert immer durch Wald, vorbei an der Mittelstation der Seilbahn, die auch Startpunkt für die Rodelstrecke ist, in steilen Kehren zum Blomberghaus.

② Von der Talstation (Alter Zwieselweg)

Vom Parkplatz geht es rechts haltend auf dem breiten Forstweg in weiten Kehren über den Kotsattel durch Wald zum Blomberghaus.

③ Von der Waldherralm

Vom Parkplatz wandern wir auf breitem Forstweg talein. Bei der ersten Gabelung rechts den Bach entlang, dann die übernächste Abzweigung rechts bergauf. Über freies Almgelände geht es steil hinauf bis an den Waldrand, dann bis zu einer Verzweigung, dort wiederum rechts. Über eine starke Rechtsbiegung weiter zum Gipfelhang des Heigelkopfes und auf Wiesenweg hinauf zum Kreuz. Auf der anderen Seite geht es auf Pfad hinunter, dann noch ein kurzer Gegenanstieg zur bewaldeten Hochfläche des Blombergs mit Aussichtspunkt unweit der Sessellift-Bergstation. Auf dem breiten Forstweg wandern wir hinüber zum Blomberghaus.

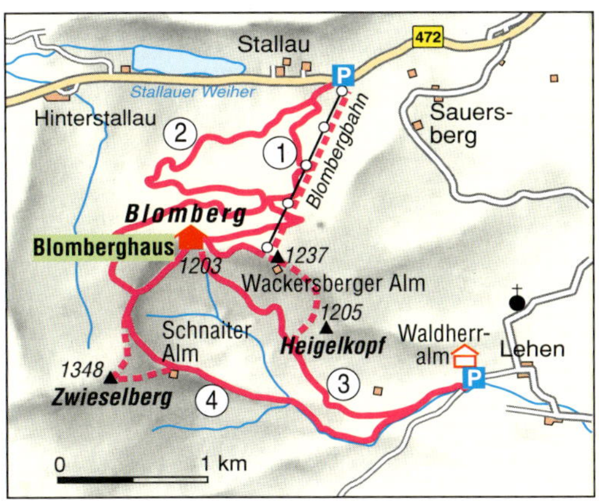

④ Abstieg über die Schnaiteralm

Vom Blomberghaus wandern wir zur Kotlache, dort links weg in Richtung Zwieselgipfel, bis links ein rauer Almfahrweg abzweigt. Auf diesem weiter zur Schnaiteralm. Hier folgt man dem Pfad (Mark.-Nr. 461) direkt durch Wald hinab in den Großbachgraben, wo man auf ein kleines Sträßchen stößt. Auf diesem wandert man nun rechts hinaus zum Parkplatz bzw. zur Waldherralm.

Der Hüttengipfel

Zwiesel, 1348 m: Vom Blomberghaus folgt man dem Fahrweg in südwestlicher Richtung bis in den Kotlache genannten Sattel zwischen Blomberg und Zwiesel. Dort beginnt der Steig hinauf zum freien Gipfel mit Gipfelkreuz.

Tour 74

Hütte

Zeit Von der Talstation der Blombergbahn: $1\frac{1}{2}$ Std. bzw. $1\frac{1}{2}$ (über die Forststraße).; von der Waldherralm: $1\frac{1}{2}$ Std.; Abstieg über die Schnaiteralm: $1\frac{1}{2}$ Std.

Schwierigkeit Von der Talstation breiter Versorgungsweg zum Blomberghaus; bis zur Mittelstation steiler Fahrweg, dann breiter, aber ebenfalls steiler Wanderweg. Der Anstieg von der Waldherralm erfolgt im unteren Teil auf Forstwegen, dann auf Bergwanderwegen.

Übernachtung Blomberghaus, 1203 m (ganzjährig bewirtschaftet, kein Ruhetag, November geschlossen, 24 Betten, 33 Lager; Tel. 08041/6436).

Karte Topogr. Karte 1 : 50 000 Bad Tölz – Lenggries und Umgebung (BLVA).

Gipfel

Zeit Vom Blomberghaus: $\frac{3}{4}$ Std., Abstieg zum Haus: $\frac{1}{2}$ Std.; insgesamt: $1\frac{1}{4}$ Std.

Schwierigkeit Leichter Bergwanderweg; bei Nässe sind einige Passagen unangenehm.

Weitere Hütten

Waldherralm, 710 m (privat, ganzjährig bewirtschaftet, Montag und Dienstag Ruhetage).

Blockhütte, 730 m (an der Talstation der Blombergbahn).

Bild oben: Das Blomberghaus ist Ziel von Wanderern und Mountainbikern gleichermaßen – doch man kommt sich kaum in die Quere.

Brauneck-Gipfelhaus

Höchste Punkte: Brauneck-Gipfelhaus, 1540 m; Brauneck-Gipfel, 1555 m.

Tour 75

Hütte
Zeit Von Lenggries: 2 1/2 Std.; von Wegscheid über Kotalm: 2 1/2 Std.; durch das Längental: 3 1/2 Std.; über den Vorderleitenberg: 2 1/2 Std.; Übergang zur Tutzinger Hütte: 3 Std.

Schwierigkeit Bei allen Zustiegen erst Wirtschaftswege, dann Bergwanderwege. Der Anstieg übers Längental erfordert Trittsicherheit, der Übergang zur Tutzinger Hütte überdies Schwindelfreiheit.

Übernachtung Brauneck-Gipfelhaus, 1540 m (AV-Haus, Kat. II, 22 Betten, 46 Lager, bewirtschaftet von Mitte Dezember bis Mitte April und von Mitte Mai bis Anfang/Mitte November, im Sommer Mittwoch Ruhetag; Tel. 08042/8786).

Karte Topogr. Karte 1 : 50 000 Bad Tölz – Lenggries und Umgebung (BLVA).

Gipfel
Zeit Vom Brauneckhaus: 10 Min., Abstieg zum Haus: 5 Min.

Schwierigkeit Leichter Bergwanderweg. >>>

Das Brauneck-Gipfelhaus, das eigentlich einige Meter unterhalb des höchsten Punktes steht, wurde in den Jahren 1930/31 erbaut. Das Unterkunftshaus des Alpinen Ski-Clubs des Deutschen Alpenvereins ist auf Ganzjahresbetrieb eingestellt und daher Anlaufstelle für Wanderer und Skifahrer. Die Hütte ist ein idealer Stützpunkt für eine Überschreitung des Braunecks und der Benediktenwandgruppe. Das Brauneckhaus liegt am Europäischen Fernwanderweg E 4.

① Von Lenggries über Reiseralm

Am schnellsten geht es mit der Brauneckbahn. Zum Fußweg siehe die Tour 77.

② Von Wegscheid über Kotalm

Vom Parkplatz bei den Liften folgt man dem ausgeschilderten Almweg in Kehren durch Wald hinauf zur Kotalm, die in einer großen Senke liegt. Wir wandern geradeaus auf markiertem Pfad weiter und steil hinauf auf den Rücken des Kotigen Steins. Dort geht es rechts über einen steilen Weg hinauf zur Bergstation der Bahn und weiter zum Brauneckhaus.

③ Durch das Längental

Vom Parkplatz gehen wir auf dem Fahrweg südwärts, über eine Brücke und eine geraume Weile am Arzbach entlang durch Wald. Der Weg verlässt dann den Arzbachgraben und folgt dem Lettenbach. Bald geht es links auf einen Abzweiger. Bei der folgenden Wegverzweigung halten wir uns links; dieser Weg führt auf der Ostseite des Klausenkopfs durch Wald und Wiesen zur Kirchsteinhütte. Von der Kirchsteinhütte wandern wir weiter bergwärts, noch ein kurzes Stück auf der breiten Almstraße, hinauf in das flache Längental. Es geht vorbei an der Hinteren Längentalalm zum oberen Ende des Almgeländes, auf markiertem Weg am Arzbach entlang durch Wald zur Enzianhütte, dann über eine Geländestufe hinauf zur Probstalm. In dem großen Felsenrund der Probstwand wandern wir in Kehren hinauf zum Latschensattel, wo man die Grathöhe erreicht hat. Nun geht es links im Auf und Ab über den Latschenkopf, den Vorderen Kirchstein, das Stangeneck und den Schrödelstein zum Brauneckgipfel und rechts hinab zum Unterkunftshaus.

④ Von Schlegldorf über den Vorderleitenberg

Vom Ortsteil Schlegldorf in Lenggries (erreichbar von der Talstation der Brauneck-

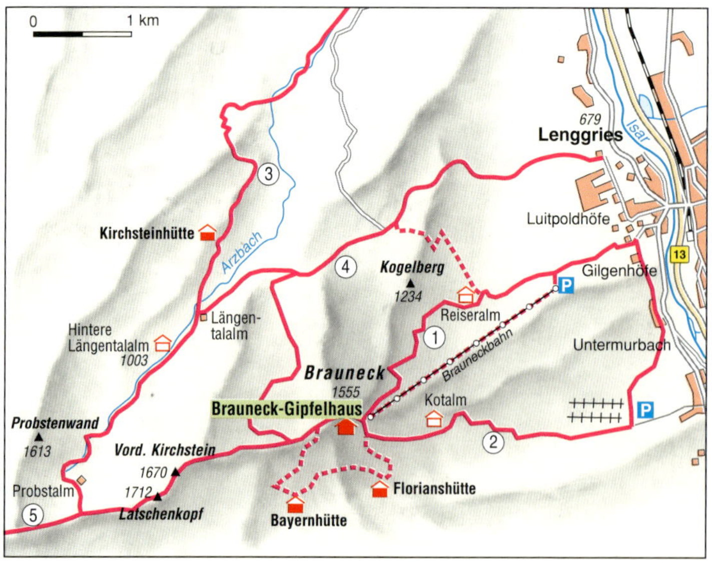

bahn oder von der Ortsmitte per Bus) führt hinter dem Kasernengelände links ein markierter Fahrweg (Mark.-Nr. 469) durch Wiesen zum Bergfuß, dann in Kehren durch Wald hinauf zum Vorderleitenberg. Bei der ersten Wegverzweigung wandern wir links weiter, bis wir auf den von Arzbach heraufführenden Forstweg treffen. Auf diesem geht es links weiter (immer der Markierung 469 folgen), bis wiederum links ein Pfad zur Tennenalm abzweigt. Auf diesem wandern wir durch Wald in ein bewaldetes Hochtal, den Wasserboden, und links am Langentalkopf vorbei zur Tennenalm. Dort geht es im Linksbogen zur Kammhöhe des Braunecks, die man kurz vor dem Schrödelstein erreicht. Auf der Kammhöhe wandern wir links weiter bis zum Brauneck-Gipfel und rechts hinab zum Gipfelhaus.

⑤ Übergang zur Tutzinger Hütte

Vom Brauneckhaus geht es zunächst hinauf zum Gipfel oberhalb, dann links auf dem Höhenweg (Ausschilderung »Benediktenwand«) über Schrödelstein, Vorderen Kirchstein (den man rechts umgehen kann; einige Drahtseilsicherungen) und weiter im Auf und Ab über den Latschenkopf und die Achselköpfe. Am Rotöhrsattel muss man sich entscheiden, ob man rechts der Markierung des Fernwanderweges hinab zur Tutzinger Hütte folgt oder den Gipfel der Benediktenwand »mitnehmen« und auf der anderen Seite zur Hütte absteigen will. Der gut angelegte Steig führt drahtseilgesichert und mit Eisenstiften versehen zum Gipfel, bei Nässe ist er aber durchaus gefährlich, da der Fels schon ziemlich abgespeckt ist.

Der Hüttengipfel

Der Brauneckgipfel, 1555 m, ist vom Brauneckhaus nur mehr ein Spaziergang. Dort sind die Drachenflieger und Gleitschirmpiloten zu Hause. Wer über das Längental ansteigt, übertrifft allein auf dem Anstiegsweg über den Kirchstein das Brauneck um beinahe 200 Höhenmeter.

Das Brauneck-Gipfelhaus (oben) und der verwaiste Startplatz der Drachenflieger (gegenüberliegende Seite).

>>>

Weitere Hütten

Reiseralm, 920 m (privat, fast ganzjährig bewirtschaftet).
Kotalm, 1210 m (privat, fast ganzj. bew., 45 Betten und Lager; Tel. 08042/2595).
Hintere Längentalalm, 1003 m (privat, im Sommer einfach bewirtschaftet).
Kirchsteinhütte, 1050 m (privat, ganzjährig bewirtschaftet, im Sommer Dienstag und Mittwoch Ruhetage, 41 Betten; Tel. 08042/3313).
Florianshütte, 1350 m (privat, ganzjährig bewirtschaftet, im November jedoch geschlossen, 40 Betten und Lager; Tel. 08042/8900).
Bayernhütte, siehe Tour 77.

Stiealm

Höchste Punkte: Stiealm, 1520 m; Latschenkopf, 1712 m.

Die Stiealm, landläufig und in den Karten auch Idealhanghütte genannt, ist eine multifunktionale Alm oder besser Einkehrstation. Im Winter dient sie den Skifahrern am »Idealhang« als Refugium, im Sommer ist sie ein beliebtes Ziel für Familien mit Kindern. Ein kleiner Spielplatz mit Kletterfelsen mitten auf der Terrasse ist dabei der Mittelpunkt. Auch Kühe sind auf der Alm zu finden, zudem zeichnet sie sich durch die prämierte Zucht von Kaltblutpferden aus.

Tour 76

Hütte

Zeit Von Lenggries: 3 1/2 Std., mit Seilbahnbenutzung 1 Std.; von Wegscheid: 3 Std.

Schwierigkeit Breite Wanderwege bzw. Wirtschaftswege. Auch im Winter machbar.

Übernachtung Stiealm, 1520 m (privat, ganzjährig bewirtschaftet, Betriebsferien von Ostern bis Pfingsten, 86 Plätze in Betten und Lagern; Tel. 08042/2336).

Karte Topogr. Karte 1 : 50 000 Bad Tölz – Lenggries und Umgebung (BLVA).

Gipfel

Zeit Anstieg von der Stiealm: 3/4 Std., Abstieg zur Hütte: 1/2 Std.; insgesamt: 1 1/4 Std.

Schwierigkeit Bergpfad, der zum Teil Trittsicherheit voraussetzt.

Weitere Hütten

Brauneckhaus, siehe Tour 75.
Tölzer Skihütte, 1500 m (privat, mit Ausnahme von November und April ganzjährig bewirtschaftet, keine Übernachtung.
Reiseralm, siehe Tour 75.
Florianshütte, siehe Tour 77.
Bayernhütte, siehe Tour 77.
Quengeralm, siehe Tour 77.

Bild oben: Die Stiealm ist nicht nur Wanderstützpunkt, sondern auch Zuchtbetrieb für Haflinger und seit kurzem auch die einzige Almkäserei im bayerischen Oberland mit professionellem Käser. Die Produkte werden sogar – ganz im Stil der Zeit – übers Internet vertrieben.

① Von Lenggries

Wir fahren mit der Brauneckbahn zur Bergstation, dann wandern wir auf dem kleinen Panoramaweg durch die Südostflanke des Braunecks leicht fallend hinab zur Tölzer Hütte. Dort rechts vorbei und steil hinab zu einer Wegverzweigung. Rechts haltend wieder bergan, vorbei an Quenger- und Strasseralm in Richtung Westen. Auf bald steilem Wirtschaftsweg hinauf zur Stiealm, die in einer weiten Senke liegt.

② Von Lenggries über die Filzalm

Vom Parkplatz an der Talstation der Brauneckbahn wandern wir bis zu den Gilgenhöfen, dort rechts auf schmalem Sträßchen, vorbei an schönen Bauernhöfen, bis nach Untermurbach. Dort zweigt rechts ein Wiesenweg (Mark.-Nr. 473) ab. Auf diesem geht es leicht ansteigend zu den Skiliften, an diesen vorbei und geradeaus weiter, bis man auf die von Wegscheid heraufführende Forststraße trifft. Auf dieser halten wir uns rechts (Mark.-Nr. 471), dann wandern wir bald links weiter und durch Wald über die Finzalm hinauf – vorbei an der Bayernhütte – zur Wegverzweigung unterhalb der Tölzer Skihütte. Wir halten uns weiter links bis zur Stiealm.

Der Hüttengipfel

Der Latschenkopf, 1712 m, ist die höchste Erhebung des Kammes, der den Brauneckgipfel mit der Benediktenwand verbindet. Der Latschenkopf lässt sich am besten mit einer kleinen Rundtour ersteigen. Von der Stiealm führt ein Pfad in direkter Linie über das freie Gelände in Serpentinen auf den Bergkamm hinauf und biegt dann links ab in den Sattel zwischen Stangeneck und Vorderem Kirchstein. Dort trifft man auf den vom Brauneck kommenden Höhenweg, dem man links bis zum Vorderen Kirchstein (1670 m) folgt. Dann geht es auf der Kammschneide weiter zum Latschenkopf. Wir steigen jenseits durch eine steile Latschengasse hinab in den Feichtecksattel und im spitzen Winkel links auf Pfad hinab zur Latschenkopfhütte, dann weiter an einem Skilift entlang hinab und zurück zur Stiealm.

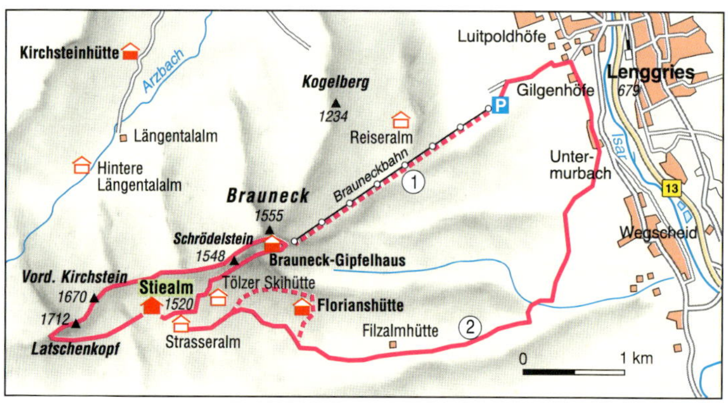

Quengeralm

Höchste Punkte: Quengeralm, 1440 m; Stangeneck, 1546 m.

Die Quengeralm liegt auf der Südseite des lang gezogenen Brauneck-Bergkammes, unterhalb des Stangenecks. Sie ist eine der alten Almhütten, um die herum im Sommer Jungvieh weidet, die aber ihr Auskommen im fast ganzjährigen Ausflugstourismus finden. Auf der Terrasse kann man im Sommer Rindern und Wanderern, im Winter Skifahrern zuschauen. Und man kann dort übernachten – wenn die Seilbahn abends den Betrieb einstellt, wird es auf dem Brauneck ruhig.

① Von Lenggries

Von der Talstation der Brauneckbahn (man kann auch mit der Bahn hinauffahren) führt rechts ein Wirtschaftsweg (Mark.-Nr. 451 und »M«= »Maximiliansweg«) zum Bergfuß, dann über einige Kehren durch Wald hinauf zur Reiseralm. Wir wandern daran vorbei und auf der rechten Talseite weiter bergan zur Garlandalm, wo der Fahrweg endet. Nun geht es auf Bergweg immer in Nähe der Seilbahn steil hinauf zur Bergstation der Brauneckbahn. Von dort führt ein Panoramaweg links, leicht fallend, über die Tölzer Hütte zur Quengeralm. Oder man geht rechts hinauf zum Brauneck-Gipfelhaus und zum eigentlichen Gipfelpunkt. Dann wandern wir links auf dem aussichtsreichen Höhenweg (Ausschilderung »Benediktenwand«) zum Schrödelstein, bis links ein talwärts führender Weg abzweigt. Auf dem breiten Panoramaweg geht es hinab zur Tölzer Hütte. Wir wandern an dieser rechts vorbei und steil hinab zu einer Wegverzweigung und rechts zur Quengeralm.

② Von Wegscheid

Vom Ortsteil Obermurbach wandern wir auf Wirtschaftsweg (Mark.-Nr. 471) durch Wie-

sen zum Waldrand, bei der Wegverzweigung links weiter und über die Filzalm, vorbei an der Bayernhütte, zur Wegverzweigung oberhalb. Dort geht es links zur Quengeralm.

Der Hüttengipfel

Da es bei dieser Tour keinen ausgeprägten Hüttengipfel gibt, empfiehlt sich eine kleine Runde über das Stangeneck, 1546 m: Von der Quengeralm wandern wir rechts auf Wirtschaftsweg zur Wegverzweigung, dann links steil hinauf zur Tölzer Hütte und auf dem Panoramaweg in Richtung Brauneck-Bergstation, bis links ein Wanderweg zum Schrödelstein abzweigt. Nun geht es hinauf zur Kammhöhe und links weiter, über den Schrödelstein hinweg zum Stangeneck. Jenseits wandern wir in die tiefste Einsenkung, dort links hinab auf Pfad zur Stiealm. Auf dem Wirtschaftsweg geht es links weiter und steil hinab zur Quengeralm.

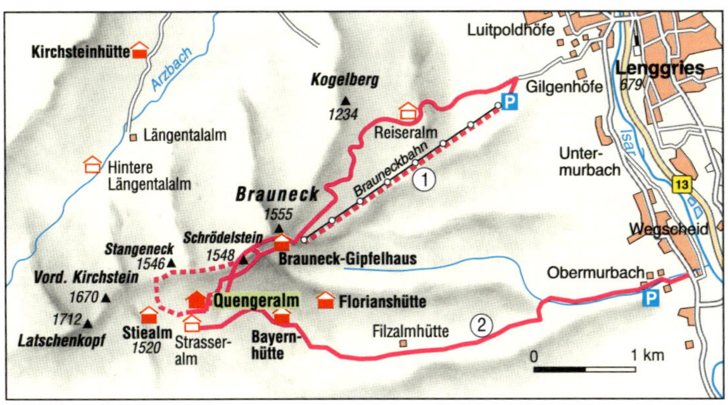

Tour 77

Hütte

Zeit Von Lenggries: 3 Std.; von Wegscheid: 2 Std.

Schwierigkeit Von der Talstation der Brauneckbahn Almfahrweg bis in die Gipfelregion, dann Wanderweg. Übergang am Brauneck auf breitem Panoramaweg oder auf schönem Bergwanderweg über die Höhenroute. Von Wegscheid bis zur Quengeralm durchgehender Almfahrweg.

Übernachtung Quengeralm, 1440 m (privat, nahezu ganzjährig bewirtschaftet, 18 Betten und Lager sowie ein Apartment; Tel. 08042/2934).

Karte Topogr. Karte 1 : 50 000 Bad Tölz – Lenggries und Umgebung (BLVA).

Gipfel

Zeit Rundweg: 1 Std.

Schwierigkeit Almsträßchen und Bergpfad, jedoch leicht.

Weitere Hütten

Strasseralm, 1435 m (privat, außer im November und im April ganzjährig bewirtschaftet; Tel. 08042/3223).

Brauneck-Gipfelhaus, siehe Tour 75.

Bayernhütte, 1360 m (privat, ganzjährig bewirtschaftet, 45 Betten und Lager; Tel. 08042/8973).

Tölzer Hütte, siehe Tour 76.

Bild oben: Die kleine Quengeralm ist eine reizvolle Alternative für eine Übernachtung auf dem Brauneck. Und wer länger bleiben will – es gibt sogar ein Apartement.

Tutzinger Hütte

Höchste Punkte: Tutzinger Hütte, 1327 m; Benediktenwand, 1801 m.

Die nach der gleichnamigen Alpenvereinssektion benannte Hütte steht vor der Kulisse der mächtigen Benediktenwand-Nordwand, die mit 400 Metern Höhe eine beeindruckende Ausnahmestellung in den Bayerischen Voralpen innehat. Die 1908 erbaute Hütte wurde 2000 durch einen Neubau ersetzt. Es entstand ein Niedrigenergiehaus in Ständerbauweise mit viel Komfort.

Tour 78

Hütte

Zeit Von Benediktbeuern (üblicher Hüttenanstieg): 2 1/2 Std.; von Arzbach: 4 Std.; von Pessenbach: 4 Std.; von Jachenau: 4 Std.; von Petern: 4 Std.

Schwierigkeit Die ersten Passagen bei allen Hüttenanstiegen erfolgen zunächst auf Wirtschaftswegen, dann leichte Bergwanderwege. Der Anstieg von Pessenbach ist recht steil. Trittsicherheit auf allen Wegen (mit Ausnahme Hüttenweg 1) erforderlich.

Übernachtung Tutzinger Hütte, 1327 m (AV-Hütte, Kat. II, bewirtschaftet von Ende April bis Anfang November sowie über die Weihnachts- und die Osterferien, 31 Betten, 61 Lager; Tel. 0175/1641690).

Karte Topogr. Karte 1 : 50 000 Bad Tölz – Lenggries und Umgebung (BLVA).

Gipfel

Zeit Von der Tutzinger Hütte: 1 1/2 Std., Abstieg zur Hütte: 1 Std.; insgesamt: 2 1/2 Std.

Schwierigkeit Bergsteig, der Trittsicherheit voraussetzt. Eine gesicherte Stelle.

Weitere Hütten

Neulandhütte, 1235 m (AV-Hütte für Selbstversorger, 25 Lager, an Wochenenden und Feiertagen meist bewartet). Von Arzbach 1 1/2 Std. (Hüttenweg 2).

① Von Benediktbeuern

Nach einem Bummel von einer halben Stunde durch den Ort – falls man mit dem Zug gekommen ist – gelangt man vom Bahnhof zum Ausgangspunkt bei der Kapelle Mariabrunn. Von dort wandert man den Lainbach entlang taleinwärts. Hier wurde vor ein paar Jahren ein ökologischer Lehrpfad eröffnet. Über die Söldneralm und ein steiles Wegstück setzt sich der breite Forstweg fort. Bei der Materialseilbahnstation, mit der die Tutzinger Hütte versorgt wird, beginnt der serpentinenreiche Waldsteig hinauf zur Hütte.

② Von Arzbach

Der erste, lange Wegabschnitt erfolgt auf Wirtschaftsweg (Ausschilderung »Bayernwerk-Hütte«, »Neulandhütte«, Mark.-Nr. 466). Es geht mäßig ansteigend erst am Arzbach, dann am Lettenbach entlang, dann leicht ansteigend zu einer Wegverzweigung. Wir gehen rechts weiter, bis nach etwa 1,5 Kilometern links der Almweg zur Dudlalm abzweigt, dem man nun folgt. Wir wandern über die Almwiesen hinweg und ansteigend zur Längenbergalm (1244 m), wo sich rechts oberhalb die Neulandhütte befindet. Weiter nun über die Böden der Langenbergalm hinweg und auf markiertem Weg (Nr. 460) fast eben durch Wald auf Wanderweg hinüber zur Tiefentalalm (1252 m). In Serpentinen geht es steil hinauf zum Tiefentalsattel (1480 m) und jenseits hinab auf leichtem Weg zur bald sichtbaren Hütte.

③ Von Pessenbach

Vom Parkplatz folgen wir auf Forststraße der Ausschilderung »Rabenkopf«, halten uns nach der Wildfütterung links und wandern weiter über die Orteralm. Dann steigen wir auf serpentinenreichem und steilem Steig in den Sattel zwischen Rabenkopf und Glaswand (1 3/4 Std.). Dort geht es links leicht ansteigend auf Bergwanderweg (Mark.-Nr. 451 sowie E 4) durch Wald Richtung Glaswand, die wir auf der Südseite umgehen (bei der Weggabelung auf dem Kammausläufer links), wo wir auf den von der Jachenau heraufführenden Weg stoßen. Hier geht es nun links ansteigend zur Glas-

Im Anstieg zur Benediktenwand – der Gipfel ist nicht mehr weit.

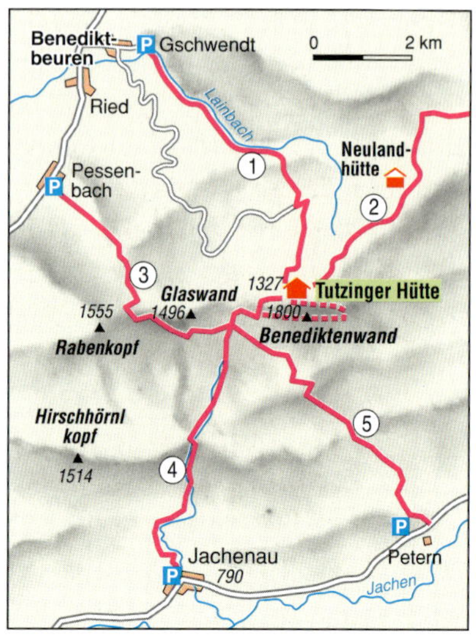

Die komplett neu errichtete Tutzinger Hütte wirkt noch wie aus dem Ei gepellt. Und natürlich ist sie nach neuesten technischen Errungenschaften geplant, gebaut und eingerichtet.

wandscharte (1324 m), dann rechts in steilen Serpentinen hinauf zu einer Weggabelung. Wir biegen links auf den Weg Nr. 455 und wandern durch die Westseite der Benediktenwand und hinab zur Tutzinger Hütte.

④ Vom Ort Jachenau

Vom Parkplatz am westlichen Ortsende führt der Wanderweg (Wegtafel »Wasserfall«) links der Großen Laine durch Wald eben zu den Brunnenmooswiesen und trifft dort auf einen unbefestigten Forstweg, dem man nach rechts folgt. Dann geht es bald wieder rechts ab, über die Große Laine hinweg und hinüber zur Forststraße (jetzt Mark.-Nr. 485), die direkt hinauf zur Lainlalm (906 m) führt. Dort verlässt man die Straße und wandert rechts zum Lainltal-Wasserfall. Rechts von diesem steigen wir in Kehren stetig bergauf. Oberhalb des tief eingeschnittenen Glasbachs wandern wir zur Peterer Alm (1086 m) und weiter am Glasbach entlang zur Glaswandscharte, wo man auf den Hüttenweg 3 trifft. Weiter wie dort.

⑤ Von Petern in der Jachenau

Vom Parkplatz folgt man erst der breiten Forststraße bergwärts, quert den Reichenaubach und zweigt nach 150 Metern rechts auf den Almfahrweg (Mark.-Nr. 480, Wegtafel »Benediktenwand«) ab. Der Fahrweg führt in Kehren durch Wald hinauf zum Langenecksattel (1167 m), quert dort einen Almweg und führt weiter durch Wald, vorbei an der verfallenen Ortereralm, zu einer Wegverzweigung am oberen Ende des Schwarzenbachs. Es geht links weiter (Mark.-Nr. 477) zur Tanneralm (1340 m), wo der Almweg endet. Der weitere Weg führt eben auf Bergpfad durch den bewaldeten Südwesthang der Benediktenwand, bis wir auf den von der Jachenau kommenden Weg treffen. Weiter wie Hüttenweg 3.

Der Hüttengipfel

Benediktenwand, 1801 m: Von der Tutzinger Hütte führt der Steig rechts um die Nordwand auf den Rotöhrsattel (drahtseilgesichert) oder links auf Steig hinauf oberhalb des Sattels zwischen Glaswand und Benediktenwand. Von dort wandert man in Kammnähe bis zum Gipfel, der der gesamten Berggruppe ihren Namen gegeben hat. Der einfachste Weg hinab führt über den Steig auf der Westseite. Bei der Weggabelung rechts zur Tutzinger Hütte und auf dem Anstiegsweg zurück zum Ausgangspunkt.

Tipp

Die Hütte verfügt über Zustellbetten für Kleinkinder, längere Betten für erwachsene »Riesen« und sogar über einen extra Schlafraum für Hundehalter.

Herzogstandhäuser

Höchste Punkte: Herzogstandhäuser, 1575 m; Herzogstand, 1731 m, Heimgarten, 1790 m.

Tour 79

Hütte

Zeit Von Walchensee: Bergbahn: 20 Min., zu Fuß: 2 1/4 Std.; von der Kesselberghöhe: 2 Std.; zur Jocheralm: 1 1/2 Std.

Schwierigkeit Von Walchensee steiler Bergsteig; von der Kesselberghöhe durchgehender Wirtschaftsweg.

Übernachtung Herzogstandhäuser, 1575 m (privat, 24 Betten, 39 Lager, beirtschaftet von Weihnachten bis Ende November; Tel. 08851/234).

Karte Topogr. Karte 1 : 50 000 Bad Tölz – Lenggries und Umgebung (BLVA).

Gipfel

Zeit Von den Herzogstandhäusern zum Heimgarten: 2 1/2 Std.; Abstieg nach Walchensee: 2 Std.

Schwierigkeit Trittsicherheit und Schwindelfreiheit erforderlich.

Weitere Hütten

Heimgartenhütte, 1790 m (privat, von Mai bis Okt.bew.). **Jocheralm**, 1381 m (privat, von Ende Mai bis Anfang Okt. bew.).

Die Herzogstandhäuser vor dem Martinskopf.

Die Herzogstandhäuser bestehen aus dem ehemaligen Jagdhaus von König Max II. und dem Königshaus, das Ludwig II. 1865 errichten ließ. Damals entstand auch der Reitweg von der Kesselberghöhe zu den Häusern. 1886 übernahm der Deutsche Alpenverein das Anwesen, 1896 wurde das Königshaus zum Unterkunftshaus für Bergsteiger umgebaut. Durch die Herzogstandbahn verlor der Stützpunkt an Bedeutung und wurde 1958 an einen Privatmann verkauft, der das Haupthaus als Berggasthaus weiterführte. 1990 brannte die Hütte nieder und wurde neu errichtet.

① Von Walchensee (Bergbahn)

Vom Ort Walchensee führt die Kleinkabinenbahn bequem zum Fahrenbergkopf. Von dort geht es links auf breitem Wanderweg nahezu eben hinüber zu den Herzogstandhäusern.

② Von der Kesselberghöhe

Vom Parkplatz an der Kesselberghöhe führt ein Wirtschaftsweg (der ehemalige Reitweg; Mark.-Nr. 441, E 4) durch Wald zum »Älple«, wo rechts der Pionierweg aus Schlechung einmündet. Wir wandern links in steilen Kehren zur Schlehdorfer Alm. Nun geht es in den Almkessel zwischen Herzogstand und Fahrenberg und weiter zu den Herzogstandhäusern.

③ Von Walchensee (Steig)

Von der Talstation der Herzogstandbahn führt der markierte Bergsteig (Mark.-Nr. 446) rechts unter der Hochspannungsleitung durch zum Bergfuß. Der weitere Weg geht links über Serpentinen durch die bewaldete Südflanke des Fahrenbergs hinauf zum Lerchwandalpl, schließlich rechts zu den Herzogstandhäusern.

④ Jocheralm

Vom Parkplatz an der Kesselberghöhe gibt eine Wegtafel die richtige Route vor. Zunächst geht es über Treppen durch lichten Mischwald bergan, dann auf schmalem Bergsteig steil weiter. Nach einer Stunde enden die Serpentinen. Der Weg schwenkt nach rechts und verläuft über eine Schulter im westlichen Ausläufer des Jochbergs. Dort wandern wir rechts (links der direkte Anstieg auf den Jochberggipfel) weiter und nahezu eben durch lichten Wald, dann über Bergwiesen hinüber zur Jocheralm.

Die Gipfelrunde

Von der Hütte führt der Weg (Mark.-Nr. 441, E 4) am Martinskopf vorbei, dann zum Herzogstand (1731 m). Auf dem Grat geht es zum Heimgarten (1790 m). Von dort sind es nur wenige Meter zur Heimgartenhütte. Von hier wandern wir auf Bergsteig (E 4) links hinab zur Ohlstädter Alm, bei der Wegverzweigung links (Mark.-Nr. 445) und am Rotwandkopf vorbei, bis wir auf den Kammweg treffen, auf dem es hinab nach Walchensee geht.

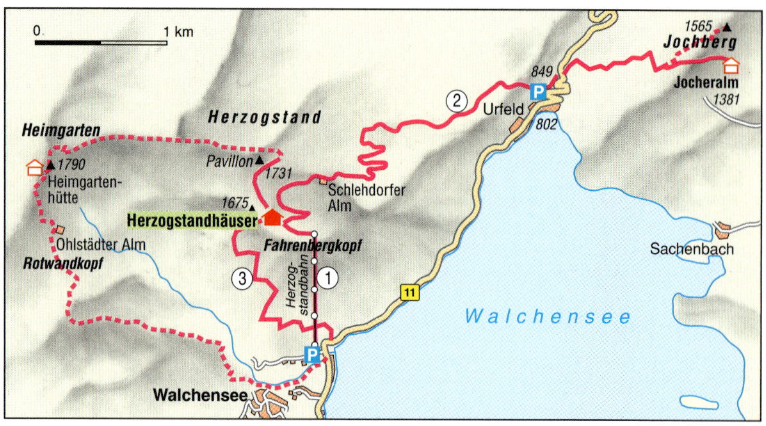

Wankhaus

Höchste Punkte: Wankhaus, 1780 m.

Das Wankhaus – auch als Alois-Huber-Haus bekannt – gehört zu den wenigen Unterkunftshütten in den Bayerischen Alpen, die direkt auf einem Gipfel stehen. Erbaut wurde die Hütte, von der aus man angeblich über 400 Alpengipfel zählen kann, im Jahre 1911. Initiator war der Schatzmeister und Architekt der Alpenvereinssektion Garmisch Alois Huber. Finanziert wurde der Bau teilweise aus den Einnahmen der Höllentalklamm. Mit dem Bau der Wankbahn war das Unterkunftshaus nicht mehr tragfähig. Über Jahrzehnte war das Wankhaus nur mehr Einkehrstelle für Tagesausflügler. Seit kurzem kann man im Wankhaus auch wieder übernachten.

① Über die Esterbergalm

Von der Talstation der Wankbahn führt ein ausgeschilderter Wirtschaftsweg über die Daxkapelle zur Esterbergalm. Noch bevor man diese erreicht, zweigt rechts der Steig (Mark.-Nr. 413) ab. Erst geht es mäßig steil durch Wald, dann in steilen Serpentinen höher und über die Hänge hinauf zum Gipfel des Wank.

② Abstieg via Gschwandtnerbauer

Vom Wankhaus wandern wir auf dem Höhenweg erst in Richtung Osten zum Roßwank, dann an diesem vorbei und hinab in den Taleinschnitt (1384 m) zwischen Wank und Rotenkopf, wo wir auf den von der Esterbergalm kommenden Weg stoßen. Hier geht es rechts weiter durch den Häuslgraben hinab, bei den nächsten zwei Wegverzweigungen rechts und zum Gschwandtnerbauer (1020 m). Nach der Einkehr gehen wir etwas zurück und auf dem linken Abzweiger durch Wald zum Steinbühel (1150 m), wo wir uns am Wegweiser zur Gamshütte orientieren. Man trifft auf eine Forststraße, verlässt diese gleich wieder nach rechts und wandert in die Schalmerschlucht (kleiner Wasserfall und Antoniuskircherl). Auf dem Philosophenweg kehren wir zur Wankbahn-Talstation zurück.

③ Anstieg über die Gamshütte

Vom Ende der Hasentalstraße folgt man der Ausschilderung zur Gamshütte. Dort geht es weiter zur Eckenhütte (Mark.-Nr. 411), wo der Zustieg von der Wankbahn-Talstation einmündet. Weiter bergan zum Gipfel des Wank.

④ Von Wallgau

Von Wallgau führt ein ausgeschilderter Wirtschaftsweg über die Finzalm zur Esterbergalm. Dort folgt man noch ein Stück dem Fahrweg in Richtung Garmisch, bis links der Steig (Mark.-Nr. 413) zum Wank abzweigt. Zunächst geht es leicht ansteigend durch Wald, dann bald in steilen kurzen Serpentinen hinauf und über die allmählich freier werdende Nordseite des Wank hinauf in die Einsenkung westlich des Ameisbergs und weiter zum Gipfel mit dem Wankhaus.

Tour 80

Hütte
Zeit Von Garmisch über die Esterbergalm: 3 Std.; Abstieg über Gschwandtnerbauer: 3 Std.; Anstieg über die Gamshütte: 2 1/2 Std.; Anstieg von Wallgau: 4 1/2 Std.

Schwierigkeit Bis zur Esterbergalm Wirtschaftswege, ansonsten überwiegend Bergwanderwege und -steige.

Übernachtung Wankhaus, 1780 m (AV-Haus, Kat. III, bewirtschaftet von Weihnachten bis nach Ostern und von Mai bis Mitte November, 32 Lager; Tel. 08821/56201).

Karte Topogr. Karte 1 : 50 000 Werdenfelser Land (BLVA).

Gipfel
Zeit Rundweg: 1 Std.

Schwierigkeit Almsträßchen und Bergpfad, jedoch leicht.

Weitere Hütten
Esterbergalm, 1265 m (privat, ganzj. bew., im November geschlossen, Mi. Ruhetag).
Gschwandtnerbauer, 1020 m (priv., ganzj. bew., Mo. Ruhetag).
Gamshütte, 940 m (privat, ganzj. bew., Mo. Ruhetag).

Das Wankhaus ist ein richtiges Gipfelhaus.

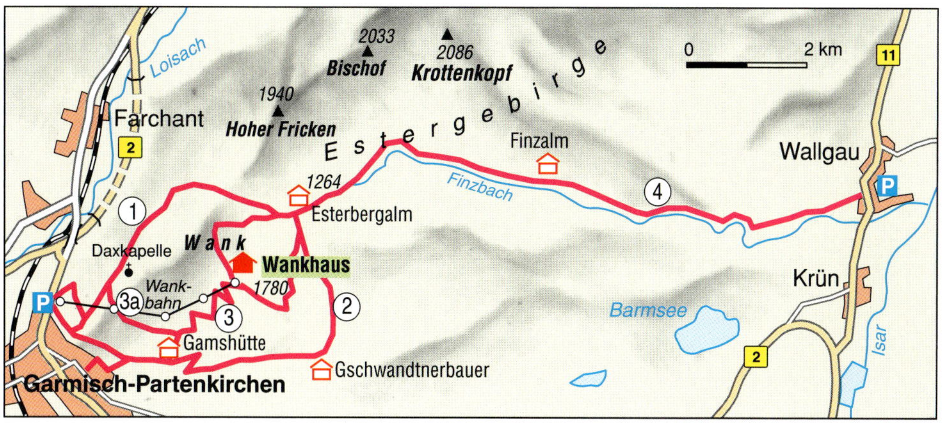

Weilheimer Hütte

Höchste Punkte: Weilheimer Hütte, 1955 m; Krottenkopf, 2086 m.

Die Weilheimer Hütte im Estergebirge kann mit einem kleinen Superlativ aufwarten: Sie ist die höchstgelegene Unterkunftshütte in den Bayerischen Voralpen. Da die Anstiege auf den Krottenkopf – den Hauptgipfel des Estergebirges – lang sind, empfiehlt sich eine Übernachtung. Die massiv erbaute Hütte kann immerhin auf eine lange Geschichte zurückblicken: Bereits 1884 wurde sie errichtet, und somit gehört sie zu den ältesten Hütten der Bayerischen Hausberge.

Tour 81

Hütte

Zeit Von Oberau: 3 Std.; von Wallgau über die Krüner Alm: 4 1/2 Std.; von Eschenlohe: 5 Std.; von Garmisch-Partenkirchen: 4 1/2 Std.; von Wallgau über die Finzalm: 5 Std. Der kürzeste Zustieg erfolgt von der Wankbahn-Bergstation: 2 3/4 Std., siehe dazu Tour 80.

Schwierigkeit Jeweils langer Hüttenanstieg von allen Talorten. Von Garmisch bis zur Esterbergalm und von Wallgau bis zur Esterbergalm Wirtschaftswege, ansonsten teilweise steile, manchmal auch steinige Bergwege (an der Hohen Kisten mit Drahtseilsicherungen.

Übernachtung Weilheimer Hütte, 1955 m (AV-Hütte, Kat. I, 8 Betten, 67 Lager, 20 Notlager, von Pfingsten bis Ende Oktober bewirtschaftet; Tel. 0170/2708052).

Karte Topogr. Karte 1 : 50 000 Werdenfelser Land (BLVA).>>>

① Von Oberau

Vom Bahnhof aus gehen wir über die Loisach (Parkplatz), dann rechts durch die Wiesen bis zum Golfplatz, wo bald rechts der Oberauer Steig abzweigt (Wegtafel). Nun wandern wir in den Wald und in kurzen Serpentinen hinauf zur Schafalm, wo es weiter durch Wald geht, den wir mit dem Frickenkar verlassen. Ein Stück durch das Hochtal aufwärts, dann links weiter durch ein Latschenfeld (bei Verzweigung links) und hinauf in den Sattel zwischen Henneneck und Bischof. Von hier ist es nicht mehr weit bis zur Weilheimer Hütte.

② Von Wallgau

Vom Parkplatz am Kurgästehaus in Wallgau gehen wir ein paar Schritte nach Norden, wo der Weg zur Krüner Alm an den Wiesenhängen des Krepelschrofens beginnt. Ein breiter Forstweg führt nach 30 Minuten zu einer Abzweigung. Dort biegt man nach links auf einen abwechslungsreicheren und etwas steileren Waldweg ein. Der Weg streift bald wieder die Forststraße, hält sich aber weiterhin separat und führt linker Hand im Wald empor. Erst bei der nächsten Einmündung in eine andere Forststraße, wo sie eine Linkskehre beschreibt, geht man auf dieser weiter. In nordwestlicher Richtung wandern wir bis zu ihrem Ende, von wo ein markierter Steig zur Krüner Alm (1621 m) hinaufleitet. Der Krüner Steig führt unter den bewaldeten Südhängen des Klaffen zur Lochtalalm. Der Weg umrundet die Senke des Angerlbodens, um dann auf den Weg zu treffen, der die Hohe Kisten mit dem Krottenkopf verbindet. Man hält sich dort links und wandert zur weithin sichtbaren Weilheimer Hütte hinüber.

③ Von Eschenlohe

Vom Parkplatz folgen wir der breiten Forststraße nach Osten bis zum Brandeck und

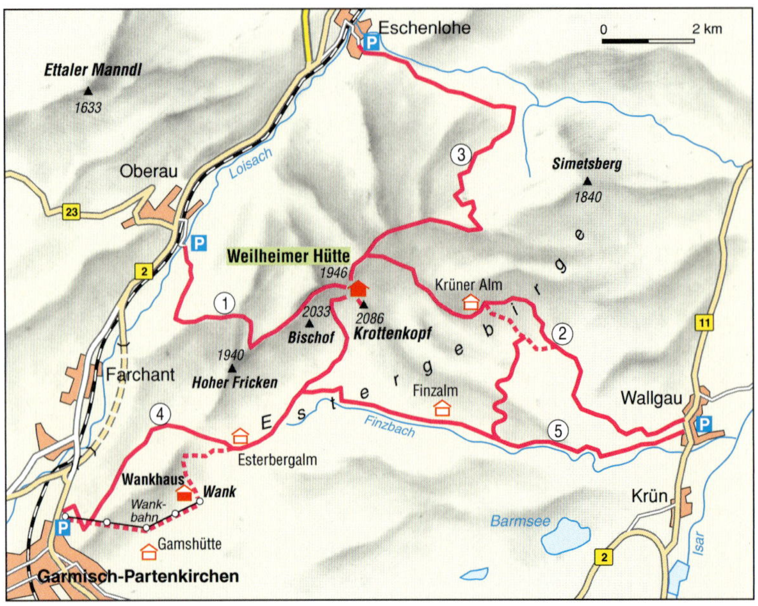

ändern dann die Richtung nach Süden. Bald zweigt rechts ein Weg ab (Wegweiser »Krottenkopf«; 1 1/4 Std.), der nun durch Hochwald zum »Brünnl« und Jagdhaus Pustertal (1325 m) führt. Die Passage ist stellenweise mit Drahtseilen gesichert. Weiter geht es ins Kistenkar und über Geröll hinauf zum Gatterl, einem Sattel zwischen Hoher Kisten und Platteneck, wo man auf den Walchenseer Steig trifft. Es geht rechts auf gutem Steig – seitlich an der Hohen Kisten, am Archtalkopf und Schindlerskopf vorbei – zur Weilheimer Hütte.

④ Von Garmisch-Partenkirchen

Von der Talstation der Wankbahn wandern wir auf Wirtschaftsweg – vorbei an der Daxkapelle – in einem weiten Rechtsbogen hinauf zur Esterbergalm (1265 m). Hierher gelangt man auch mit der Wankbahn bis zum Gipfel, dann auf markiertem Steig (Mark.-Nr. 413) hinab zur Esterbergalm. Dort folgt man dem Wirtschaftsweg über Bergwiesen und durch Wald zur Hinteren Esterbergalm. Der Weg steigt nun etwas an, bei der Weggabelung unter dem Bischof hält man sich links (rechts Weg nach Wallgau) und folgt diesem bis zur Waldgrenze. Nun geht es links hinauf zu einer Wegverzweigung. Hier hält man sich am besten rechts (linke Route steinschlaggefährdet) und steigt durch die Westhänge des Krottenkopfs hinauf zur Weilheimer Hütte.

⑤ Von Wallgau über die Finzalm

Von Wallgau führt ein ausgeschilderter Wirtschaftsweg über die Finzalm zur Esterbergalm. Entweder wandern wir vor der Finzalm auf Forstweg rechts hinauf zur Krüner Alm oder bei der Weggabel unter dem Bischof rechts weiter (siehe oben) zur Weilheimer Hütte.

Der Hüttengipfel

Krottenkopf, 2086 m: Der höchste Gipfel des Estergebirges ist nur einen größeren Katzensprung von der Weilheimer Hütte entfernt. Der Anstiegsweg ist nicht zu übersehen. Man steigt in kurzen Kehren zum höchsten Punkt.

Einweihung der renovierten Weilheimer Hütte. Gegenüberliegende Seite: Die ganzjährig bewirtschaftete Esterbergalm.

\>>>

Gipfel
Zeit Von der Weilheimer Hütte: 30 Min., Abstieg zur Hütte: 20 Min.; insgesamt: 50 Min.

Schwierigkeit Unschwieriger Bergpfad.

Weitere Hütten
Krüner Alm, 1621 m (privat, im Juli und August einfach bewirtschaftet).
Finzalm, 1100 m (Niederleger der Krüner Alm, von Ende Mai bis Ende Juni und von Ende August bis Mitte September bewirtschaftet).
Esterbergalm, siehe Tour 80.
Wankhaus, siehe Tour 80.

WETTERSTEIN UND MIEMINGER BERGE

Mit der Zugspitze kann das Wettersteingebirge Deutschlands höchsten Gipfel vorweisen, doch der muss mit den Tirolern geteilt werden. Das Wetterstein – wie es kurz und bündig genannt wird – ist sowohl für Bergwanderer wie auch für Kletterer eine alpine Spielwiese sondergleichen. Hauptgründe dafür sind natürlich die leichte Erreichbarkeit und – mit Ausnahme des Reintals – die relativ kurzen Anstiegswege. Die Bergbahnen am Osterfelderkopf, am Kreuzeck, am Hausberg, am Eckbauer und an der Zugspitze haben auch Anteil an ihrer großen Beliebtheit. Sieben bewirtschaftete Alpenvereinshütte, einige Selbstversorgerhütten und Privathütten stehen für Bergwanderer und Bergsteiger zur Verfügung. Die durch den Gaistalgraben vom Wetterstein getrennten Mieminger Berge hingegen zeichnen sich mit Ausnahme einiger weniger Flecken durch eine große Abgeschiedenheit aus.

Blick über das Schachenschloss hinweg auf die prächtigen Felsgipfel des zentralen Blassenkammes mit Hoher Gaif und Hochblassen. Hinter dem Schloss senkt sich die tiefe Furche des Reintals ab (Bild links).

Der Gletscherbahnhof Sonn Alpin auf dem Zugspitzplatt ist Drehscheibe für den Wander- und den Skitourismus (Bild oben).

Kreuzeckhaus

Höchste Punkte: Kreuzeckhaus, 1652 m; Alpspitze 2620 m.

Tour 82

Hütte

Zeit Von Hammersbach: 3 Std.; von Rießersee: 3 Std.; über Hausberg und Kreuzjoch: 1 Std. (ab Bergstation der Hausbergbahn); von der Höllentalangerhütte: 2 Std.

Schwierigkeit Mit Ausnahme des Übergangs von der Höllentalangerhütte – der Trittsicherheit und Schwindelfreiheit erfordert – einfache Bergwanderwege.

Übernachtung Kreuzeckhaus, 1652 m (AV-Haus, Kat. II, 58 Betten, 43 Lager, von Mitte Mai bis Anfang Nov. und von Mitte Dez. bis zum 1. Sonntag nach Ostern bew.; Tel. 08821/2202).

Karte Topogr. Karte 1 : 50 000 Werdenfelser Land (BLVA).

Gipfel

Zeit Vom Kreuzeckhaus: 3 Std., Abstieg über den Nordwandsteig: 3 Std.; insgesamt: 6 Std.

Schwierigkeit Trittsicherheit und Schwindelfreiheit unbedingt erforderlich. Klettersteiganlage mit Leitern, Eisenbügeln, Eisenstiften und Drahtseilen. Klettersteigausrüstung erforderlich!

Weitere Hütten

Hochalm, 1705 m (privat, von Pfingsten bis Ende Oktober und von Mitte Dezember bis Ostern bewirtschaftet). **Stuibenhütte**, 1640 m (AV-Hütte für Selbstversorger, nur im Winter von Weihnachten bis zum ersten Sonntag nach Ostern geöffnet, Getränke sind erhältlich, 30 Lager; Hüttenwirt Mamhofer, Tel. Tal: 08821/7121). Zugang mit Ski vom Osterfelderkopf (Bergstation) oder vom Kreuzeckhaus über die Hochalm: 1 Std.

>>>

Das neben der Bergstation der Kreuzeckbahn gelegene Haus bietet ein großartiges Panorama des Wettersteingebirges und ist Ausgangspunkt für Touren zu einem der Wahrzeichen von Garmisch-Partenkirchen – der Alpspitze. Das 1906 unter dem örtlichen Sektionsvorsitzenden Adolf Zoeppritz auf der Hochalm errichtete Haus musste bereits 1912 wegen des starken Besucherandrangs durch ein Nebengebäude erweitert werden. Vor allem nach dem Bau der Seilbahn 1926 erfolgten Erweiterungen; so wurde 1930 das Schlafhaus errichtet. Im Zweiten Weltkrieg war das Haus Militärstation, danach wurde es von den amerikanischen Besatzungsmächten bis 1955 genutzt, ehe es wieder dem ursprünglichen Zweck zugeführt wurde. Im Sommer ist es Ausgangspunkt für Touren auf die Alpspitze, Übergänge ins Reintal und den Höllentalanger.

① Mit der Kreuzeckbahn

Am schnellsten ist das Kreuzeckhaus mit der Kreuzeckbahn zu erreichen. Von der Bergstation sind es nur wenige Minuten.

② Von Hammersbach

Vom Parkplatz folgt man erst der Ausschilderung in Richtung Höllenbachklamm, bis links ein markierter Weg abzweigt. Auf diesem geht es steil hinauf durch Wald zu einer Wiese, wo man auf einen Forstweg trifft, auf dem wir ein kurzes Stück nach links wandern, bis rechts ein Wanderweg abzweigt, der zur Diensthütte (1171 m) unterhalb des Waldecks führt. Hier geht es rechts auf der Forststraße weiter, dann links unter der Osterfelderbahn hindurch steil hinauf zum Fahrweg, der Kreuzeck mit der Hochalm verbindet. Auf diesem Weg wandern wir links zum Kreuzeckhaus.

③ Von Rießersee

Auf markiertem Steig geht es steil durch Wald hinauf zum Hotel Rießersee, dann seitlich auf Wirtschaftsweg an diesem vorbei, bis links der Abkürzer abzweigt, der zur großen Forststraße führt, die über die Tonihütte (1096 m) zum Kreuzeck führt. Noch vor der Kreuzeckbahn kann man abkürzen und über die Trögelhütte hinauf zum Kreuzeckhaus wandern.

④ Über Hausberg und Kreuzjoch

Von der Bergstation der Hausbergbahn (1350 m) führt ein markierter breiter Weg am Skilift entlang übers Kreuzjoch zur Hütte.

⑤ Übergang von der Höllentalangerhütte

Zum Zugang zur Höllentalangerhütte siehe Tour 53. Von dort führt ein markierter Steig

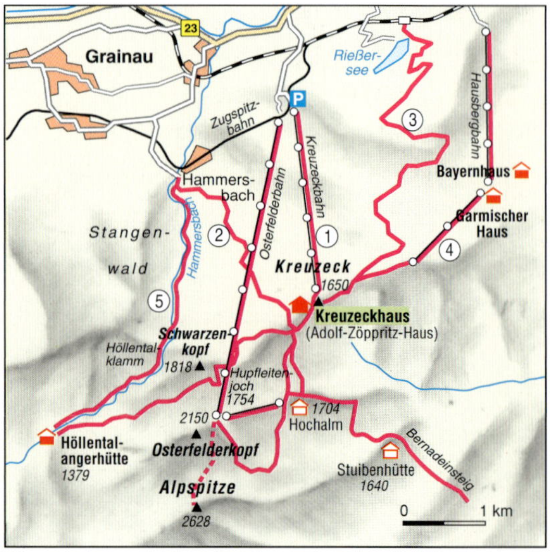

links durch die steilen Hänge (Mark.-Nr. 832 A) über die Knappenhäuser hinauf zum Hupfleitenjoch (1754 m), dann absteigend zum Kreuzeckhaus. Üblicherweise wird diese Route jedoch im Abstieg begangen.

Der Hüttengipfel

Alpspitze, 2620 m: Das Wahrzeichen von Garmisch-Partenkirchen ist auf einer durchgehenden Klettersteiganlage, der Via Ferrata, nur von schwindelfreien Bergsteigern in einer Tagestour zu besteigen.

Vom Kreuzeck wandert man auf breitem Weg hinüber zur Hochalm; von dort schwingt sich die Hochalmbahn hinauf zum Osterfelderkopf. Man kann aber auch den ausgebauten Wirtschaftsweg in einer großen Schleife durch die Felsbarriere der Aschenköpfe hinauf zum Osterfelderkopf nehmen. Von der Bergstation der Osterfelderbahn weisen Schilder den Weg zu den Klettersteigen.

Zunächst wandert man nahezu eben in östlicher Richtung auf die Alpspitz-Nordwand zu, bis der Steig sich nach etwa 200 Metern teilt (die linke Route ist der Beginn des Nordwandsteigs). Markierungen und eine Tafel weisen nun nach rechts zum Beginn der Sicherungen der Nordwand-Ferrata hin.

Nach einer ersten langen Felspassage mit mehreren Leitern steigt man zur Stoaröslscharte an, mit herrlichem Blick auf die Zugspitze. Über schrofiges, immer steiler werdendes Felsgelände erreicht man den Nordwestgrat der Alpspitze. Auch weiterhin verläuft die Route unfehlbar, weil ständig drahtseilgesichert, hinauf zum 2620 Meter hohen Gipfel, der mit einem großen Gipfelkreuz geschmückt ist.

Der Abstieg erfolgt am besten über den ebenfalls markierten Nordwandsteig, so dass sich eine Gipfelüberschreitung ergibt. Vom Osterfelderkopf geht es dann auf Wanderweg hinab zum Kreuzeckhaus.

Das Kreuzeckhaus (Bild oben) und der Anstiegsweg zur Alpspitze (gegenüberliegende Seite).

>>>

Garmischer Haus, 1330 m (privat, ganzjährig bewirtschaftet, im Sommer Montag Ruhetag, keine Übernachtung). Neben der Bergstation der Hausbergbahn.

Bayernhaus, 1258 m (privat, ganzjährig bewirtschaftet, im Sommer Freitag Ruhetag, 20 Betten; Tel. 08821/2828). Von der Bergstation der Hausbergbahn auf ebenem Weg in einer Viertelstunde zu erreichen.

Kiosk an der Bergstation der Osterfelderbahn, 2030 m.

Höllentalangerhütte, siehe Tour 83.

Höllentalangerhütte

Höchste Punkte: Höllentalangerhütte, 1379 m; Großer Waxenstein, 2276 m.

Tour 83

Hütte
Zeit Vom Kreuzeck: 2 Std.; von Hammersbach: 2 Std.; von Obergrainau: 2 1/2 Std.; vom Osterfelderkopf: 2 Std.

Schwierigkeit Der Übergang übers Hupfleitenjoch, der Rindersteig und der Stangensteig erfordern Trittsicherheit und Schwindelfreiheit (Drahtseilsicherungen). Der Anstieg durch die Höllentalklamm ist leicht, Regenschutz mitnehmen.

Übernachtung Höllentalangerhütte, 1379 m (AV-Hütte, Kat. I, 88 Lager, von Ende Mai bis Mitte Oktober bewirtschaftet; Tel. 08821/8811).

Karte Topogr. Karte 1 : 50 000 Werdenfelser Land (BLVA).

Gipfel
Zeit Von der Höllentalangerhütte: 3 1/2 Std., Abstieg zur Hütte: 2 Std.; insgesamt: 5 1/2 Std.

Schwierigkeit Absolute Trittsicherheit und Schwindelfreiheit, Kletterfertigkeit im Schwierigkeitsgrad II erforderlich. Bis zur Waxensteinrinne markiert, dann Steigspuren.

Weitere Hütten
Kreuzeckhaus, siehe Tour 82.
Höllentaleingangshütte, 1045 m (AV-Hütte, von Mitte Mai bis Mitte Oktober bewirtschaftet, keine Übernachtung). Zustieg von Hammersbach 1/2 Std.
Neuneralm, 880 m (privat, ganzjährig bewirtschaftet, Donnerstag Ruhetag; Tel. 08821/812 25). Die Hütte liegt eine halbe Wanderstunde oberhalb von Obergrainau.

Die Höllentalangerhütte liegt am klassischen Aufstiegsweg zur Zugspitze, der bereits in den 90er-Jahren des 19. Jahrhunderts zum Klettersteig ausgebaut worden war. Im Jahr 1905 erfolgte der Ausbau der Höllentalklamm zu touristischen Zwecken. Seither geht es auf dieser Hütte, deren Ursprünge bis 1883 zurückreichen, gewaltig zu. Neben alljährlich 5000 Übernachtungsgästen sind auch 40 000 Tagesbesucher zu versorgen. Der jetzige bauliche Zustand datiert aus dem Jahr 1925, dringende Umweltmaßnahmen stehen zur Zeit an. Vermutlich wird an ihrer Stelle bald ein Neubau die Besucher erwarten. Für manche, die mit dieser urgemütlichen Hütte sehr schöne Bergerlebnisse verbinden, ist das vermutlich ein Wermutstropfen.

① Vom Kreuzeck über das Hupfleitenjoch

Nach Auffahrt mit der neuen Umlaufbahn zum Kreuzeck schlendert man vor dem großartigen Zugspitzpanorama eine knappe Stunde hinüber zum Hupfleitenjoch (1754 m), mit großartigem Blick ins Höllental und hinüber zu den Waxensteinen. Von dort steigt man dann in teilweise drahtseilgesicherten Serpentinen hinab ins Höllental. Nach einer halben Stunde hat man die unbewirtschafteten Knappenhäuser erreicht. Der Weg führt weiter bergab, und man erreicht nach einer weiteren halben Stunde die Höllentalangerhütte.

② Von Hammersbach durch die Höllenbachklamm

Vom Parkplatz bzw. von der Station Hammersbach geht es zunächst auf breitem Weg durch Wald am Hammersbach entlang bis zum Ende des gesperrten Fahrwegs. Dann wandern wir in Kehren hinauf zur Höllentaleingangshütte (1045 m) und zum Eingang der Höllentalklamm. Nach dem Entrichten einer Gebühr (für Alpenvereinsmitglieder freier Eintritt) wandert man durch die faszinierende Klamm auf einem gut instand gehaltenen Steig mit ihren zwölf aus dem Fels herausgeschlagenen Tunnels hinauf ins Höllental. Nach dem Klammausgang geht es weiter talein, dann rechts in Kehren steil hoch zur Höllentalangerhütte auf dem ebenen Höllentalanger.

③ Von Obergrainau durch den Stangenwald

Man folgt zunächst dem Wegweiser in Nähe der Kirche hinauf zur Neuneralm. Von dort

wandert man weiter durch Wald hinauf zum Höhenweg, der den Eibsee mit dem Höllental verbindet. Dort hält man sich links und wandert eben durch den Stangenwald, quert einen Wirtschaftsweg und trifft schließlich auf eine Forststraße. Wir wandern kurz auf dieser rechts weiter ins Höllental hinein, dann rechts in steilen Serpentinen bis unter die Felsen der Waxensteinwand und weiter zum 73 Meter hohen Klammsteg, bis der Stangensteig oberhalb der Höllentalklamm auf den von Hammersbach heraufführenden Weg trifft. Auf diesem weiter zur Hütte.

④ Vom Osterfelderkopf

Von der Bergstation folgt man zunächst der Route zum Nordwandsteig (Alpspitze), steigt dann rechts steil zum Höllentor an und folgt jenseits dem steilen, in zahlreichen Serpentinen hinabführenden Rindersteig, der auf den vom Hupfleitenjoch herabführenden Weg trifft. Auf diesem Weg geht es nun links weiter zur Höllentalangerhütte.

Der Hüttengipfel

Für den »normalen« Bergwanderer gibt es im Umfeld der Höllentalangerhütte keine leichten Gipfelziele. Der übliche Hüttengipfel ist bei dieser Tour natürlich die Zugspitze. Da dieser Hüttengipfel aber bereits als Anstiegsweg zum Münchner Haus beschrieben wird (siehe Tour 84), soll hier für erfahrene Wanderer der Große Waxenstein (2276 m) als alternatives Gipfelziel empfohlen werden. Es empfiehlt sich hierfür aber die Mitnahme einer detaillierten Routenbeschreibung.

An der Höllentalangerhütte ist für viele Wanderer Endstation, denn jeder weitere Aufstieg erfordert Trittsicherheit und Schwindelfreiheit.
Gegenüberliegende Seite: Tiefblick von der Zugspitze ins Höllental mit den Resten des Höllentalferners. Am unteren rechten Ende liegt die Höllentalangerhütte.

Münchner Haus

Höchste Punkte: Münchner Haus, 2964 m; Zugspitze, 2962 m; Schneefernerkopf, 2874 m.

Tour 84

Hütte

Zeit Von Garmisch: 8 Std.; von der Knorrhütte: 2 1/2 Std.; von Ehrwald: 8 Std.; v. Eibsee: 9 Std.

Schwierigkeit Alle Anstiege setzen Trittsicherheit und Schwindelfreiheit voraus. Leichtester Anstieg über die Knorrhütte. Der Anstieg von Eibsee ist bis in den Sommer durch Lawinen gefährdet.

Übernachtung Münchner Haus, 2964 m (AV-Haus, Kat. II, 34 Lager, von Anfang Mai bis Ende September bewirtschaftet, Tel. 08821/2901; Vorbestellung von Schlafplätzen nur für AV-Mitglieder, kein Waschwasser; Zuweisung der Schlafplätze erst nach Abfahrt der letzten Bahn und der Reihenfolge der Hüttenbucheinträge).

Karte Topogr. Karte 1 : 50 000 Werdenfelser Land (BLVA).

Gipfel

Zeit Vom Münchner Haus: 2 Std. (von Sonn Alpin: 1 1/2 Std.), Abstieg zur Hütte: 2 Std.; insgesamt: 4 Std.

Schwierigkeit Trittsicherheit und Schwindelfreiheit erforderlich. Drahtseilsicherungen.

›››

Das Münchner Haus auf der Zugspitze hat im Laufe der Jahrzehnte einige Wandlungen durchgemacht. Zu Beginn im Jahre 1897 war es ein kleiner Bau, dem bald ein meteorologischer Turm angebaut wurde. Der höchste Berg Deutschlands wurde denn auch nicht von einem Bergsteiger zum ersten Mal erstiegen, sondern von einem Vermesser. Die dann folgenden Anbauten haben mittlerweile dem Zugspitzgipfel den Charakter einer kleinen Felsenstadt verliehen: Gipfelhäuser, Bergbahnstationen, wissenschaftliche Institute und jede Menge Antennen, Kioske, Imbisse und sogar eine Kunstgalerie gehören zum Gesamtensemble.

① Von Garmisch-Partenkirchen

Von der Höllentalangerhütte (siehe Tour 83) wandern wir in den hinteren Grund des Höllentalangers zu einer Wegverzweigung. Dort gehen wir links zum Beginn der so genannten Leiter, die den Auftakt zum Klettersteig darstellt. Über das ausgesetzte »Brett« und den »Grünen Buckel« steigen wir ins Höllentalkar zum gleichnamigen Gletscher (ca. 2300 m). Oberhalb der Abbruchzone geht es rechts steil hinauf zum Gletscherrand mit der manchmal heiklen Randkluft. Vom Wandfuß den Sicherungen folgend steigen wir über eine Felsstufe hinauf zu einer Schutterrasse und rechts luftig hinauf zur Irmerscharte (2660 m). Dann geht es weiter durch die Rinnen der Nordwand – immer gut gesichert – zum Jubiläumsgrat, der rechts hinauf zum Ostgipfel der Zugspitze führt.

② Von der Knorrhütte

Von der Knorrhütte (siehe Tour 88) auf markiertem leichten Steig in Serpentinen über das etwas unübersichtliche Platt (bis in den Frühsommer hinein Schneefelder) hinauf zur Bergstation der Zugspitzbahn (Sonn Alpin). Von dort führt die Hangbahn direkt hinauf zum Zugspitzgipfel. Zum Gipfelkreuz sind es zwar nur wenige Meter auf gesichertem Steig, aber dafür braucht es dann schon noch Schwindelfreiheit. Wer die Gondelbahn vermeiden will, folgt vom Restaurant Sonn Alpin dem markierten und mit Stangen und Seilen gesicherten Steig in Serpentinen durch den steilen und schottrigen Gipfelhang.

③ Von Ehrwald

Vom Bahnhof in Ehrwald gehen wir zunächst durch das Unterdorf, dann durch Wiesen zum Waldrand und weiter über den Georg-Jäger-Steig (von links mündet der Binderweg von der Talstation der Zugspitzbahn ein) durch Latschen in das Gamskar und in Serpentinen auf den nordöstlichen Gratausläufer der Ehrwalder Köpfe (von links mündet der Weg von Eibsee ein). Dann steigen wir rechts hinauf zur

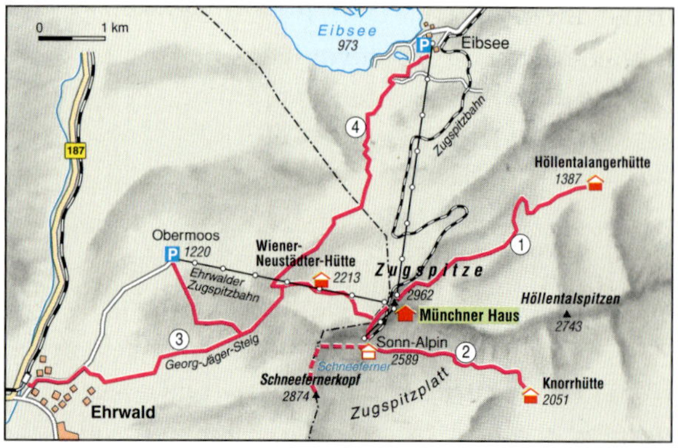

Wiener Neustädter Hütte. Von dort geht es auf markiertem Weg zum linken oberen Ende des Österreichischen Schneekars. Dort befindet sich der Einstieg zum Klettersteig. Die Schlüsselpassage, der so genannte Stopselzieher, befindet sich gleich am Anfang. Zuletzt erreicht man schrofiges Gelände und folgt den Markierungen zur Bergstation der alten Seilbahn direkt auf dem Grat, dann geht es links auf gesichertem Steig hinauf zum Münchner Haus.

④ Vom Eibsee

Am schnellsten geht es mit der Zugspitz-Zahnradbahn oder der Seilbahn. Wer zu Fuß geht, folgt von der Station Eibsee der Zugspitzbahn der Ausschilderung zu den »Törlen« bzw. zur »Wiener-Neustädter-Hütte«, quert oberhalb des Frillensees den bewaldeten Berghang und erreicht nach ungefähr einer Stunde Gehzeit eine Weggabelung. Hier wandert man auf dem linken Weg weiter, bald durch Geröll und Latschen und drahtseilgesichert hinauf zu den Ehrwalder Köpfen, wo bald von rechts der Anstieg von Ehrwald einmündet. Weiter geht es auf diesem Anstieg (vgl. Hüttenweg 3).

Der Hüttengipfel

Schneefernerkopf, 2874 m: Vom Münchner Haus geht es auf dem gesicherten Weg hinab zum Restaurant Sonn Alpin. Von dort führt rechts ein Pfad über den Schneeferner hinauf zur Schneefernerscharte (2699 m). Dort hält man sich links und folgt den Sicherungen (Drahtseile und Eisenbügel) über einige Felsstufen hinauf auf die Nordschulter des Schneefernerkopfs. Zuletzt wandert man über einfaches Gelände zum höchsten Punkt.

Das Münchner Haus auf der Zugspitze (Bild oben) nimmt eine Sonderstellung ein, denn es steht auf Deutschlands höchstem Punkt. Gleich nebenan: Das Gletscherrestaurant Sonn Alpin auf dem Zugspitzplatt (gegenüberliegende Seite).

›››

Weitere Hütten
Wiener Neustädter Hütte, 2213 m (ÖTK, von Anfang Juli bis Ende September bewirtschaftet, 24 Betten, 10 Lager, Winterraum mit 14 Lagern; Tel. 0043/676/4770925).
Knorrhütte, siehe Tour 88.
Höllentalangerhütte, siehe Tour 83.

Schachenhaus

Höchster Punkt: Schachenhaus, 1866 m.

Das Königshaus auf dem Schachen wurde im Jahre 1877 von König Ludwig II. als Jagdschloss errichtet. Ungewöhnlich ist vor allem der türkische Saal im ersten Stock. Das Schachenschloss ist gegen Gebühr zu besichtigen. Unterkunftsmöglichkeit besteht in den Touristenhäusern knapp unterhalb. Diese ehemaligen Wirtschaftsgebäude für das königliche Personal weisen gemütliche Gasträume auf. Eine Wanderung auf den Schachen bietet unvergessliche Eindrücke.

Tour 85

Hütte

Zeit Von Garmisch über den Kälbersteig: 4 Std.; von Garmisch durch das Reintal: 5 Std.; von Elmau: 3 1/2 Std.; von Mittenwald: 5 1/2 Std.

Schwierigkeit Der leichteste Zustieg erfolgt von Elmau auf breitem Wirtschaftsweg (der Anstieg von Mittenwald ist nur eine Verlängerung). Die Anstiege über den Kälbersteig und durch das Oberreintal erfordern jedoch Trittsicherheit.

Übernachtung Schachenhaus, 1866 m (privat, 18 Betten, 70 Lager, von Anfang Juni bis Mitte Oktober bewirtschaftet; Tel. 08821/2996).

Karte Topogr. Karte 1 : 50 000 Werdenfelser Land (BLVA).

Weitere Hütten

Gasthaus St. Anton, 1223 m (privat, ganzjährig bewirtschaftet).
Kranzberghaus, 1350 m (privat, nahezu ganzjährig bewirtschaftet, vorwiegend jedoch an den Wochenenden).
Wettersteinalm, 1464 m (privat, im Sommer bewirtschaftet). Abstecher vom Königsweg.
Oberreintalhütte, 1525 m (AV-Hütte, Kat. I, Selbstversorgerhütte für Kletterer, von Pfingsten bis Anfang Oktober bewartet, Getränke, 40 Lager). 20 Min. oberhalb Hüttenweg 3.
Gasthaus Elmau, 1012 m (privat, ganzjährig bewirtschaftet).

① Von Garmisch-Partenkirchen durch die Partnachklamm

Vom Olympischen Skistadion folgt man eine knappe halbe Stunde lang zunächst dem asphaltierten, aber gesperrten Fahrsträßchen nahezu eben zum Eingang der Partnachklamm (diese Strecke kann auch mit Pferdedroschken zurückgelegt werden). Nach Entrichtung einer kleinen Gebühr durchschreitet man durch Tunnels und auf einem mit Geländern gesicherten Weg die gewaltig tosende und beeindruckende Klamm (Regenjacke ist angeraten!). Nach 20 Minuten werden wir wieder ins grelle Licht entlassen. Wir wandern weiter auf breitem Wanderweg die Partnach entlang, leicht ansteigend höher (von links mündet bald der steile Weg vom Berggasthaus Eckbauer ein) bis zum Steg über den Ferchenbach. Hier gibt es zahlreiche Wegweiser. Bei der Ferchenbachbrücke zweigt gleich links von der Forststraße der markierte Steig (Mark.-Nr. 842) ab. Er führt steil hinauf durch Wald zur verfallenen Kälberhütte (1234 m), dann eben über Waldboden, ein paar Mal eine Forststraße querend, auf rauem Steig weiter bergan, dann links steil hinauf zum Keilschrofen und links weiter zum Schachenweg. Auf dem breiten Weg geht es rechts weiter hinauf zum Schachenschloss.

② Durch das Reintal

Anstieg von Garmisch wie Hüttenweg 1. Beim Verzweigungspunkt Ferchenbach wandern wir rechts auf der breiten Forststraße weiter, über die Partnach und auf überwiegend schattigem Weg – immer der Partnach entlang – ins Reintal. Der Weg steigt ständig leicht an und ist gut ausgeschildert. Man passiert eine Wegabzweigung und entfernt sich allmählich von der Partnach (nächste Abzweigung nach links ignorieren). Der breite Forstweg steigt etwas steiler an und erreicht dann (nach zwei Verzweigungen; hier immer links halten) das Ende der Fahrstraße beim Materiallager für die Reintalangerhütte. Nun geht es auf schmalerem Weg weiter, hoch über der Hinterklamm, bald fallend hinab zur Partnach, bald über diese hinweg auf die andere Seite und leicht ansteigend durch schönen Hochwald bergan. Man überquert den Reintalbach und kurz darauf auch wieder die Partnach und steht unmittelbar nach der Brücke vor der Bockhütte

Bietet zwar keine Unterkunft, aber eine Terrasse mit herrlicher Aussicht: das Kranzberghaus.

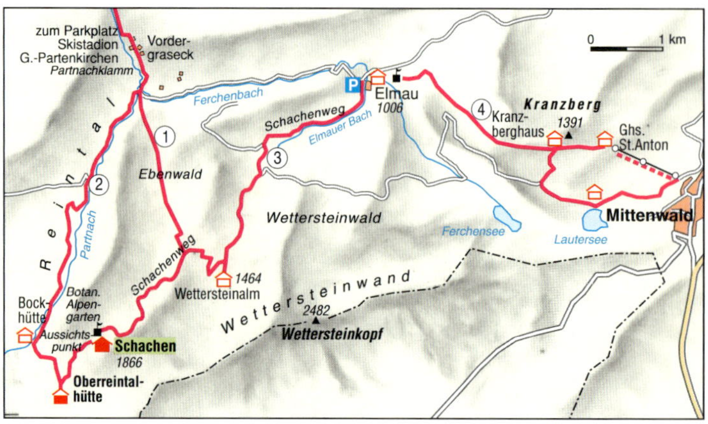

(1052 m; 3 Std.), die gerade zur rechten Zeit zur Einkehr lädt. Von dort aus geht es danach zurück zur Brücke und kurz dahinter auf markiertem Steig (Mark.-Nr. 801/E 4a) durch Wald steil hinauf ins Oberreintal. Dort wandern wir aber nicht weiter zur Oberreintalhütte, sondern auf dem links abzweigenden Steig über das Bachbett, dann in zahlreichen Serpentinen steil hinauf zum Schachen. Dort gehen wir wenige Meter links hinab zum Schloss und zu den Unterkunftshäusern unterhalb.

③ Von Elmau

Vom Schloss Elmau, malerisch eingebettet zwischen Weideböden und Wettersteinwänden, führt ein breiter, bequem zu gehender, gut ausgeschilderter Weg südwestwärts empor Richtung Schachen. Man ist zuerst unterwegs auf dem Königsweg, gewinnt dann allmählich an Höhe, steigt anschließend steil zum Steilenberg hinauf und erreicht schließlich das Schachenhaus. Mit zahlreichen Mountainbikern muss hier jedoch gerechnet werden.

④ Von Mittenwald

Von der Talstation des Kranzberglifts geht es zunächst hinauf zur Bergstation beim Gasthaus St. Anton und zu Fuß weiter auf Bergwanderweg zum Kranzberghaus oder von der Talstation auf ausgeschildertem Wanderweg hinauf zum Lautersee. Bei der Badeanstalt biegen wir rechts ab und steigen durch Wald hinauf zum Kranzberghaus. Von dort geht es seitlich am Gipfel des Kranzbergs vorbei und über den Kleinen Kranzberg hinab nach Elmau. Weiter wie Hüttenweg 1.

Der Hüttengipfel

Statt eines Hüttengipfels wird hier der Gang zum Aussichtspunkt neben dem Alpengarten empfohlen. Hier gibt es den zu Recht gerühmte Tiefblick ins Reintal hinab mit den Blauen Gumpen und auf die sich darüber erhebenden beeindruckenden Wettersteingipfel wie den Hochblassen, den Schneefernerkopf mit der Zugspitze darunter sowie die Partenkirchener Dreitorspitzen.

Die ehemaligen Wirtschaftsgebäude des Schachenschlosses dienen heute als Unterkünfte für Bergwanderer und Bergsteiger.

Tipp

Im alpinbotanischen Garten findet man neben gängigen Alpenblumen wie Alpenkratzdistel und Enzian auch seltene Pflanzen aus den Gebirgen der Welt wie die Kesselringslilie aus dem Transkaukasus oder den Kaschmir-Lerchensporn. Da sich viele Gebirgspflanzen nur unter großem Aufwand in tiefen Lagen kultivieren lassen, legte man 1900 auf Veranlassung des Münchner Botanikprofessors von Göbel am Schachen einen Alpengarten an. Der Schachengarten ist von Anfang Juli bis Mitte September täglich von 8 bis 17 Uhr geöffnet.

Reintalangerhütte

Höchste Punkte: Reintalangerhütte, 1366 m; Gatterl, 2023 m.

Charly Wehrle und sein Team führen eine Alpenvereinshütte der besonderen Art: Der Weckruf um 6 Uhr erfolgt live per Hackbrett, und auch abends muss mit Musikeinlagen gerechnet werden. Vor der Hütte, am Ufer der Partnach, bietet der »Lido« mit Sonnenschirmen, tibetischen Gebetsfahnen und Bierausschank ein heiteres südliches Flair und Entspannung pur. Doch der Anstieg zur Reintalangerhütte ist mit Schweiß markiert – denn er gehört zu den längsten Hüttenwegen in den gesamten Bayerischen Alpen. Der Weg ins »Hinterzimmer« des Wettersteingebirges bietet dafür aber ein Felsszenarium, wie man es sonst nur in den Österreichischen oder Schweizer Alpen findet. Steil steigen dort links und rechts eindrucksvoll die Felsmauern auf. Die 1912 erbaute Reintalangerhütte hat ihr Gesicht seit damals nicht verändert. Besonders in den 20er und 30er Jahren waren hier die deutschen Spitzenkletterer – wie Welzenbach, Ertl, Schneider oder Heckmair – versammelt, die ihren Mut an der Hochwanner-Nordwand testeten.

Tour 86

Hütte

Zeit Von Garmisch-Partenkirchen: 4–5 Std.; über den Bernadeinsteig: 5 Std.; Abstieg von der Zugspitze: 3 1/2 Std.; Übergang vom Schachen: 3 Std.

Schwierigkeit Lange Hüttenzugangswege. Der Anstieg durchs Reintal ist aber leicht, auch der Abstieg von der Zugspitze, sofern man von der Bergstation auf den Gipfel die Seilbahn zur Sonn-Alpin (Bergstation Zahnradbahn) nimmt, sonst fordert der Abstieg Trittsicherheit und Schwindelfreiheit. Das gilt auch für die zwei anderen Hüttenzugangswege.

Übernachtung Reintalangerhütte, 1366 m (AV-Hütte, Kat. I, 20 Betten, 70 Lager, von Ende Mai bis Mitte Oktober bewirtschaftet, Winterraum mit 15 Lagern, – nur mit AV-Schlüssel zugänglich; Tel. 08821/2903).

Karte Topogr. Karte 1 : 50 000 Werdenfelser Land (BLVA).

Gipfel (Übergang)

Zeit Von der Reintalangerhütte: 3 Std., Abstieg von der Hütte: 3 Std. Auch als Übergang nach Ehrwald empfehlenswert.

Schwierigkeit Bergwanderweg, der Trittsicherheit voraussetzt.

Weitere Hütten

Kreuzeckhaus, siehe Tour 82.
Hochalm, siehe Tour 82.
Knorrhütte, siehe Tour 88.
Oberreintalhütte, 1532 m (Selbstversorgerhütte der AV-Sekt. Garmisch-Partenkirchen, von Pfingsten bis Mitte Okt., Getränke erhältlich, 40 Lager, 13 Notlager). 3 Std. Gehzeit von der Reintalangerhütte.

① Von Garmisch-Partenkirchen

Vom Olympischen Skistadion folgt man dem Fahrsträßchen zum Eingang der Partnachklamm. Durch Tunnels und auf einem mit Geländern gesicherten breiten Weg geht man durch die beeindruckende Klamm. Weiterhin auf breitem Wanderweg der Partnach entlang leicht ansteigend höher (von links mündet bald der steile Weg vom Berggasthaus Eckbauer ein) bis zum Steg über den Ferchenbach. Nun geht es rechts auf der breiten Forststraße weiter, über die Partnach und auf überwiegend schattigem Weg – immer der Partnach entlang – ins Reintal. Der Weg steigt leicht an und ist immer gut erkennbar ausgeschildert. Das Ende der Fahrstraße wird bei einem Lagerplatz (Materiallager für die Reintalangerhütte) erreicht. Nun wandert man auf schmalerem Weg weiter. Man überquert den Reintalbach und bald auch wieder die Partnach und steht unmittelbar nach der Brücke vor der Bockhütte (1052 m; 3 Std.). Auf Wanderweg (Mark.-Nr. 801) geht es nun talein und vorbei an den »Quellen der Sieben Sprünge« zur Blauen Gumpe, einem schönen Rastplatz. Man folgt weiter dem Talboden, steigt dann in Kehren über den folgenden Talriegel durch offeneres Gelände hinweg (schöner Wasserfall der Partnach) und erreicht schließlich durch ein Waldstück die Reintalangerhütte.

② Über den Bernadeinsteig

Vom Kreuzeck (Auffahrt mit der neuen Umlaufbahn) geht es zunächst auf dem breiten

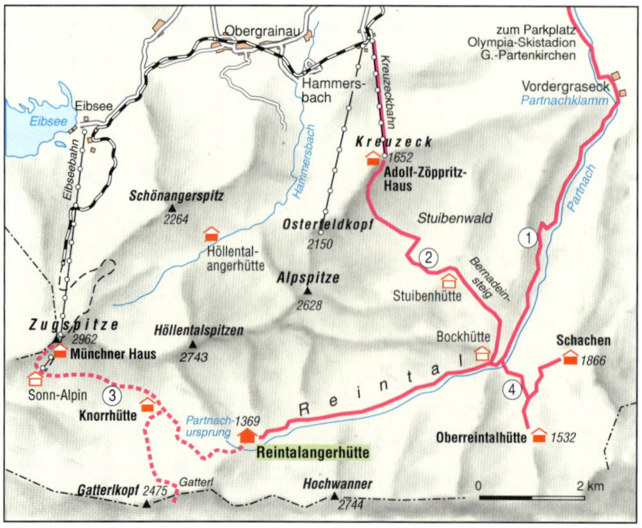

Wanderweg hinüber in Richtung Hochalm. Bei der Wegverzweigung folgen wir dem untersten Weg weiter, erst leicht abfallend, dann wieder ansteigend hinüber zur privaten Bernadeinhütte. Von dort wandern wir eben weiter durch Wald und über den oberen Rand des Gassentals links um die Ausläufer der Stuibenwand herum und dann über den eigentlichen Bernadeinsteig (kurze Seilsicherung) hinab ins Reintal, das man direkt bei der Bockhütte erreicht. Weiter wie Hüttenweg 1.

③ Abstieg von der Zugspitze

Auf gesichertem Steig geht es steil hinab zum Zugspitzblatt (bzw. schneller mit der Hangbahn zum Restaurant Sonn Alpin). Dort folgen wir links der Ausschilderung zur Knorrhütte. Der Weg führt dabei leicht auf der linken Seite des Plattes durch Mulden und über Erhebungen durch eine zunächst unwirtliche Landschaft hinab zur Knorrhütte, dann weiter – bei der Wegverzweigung unterhalb der Hütte rechts halten – über zwei Geländestufen hinab ins grüne Reintal. Zuletzt geht es dann nahezu eben über kargen Weidegrund und durch ein Stück Wald zur Reintalangerhütte.

④ Übergang vom Schachen

Vom Schachenhaus führt ein markierter Steig in Serpentinen steil hinab ins Oberreintal, dort rechts am Reintalbach entlang und über eine weitere steile Geländestufe hinab ins Reintal, das man kurz vor der Bockhütte erreicht. Dort links weiter auf Hüttenweg 1.

Der Hüttengipfel

Der eigentliche Hüttengipfel ist natürlich die Zugspitze (siehe Tour 88). Als alternatives Ziel bietet sich stattdessen der Aufstieg zum Gatterl (2023 m) an, das den Übergang nach Süden markiert. Von dort oben haben wir die Chance, über das tief eingeschnittene Trogtal hinaus einen Blick nach Süden auf die Mieminger Berge zu werfen. Der Anstieg erfolgt zunächst hinauf zur Knorrhütte, von dort leitet links – vor der Hütte – der Plattsteig hinüber zum Gatterl.

Bild oben: Die Reintalangerhütte mit dem »Lido«. Bei schönem Wetter findet der Ausschank auch im Freien statt. Gegenüberliegende Seite: Kurz hinter der Hütte führt ein Steg über die Partnach, die hier oben ihren Ursprung hat.

Tipp

Kurzwanderung zum Partnachursprung: Eine Viertelstunde oberhalb der Reintalangerhütte tritt aus dem Fels eine Quelle aus, die landläufig als Partnachursprung bezeichnet wird. Tatsächlich handelt es sich um das Schmelz- und Sickerwasser des Schneefernergletschers auf der Zugspitze. Bis zu ihrem eigentlichen Ursprung in der Blauen Gumpe versickert das Wasser der Partnach immer wieder im ausgehöhlten Untergrund.

Meilerhütte

Höchste Punkte: Meilerhütte, 2366 m; Partenkirchener Dreitorspitze, 2633 m.

Die Meilerhütte zählt mit 2366 Metern Höhe zu den höchstgelegenen Hütten der Bayerischen Alpen. Sie wurde 1898 von dem Bergfreund Leo Meiler gestiftet und der Sektion Bayerland des Deutschen Alpenvereins übereignet. Bereits 1911 errichtete diese einen großen Steinbau, dem ein wuchtiger Küchenanbau 1936 folgte. Die unmittelbar am Dreitorspitzgatterl gelegene Hütte markiert den Übergang von der Garmischer Seite ins Leutaschtal. Nach der Übernahme der burgähnlichen »Hütte« durch die Sektion Garmisch-Partenkirchen machte sich die Hütte einen Namen als Vorreiterin bei der Nutzung alternativer Energien durch Wind und Sonne.

Tour 87

Hütte

Zeit Von Garmisch-Partenkirchen: 5 1/2 Std.; von Elmau: 4 1/2 Std.; durch das Bergltal bzw. über den Söllerpass: 4 1/2 Std.

Schwierigkeit Die Hüttenanstiege 1 und 2 sind bis zum Schachenhaus leicht, dann Trittsicherheit erforderlich. Für Hüttenweg 3 Trittsicherheit erforderlich, für Hüttenweg 4 zusätzlich Schwindelfreiheit und Orientierungssinn bei Nebel.

Übernachtung Meilerhütte, 2366 m (AV-Hütte, Kat. I, 70 Lager, 40 Notlager, von Mitte Juni bis Anfang Oktober bewirtschaftet, Winterraum in der alten, bereits 1898 erbauten Hütte mit 8 Lagern; Tel. 0171/5227897).

Karte Topogr. Karte 1 : 50 000 Werdenfelser Land (BLVA).

Gipfel

Zeit Von der Meilerhütte: 2 Std., Abstieg zur Hütte: 1 1/2 Std.; insgesamt: 3 1/2 Std.

Schwierigkeit Trittsicherheit und Schwindelfreiheit unbedingt erforderlich. Eisenklammern und Drahtseile erleichtern den Weg.

Weitere Hütten
Gasthaus Elmau, siehe Tour 85.
Wettersteinalm, siehe Tour 85.
Schachenhaus, siehe Tour 85.

① Von Garmisch-Partenkirchen

Vom Skistadion gehen wir bis zum Eingang der Partnachklamm, dann durch die gebührenpflichtige gesicherte Klamm (Umgehung links über Vordergraseck) und folgen der Partnach bis zur Wegverzweigung (Eckbauer); dort geradeaus hinab zum Holzsteg über den Ferchenbach und nach der zweiten Wegverzweigung rechts über die Partnach. Nun wandern wir auf der Forststraße durchs Reintal, beim E-Werk geradeaus weiter. Nach der Hinterklamm überquert man die Partnach, quert den Reintalbach und zweigt links vom Hauptweg ab ins Oberreintal. Nach steilem Anstieg geht es über eine Bergstufe links hinab und in zahlreichen Serpentinen auf dem E 4a zum Schachenhaus. Dort weiter wie Hüttenweg 2.

② Von Elmau

Von Schloss Elmau führt ein breiter, bequem zu gehender und gut ausgeschilderter Weg südwestwärts empor Richtung Schachen. Man ist erst unterwegs auf dem Königsweg, gewinnt allmählich an Höhe – rechts Abstecher zur Wettersteinalpe möglich –, steigt dann steil zum Steilenberg hinauf und erreicht über den Schachenweg das gleichnamige Haus. Vom Schachenhaus steigen wir auf gutem Wanderweg zunächst über den Wiesenrücken des Teufelsgsaß zu den Felsen des Frauenalprückens. Von dort leitet uns ein in den Fels gesprengter Steig hinauf zum Frauenalpl (2202 m). Von dort geht es wieder etwas abwärts, dann über einen Hang zum gleichnamigen Sattel. Dort steigen wir jenseits ein Stück hinab und über ein Geröllfeld hinauf zur Meilerhütte.

③ Durch das Bergltal

Vom Gasthof Hubertus wandern wir auf Wirtschaftsweg durch Wiesen zum Wald, passieren ein Gatter und treffen auf eine Weggabelung, wo sich unser Weg zu einem Pfad verengt. Alsbald treffen wir wieder auf einen Fahrweg, folgen ihm kurz, bis uns rechts eine

Eindrucksvoll: die Dreitorspitzen – die Hüttengipfel der Meilerhütte.

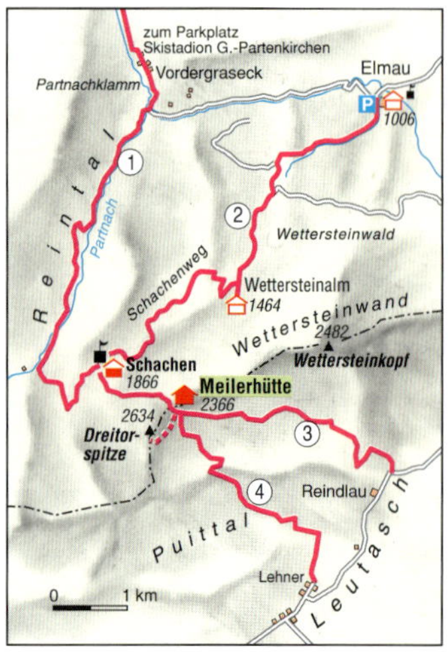

Wegtafel zur Meilerhütte weist. Wir wandern nun hinauf zum grünen Berglboden, dann weiter in zahlreichen Serpentinen auf der Ostseite des Öfelekopfs durch die endlose Latschenzone hinauf zum Leutascher Platt. Unter den Felsen des Mustersteins und der Törlwand steigen wir über die Geröllhalden hinauf zum Gatterl und rechts zur Meilerhütte.

④ Über den Söllerpass

Vom Ortsteil Lehner im Leutaschtal folgt man der Markierungs-Nr. 817/818 durch Wiesen und Wald in Richtung Puittal, überschreitet den Puitbach, hält sich links und steigt dann steil durch Wald hinauf. Bei der Wegverzweigung oberhalb der Waldgrenze hält man sich rechts (Mark.-Nr. 818) und steigt steil in zahlreichen Serpentinen hinauf zum Söllerpass (2259 m). Nun geht es über das weite Leutascher Platt.

Der Hüttengipfel

Partenkirchener Dreitorspitze, 2633 m: Von der Meilerhütte geht es in südlicher Richtung hinab Richtung Leutascher Platt, dann rechts haltend und Querung unterhalb des Bayerlandturms in ausgesetztem Gelände ohne großen Höhenverlust in Richtung Westen (Seilsicherungen). Der Steig hält sich rechts und führt in Serpentinen über die obersten Schutthänge des Platts und geht in festes Gestein über. An einem Felsen mit roter Markierung beginnt der Gipfelanstieg. Zunächst geht es über eine steile Felspassage an Eisenklammern höher, an einer Seilsicherung nach rechts und über eine Felsrippe direkt gipfelwärts. Etwa 80 Meter unterhalb der Gratlinie queren wir eben nach links zum flacheren Gipfelbereich. Über Schottergelände hinauf zum Grat, dann rechts in Serpentinen über Felsstufen auf den Westgipfel der Partenkirchener Dreitorspitze.

Die Meilerhütte thront wie eine Burg am Dreitorspitzgatterl, das den Übergang ins Leutaschtal bildet. Wer hier übernachtet, fühlt sich wie auf einem Gipfel – und die Aussicht ist entsprechend.

Knorrhütte

Höchste Punkte: Knorrhütte, 2052 m; Zugspitze, 2962 m.

Tour 88

Hütte
Zeit Von der Reintalangerhütte: 2 Std. (von Garmisch-Partenkirchen: 7 Std.); von Ehrwald (Ehrwalder Alm): 5 1/2 Std. (bzw. 3 Std.); Abstieg von der Zugspitze: 2 1/2 Std.

Schwierigkeit Der Aufstieg von Garmisch-Partenkirchen über die Reintalangerhütte ist leicht, aber sehr lang. Der Aufstieg von Ehrwald lässt sich mit der Ehrwalder-Alm-Bahn abkürzen, setzt aber Trittsicherheit und Schwindelfreiheit voraus; im Frühsommer noch Schneefelder. Der Abstieg vom Zugspitzplatt erfolgt auf leichtem Wanderweg (bei Nebel an den Stangen orientieren); wer den direkten Weg von der Zugspitze hinunter aufs Platt mitnehmen will, braucht unbedingt Trittsicherheit und Schwindelfreiheit!

Übernachtung Knorrhütte, 2052 m (AV-Hütte, Kat. I, 34 Betten, 88 Lager, von Mitte Mai bis Anfang Oktober bew., offener Winterraum mit 4 Lagern; Tel. 08821/ 2905).

Karte Topogr. Karte 1 : 50 000 Werdenfelser Land (BLVA).

Gipfel
Zeit Von der Knorrhütte: 2 1/2 Std., Abstieg zur Hütte: 2 Std.; insgesamt: 4 1/2 Std.

Schwierigkeit Trittsicherheit und Schwindelfreiheit nötig.

Weitere Hütten
Ehrwalder Alm, 1493 m (priv., ganzj. bew., 40 Betten; Tel. 0043/5673/2534). 1 Std. oberhalb von Ehrwald, mit Kabinenbahn oder zu Fuß auf Fahrweg zu erreichen. >>>

Die Knorrhütte kann wohl als die älteste noch bestehende Bergsteigerunterkunft in den Bayerischen Alpen gelten: Schon im Jahre 1855 wurde unterhalb des Zugspitzplatts eine einfache Hütte errichtet, die nach dem Münchner Bürger Angelo Knorr benannt wurde, der einen größeren Teil der Baukosten übernommen hatte. Die Hütte verfiel allerdings mit der Zeit und diente zeitweise sogar als Schafstall. Knapp 20 Jahre später bot sie allerdings wieder für ein Dutzend Bergsteiger Unterschlupf, nachdem die Sektion München des Deutschen Alpenvereins die Hütte wieder instand gesetzt hatte. Ihr heutiges Aussehen erhielt die Hütte nach den letzten Umbaumaßnahmen im Jahre 1929. Heute finden in der Knorrhütte über 100 Bergsteiger eine sichere Unterkunft.

① Von Garmisch-Partenkirchen

Zunächst wandern wir wie bei Tour 86 zur Reintalangerhütte. Von dort folgen wir dem ausgeschilderten Wanderweg links über die Partnach und wandern dann leicht ansteigend über Schafweiden bis zum Ende des Reintals. Von dort führt nun ein etwas steiniger Wanderweg in einigen Serpentinen über zwei Geländestufen hinauf zur Knorrhütte, wobei die linke Wegverzweigung auf den einfacheren Weg führt.

② Von Ehrwald

Wir wandern entweder auf gesperrtem Fahrweg oder auf Wanderweg hinauf zur Ehrwalder Alm (1493 m) oder benutzen die Ehrwalder-Alm-Bahn. Dort führt ein Fahrweg weiter in Richtung Gaistal – zum Teil durch Wald –, vorbei an der Pestkapelle, zu einer Weggabelung. Dort geht es links steil hinauf zur Hochfeldernalm. Wir wandern nun auf schmalem Pfad über die Weidehänge weiter steil hinauf, biegen bei den nächsten beiden Wegverzweigungen jeweils rechts hinauf zum Brand (2120 m), dem höchsten Punkt dieses Hüttenwegs. Dann geht es leicht hinab zum Feldernjöchl (2045 m), bei der Wegverzweigung links weiter leicht hinab zum Gatterl, dem Übergang (zugleich Grenze zwischen Bayern und Tirol) ins Reintal. Eine kurze drahtseilgesicherte Stelle muss gemeistert werden, dann wandern wir auf gutem Pfad nahezu eben hinüber zur bereits sichtbaren Knorrhütte.

③ Abstieg vom Zugspitzplatt

Wir gehen am Restaurant Sonn Alpin rechts vorbei und auf Schotterweg zum Pfad, der von links von der Zugspitze herabführt. Dort wandern wir rechts auf einem leichten, ausgeschilderten Weg im Auf und Ab durch die Moränenlandschaft des beinahe abgeschmol-

Am Anstieg von der Reintalangerhütte zur Knorrhütte.

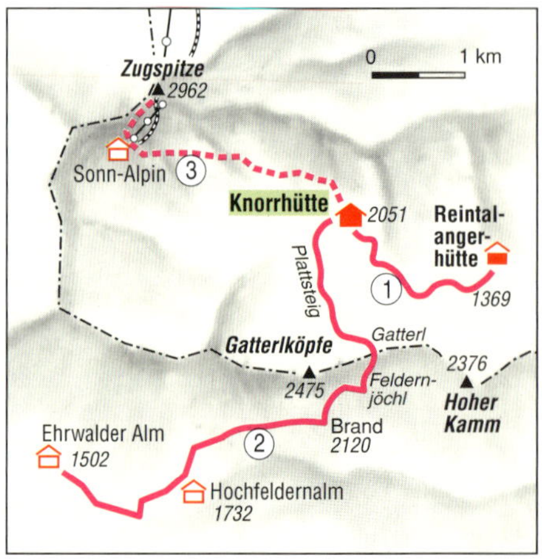

zenen Zugspitzgletschers, dann in Kehren hinab zum bald sichtbaren Unterkunftshaus. Auf den letzten Metern sehen wir nun endlich einige grüne Matten mit – Überraschung! – weidenden Schafen.

Der Hüttengipfel

Zugspitze, 2962 m: Deutschlands höchster Gipfel kann natürlich am schnellsten mit den drei Bergbahnen erreicht werden. Ansprechender ist aber sicher der Weg zu Fuß. Der einfachste Aufstieg erfolgt durch das Reintal und über die Knorrhütte.

Von der Knorrhütte geht es auf markiertem, leichtem Steig in Serpentinen über das etwas unübersichtliche Platt – bis in den Frühsommer hinein sind hier Schneefelder zu finden – hinauf zur Bergstation der Zugspitz-Zahnradbahn (Sonn Alpin). Von dort führt die Hangbahn direkt hinauf zum Zugspitzgipfel. Zum Gipfelkreuz sind es von hier zwar nur wenige Meter auf gesichertem Steig, aber dafür braucht es dann schon noch Schwindelfreiheit. Wer die Gondelbahn vermeiden will, folgt vom Restaurant Sonn Alpin dem markierten und mit Stangen und Seilen gesicherten Steig in zahlreichen Serpentinen durch den steilen und schottrigen Gipfelhang. Der Zugang zum Zugspitz-Ostgipfel erfolgt am östlichen Ende der Aussichtsplattform. Von dort leitet ein gesicherter Steig zum großen, goldglänzenden Gipfelkreuz.

Die Knorrhütte am unteren Rand des Zugspitzplatts. In Hüttennähe finden die Schafe die höchstgelegenen Grasbüschel.

>>>

Hochfeldernalm, 1732 m (privat, von Juni bis Anfang Oktober bewirtschaftet, 8 Betten; Tel. 0043/699/10872502).
Sonn Alpin, 2600 m (Gletscherbahnhof der Zugspitz-Zahnradbahn mit Restaurant).
Reintalangerhütte, siehe Tour 86.
Münchner Haus, siehe Tour 84.

Wettersteinhütte

Höchste Punkte: Wettersteinhütte, 1700 m; Predigtstuhl, 2234 m.

Tour 89

Hütte

Zeit Von Klamm: 1½ Std.; vom Parkplatz Salzgraben: 2 Std.; Übergang zur Rotmoosalm: 3 Std.; Weiterweg zum Steinernen Hüttl: 1½ Std.; Abstieg zur Tillfußalm: ¾ Std.; Rückweg durchs Gaistal: 1½ Std.

Schwierigkeit Almfahrweg, dann Bergsteige, teilweise steil. Der Übergang von der Wettersteinhütte zum Steinernen Hüttl erfordert Trittsicherheit.

Übernachtung Wettersteinhütte, 1700 m (privat, bewirtschaftet von Pfingsten bis Oktober, 40 Lager, Tel. 0043/5214/6688).

Karte Topogr. Karte 1 : 50 000 Werdenfelser Land (BLVA).

Gipfel

Zeit Von der Rotmoosalm: 1½ Std.; Abstieg zur Hütte: 1½ Std.

Schwierigkeit Trittsicherheit u. Schwindelfreiheit erforderlich.

Weitere Hütten

Hämmermoosalm, 1400 m (privat, Einkehr zur Weidesaison). **Wangalm**, 1753 m (privat, Mitte Juni bis Anfang Oktober bewirtschaftet, 20 Lager; Tel. 0043/664/2112749). **Rotmoosalm**, 1834 m (privat, Juni bis Anfang Oktober bewirtschaftet; einige Lager; Tel. 0043/664/4226149). **Steinernes Hüttl**, 1925 m (privat, Juni bis Mitte Oktober bew.). **Tillfußalm**, 1382 m (privat, Mitte Mai bis Anfang Oktober bewirtschaftet, Übernachtung: Tel. 0043/5214/6297). **Gaistalalm**, 1350 m (privat, Mitte Mai bis Mitte Oktober und Weihnachten bis Ostern bewirtschaftet, Übernachtung; Tel. 0043/5214/5190).

Die Wettersteinhütte, auf der Südseite des Wettersteingebirges in 1717 Metern Höhe gelegen, ist ein aussichtsreicher und auch gemütlicher Stützpunkt für Wanderer und Kletterer, die die sonnigen Routen auf der Wetterstein-Südseite zu schätzen wissen. Für geübte Wanderer bietet sich hier ein schöner, nicht bezeichneter Höhenweg (Südsteig) hinüber zur Ehrwalder Alm an.

① Von Klamm

Vom Leutascher Ortsteil Klamm (keine Parkmöglichkeit) führt der markierte Wanderweg (Nr. 817) rechts des Klammbaches durch Wiesen zum Bergfuß, dann durch Wald steil hinauf zu den Almwiesen der Wangalm. Dort quert man links über ein Brückerl den Klammbach und steigt kurz zur Wettersteinhütte ab.

② Vom Parkplatz Salzgraben

Vom Parkplatz Salzgraben geht es links über die Brücke und auf dem breiten Almweg durchs Gaistal. Nach einer Viertelstunde zweigt rechts der Fahrweg zur Hämmermoosalm ab. Ein kurzes Stück durch Wald, dann sind die weiten Weidehänge der Alm erreicht. Man folgt dem oberhalb der Alm führenden Fahrweg, der in einen Bergsteig übergeht (Mark.-Nr. 41), quert bald den Salzbach und einige seiner Zuflüsse und trifft kurz darauf auf den von rechts heraufkommenden direkten Bergweg. Nun links weiter bergwärts, bis bald der Wurzige Steig rechts abzweigt, und ostwärts durch Nadelwald. Am Schönegg geht es links etwas steil den Berg hinauf, bis der Steig sich wieder Richtung Osten wendet. Am oberen Rand der Waldgrenze zur auf einem Vorsprung gelegenen Wettersteinhütte.

③ Abstiegsrunde über Rotmoosalm und Steinernes Hüttl

Von der Wettersteinhütte geht es in den Klammbachgraben, dann links den neuen Fahrweg hinauf zur Wangalm, an ihr vorbei und in Serpentinen die freien Weidehänge hinauf. Wir wandern entlang des Klammbachs in das Kar des Oberreintalschrofens, wo man auf den Südsteig trifft. Wir halten uns links und steigen auf aussichtsreichem Höhenweg hinauf auf den Roßbergsattel und leicht ansteigend den Pfadspuren folgend durch die Kare der Südseite. Nach der Hälfte des Weges erreicht man den höchsten Punkt. Es geht hinab in die Mulde unterhalb des Schönbergs, durch Latschen und über freie Almhänge hinunter zur Rotmoosalm. Von dort kann man ins Gaistal absteigen oder auf dem Höhenweg übers Steinerne Hüttl auf Bergpfad zur Tillfußalm hinabwandern. Dort zurück zum Ausgangspunkt.

Der Hüttengipfel

Predigtstuhl, 2234 m: Von der Rotmoosalm geht es auf markiertem Weg zum Sattel zwischen Predigtstuhl und Hochwanner. Wir steigen links auf den felsigen Nordgrat, abermals links und auf markiertem Steig durch eine Felsrinne zum Gipfel.

Die private Wettersteinhütte hoch über der Leutasch.

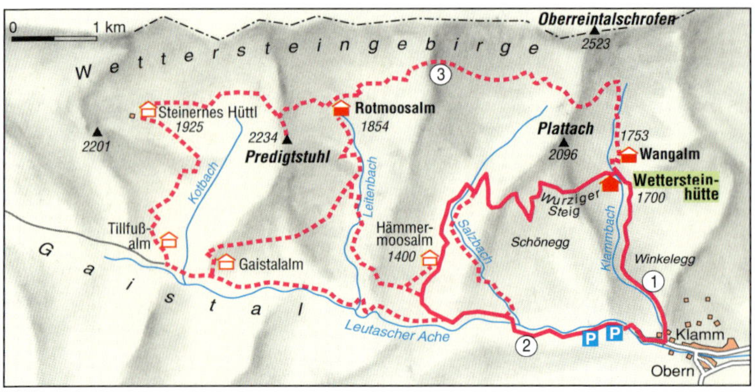

Neue Alplhütte

Höchste Punkte: Neue Alplhütte, 1504 m; Karkopf, 2469 m.

Die private Neue Alplhütte schließt eine Lücke auf der Südseite der Mieminger Berge, da das gleich in der Nähe gelegene Alplhaus nur Sektionsmitgliedern des Alpenvereins zugänglich ist. In schöner Lage über dem Mieminger Plateau gelegen, dient es als Stützpunkt für Touren auf die Hohe Munde, auf den Karkopf oder die Hochwand.

① Von Wildermieming

Von der Kirche in Wildermieming gehen wir links zum Waldrand, dann auf dem markierten Ochsenbrünndlsteig (Kreuzweg) hinauf zur Wendelinkapelle. Dann geht es weiter durch Wald und über eine Schneide – vorbei an einer Jagdhütte – hinein ins Alpltal und zur Neuen Alplhütte. Folgende Alternative ist ebenfalls möglich: Wir fahren mit dem Auto bis zur Sagkapelle, dann auf breitem Weg vorbei am Gasthaus Strassberg zur Hütte.

② Von Telfs über Strassberghütte

Vom nördlichen Ortsende (Südtiroler Siedlung) wandern wir am Griesbach entlang bis zu einem Kraftwerk. Dort beginnt der künstlich angelegte Klammsteig, der hinauf zum Gasthaus Strassberg führt. Dort gehen wir weiter auf einem Forstweg, bis dieser den Bach überquert. Hier wandern wir nun rechts am Bach entlang und durch Latschen hinauf zur Neuen Alplhütte.

③ Aus der Leutasch

Vom Parkplatz wandern wir auf dem Wirtschaftsweg ins Gaistal bis zur Tillfußalm. Dort zweigt links der markierte Steig (Mark.-Nr. 811) ab. Zunächst geht es links über den Gaistalbach, dann in Kehren durch Wald – über einen Forstweg hinweg – in weiten Serpentinen hinauf in den Sattel der Niederen Munde (2059 m). Jenseits wandern wir nun hinab zu einer Wegverzweigung und rechts weiter und über den Hintereggen zur Neuen Alplhütte.

Der Hüttengipfel

Karkopf, 2469 m: Von der Neuen Alplhütte geht es zunächst auf markiertem Weg in Richtung Judentörl, dann über einen Bach und gleich dahinter rechts auf markiertem Pfad direkt auf die Hochwand zu. Anschließend geht es wieder über den Bach und durch ein Latschenfeld hinauf zu einem Rücken. Dort queren wir in das Hochwandkar hinein und wandern unter der Hochwand-Südostwand rechts hinüber zum »Tiergarten«. Über mehrere Gras- und Schutthänge steigen wir dann hinauf zum Ostgrat und links zum Gipfel.

Unser Tipp

Für Mountainbiker gibt es von Telfs eine separate Route hinauf zur Neuen Alplhütte; sie verläuft rechts des Griesbaches.

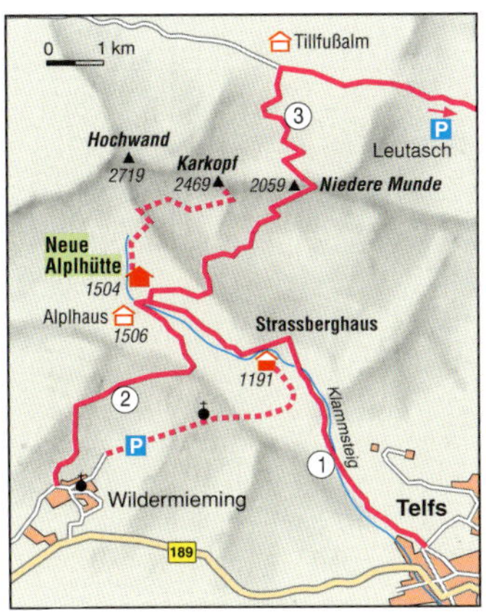

Tour 90

Hütte

Zeit Von Wildermieming: 2 Std.; von Telfs: 1 1/2 Std.; aus der Leutasch: 4 Std.

Schwierigkeit Vom Parkplatz bis zur Neuen Alplhütte Forstweg; ab Strassberghaus alternativ auch Wanderweg durch Wald. Von Wildermieming markierter Bergwanderweg.

Übernachtung Neue Alplhütte, 1504 m (privat, 9 Betten, 15 Lager, bewirtschaftet von Pfingsten bis Anfang Oktober; Tel. 0043/676/7209100).

Karte Freytag&Berndt-Wanderkarte 352, 1 : 50 000 Ehrwald – Lermoos – Reutte – Tannheimer Tal.

Gipfel

Zeit Von der Neuen Alplhütte: 2 1/2 Std., Abstieg zur Hütte: 1 3/4 Std.; insgesamt: 4 1/4 Std

Schwierigkeit Trittsicherheit und Schwindelfreiheit erforderlich.

Weitere Hütten

Strassberghaus, 1200 m (privat, bewirtschaftet von Anfang Mai bis Anfang Oktober, danach an den Wochenenden). **Alplhaus**, 1506 m (AV-Hütte, Selbstversorgerhütte mit 18 Lagern; Schlüssel nur über die Sektion). In Nähe der Neuen Alplhütte.

Die Neue Alphütte eignet sich auch für Kurzausflüge mit Kindern, da der Anstiegsweg kurz ist und die Hütte mit einem Spielplatz und einer schönen Terrasse aufwarten kann.

Rauthhütte

Höchste Punkte: Rauthhütte, 1600 m; Hohe Munde Ostgipfel, 2592 m; Hohe Munde Westgipfel, 2662 m.

Die Rauthhütte steht auf einem Felsabsatz am Osthang der Hohen Munde, dem vermutlich eindrucksvollsten Berg der Mieminger Kette. 1928 erbaute der Großvater des heutigen Wirts, Andrä Rauth, ein Bergführer, eine erste Hütte, um seine Kunden gut untergebracht zu wissen. Durch einen Blitzschlag brannte die Hütte jedoch bald ab und musste erneut errichtet werden. 1961 kam ein erster Anbau dazu. 1969 wurde dann der Mundelift gebaut. Mittlerweile hat sich hier oben eine beliebte Ausflugsgaststätte etabliert.

Tour 91

Hütte
Zeit Mit dem Sessellift nur wenige Minuten zu Fuß; von Obern: 1 1/2 Std.

Schwierigkeit Bergwanderwege.

Übernachtung Rauthhütte, 1600 m (privat, 20 Betten, 60 Lager, bewirtschaftet von Mitte Dezember bis einschließlich Ostern und von Pfingsten bis Mitte Oktober; Tel. 0043/664/2815611).

Karte Topogr. Karte 1 : 50 000 Werdenfelser Land (BLVA). Freytag&Berndt-Wanderkarte 322, 1 : 50 000 Wetterstein – Karwendel – Seefeld.

Gipfel
Zeit Von der Rauthhütte: 3 Std., Abstieg zur Hütte: 2 Std.; insgesamt: 5 Std.; Übergang zum Westgipfel: 30 Min.; Abstieg über den Niedere-Munde-Sattel ins Gaistal und Rückkehr zum Ausgangspunkt: 4 Std.

Schwierigkeit
Trittsicherheit erforderlich. Der Übergang zum Westgipfel und der Abstieg in den Niedere-Munde-Sattel erfordert zusätzlich Schwindelfreiheit (einige Seilsicherungen und Eisenklammern).

Weitere Hütten
Gaistalalm, 1350 m (privat, bewirtschaftet von Mitte Mai bis Mitte Oktober und von Weihnachten bis Ostern, Übernachtungsmöglichkeit; Tel. 0043/5214/5190).

① Mit dem Sessellift

Schnellster Zugang zur Hütte. Der Sessellift – ein Einzellift – ist im Winter wie im Sommer in Betrieb. Die Bergstation liegt direkt neben der Rauthhütte.

② Fußweg von Obern

Im Ortsteil Obern biegt man beim Café Sabine rechts ab und nimmt den Weg zum Waldrand, dann folgt man dem kontinuierlich ansteigenden Weg durch Wald zur Rauthhütte.

Die Hüttengipfel

Hohe Munde (Ostgipfel), 2592 m: Von der Rauthhütte folgt man dem schönen markierten Wanderweg zuerst durch eine flache, dann immer steiler werdende Wiesenmulde hinauf zu einem herrlichen Aussichtspunkt. Durch Latschen und den schottrigen Gipfelhang geht es in zahlreichen Serpentinen hinauf – dabei über ein paar Felsstufen hinweg – zum Ostgipfel. Fortsetzung über den Westgipfel, 2662 m, und Abstieg ins Gaistal: Vom weiten Gipfeldach geht es dann westwärts über einen steinigen Pfad hinunter in die Einsenkung zwischen beiden Gipfeln, wo über das »Steinerne Manndl«, einen schmalen Grat, der höchste Punkt erreicht wird.
Vom Westgipfel steigen wir auf markierter Route (Klettersteig) zuerst in Richtung Norden ab, dann geht es links über eine Scharte hinab ins Rauhe Tal und anschließend rechts ansteigend zu einem Vorgipfel. Über den breiten Rücken steigen wir hinab zum Niedere-Munde-Sattel. Dort wandern wir rechts auf gutem Weg hinab ins Gaistal und wiederum rechts auf dem Almfahrweg hinaus nach Obern.

Unser Tipp

Die Rauthhütte ist bestens ausgestattet und verfügt mittlerweile über einen Seminarraum und einen Kinderspielplatz. Und auf der Rauthhütte kann man auch gut feiern, auch mit Kindern, denn der Wirt richtet auf Wunsch Kindergeburtstage aus. Und es gibt sogar eine hauseigene Disko!

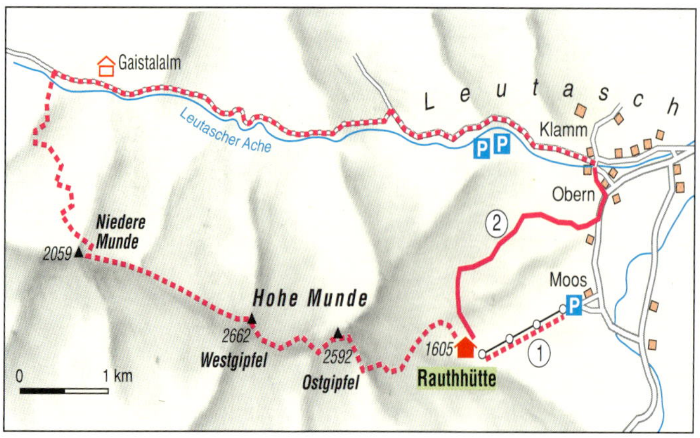

Die Rauthhütte am Osthang der Hohen Munde.

Lehnberghaus

Höchste Punkte: Lehnberghaus, 1554 m; Wankspitze, 2209 m.

Das Lehnberghaus steht auf einer Waldlichtung auf der Südseite der Mieminger Berge auf dem Boden einer ehemaligen Alm. Die Gemeinde Obsteig hat dieses Haus im Jahre 1960 erbaut und an einen Hüttenbetreiber verpachtet. Das Lehnberghaus steht Wanderern, Skibergsteigern und sonstigen Ausflüglern nahezu das ganze Jahr über offen. Im Winter ist es ein beliebtes Ziel für Rodler, die die 4,5 Kilometer lange Strecke hinab zum Gasthaus Arzkasten zu schätzen wissen. Auf der Hütte können Rodel ausgeliehen werden.

① Vom Gasthof Arzkasten

Vom Parkplatz gehen wir links am Gasthaus Arzkasten vorbei und bald rechts haltend auf Forstweg in den Wald. Bei den ersten beiden Abzweigungen geht es rechts weiter. Dann überqueren wir rechts den Bach und wandern auf dem breiten Hüttenweg mit gelegentlichen Sitzbänken in einer großen Kehre höher, schließlich links leichter ansteigend auf Fahrweg zum Lehnberghaus.

Alternativ dazu der Bachweg: Bei der zweiten Abzweigung geht es geradeaus weiter eine halbe Stunde am Weg entlang, dann rechts über ein Brückerl auf die andere Seite (zerstörter Fahrweg, Murenabgang, Lawinen) und links weiter bergan. Zuletzt steigen wir rechts in Kehren durch Wald hinauf – vorbei an einer kleinen Hütte – davor rechts in wenigen Minuten zum Lehnberghaus.

② Von Barwies (Mieming)

Von der Kirche in Barwies gehen wir zum Schwimmbad, dann rechts vorbei dem Wegweiser folgend zum Waldrand und an diesem entlang zum Kohlplatz. Dort beginnt der markierte Steig (Mark.-Nr. 5) durch den Lichtenwald über ein Joch hinweg zum Lehnberghaus.

③ Übergang von der Coburger Hütte

Siehe dazu Tour 93 in umgekehrter Richtung.

Der Hüttengipfel

Wankspitze, 2209 m: Vor dem Lehnberghaus wandern wir rechts (Wegweiser) auf rauem Fahrweg durch Wald steil hinauf bis zu einem quer führenden Forstweg, dort rechts einige Minuten eben weiter, bis links der ausgeschilderte Bergweg abzweigt. Durch Wald geht es hinauf zu einem freien Wiesenfleck mit Wegverzweigung. Dort wandern wir links auf Wanderweg über Bergmatten – flankiert von Bäumen und dann nur noch Latschen – hinauf bis zur freien Ostflanke des Berges. Nun geht es links über den freien Berghang hinauf zum Gipfel der Wankspitze mit großem Holzkreuz.

Tour 92

Hütte

Zeit Vom Gasthof Arzkasten: 1¼ Std.; von Barnwies: 2¼ Std.; Übergang von der Coburger Hütte: 2¼ Std.

Schwierigkeit Bergwanderwege. Der Übergang von der Coburger Hütte (Steig über die Grünsteinscharte) setzt Trittsicherheit voraus.

Übernachtung Lehnberghaus, 1554 m (privat, nahezu ganzjährig bewirtschaftet, von Anfang November bis Weihnachten und die letzten Aprilwochen geschlossen, 7 Betten, 17 Lager; Tel. 0043/5264/8333).

Karte Freytag&Berndt-Wanderkarte 352, 1:50 000 Ehrwald – Lermoos – Reutte – Tannheimer Tal.

Gipfel

Zeit Vom Lehnberghaus: 1½ Std.; Abstieg zur Hütte: 1 Std.; insgesamt: 2½ Std.

Schwierigkeit Leichter Bergwanderweg. Am Gipfel jedoch Vorsicht!

Weitere Hütten

Gasthaus Arzkasten, 1151 m (privat, nahezu ganzjährig bewirtschaftet, in der Übergangszeit jedoch geschlossen).
Marienbergalm, 1622 m (privat, bewirtschaftet von Mitte Juni bis Anfang Oktober, Übernachtungsmöglichkeit).
Coburger Hütte, siehe Tour 93.

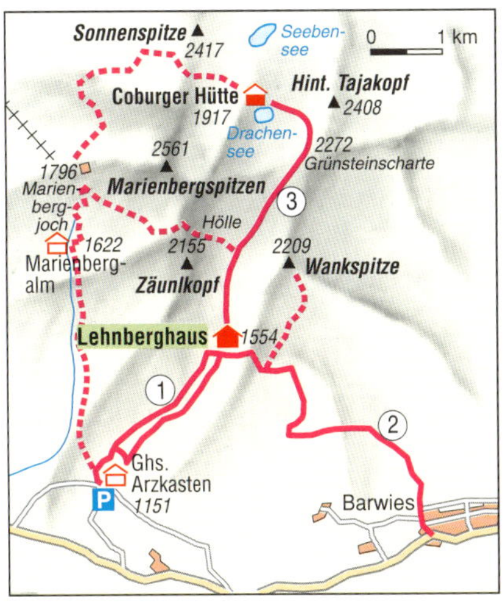

Das Lehnberghaus auf der Südseite der Mieminger Berge ist ganzjährig bewirtschaftet.

Coburger Hütte

Höchste Punkte: Coburger Hütte, 1920 m; Hinterer Tajakopf, 2408 m.

Die Coburger Hütte kann sicher mit einem der schönsten Bergszenarien aufwarten: Blickt man nach Norden, fällt das Auge auf die prallen Felswände des Zugspitzmassivs, links von der Hütte erhebt sich die schön geformte Pyramide der Ehrwalder Sonnenspitze, und das restliche Panorama bildet ein Kranz von schroffen Gipfeln der Mieminger Berge. Etwas unterhalb liegt der reizvolle Drachensee. Die im Jahre 1901 erbaute Hütte ist nach wie vor die einzige Alpenvereinshütte in den Mieminger Bergen, und sie braucht sich auch hinsichtlich ihres Gemütlichkeitsfaktors nicht zu verstecken. Doch auch technisch war die Hütte immer up to date: Man baute sogleich eine feste Wasserleitung für Trinkwasser ein, nutzte einen Turbodynamo für die Versorgung mit Strom. Bereits zum Jahreswechsel 1907/08 wurde eine Telefonanlage installiert. Die Außerfernbahn brachte bald zahlreiche Gäste. In den 1980er Jahren wurde die Energieversorgung auf Pflanzenölbasis mit fotovoltaischer Ergänzung umgestellt, die Abwasserversorgung umweltgerecht umgestellt, die Küche erneuert und neue Räume gebaut. Das Ergebnis ist ein alpines Heim, das auch höchsten Ansprüchen gerecht wird.

Tour 93

Hütte
Zeit Von Ehrwald: 3 Std. (von der Ehrwalder Alm: 2 Std.); von Biberwier: 3 1/2 Std.; Übergang vom Lehnberghaus: 3 Std.

Schwierigkeit Mit Ausnahme des Anstiegs von der Ehrwalder Alm (überwiegend Almsträßchen) setzen alle Hüttenzustiege Trittsicherheit voraus, der Anstieg über den Hohen Gang (Hüttenweg 1) sogar Schwindelfreiheit.

Übernachtung Coburger Hütte, 1920 m (AV-Hütte, Kat. I, 80 Lager, 20 Notlager, Winterraum 10 Lager, Schlüssel über die Sektion, von Mitte Juni bis Mitte Oktober bewirtschaftet; Tel. 0043/6643/254714).

Karte Topogr. Karte 1 : 50 000 Werdenfelser Land (BLVA). Freytag&Berndt-Wanderkarte Nr. 322, 1 : 50 000 Wetterstein – Karwendel – Seefeld.

Gipfel
Zeit Von der Coburger Hütte: 1 1/2 Std., Abstieg zur Hütte: 1 Std.; insgesamt: 2 1/2 Std.

Schwierigkeit Anstieg auf schmalem Bergpfad, im Gipfelbereich Trittsicherheit und Schwindelfreiheit erforderlich, obwohl objektiv nicht schwierig.

Weitere Hütten
Seebenalm, 1566 m (privat, von Anfang Juni bis Mitte Oktober bewirtschaftet, einige Lager; Tel. 0043/664/058382). 1 Std. von der Ehrwalder Alm.
Ehrwalder Alm, 1502 m (privat, von Ende Mai bis Mitte Oktober – Montag Ruhetag – und von Weihnachten bis Ostern bewirtschaftet, Übernachtung; Tel. 0043/5673/2534).
Lehnberghaus, siehe Tour 92.

① Von Ehrwald über den Hohen Gang

Am östlichen Ortsrand (etwas unterhalb des Parkplatzes an der Ehrwalder-Alm-Bahn) beginnt bei der Kapelle rechts ein Pfad (Mark.-Nr. 812), der durch schönen Mischwald bis unter die ersten Felsen führt. Von dort leitet ein zum Teil ausgesetzter, aber gesicherter Bergsteig über ein paar felsige Absätze hinüber in einen großartigen Felsenkessel. Leicht absteigend – an knorrigen Bäumen vorbei – geht es weiter zum Seebensee, wo man auf die von der Ehrwalder Alm heraufführende Almstraße trifft. Weiter wie unten.

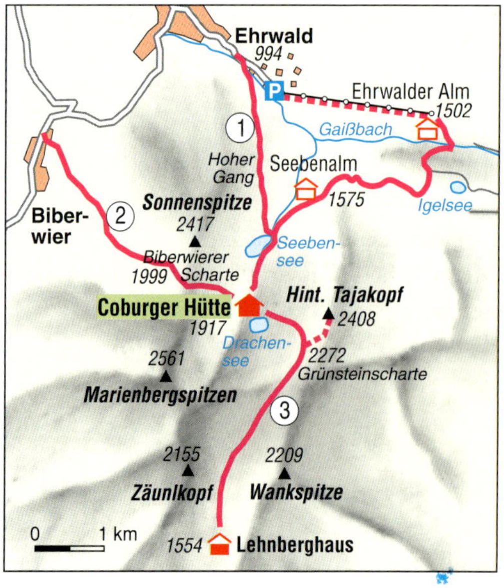

① Variante: ab Ehrwalder Alm (a)

Die Ehrwalder-Alm-Bahn verhilft zu einer guten Möglichkeit, erst einmal Höhe zu gewinnen (1502 m). Von dort wandert man auf Almsträßchen über Almwiesen talein und hält dann auf den rechts liegenden Bergrücken zu. Ein bequemer Almfahrweg bringt in mäßiger Steigung durch Wald zur bewirtschafteten Seebenalm und zum nahe gelegenen Seebensee. Wir wandern links am See vorbei und auf dem nun schmalen Bergsteig in Serpentinen steil hinauf durch einen latschenbestandenen Hang zur Coburger Hütte über dem Drachensee.

② Von Biberwier

Von der Dorfmitte folgt man der Ausschilderung zur Rochuskapelle und wandert dann jenseits (Mark.-Nr. 814) bergwärts. Der Panoramaweg zwischen Ehrwald und Biberwier wird gekreuzt, dann folgt man dem Knappensteig durch ein bewaldetes Tal bergauf. Zuletzt geht es in zahlreichen Serpentinen hinauf zur Biberwierer Scharte (1999 m), jenseits dann sanft hinab zur Coburger Hütte.

③ Übergang vom Lehnberghaus

Wir gehen links am Haus vorbei und nahezu eben auf schmalem Fahrweg zum Bach. Dort beginnt der Wanderweg (Mark.-Nr. 812), der uns hinauf in das Kar »Hölle« führt. Weiter

geht es in gerader Linie in kurzen Serpentinen steil hinauf zur Grünsteinscharte (2272 m). Dann steigen wir jenseits steil hinab und rechts haltend in Richtung Tajatörl, bis links der Pfad zur bereits sichtbaren Coburger Hütte abzweigt. Über die Geröllreißen geht es dann hinab zum Drachensee und kurz ansteigend zur Hütte.

Der Hüttengipfel

Hinterer Tajakopf, 2408 m: Von der Hütte führt zunächst ein Pfad hinab zum Drachensee. Wir gehen links um diesen herum und in kurzen Serpentinen über eine Geländestufe hinauf ins Kar unterhalb der Griesspitzen, wo man auf den von der Grünsteinscharte kommenden Pfad trifft. Hier wandern wir nun links nahezu eben weiter bis knapp vor das Hintere Tajatörl (2259 m). Dort zweigt links ein markierter Pfad ab. Man geht links um den ersten Felsaufbau herum und steigt zum begrünten Sattel am Beginn des eigentlichen Gipfelgrates. Auf diesem steigen wir hinauf zum höchsten Punkt.

Unser Tipp

Ein Besuch des Geißbaches. Der Geißbach, der den Seebensee entwässert, stürzt unterhalb der Seebenalm in einem gewaltigen, 150 Meter hohen Wasserfall zu Tal. Hier mündet der Steig, der von der Talstation der Ehrwalder-Alm-Bahn heraufführt. Auf gutem Weg geht es zunächst hinab zum Geißbach, dann auf einer Brücke über diesen hinweg, wo wir auf den Altmühlensteig treffen. Auf diesem Steig gehen wir links zu den Oberen Mähdern und weiter bis unter die steil abbrechenden Seebenwände.

Die Coburger Hütte am Drachensee kann mit einem Panorama der Superlative aufwarten. Es sind nicht die fernen Berge, die hier beeindrucken, sondern die prallen Felswände des Zugspitzmassivs sowie die phantastische Lage inmitten eines Felsenkessels, der von der Ehrwalder Sonnenspitze, der Marienbergspitze, dem Grünstein und den Tajaköpfen begrenzt wird.

LECHTALER ALPEN

Die Lechtaler Alpen gehören dank ihrer gewaltigen Ausdehnung zu den großen Gebirgsgruppen der Alpen. Mit nahezu 500 Gipfeln über 2000 m Höhe und einer Fläche von 1000 Quadratkilometern bieten sie ein nahezu unerschöpfliches Wanderrevier. In diesem Band sind sie allerdings nur mit dem nördlichsten Teil vertreten. Doch die hier vorgestellten Hütten mit den dazu gehörenden Gipfeln geben einen guten Einblick in die landschaftlichen Formen sowie in die Geologie und Flora diese Gebiets. Mit dem Muttekopf – dem Hausberg der Muttekopfhütte – wird auch einer der großartigsten Aussichtsgipfel in den Nördlichen Kalkalpen vorgestellt.

Blick vom Anstieg zur Namlosen Wetterspitze nach Osten über das nebelverhangene Plötzigtal (Bild links).

Die Anhalter Hütte hat mit der Heiterwand eine beeindruckende Kulisse zu bieten (Bild oben).

Wolfratshauser Hütte

Höchste Punkte: Wolfratshauser Hütte, 1753 m; Grubigstein, 2233 m.

Tour 94

Hütte

Zeit Von Lermoos: jeweils 2 Std.; Abstieg von der Bergstation des Grubigstein-Sessellifts: 1/2 Std.; Aufstieg von der Mittelstation: 1 1/2 Std.; von Biberwier: 3 Std.; vom Fernpass: 2 1/2 Std.

Schwierigkeit Im unteren Bereich leichte Bergwanderwege, weiter oben Bergsteige.

Übernachtung Wolfratshauser Hütte, 1753 m (AV-Hütte, Kat. II, 10 Betten, 29 Lager, vom zweiten Samstag im Juni bis zum zweiten Samstag im Oktober sowie vom 26. Dezember bis Ostermontag bewirtschaftet; Tel. 0043/664/9058920).

Karte Topogr. Karte 1 : 50 000 Werdenfelser Land (BLVA).

Gipfel

Zeit Von der Wolfratshauser Hütte: 1 Std., Abstieg zur Hütte: 3/4 Std.; insgesamt: 1 3/4 Std.

Schwierigkeit Gesicherte Steiganlage, Trittsicherheit erforderlich.

Weitere Hütten

Grubigsteinhaus, 2028 m (privat, ganzjährig bewirtschaftet, 36 Lager; Tel. 0043/664/9857558). An der Bergstation des Grubigstein-Sessellifts.

Brettlalm, 1330 m (privat, ganzjährig bewirtschaftet). An der Mittelstation der Grubigsteinbahn. Von Lermoos 1 Std.

Die Wolfratshauser Hütte liegt am Nordhang des Grubigsteins, hoch über Lermoos. Die an aussichtsreicher Stelle – mit schöner Terrasse – gelegene Hütte wurde 1921 erbaut und dient als Stützpunkt für den Grubigstein, die Gartnerwand und die Pleisspitze. Außerdem liegt sie an der alpinen Variante des Europäischen Weitwanderweges E 4. Im Winter ist sie in das Alpinskigebiet Grubigstein eingebunden.

① Von Lermoos

Von der Talstation der Grubigstein-Lifte wandern wir zum oberen Dorfrand, dann auf ausgeschilderten Wegen hinauf zum Gschwandkreuz und weiter zur Mittelstation der Bahn (1330 m). Von dort geht es auf markiertem Weg (E 4a/Mark.-Nr. 10) zum Grubigbrünnle und hinauf zum Alpenvereinshaus.

② Mit dem Grubigstein-Sessellift

Von der Mittelstation (1330 m) auf ausgeschildertem Wanderweg hinauf oder von der Bergstation (2210 m) auf markiertem Steig hinab zur Wolfratshauser Hütte.

③ Von Biberwier

Am Straßendreieck in Biberwier (Straße von Lermoos und Ehrwald) beginnt der markierte Steig (Mark.-Nr. 601 A) durch den Lermooser Wald, der immer auf der Kammhöhe zur Grubigalm mit der Bergstation der Kabinenbahn (1705 m) führt. Dort rechts und nahezu eben über den Grubigsattel durch latschenbewachsene Hänge zur Wolfratshauser Hütte.

④ Durch das Gartnertal

Vom Parkplatz auf Sträßchen nach Untergarten, dann auf Wirtschaftsweg ins Gartnertal hinein und leicht ansteigend zur Gartneralm (1399 m). Dort rechts vom Bach weg und etwas oberhalb über freie Hänge in einem Linksbogen über den Bach, durch einen Graben hinauf zu einem Kamm und jenseits hinab zur Hütte.

⑤ Übergang vom Fernpass

Vom Parkplatz etwa einen Kilometer auf der Bundesstraße in Richtung Biberwier, bis links ein Almfahrweg (E 4a) abzweigt. Rechts ab durch den tiefen Einschnitt des Roßköpfletals und durch Wald zur Grubigalm und über den Grubigsattel zur Wolfratshauser Hütte.

Der Hüttengipfel

Grubigstein, 2233 m: Von der Wolfratshauser Hütte auf markiertem Steig (E 4a) über Geröll und Latschen zur Bergstation des Grubigstein-Sessellifts, dann hinter dem Grubigsteinhaus auf markiertem und teilweise gesichertem Steig rechts um die Gipfelfelsen und zum Gipfel.

Blick von der Wolfratshauser Hütte über das Talbecken von Lermoos zum Doppelgipfel Daniel und Upsspitze.

Muttekopfhütte

Höchste Punkte: Muttekopfhütte, 1934 m; Muttekopf, 2777 m.

Die Muttekopfhütte wurde bereits 1874 erbaut, und zwar als »Hütte am Peiselstein«, und ist damit die älteste touristisch genutzte Hütte in den Lechtaler Alpen. Nach der Jahrhundertwende (1900) wurde sie stark ausgebaut und erhielt ihren heutigen Namen. Der Hausberg der Muttekopfhütte ist einer der höchsten Gipfel der Lechtaler Alpen und kann dementsprechend mit einem gewaltigen Panorama aufwarten.

① Von Imst

Der Zustieg von Imst erfolgt durch die schöne Rosengartlschlucht zur Talstation der Imster Bergbahn (als Alternative zur Straßenzufahrt). Dann wandern wir auf Almweg zur Untermarkter Alm an der Mittelstation der Bergbahn. Von der Mittelstation führt uns ein Verbindungsweg durch Wald hinüber zur Obermarkter Alm. Von dort aus geht es weiter wie unten bei Hüttenweg 3 beschrieben.

② Vom Alpjoch

Von der Bergstation der Imster Bergbahn führt der gesicherte, in den Fels gesprengte Rudolf-Schock-Weg durch die Steilwand des Alpjochs hinüber zur Muttekopfhütte.

③ Vom Parkplatz Obermarkter Alm

Bis zur Obermarkter Alm wandern wir auf Almweg. Dann geht es weiter auf breitem Weg zur Latschenhütte. Nun wandern wir auf gutem Wanderweg zunächst nur leicht – oberhalb des Malbachs – ansteigend weiter, dann wandern wir über den Bach hinweg und schließlich über einige steile Serpentinen hinauf zur Muttekopfhütte.

④ Vom Hahntennjoch

Vom Parkplatz folgt man zunächst links dem markierten Weg (Mark.-Nr. 622) hinauf ins Hahntennkar und weiter steil hinauf (teilweise drahtseilgesichert) in den Scharnitzsattel (2441 m). Jenseits steigen wir dann hinab ins Scharnitzkar, und wandern zuletzt über Grashänge zur Muttekopfhütte.

Der Hüttengipfel

Muttekopf, 2777 m: Von der Muttekopfhütte folgt man zunächst dem Wanderweg (Mark.-Nr. 621) in westlicher Richtung über die Grashänge der Schaflanne ins Seebrigkar. Dann geht es auf dem rot markierten Steig durch eine von Geröll und Felsblöcken bestimmte Landschaft in steilen Serpentinen hinauf in die Muttekopfscharte (2630 m). Dort wandern rechts wir nun weiter, links des steilen Grataufschwungs, und auf dem Gipfelkamm zum großen Kreuz.

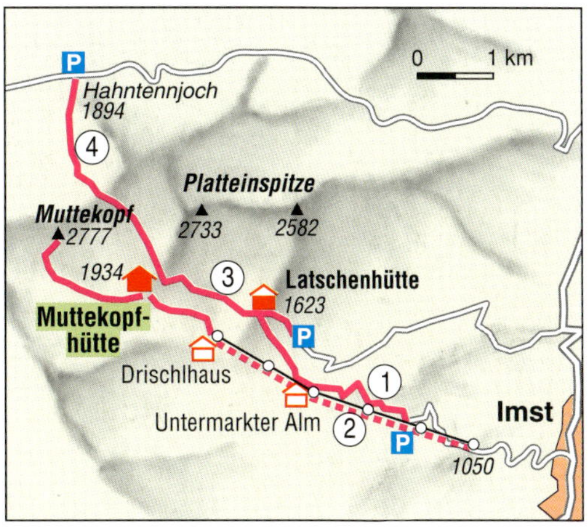

Tour 95

Hütte

Zeit Von Imst (bzw. Hochimst): 3 bzw. 2 1/4 Std.; vom Alpjoch: 1/2 Std. (von der Mittelstation): 1 1/2 Std.; vom Parkplatz Obermarkter Alm: 1 1/2 Std.; vom Hahntennjoch: 2 1/2 Std.

Schwierigkeit Vom Alpjoch gesicherte Steiganlage, Trittsicherheit und Schwindelfreiheit erforderlich. Vom Hahntennjoch Bergsteig (drahtseilgesichert). Alle anderen Wege sind leicht.

Übernachtung Muttekopfhütte, 1934 m (AV-Hütte, Kat. I, 12 Betten, 46 Lager, von Mitte Juni bis Ende September bewirtschaftet, im Oktober an schönen Wochenenden; Winterraum mit 6 Lagern, Schlüssel bei Sektion; Tel. 0043/664/1236928).

Karte Freytag&Berndt-Wanderkarte 252, 1 : 50 000 Imst – Landeck – Telfs – Fernpass.

Gipfel

Zeit Von der Muttekopfhütte: 2 1/2 Std., Abstieg zur Hütte: 1 3/4 Std.; insgesamt: 4 1/4 Std.

Schwierigkeit Trittsicherheit erforderlich, Steiganlage und Drahtsicherung.

Weitere Hütten

Drischlhütte, 2050 m (privat, ganzjährig bewirtschaftet). Bei der Bergstation am Alpjoch.
Latschenhütte, 1623 m (privat, ganzjährig bewirtschaftet, Übernachtung).
Untermarkter Alm, 1500 m (privat, ganzjährig bewirtschaftet). An der Mittelstation der Imster Bergbahn.

Bild oben: Die Muttekopfhütte schmiegt sich an die Felsen des Peiselsteins, dahinter bauen sich die Guggerköpfe auf.

Anhalter Hütte

Höchste Punkte: Anhalter Hütte, 2042 m; Maldongrat, 2544 m.

Die 1912 eröffnete Anhalter Hütte liegt über den Böden der Plötzigalpe und wird von den steilen Felsen der Heiterwand mit der Nordwand des Maldongrats und dem Grasbuckel des Tschachaun eingerahmt. Etwas unterhalb liegt der kleine Kromsee. Die Hütte hat eine lange Geschichte vorzuweisen. Nach dem Zweiten Weltkrieg war sie beschlagnahmt, die AV-Sektion Anhalt-Dessau, der die Hütte gehörte, aufgelöst worden. Später ging die Hütte in alliiertes Eigentum über, dann wurde sie wie alle anderen ostdeutschen Hütten an den österreichischen Alpenverein übertragen. Die Sektion Oberer Neckar kaufte die Hütte 1971 nach langen Verhandlungen zurück. Sie wurde in den Folgejahren umgebaut und erweitert. 1998 wurde eine moderne Energieversorgung installiert. Die Anhalter Hütte ist als kinderfreundlich eingestuft.

Tour 96

Hütte
Zeit Vom Hahntennjoch: 1 1/4 Std.; von Bschlabs: 3 Std.; von Namlos: 3 Std.; über die Fallerscheinalpe: 4 Std.

Schwierigkeit Der Übergang vom Hahntennjoch übers Steinjöchl ist zwar der kürzeste Zugang zur Hütte, erfordert aber Trittsicherheit und Schwindelfreiheit (gesicherte Steiganlage). Ebenfalls anspruchsvoll ist der Übergang von der Fallerscheinalpe, der zum Teil auf dem Anhalter Höhenweg verläuft. Alle anderen Wege sind leicht und erfolgen teilweise auf Almwegen und leichten Bergwanderwegen.

Übernachtung Anhalter Hütte, 2042 m (AV-Hütte, Kat. I, bewirtschaftet von Anfang Juni bis Ende September, 14 Betten, 75 Lager, 22 Notlager, Winterraum mit 9 Lagern, Schlüssel über die Sektion; Tel. 0043/664/461 89 93).

Karte Freytag&Berndt-Wanderkarte 353, 1 : 50 000 Ehrwald – Lermoos – Reutte – Tannheimer Tal.

Gipfel
Zeit Von der Anhalter Hütte: 2 Std., Abstieg zur Hütte: 1 1/2 Std.; insgesamt: 3 1/2 Std.

Schwierigkeit Trittsicherheit und Schwindelfreiheit erforderlich.

Weitere Hütten
Jausenstation Olga, 1300 m (privat, im Sommer bewirtschaftet). Auf der Fallerscheinalpe, nicht weit vom Parkplatz.

① Vom Hahntennjoch

Vom Parkplatz wandern wir auf dem markierten Weg (Mark.-Nr. 601/E 4 a) über Grashänge hinauf zum Steinjöchl (2198 m) und jenseits auf gesichertem Steig steil hinab ins Steinkar. Über Weidehänge zur Oberen Plötzigalpe und rechts kurz ansteigend erreichen wir die Anhalter Hütte.
Variante: Das Steinjöchl kann auch auf Wanderweg von der Maldonalpe erreicht werden, die etwas unterhalb der Passhöhe liegt.

② Von Bschlabs

Vom Ort geht es eine halbe Stunde auf der nach Boden führenden Fahrstraße, bis bei einer großen scharfen Rechtskurve (über den Plötzigbach) links der Anstieg zur Plötzigalpe abzweigt. Nun geht es links kurz steil ansteigend zu einem quer führenden Weg und auf diesem dann rechts weiter (Mark.-Nr. 616) nahezu eben durch Wald zur Großebene und über die Weideböden der Unteren Plötzigalpe (1644 m). Schließlich geht es etwas steiler hinauf zur Oberen Plötzigalpe und zur Anhalter Hütte.

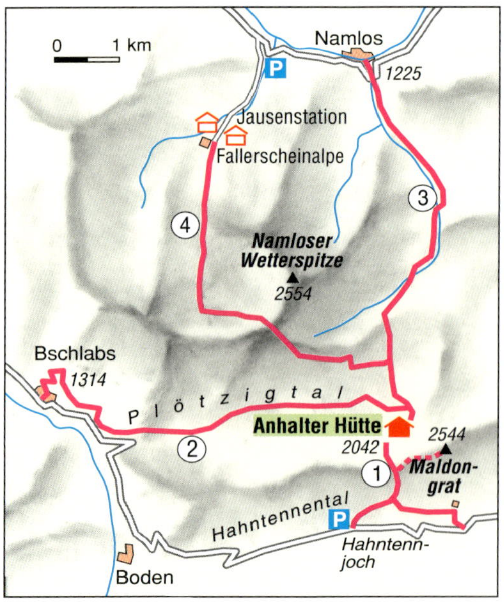

③ Von Namlos

Von der Ortsmitte wandern wir zum südlichen Ortsrand bei der großen Kurve, dann über die Straße hinweg und auf Wirtschaftsweg (Mark.-Nr. 616) hinein ins Tal des Brentersbaches. Am linken Ufer geht es talaufwärts – vorbei an den Teilwiesen – zu einer Weggabelung, dort rechts über den Bach und über Grashänge nur mäßig ansteigend ins Brennhüttental und schließlich steiler hinauf ins Imster Grubigjöchl (1831 m). Zum Abschluss links um den Tschachaun herum zur Anhalter Hütte.

④ Über die Fallerscheinalpe

Vom Parkplatz an der Straße nach Stanzach gehen wir kurz hinab, bis links der Zufahrtsweg zur Fallerscheinalpe abzweigt. Auf diesem Wirtschaftsweg wandern wir hinauf zum großen Almdorf mit der Jausenstation Olga. Dann links haltend weiter zu den letzten Häusern und auf Wanderweg über dem Talgrund des Sommerbergbaches taleinwärts. Man durchwandert ein Wäldchen, quert dann auf die andere Seite des Baches und trifft im hintersten Tal auf eine Hütte (1752 m). Dort steigen wir nun links über die steilen Grashänge hinauf zum Putzenjoch (2080 m), wo man auf den Anhalter Höhenweg stößt. Auf diesem wandern wir geradeaus (links haltend) weiter und durch den Südwesthang der Namloser Wetterspitze leicht ansteigend zum Grubigjoch (2185 m) und jenseits hinab durch Latschen und Grashänge ins Grubigjöchl (1831 m). Dort geht es jetzt rechts ansteigend (Mark.-Nr. 616) über freie Hänge zur Anhalter Hütte.

Der Hüttengipfel

Maldongrat, 2544 m: Von der Anhalter Hütte folgt man dem markierten Weg über Bergwiesen in Richtung Hahntennjoch, dann hinauf ins Steinkar und auf dem gesicherten Steig ins Steinjöchl (2198 m). Dort folgen wir links dem Pfad über den grasigen Hang zu den ersten Felsen.
Auf dem markierten, aber teilweise ausgesetzten Grat geht es weiter über einige Felsrinnen (Steinschlaggefahr!), dann durch eine Rinne hinauf bis knapp unter die höchsten Felsen. Nun queren wir rechts hinaus und steigen über eine ausgesetzte Passage hinauf zum Grat und direkt zum Gipfel.

Unser Tipp

Familien sind mit den Grasberg Tschachaun gut beraten, denn er ist bekannt als Blumengipfel und auch mit Kindern von der Anhalter Hütte in einer guten Stunde Gehzeit zu ersteigen.

Bild oben: Die Anhalter Hütte vor den Nordabstürzen der Heiterwand. Die Hütte gilt als kinderfreundlich, denn das Umfeld ist ungefährlich. Es gibt viele Ausflugsmöglichkeiten und Almen mit Kühen und Pferden. Gegenüberliegende Seite: Der Falschkogel ist eine markante Erhebung in der Heiterwandgruppe.

AMMERGAUER ALPEN

Die Ammergauer Alpen – auch Ammergebirge genannt – sind ein waldreiches Bergland zwischen den Lechtaler Alpen im Südwesten, dem Wettersteingebirge im Südosten und dem Alpenvorland im Norden. Drei Alpenvereinshütten, ein Naturfreundehaus sowie drei Privathütten bieten dort Unterkunft. Mit Ausnahme des Säulinghauses liegen sie alle am Europäischen Fernwanderweg E 4 bzw. am »Maximiliansweg«, der den Bodensee mit Berchtesgaden verbindet. Markantester Gipfel in diesem Gebiet ist die Große Klammspitze, doch auch die Hochplatte macht einen gewaltigen Eindruck mit ihren steil abbrechenden Felswänden. Höchster Gipfel ist zwar der Daniel, aber in seinem Umfeld befindet sich keine Unterkunftshütte.

Am Aufstieg durch das Roggental zum Weitalpjoch, von dem aus die Hochplatte – der wohl beeindruckendste Felsklotz der Ammergauer Alpen – bestiegen wird (Bild links).

Die Pürschlinghäuser – das Unterkunftshaus heißt auch August-Schuster-Haus – lassen sich das ganze Jahr über ansteuern (Bild oben).

Hörndlhütte

Höchste Punkte: Hörndlhütte, 1390 m; Hinteres Hörnle, 1548 m.

Die im Jahre 1911 erbaute Hörndlhütte der Alpenvereinssektion Starnberg befindet sich auf der Nordwestseite des Hörnles und gehört zu den wenigen ganzjährig bewirtschafteten Alpenvereinshütten. Nur im November ist die Hütte geschlossen. Der Grund für die lange Öffnungszeit im Jahr ist natürlich die Hörnlebahn, die auch im Winter für regen Betrieb bzw. für Skifahrer sorgt. Die gemütliche Hütte wurde erst kürzlich innen und außen umfassend renoviert sowie das Dach erneuert.

Tour 97

Hütte
Zeit Von Bad Kohlgrub: 1½ Std.; von Unterammergau: 2½ Std.; von Grafenaschau: 3 Std.

Schwierigkeit Leichte, gut ausgeschilderte Bergwanderwege.

Übernachtung Hörndlhütte, 1390 m (AV-Hütte, Kat. II, 23 Lager, nahezu ganzjährig bewirtschaftet, November geschlossen, Übernachtung nur nach Voranmeldung; Tel. 08845/229).

Karte Topogr. Karte 1 : 50 000 Pfaffenwinkel – Staffelsee und Umgebung (BLVA).

Gipfel
Zeit Von der Hörndlhütte: 1 Std., Abstieg von der Hütte: 1 Std.; insgesamt: 2 Std.

Schwierigkeit Leichter Bergwanderweg, nach Regen aber einige rutschige Stellen.

Weitere Hütten
Hörnlealm, 840 m (im Sommer einfach bewirtschaftet). Am Weg zum Hinteren Hörnle.

① Von Bad Kohlgrub

Von der Bergstation der Hörnlebahn (1380 m) sind es nur ein paar Minuten zur Hörndlhütte. Wer den Fußweg von Bad Kohlgrub nehmen will, folgt vom Parkplatz an der Talstation dem ausgeschilderten Hörnle-Sommerweg. Der Weg quert die Trasse des Sessellifts und ein Wirtschaftssträßchen, führt dann in den Wald hinein, windet sich in zahlreichen Serpentinen höher und trifft direkt auf die Hörndlhütte.

② Von Unterammergau

Vom Parkplatz wandern wir auf dem ausgeschilderten Wanderweg (auch Mark. E 4), einem Wirtschaftsweg, hinüber zur Wallfahrtskapelle Kappel. Dort führt rechts ein Wirtschaftssträßchen ins Tal der Kappellaine, dem man jetzt folgt. Wir überqueren den Bach und wandern in das bewaldete Tal hinein. Weiter geht es links auf Wanderweg durch Wald hinauf bis zur Aiblehütte (1293 m) und schließlich weiter auf dem Kamm zur Hörndlhütte.

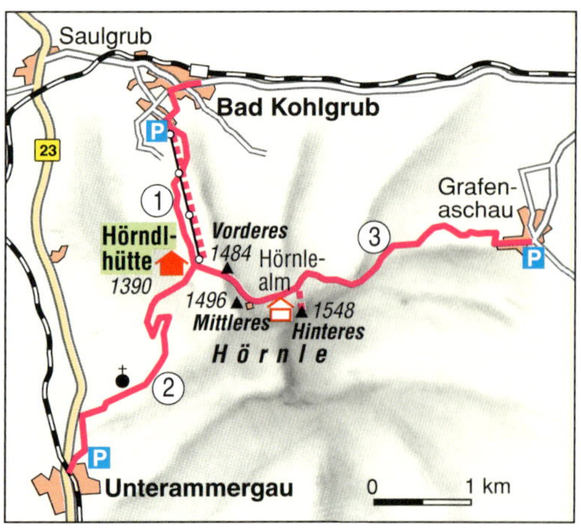

Bild oben: Die Hörndlhütte auf dem Hörnle bei Bad Kohlgrub ist auf Ganzjahresbetrieb eingestellt. Falls der Schnee aber knapper wird, könnte sich das aber schnell ändern.

③ Von Grafenaschau

Vom Parkplatz folgt man der Ausschilderung des Maximilianswegs E 4 (gelbe Markierungen) auf einem Sträßchen zum Bergfuß, dort rechts und gleich wieder links auf Forststraße leicht ansteigend durch Wald hinauf. Bei der zweiten Wegverzweigung hält man sich rechts, quert ein paar Mal eine Forststraße und steigt über Bergwiesen, Wald und Lichtungen hinauf zum Rißberg. Nun geht es entweder über das Hintere Hörnle oder rechtsherum, bis man auf einen Almweg trifft. Auf diesem wandern wir leicht fallend vorbei an den beiden vorderen Hörnle-Gipfeln hinab zur Hütte.

Der Hüttengipfel

Hinteres Hörnle, 1548 m: Von der Hörndlhütte halten wir uns links und wandern auf Almstraße in östlicher Richtung – vorbei am mittleren Hörnle – zur Hörnlealm. Dort geht es weiter auf dem Fahrweg um das Hintere Hörnle herum und über die Ostseite auf den Gipfel des Hinteren Hörnles.

August-Schuster-Haus

Höchste Punkte: August-Schuster-Haus, 1564 m; Teufelstättkopf, 1758 m.

Wahrscheinlich hat kaum je ein Wanderer vom August-Schuster-Haus gehört – landläufig ist diese beliebte Hütte nach dem Bergrücken benannt, auf dem sie steht: Pürschlinghäuser – und das auch noch im Plural. August Schuster, dem die Hütte gewidmet ist, hat sich um die Weiterentwicklung von Bergsteigerausrüstung verdient gemacht. Die 1972 erbaute Hütte ist leicht erreichbar, ganzjährig geöffnet und bietet reizvolle Gipfelabstecher. Den Fernwanderern ist sie natürlich ein Begriff, denn sie liegt am E 4, der die Pyrenäen mit dem Neusiedler See verbindet.

① Von Oberammergau

Von der Bergstation des Sessellifts wandern wir an der Einkehrstation vorbei, halten uns links und steigen ein kurzes Stück steil an, bis wir auf den quer führenden Kofelsteig treffen (hierher führt auch der Wanderweg über die Kolbenalm). Wir gehen auf diesem rechts weiter (Mark.-Nr. 233) und durch Wald bis zum Fahrweg, der von Unterammergau heraufführt. Auf diesem links zum Unterkunftshaus.

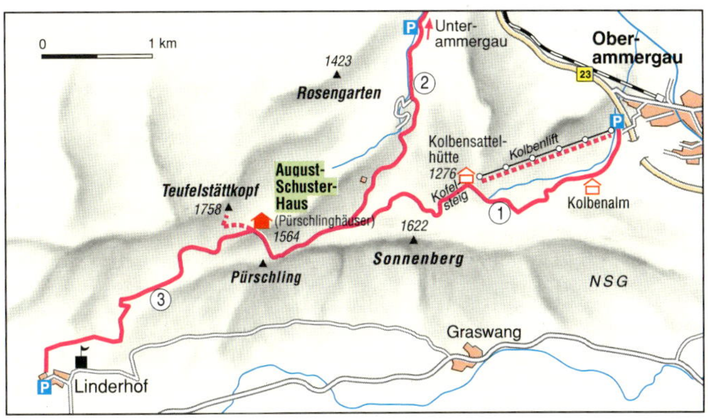

② Von Unterammergau

Vom Parkplatz an der Schleifmühlenlaine gehen wir auf der Forststraße neben der Laine entlang in Richtung Süden, bei der nächsten Wegteilung links und mäßig steil durch Wald bergan bis zur Langenthalalm (1192 m). Dann steigen wir steiler an in die Nordseite des Sonnenbergs. Der Weg biegt nun in westlicher Richtung um, und bald verlassen wir den Wald und wandern das letzte Stück auf breitem Hüttenweg hinauf zu den Pürschlinghäusern.

③ Von Linderhof

Wir wandern am Schloss vorbei in Richtung Oberammergau, links auf Forstweg weiter, bis rechts der Weg (E 4) zu den Pürschlinghäusern abzweigt. Es geht steil bergan durch den Linderwald. Wir queren eine Forststraße und steigen in östlicher Richtung zur Kälberalm. An der Wegverzweigung gehen wir rechts und unter dem Latschenkopf hoch auf die Kammhöhe. Rechts hinab zu den Pürschlinghäusern.

Der Hüttengipfel

Teufelstättkopf, 1758 m: Wir wandern von den Pürschlinghäusern auf ausgeschildertem Weg seitlich an der Bergwachthütte vorbei über einen Hang bergan, dann überwiegend auf der Südseite des grasbewachsenen Kammrückens weiter. Am Fuße des Teufelstättkopfs geht es nun über Blockwerk zum Gipfelaufbau. Dort steigen wir rechts vorbei auf die Ostseite und über einen seilgesicherten Steig zum Gipfel des Teufelstättkopf mit Gipfelkreuz.

Tour 98

Hütte
Zeit Von Oberammergau: 2 1/2 Std.; von Unterammergau 2 Std.; von Linderhof: 2 1/2 Std.

Schwierigkeit Wirtschaftswege und gute Bergwanderwege. Der Übergang vom Kolbenlift kann nach längeren Regenfällen matschig sein.

Übernachtung August-Schuster-Haus, 1564 m (AV-Haus, Kat. II, 54 Betten, 12 Lager, ganzjährig bewirtschaftet, im November geschlossen; Tel. 08822/3567).

Karte Topogr. Karte 1 : 50 000 Pfaffenwinkel – Staffelsee und Umgebung (BLVA).

Gipfel
Zeit Vom August-Schuster-Haus: 3/4 Std., Abstieg von der Hütte: 3/4 Std.; insgesamt: 1 1/2 Std.

Schwierigkeit Der Teufelstättkopf setzt Trittsicherheit und Schwindelfreiheit voraus. An den Gipfelfelsen Drahtseilsicherung.

Weitere Hütten
Gasthof Kolbenalm, 1000 m (privat, nahezu ganzjährig bewirtschaftet, Übernachtung auf Anfrage).
Kolbensattelhütte, 1276 m (privat, nahezu ganzjährig bewirtschaftet; nur Einkehr).

Bild oben: Die Pürschlinghäuser hoch über dem Graswangtal. Der Normalweg von Unterammergau ist ein ziemlicher »Hatscher«, doch es gibt ja Alternativen.

Brunnenkopfhäuser

Höchste Punkte: Brunnenkopfhäuser, 1602 m; Gr. Klammspitze, 1925 m.

Die beiden Brunnenkopfhäuser wurden 1856 errichtet und dienten ursprünglich König Max II., dem Vater von Ludwig II., als Jagdhäuser. Doch auch der Märchenkönig nutzte später die Hütten, als er Schloss Linderhof erbauen ließ. Zeitweise erledigte er sogar seine Regierungsgeschäfte dort oben. 1922 erwarb die AV-Sektion Bergland die beiden Hütten. Die obere Hütte wird als allgemein zugängliche Bergsteigerunterkunft geführt, die kleinere untere Hütte dient als Privathütte der Sektion. Das ganze Ensemble steht mittlerweile unter Denkmalschutz.

Tour 99

Hütte

Zeit Von Schloss Linderhof: 2 Std.; von den Pürschlinghäusern: 2 Std.; von der Kenzenhütte: 4 Std.

Schwierigkeit Von Linderhof breiter Wanderweg. Für die Übergänge von der Kenzenhütte und den Pürschlinghäusern ist Trittsicherheit erforderlich (sie verlaufen auf dem Europäischen Fernwanderweg E 4), im Bereich der Klammspitze Drahtseilsicherungen und ausgesetzte Stellen.

Übernachtung Brunnenkopfhäuser, 1602 m (AV-Haus, Kat. I, 36 Lager, 8 Notlager, bewirtschaftet von Anfang Mai bis Mitte Oktober; Tel. 0171/2602057).

Karte Topogr. Karte 1 : 50 000 Pfaffenwinkel – Staffelsee und Umgebung (BLVA).

Gipfel

Zeit Von den Brunnenkopfhäusern: 1½ Std., Abstieg zur Hütte: 1 Std.; insgesamt: 2½ Std.

Schwierigkeit Wanderweg bis zum felsigen Gipfelaufbau; zuletzt über steiles Schrofengelände auf den Gipfel. Trittsicherheit und Schwindelfreiheit Voraussetzung. Bis in den Frühsommer häufig steile Altschneefelder im Gipfelbereich.

Weitere Hütten

August-Schuster-Haus, siehe Tour 98.
Kenzenhütte, siehe Tour 100.

Bild oben: Die Brunnenkopfhäuser liegen am Europäischen Fernwanderweg E 4.

① Von Linderhof

Man beginnt an der Westseite von Linderhof, am Ende der Parkplätze. Eine Wegtafel weist die Route durch den Linderwald zum Brunnenkopf. Auf dem ehemaligen königlichen Reitweg zuerst gemütlich ansteigend durch ein Bachtal, dann steiler durch dichten Wald in zahlreichen Serpentinen hinauf bis unter den Dreisäulenkopf. Dort wendet sich der Weg nach links und führt hinauf zum Verbindungsgrat und in weiter Querung hinüber zu den bereits sichtbaren Brunnenkopfhäusern.

② Vom August-Schuster-Haus

Vom Unterkunftshaus folgt man kurz dem bergwärts führenden Weg, bis links der markierte Fernwanderweg E 4 abzweigt. Auf der Südseite des Latschenkopfs wandern wir zur Kälberalm, dann ansteigend unter das Laubeneck und eben auf gutem Steig am Hennenkopf vorbei zur Kammhöhe und auf diesem – über den Dreisäulerkopf – zu den Brunnenkopfhäusern.

③ Übergang von der Kenzenhütte

Von der Hütte erst auf markiertem Weg (E 4) durch Wald und freies Gelände hinauf zum Bäckenalmsattel (1536 m). Bei der Wegkreuzung geht es links weiter auf serpentinenreichem Weg (E 4) hinauf zur Hirschwanghütte, dann weiter auf mäßig steilem Weg zum Feigenkopf (1867 m). Nun steigen wir steil hinab in einen Sattel, dann über Schrofengelände (Drahtseilsicherungen) zum Südgrat der Klammspitze. Dort geht es aber nicht hinauf, sondern links unter den Gipfelfelsen hinab ins Wintertal und zu den Brunnenkopfhäusern.

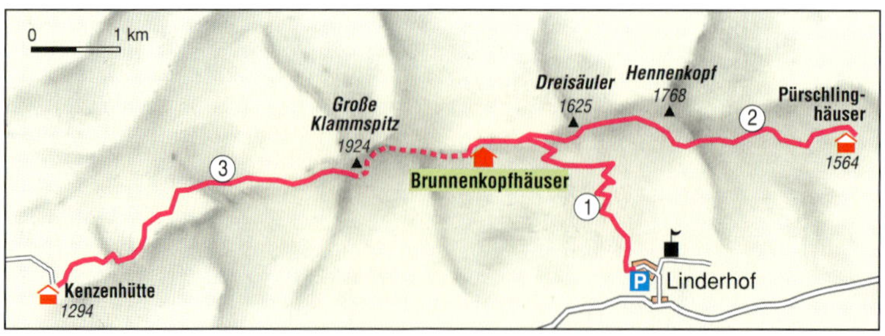

Der Hüttengipfel

Große Klammspitze, 1925 m: Von den Brunnenkopfhäusern wandern wir zunächst in Richtung Westen auf einem schmalen Bergwiesenpfad durch die steilen Hänge des Brunnenkopfes, dann Anstieg durch das so genannte Wintertal bis unter die nun massiv aufragenden Felsen der beiden Klammspitzen. Hier wird es nun richtig alpin. Auf steilem Steig geht es in einigen Kehren hinauf zum Südgrat, dann in einem Rechtsbogen, den Markierungen folgend, über die gestufte Gipfelabdachung hoch zum Gipfelkreuz.

Kenzenhütte

Höchste Punkte: Kenzenhütte, 1294 m; Hochplatte, 2082 m.

Die Kenzenhütte ist kein Unterkunftshaus, das seine Entstehung den sanften Erschließungsgelüsten der Alpenvereine zu verdanken hat; es diente ursprünglich den Interessen der Jäger und Holzknechte. Sein Ursprung datiert bis ins 16. Jahrhundert zurück. Von der großen Terrasse, die etwa 60 Personen Platz bietet, hat man zwar einen beschränkten Ausblick, doch rund um die gemütliche Hütte warten attraktive Wanderziele. Die Kenzen, ein idyllischer Flecken inmitten von Fichtenwald, wird gerne als das Herz der Ammergauer Alpen bezeichnet.

① Von Halblech

Vom Parkplatz an der Halblechbrücke biegen wir auf die Teerstraße zur Kenzenhütte ein. Der Weg beträgt 11 Kilometer ab Ausgangspunkt (ab Wankerfleck evtl. auf Fußweg über den Wasserfall). Also besser mit Bus.

② Vom Hotel Ammerwald

Vom Parkplatz kurz vor dem Hotel Ammerwald gehen wir rechts auf Fahrweg durch Wald bis an den Eingang des Roggentals. Durch das tief eingeschnittene Bachtal – die Bachseite wird mehrfach gewechselt – wandern wir zu einer Weggabelung (1466 m). Hier geht es rechts weiter hinauf zum Weitalpjoch (1780 m). Nun geht es auf gutem Weg (Mark.-Nr. 222) rechts haltend weiter durch mit Latschen bestandene Karrenfelder, vorbei am Schössel, zu einer Weggabelung, dort links hinunter zu den Bergwiesen der Vorderen Scheinberghütte und hinab zur Kenzenhütte.

③ Über den Bäckenalmsattel

Der Anstiegsweg vom Parkplatz an der Linder führt erst auf Fahrweg, dann auf Ziehweg durch das dicht bewaldete Sägertal hinauf zu den Wiesen der Bäckenalm (1309 m). Auf dem Wanderweg – immer Richtung Westen – erreichen wir den Bäckenalmsattel (1536 m). Jenseits des Sattels geht es in vielen Kehren hinab, und wir halten uns links zur Kenzenhütte.

Der Hüttengipfel

Hochplatte, 2082 m: Für diesen Gipfelweg folgen wir von der Kenzenhütte dem Wegweiser Nr. 201, wandern bald steil bergan und um das Schössel herum zum Weitalpjoch. Dort mahnt die Wanderer ein Schild: »Nur für Geübte«. Über den seilgesicherten Gratrücken (»Gamsangerl«) folgen wir den Markierungen zum Gipfel. Rückzu steigen wir genauso wieder hinab zur Hütte. Oder aber wir wählen den Weg auf der Westseite hinab – hier einige ausgesetzte Stellen – und gelangen über den Kenzensattel zurück zur Kenzenhütte.

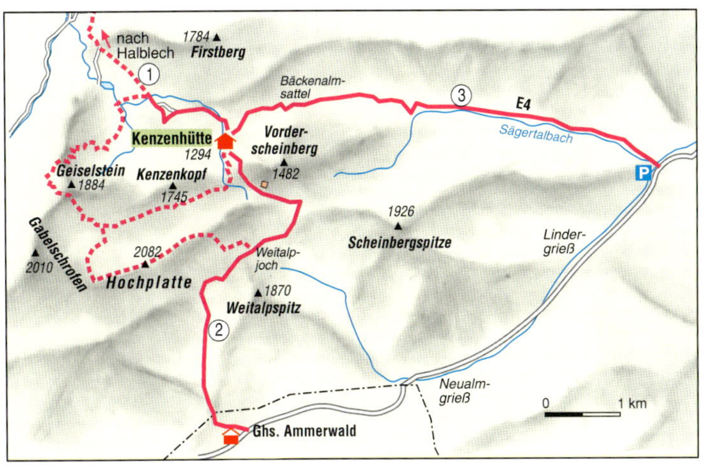

Tour 100

Hütte
Zeit Von Halblech: 3 1/2 Std.; vom Hotel Ammerwald: 3 Std.; über den Bäckenalmsattel: 3 1/4 Std.

Schwierigkeit Von Halblech Fahrweg; über den Bäckenalmsattel zu Beginn Wirtschaftsweg, dann Bergwanderweg; vom Hotel Ammerwald Bergwanderweg und Bergsteig.

Übernachtung Kenzenhütte, 1294 m (privat, 60 Lager, bewirtschaftet von Christi Himmelfahrt bis Mitte Oktober; Tel. 08368/390).

Karte Topogr. Karte 1 : 50 000 Füssen und Umgebung (BLVA).

Gipfel
Zeit Von der Kenzenhütte: 2 1/2 Std., Abstieg zur Hütte: 1 1/2 Std., Überschreitung etwas länger; insgesamt: 4–5 Std.

Schwierigkeit Der Anstieg zur Hochplatte – mehr jedoch noch die Überschreitung – erfordern Trittsicherheit und Schwindelfreiheit, einige Seilsicherungen, ausgesetzte Stellen. Die Runde über das Geiselsteinjoch erfordert lediglich Trittsicherheit.

Weitere Einkehr
Hotel Ammerwald, 1075 m (privat, ganzjährig bewirtschaftet, 170 Betten).

Bild oben: Die Kenzenhütte oberhalb des reizvollen Wankerflecks ist eine der seltenen Unterkunftshütten in den westlichen Ammergauer Alpen.

Tegelberghaus

Höchste Punkte: Tegelberghaus, 1707 m; Branderschrofen, 1880 m.

Tour 101

Hütte
Zeit Von Hohenschwangau (Gelbe-Wand-Steig): 2 1/2 Std.; von der Marienbrücke: 2 1/2 Std.; Abstieg über Reitweg: 2 Std.; Abstieg über Drehhütte: 2 Std.

Schwierigkeit Bergwanderwege; Anstieg über den Gelbe-Wand-Steig erfordert Trittsicherheit und Schwindelfreiheit.

Übernachtung Tegelberghaus, 1707 m (privat, 12 Betten, 20 Lager, ganzjährig bewirtschaftet; Tel. 08362/8980).

Karte Topogr. Karte 1 : 50 000 Füssen und Umgebung (BLVA).

Gipfel
Zeit Vom Tegelberghaus: 30 Min., Abstieg: 30 Min.

Schwierigkeit Trittsicherheit und Schwindelfreiheit erforderlich, Drahtseilsicherungen am Gipfelaufbau.

Weitere Hütten
Drehhütte, 1210 m (privat, ganzj. bew., Montag Ruhetag).
Rohrkopfhütte, 1359 m (privat, im Sommer bewirtschaftet).

Das Tegelberghaus mit dem Branderschrofen im Hintergrund.

Das Tegelberghaus war ursprünglich ein königliches Jagdhaus. Heute dient es als Ganzjahresziel für Bergwanderer, Mountainbiker, Gleitschirm- und Drachenflieger sowie für Skifahrer im Winter. Beeindruckend ist der Panoramablick auf die Oberallgäuer Seenplatte. Vom Aufstiegsweg über die Marienbrücke bietet sich ein herrlicher Tiefblick auf Schloss Neuschwanstein.

① Von Hohenschwangau

Am schnellsten geht es mit der Tegelbergbahn, interessanter ist der Gelbe-Wand-Steig: Vom Tegelbergbahnparkplatz wandern wir links der Sommerrodelbahn zum Waldrand. Bei der Wegverzweigung nach 10 Minuten gehen wir links zur Wegtafel, steigen rechts (Wegtafel »Leichter Klettersteig, nur für Geübte«) durch ein Schlupfloch im Weidezaun und auf Fahrweg hoch. Bei der nächsten Wegverzweigung links, bis nach 150 Metern eine Wegtafel auf den Klettersteig weist. Nach der Steilpassage geht es in ein Hochtal, bis wir auf den Weg stoßen, der von der Marienbrücke heraufkommt. Links hinauf zu einer Kammschneide. Bei der Wegverzweigung rechts zum Tegelberghaus.

② Von der Marienbrücke

Vom Parkplatz geht es auf ausgeschildertem Weg hinauf zur »Jugend«, dort über die Marienbrücke, in Serpentinen hinauf zu einer Schulter, auf der Nordseite des Berges weiter, unter der Seilbahn hindurch, bis man auf den Gelbe-Wand-Steig trifft. Weiter wie dort.

③ Abstieg über den Reitweg

Vom Tegelberghaus wandern wir auf markiertem Weg (E 4) durch die Südhänge des Branderschrofens hinab zum Branderfleck (Wegkreuzung). Dort geht es rechts in Kehren durch Wald hinab zur Ahornhütte. Nun wandern wir auf Forstweg ins Tal der Pöllat, rechts weiter auf Fahrweg über den Deutenhauser Bach hinaus nach Hohenschwangau.

④ Abstieg über die Drehhütte

Vom Tegelberghaus zurück auf dem Anstiegsweg zur Wegverzweigung (Wegtafel »Ilgmösle, Drehhütte, Bannwaldsee«), dort rechts in eine Mulde. Links haltend an zwei Lifthäuschen vorbei, zur Rohrkopfhütte und rechts zur Drehhütte. Von dort zur Talstation der Bergbahn.

Der Hüttengipfel

Branderschrofen, 1880 m: Am Tegelberghaus rechts vorbei und am Kamm höher, das Gipfelkreuz immer im Blick. Dann geht es links vom Hauptweg ab und an die Gipfelfelsen heran. Drahtseilgesichert zum höchsten Punkt.

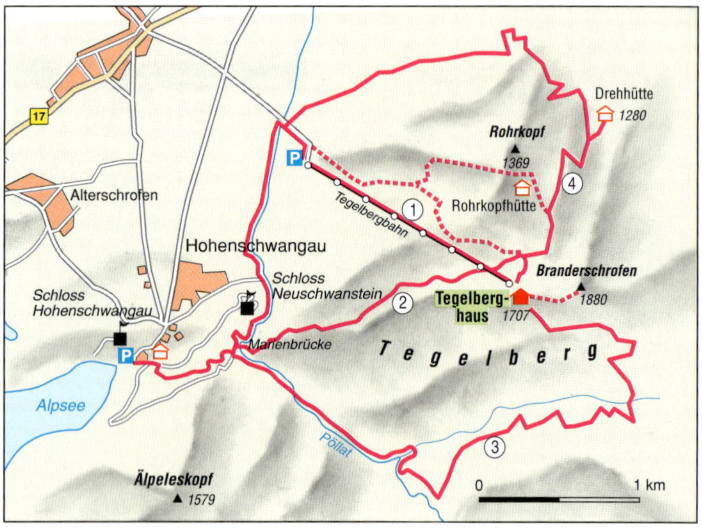

Säulinghaus

Höchste Punkte: Säulinghaus, 1720 m; Säuling, 2048 m.

Die vergleichsweise zahmen Ammergauer Alpen haben im Westen einen markanten Endpunkt – den Säuling. In seinem Schutz steht Deutschlands bekanntestes Schloss: Neuschwanstein. Auf der Westseite des Gipfels, den sich zwei Länder teilen, liegt das Säulinghaus. Das 1927 erbaute Haus hat seinen ursprünglichen Charakter bis heute erhalten.

① Von Hohenschwangau

Vom Parkplatz »Königsschlösser« wandern wir zum Aussichtspunkt »Jugend«. Ein paar Meter abwärts und weiter auf dem Brunnstubenweg (Wegweiser) durch Wald. Weit oberhalb der Pöllat folgen wir der Ausschilderung »Säuling«. Nach 20 Minuten zweigt rechts ein Fahrweg ab, der zum Älpele und ins Pilgerkar führt. Bei der Wildsulzhütte geht es rechts, über den Kamm des Pilgerschrofens hinweg auf dessen Südseite und unter den Wänden entlang zum Säulinghaus.

② Von Pflach

Vom Parkplatz geht es auf Wirtschaftsweg in den Wald, bis rechts der Wanderweg zum Säulinghaus abzweigt. Über verwachsene Mähder steigen wir zu einer Weggabelung. Dort geht es links steil hinauf zum Säulinghaus.

③ Abstiegsrunde über die Dürrebergalm

Wer für den Abstieg etwas Abwechslung sucht, zweigt vom Steig nach Pflach bei der Weggabel links ab und folgt dem Fahrweg hinauf zu einem Jagdhaus. Dort steigt man rechts über die Gräben des Klemmtalbaches und über weitere Gräben hinüber zur Dürrebergalm. Von dort führt rechts ein Wanderweg hinab zum Ausgangspunkt bei Pflach.

④ Abstieg über die Bleckenau

Vom Säuling-Gipfel steigen wir hinab zum Sattel, dann rechts hinab auf steilem Steig in die Bleckenau bis zur kleinen Fritz-Putz-Hütte. Dort geht es über die Brücke zum Berggasthaus Bleckenau (Busverbindung ins Tal). Oder: ein kurzes Stück zurück und rechts auf dem Brunnstubenweg (bei den Wegverzweigungen immer geradeaus) über ein paar Steilstufen hinab nach Hohenschwangau.

Der Hüttengipfel

Säuling, 2048 m: Vom Säulinghaus folgt man rechts dem rot markierten gesicherten Steig steil hinauf zur Gamswiese – ein Blumenparadies. Von dort steigen wir rechts über ein paar Geländestufen hinauf zum breiten Gipfel.

Tour 102

Hütte

Zeit Von Hohenschwangau: 2½ Std.; von Pflach: 2½ Std.; Abstieg über die Dürrebergalm: 3 Std.; Abstieg über die Bleckenau: 2½ Std.

Schwierigkeit Der leichteste Weg führt von Pflach hinauf, alle anderen Wege erfordern Trittsicherheit und Schwindelfreiheit.

Übernachtung Säulinghaus, 1720 m (TVN-Haus, 30 Betten, 40 Lager, von Pfingsten bis Ende November bewirtschaftet; Tel. 0043/664/2522415).

Karte Topogr. Karte 1 : 50 000 Füssen und Umgebung (BLVA).

Gipfel

Zeit Vom Säulinghaus: 1¼ Std., Abstieg zur Hütte: 1 Std.; insgesamt: 2¼ Std.

Schwierigkeit Trittsicherheit und Schwindelfreiheit erforderlich. Es sind Eisenketten zur Sicherung angebracht.

Weitere Hütten

Berggasthaus Bleckenau, 1167 m (ehemaliges Jagdhaus Ludwigs II., heute privat, von Weihnachten bis Ende Oktober bewirtschaftet, 20 Lager; Tel. 08362/81181). Von Hohenschwangau 1½ Std. (auch Kleinbusverbindung von dort).
Dürrebergalm, 1438 m (Jausenstation, im Sommer bewirtschaftet).

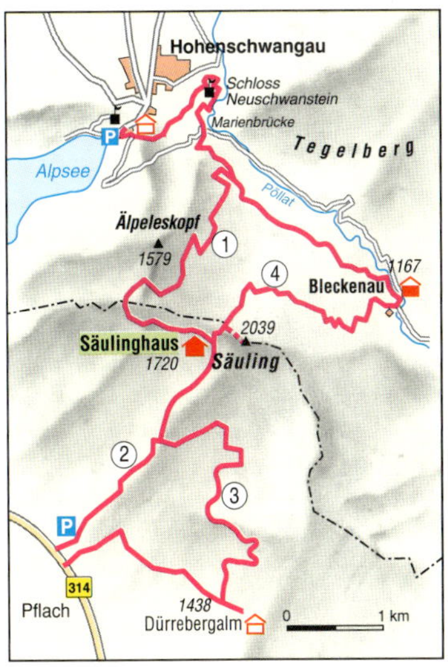

Das Säulinghaus der Naturfreunde. Von seiner Terrasse hat man einen schönen Blick über das Lechtal hinweg auf die Tannheimer Berge und die Allgäuer Alpen.

ALLGÄUER ALPEN

Die Allgäuer Alpen sind ein Gebirge mit landschaftlicher Vielfalt. Vor allem die steilen Grasberge mit ihrer Blumenpracht im Frühjahr ziehen die Wanderer in Scharen an. Darüber bauen sich im Allgäuer Hauptkamm und in der Hornbachkette steile Felsgipfel auf, die mit ihrer kargen Wildnis und den weiten Karen hochalpine Akzente setzen. Die Allgäuer Alpen sind berühmt für ihre großen Höhenwege, die zum Teil Klettersteigcharakter haben. Die oft langen Anstiege durch die für den öffentlichen Verkehr gesperrten Täler erfordern häufig eine Hüttenübernachtung. Viele Bergsteiger sind daher auch mit dem Fahrrad unterwegs. Die Zahl der bewirtschafteten Hütten ist überwältigend, und für jeden Geschmack ist etwas dabei. Es werden alle 17 Alpenvereinshütten, zahlreiche Privathütten und einige Almen vorgestellt.

Das kleine Dorf Gerstruben ist eine ehemalige Walsersiedlung und steht heute unter Denkmalschutz. Im Hintergrund ist der spitz zulaufende Gipfel der Höfats zu sehen (Bild links).

Der Hochvogel ist – als zweithöchster Gipfel der Allgäuer Alpen – eine imposante Erscheinung (Bild oben).

Gimpelhaus

Höchste Punkte: Gimpelhaus, 1659 m; Köllenspitze, 2238 m.

Tour 103

Zeit Von Nesselwängle: 1 1/4 Std.; vom Füssener Jöchl: 4 Std.; von der Hahnenkammbahn-Bergstation: 2 3/4 Std.; Übergang von der Otto-Mayr-Hütte: 2 1/2 Std.

Schwierigkeit Bergwanderwege. Anstieg von Nesselwängle steil, bei Nässe unangenehm. Der Übergang vom Füssener Jöchl erfolgt auf Klettersteig, der unbedingte Trittsicherheit und Schwindelfreiheit erfordert. Der Übergang von der Hahnenkammbahn erfolgt zum Teil auf schmalem Bergsteig. Der Übergang von der Otto-Mayr-Hütte verlangt Trittsicherheit und Schwindelfreiheit, einige Seilsicherungen, Kletterstelle im Schwierigkeitsgrad I.

Übernachtung Gimpelhaus, 1659 m (privat, 60 Betten, 180 Lager, vom 1. Mai bis zum 2. November sowie in den Weihnachtsferien bewirtschaftet; Tel. 0043/5675/8251).

Karte Topogr. Karte 1 : 50 000 Füssen und Umgebung (BLVA).

Gipfel
Zeit Vom Gimpelhaus: 2 Std.; Abstieg zur Hütte: 1 1/2 Std.; insgesamt: 3 1/2 Std.

Schwierigkeit Trittsicherheit, Schwindelfreiheit und Klettererfahrung im 2. Schwierigkeitsgradunbedingt erforderlich. Kurzes Stück Drahtseilsicherung. Nicht bei Nässe oder Schnee begehen. >>>

Bild oben: Die Köllenspitze (manchmal auch Kellespitze genannt) ist der höchste Gipfel der Tannheimer Berge, sein Nordabbruch (links) bietet zudem die höchste Wandflucht dieser Untergruppe der Allgäuer Alpen.

Das private Gimpelhaus, an aussichtsreicher Stelle direkt über Nesselwängle gelegen, gehört zu den großen Hütten in den Tannheimer Bergen. Nach einem Brand wurde es 1973 in der heutigen Gestalt neu errichtet. Im Gegensatz zur nahe gelegenen urig-gemütlichen Tannheimer Hütte, gleicht dieses Haus – trotz der kompletten Außenverkleidung mit Holzschindeln, aber auch innen dominiert Holz – einem Berghotel. Die Bettenzahl spricht für sich, und so eignet sich das Gimpelhaus für die Aufnahme großer Gruppen – daher ist sie auch Ausbildungsstützpunkt mit einem speziellen Schulungsraum und sogar einem separaten Boulderraum.

① Von Nesselwängle

Vom Parkplatz auf Sträßchen am oberen Ortsrand zu den letzten Häusern von Nesselwängle (hierher auch direkt von der Kirche auf ausgeschilderten, etwas verwinkelten Weg), dann dem Wegweiser zum »Gimpelhaus« folgend zunächst noch auf Wirtschaftsweg, dann auf wurzeligen Steig durch Windbruch und Jungwald in steilen Serpentinen hinauf zum Gimpelhaus. Am besten früh starten, da der Weg steil und sehr der Sonne ausgesetzt ist.

② Vom Füssener Jöchl

Der Anstieg erfolgt wie bei Tour 104. An der Wegverzweigung nach dem Gimpelkar hält man sich jedoch rechts und folgt dem guten Wanderweg hinab – zuletzt durch ein Waldstück – zum Gimpelhaus.

③ Von der Hahnenkammbahn

Der Übergang erfolgt wie bei Tour 104. Von der Tannheimer Hütte geht man dann links unterhalb auf gutem Wanderweg in einem leichten Linksbogen durch Wald hinab zum Gimpelhaus.

④ Übergang von der Otto-Mayr-Hütte

Von der Hütte wandern wir auf dem Wirtschaftsweg (oder einem Wanderweg) 20 Minuten hinab in Richtung Musauer Alp, bis rechts der markierte Bergsteig zur Nesselwängler Scharte abzweigt. Zunächst geht es über den Sababach, dann durch Wald und Latschen hinauf in den Karboden oberhalb und in weiteren zahlreichen Serpentinen – es gibt hier eine drahtseilgesicherte Stelle – hinauf zur Scharte. Wir steigen jenseits hinab, queren dann rechts unter den Felsen, bis links der Steig in direkter Linie hinab zum Gimpelhaus führt.

③ Von der Hahnenkammbahn

Von der Bergstation (1740 m) folgt man zunächst dem breiten Anstiegsweg hinauf zum Hahnenkamm. Von dort leitet ein schöner Höhenweg hinüber zum Tiefjoch (1717 m) und von diesem links hinab durch Wald zur Schneetalalm. Dann weiter auf Höhensteig (Mark.-Nr. 417/418) zur Tannheimer Hütte. Dort geht es nun links hinab und auf gutem Wanderweg in einem leichten Linksbogen durch Wald zum Gimpelhaus.

Der Hüttengipfel

Köllenspitze, 2238 m: Rund um das Gimpelhaus gibt es keine wirklich leichten Gipfel zu besteigen. Die Köllenspitze – immerhin höchster Gipfel der Tannheimer Berge – weist für den erfahrenen Bergsteiger jedoch eine »schwache« Seite auf. Vom Gimpelhaus folgt man zunächst dem breiten Wanderweg bergan, hält sich bei der folgenden Wegverzweigung links und steigt hinauf zum unteren Karboden des Gimpelkars. Bei der Wegkreuzung geht es dann geradeaus weiter (Ausschilderung »Otto-Mayr-Hütte«) und direkt hinauf bis unter die Felsen. Wir queren rechts und steigen in Serpentinen hinauf zur Nesselwängler Scharte (2005 m).

Dort geht es jezt rechts über schrofige Grashänge zum Westgrat, dann links – den Farbmarkierungen folgend – auf die Nordwestseite, bald durch eine Rinne hinab und wieder ansteigend hinauf zu einer brüchigen Felsschlucht. Durch diese Felsschlucht – eine schwierige Stelle wird mittels Drahtseil und Eisenklammern überwunden – steigen wir hinauf zu einer Scharte und rechts über leichteres Gelände zum Gipfelkreuz.

Das Gimpelhaus ist nicht nur Unterkunftshaus, es ist auch Ausbildungszentrum und Treffpunkt für Bergbegeisterte jeder Couleur. Im Haus gibt es sogar einen eigenen Boulderraum.

>>>

Weitere Hütten

Tannheimer Hütte, vgl. Tour 104.
Otto-Mayr-Hütte, vgl. Tour 105.
Sonnenalm, vgl. Tour 104.
Höfener Alpe, 1733 m (im Sommer bewirtschaftet).
Schneetalalm, vgl. Tour 104.

Tannheimer Hütte

Höchste Punkte: Tannheimer Hütte, 1760 m; Rote Flüh, 2108 m.

Tour 104

Hütte
Zeit Von Nesselwängle: 1½ Std.; vom Füssener Jöchl: 3½ Std.; von der Hahnenkammbahn-Bergstation: 2½ Std.

Schwierigkeit Bergwanderwege. Der Übergang vom Füssener Jöchl erfolgt auf Klettersteig. Übergang von der Hahnenkammbahn zum Teil auf schmalem Bergsteig.

Übernachtung Tannheimer Hütte, 1760 m (AV-Hütte, Kat. I, 23 Lager, bewirtschaftet von Anfang Mai bis Ende Oktober; Tel. 0043/676/3423239).

Karte Topogr. Karte 1 : 50 000 Füssen und Umgebung (BLVA).

Gipfel
Zeit Von der Tannheimer Hütte: 1½ Std., Abstieg zur Hütte: 1 Std.; insgesamt: 2½ Std.

Schwierigkeit Trittsicherheit und Schwindelfreiheit nötig.

Weitere Hütten
Schneetalalm, 1650 m (privat, 25 Lager, von Mai bis Oktober bew.; Tel. 0043/663/9658861). **Sonnenalm**, 1820 m (Bergstation der Füssener-Jöchl-Bahn). **Gimpelhaus**, siehe Tour 103.

Die Tannheimer Hütte der AV-Sektion Allgäu-Kempten war die Privathütte eines k.u.k.-Notars, die 1892 zum Preis von 800 Goldmark den Besitzer wechselte und 1893 feierlich eröffnet wurde. 1894 wurde der gesicherte Weg zur Roten Flüh angelegt. Nach der Zwangsverwaltung ab 1945 kehrte die Hütte 1956 in den Besitz der Sektion zurück und wurde 1958 wieder eröffnet.

① Von Nesselwängle

Vom Parkplatz wandern wir auf einem Sträßchen am oberen Ortsrand zu den letzten Häusern, dann dem Wegweiser zum Gimpelhaus folgend erst noch auf Wirtschaftsweg, dann in steilen Serpentinen hinauf zum Gimpelhaus. Kurz dahinter zweigt rechts ein Weg ab, der durch Wald direkt zur Tannheimer Hütte führt. Variante: Am oberen Ortsrand, wo der Anstiegsweg den Bach berührt, steigen wir rechts über diesen und auf Weg (Mark.-Nr. 416 und 416a) am unteren Waldrand in Richtung Osten, links über einen bewaldeten Bergrücken unter die Felsen der Köllenspitze und links hinüber zur Tannheimer Hütte.

② Vom Füssener Jöchl

Vom Füssener Jöchl gehen wir auf leichten Wanderwegen um die Läuferspitze herum, dann im Wechsel von der Ost- auf die Westseite zum Hallergernjoch. Von hier sind es 20 Minuten zum Gipfelkreuz des Schartschrofens (Mark.-Nr. 424). Dort beginnt der Friedbergsteig. Auf der Südostseite geht es steil am nahezu durchgehenden Seil (Friedberger Klettersteig) hinab zur Gelben Scharte (Tafel, links Abstieg zur Otto-Mayr-Hütte). Von der Scharte steigen wir einen schrofigen Steig hinauf, rechts um einen Felsturm und den Grat entlang (Seilsicherungen). Über Eisenbügel und mit Hilfe von Eisenstiften steigen wir durch einen Kamin, über einen einfachen Steig zum Gipfel der Roten Flüh und auf der anderen Seite zur Judenscharte ab. Auf Bergweg nun durchs Gimpelkar zur Tannheimer Route.

③ Von der Hahnenkammbahn

Von der Bergstation (1740 m) folgt man zunächst dem breiten Anstiegsweg hinauf zum Hahnenkamm. Von dort leitet ein schöner Höhenweg hinüber zum Tiefjoch (1717 m) und von diesem links hinab durch Wald zur Schneetalalm. Dann weiter auf Höhensteig (Mark.-Nr. 417/418) zur Tannheimer Hütte.

Der Hüttengipfel

Rote Flüh, 2108 m: Von der Hütte führt ein ausgeschilderter Steig zum Gimpelkar. Am oberen Rand durch dieses (bei Steinschlaggefahr untere Variante!) zur Judenscharte. Von dort links über eine Felsplatte, die mit Hilfe von Seilsicherungen, Felstritten und Eisenstiften überwunden wird, durch eine Rinne auf den grasigen Gipfel mit Gipfelkreuz.

Die Tannheimer Hütte mit ihrer gemütlichen Terrasse.

Otto-Mayr-Hütte

Höchste Punkte: Otto-Mayr-Hütte, 1530 m; Große Schlicke, 2060 m.

Die Nordwände der Tannheimer Berge geben für die 1900 erbaute Hütte eine beeindruckende Kulisse ab. Ursprungsbau war ein auf einer Ausstellung erworbener Holzbau, der von der AV-Sektion Augsburg dort oben wieder errichtet worden war. Schon 1909 war eine Erweiterung notwendig. Namensgeber war der Justizrat Otto Mayr, der 30 Jahre lang die Sektion führte.

① Von Musau (von Roßschläg)

Von der Bahnstation wandern wir auf ausgeschildertem Feldweg zum Bergfuß, dann steil durch Bergwald zur »Achsel«, einem Durchschlupf hinüber ins Raintal. Auf einem Ziehweg geht es jenseits hinab, bis man auf den von Roßschläg heraufführenden Wirtschaftsweg trifft. Wir wandern links weiter auf diesem über die Musauer Alpe – zuletzt in Kehren (die aber auf Wanderweg abgekürzt werden können) – hinauf zur Otto-Mayr-Hütte.

② Von Vils

Einen Kilometer hinter Vils (Richtung Pfronten) führt links ein Wirtschaftsweg durchs Kühbach- und Alptal hinauf zur Vilser Alpe (1226 m). Dort folgt man dem Wegweiser in den hinteren Karboden, dann steil hinauf in Serpentinen zur Vilser Scharte. Jenseits geht es direkt hinab zur Otto-Mayr-Hütte.

③ Von Haller

Vom Ort Haller am Haldensee führt ein Bergweg (Mark.-Nr. 413) über das Ausflugslokal Adlerhorst und die Gessenwangalpe (1581 m) durch Wald, dann durch Latschen hinauf zum Hallergernjoch (1853 m). Jenseits wandern wir auf gutem Bergweg steil hinab (Wegweiser) ins Raintal zur Otto-Mayr-Hütte.

④ Von Grän übers Füssener Jöchl

Mit der Umlaufbahn ist das Füssener Jöchl bequem zu erreichen. Von der Bergstation (1818 m) leitet rechts ein leichter Höhenweg durch die Nordosthänge des Läuferspitz zum Raintaljoch und jenseits auf ausgeschildertem Weg hinab zur Otto-Mayr-Hütte.

Der Hüttengipfel

Große Schlicke, 2060 m: Der leicht erreichbare Gipfel bietet nach Norden einen herrlichen Blick auf das Allgäuer Seengebiet und nach Süden auf Kellerspitze und Gimpel. Der Anstieg beginnt direkt bei der Hütte und führt auf markiertem Weg (Ausschilderung »Vils«) über Weiden, durch lichten Wald und Latschen zur Vilser Scharte (1817 m). Wenige Meter unterhalb leitet der Steig rechts durch den Südosthang der Kleinen Schlicke, bis links steile Serpentinen zum Gipfelkreuz führen.

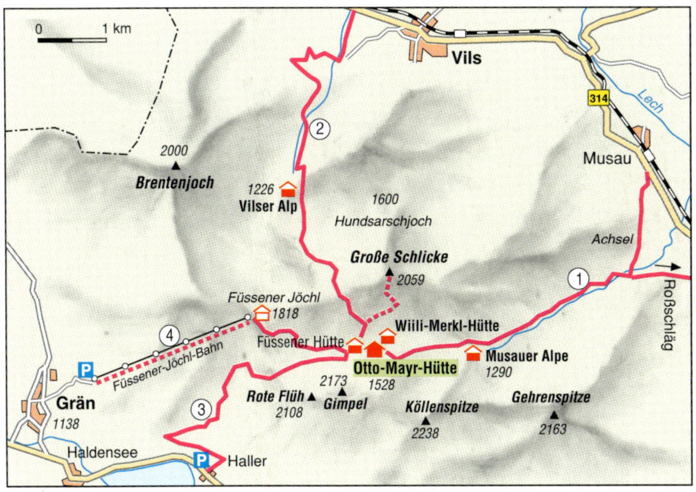

Tour 105

Hütte

Zeit Von Musau bzw. Roßschläg: 3 bzw. 2 3/4 Std.; von Vils: 3 1/2 Std.; von Haller: 3 Std.; von der Bergstation der Füssener-Jöchl-Bergbahn: 1/2 Std.

Schwierigkeit Der leichteste Anstieg erfolgt auf Alpfahrweg von Roßschläg, der kürzeste von der Bergstation der Füssener-Jöchl-Bahn. Bergsteige, teilweise Alpfahrwege.

Übernachtung Otto-Mayr-Hütte, 1530 m (AV-Hütte, Kat. I, 24 Betten, 60 Lager, 6 Notlager, von Anfang Mai bis Ende Oktober, über Weihnachten und 14 Tage um Ostern bewirtschaftet; Tel. 0043/5677/8457).

Karte Topogr. Karte 1 : 50 000 Füssen und Umgebung (BLVA).

Gipfel

Zeit Von der Otto-Mayr-Hütte: 1 1/2 Std.; Abstieg zur Hütte: 1 Std.; insgesamt: 2 1/2 Std.

Schwierigkeit Steiler, aber unschwieriger Anstieg. Trittsicherheit Voraussetzung.

Weitere Hütten

Musauer Alpe, 1290 m (privat, bewirtschaftet von Ostern bis 20. Oktober, 28 Betten, 50 Lager; Tel. 0043/676/3423236). Von Musau 2 Std.

Vilser Alpe, 1226 m (privat, bewirtschaftet von Anfang Mai bis Ende Oktober, 35 Lager; Tel. 0043/676/5111263). Von Vils durch das Kühbachtal 1 1/2 Std.

Willi-Merkl-Gedächtnis-Hütte, 1550 m (AV-Hütte, Kat. I, Selbstversorgerhütte, 38 Lager, von Mitte Mai bis Mitte Oktober bewartet). Bei der Otto-Mayr-Hütte.

Füssener Hütte, vgl. Tour 106.

Die Otto-Mayr-Hütte ist wohl das einzige Fertigbauhaus unter den Alpenvereinshütten.

Füssener Hütte

Höchste Punkte: Füssener Hütte, 1550 m; Schartschrofen, 2060 m.

Tour 106

Hütte
Zeit Von Musau bzw. Roßschläg: 3 bzw. 2 3/4 Std.; von Vils: 3 1/2 Std.; von Haller: 3 Std.; von der Bergstation der Füssener-Jöchl-Bahn: 1/2 Std.

Schwierigkeit Der leichteste Anstieg erfolgt auf Alpfahrweg von Roßschläg, der kürzeste von der Bergstation der Bergbahn. Sonst Bergsteige.

Übernachtung Füssener Hütte, 1550 m (privat, 16 Betten, 40 Lager, bew. von Mai bis Mitte Okt.; Tel. 0043/676/3423221).

Karte Topogr. Karte 1 : 50 000 Füssen und Umgebung (BLVA).

Gipfel
Zeit Von der Füssener Hütte: 1 1/2 Std., Abstieg zur Hütte: 1 Std.

Schwierigkeit Teils steiler, aber unschwieriger Anstieg. Trittsicherheit Voraussetzung.

Weitere Hütten
Vilser Alpe, vgl. Tour 105.
Otto-Mayr-Hütte, vgl. Tour 105.
Musauer Alpe, vgl. Tour 105.

Die Füssener Hütte befindet sich auf deutschem Staatsgebiet (Vertrag von 1057) und gehört der Stadt Füssen.

Die Füssener Hütte geht auf eine »Urhütte« von 1857 zurück, die bis ins 20. Jahrhundert zu Alpzwecken genutzt wurde. 1936 übernahm die damalige Reichswehr die Hütte und stockte den eingeschossigen Bau zu einem stattlichen Haus auf. Nach Kriegsende folgten diverse Pächter, bis die Hütte im Jahre 1985 in der jetzigen Form der Öffentlichkeit zugänglich gemacht wurde.

① Von Musau (von Roßschläg)

Von der Bahnstation wandern wir auf ausgeschildertem Feldweg zum Bergfuß, dann steil durch Bergwald zur so genannten Achsel, einem Durchschlupf hinüber ins Raintal. Auf einem Ziehweg geht es jenseits hinab, bis man auf den von Roßschläg heraufführenden Wirtschaftsweg trifft. Links weiter auf diesem über die Musauer Alpe – zuletzt in Kehren (die aber auf Wanderweg abgekürzt werden können) – hinauf zur Füssener Hütte.

② Von Vils

Siehe Tour 105. Die Füssener Hütte liegt nur wenige Meter von der Otto-Mayr-Hütte entfernt.

③ Von Haller

Vom kleinen Ort Haller am Haldensee führt ein schöner Bergweg (Mark.-Nr. 413) über das Ausflugslokal Adlerhorst und die mittlerweile wieder bestoßene Gessenwangalpe (1581 m) durch Wald, dann durch Latschen hinauf zum Hallergernjoch (1853 m). Jenseits geht es dann auf gutem Bergweg steil hinab (Wegweiser) ins obere Raintal und zur Füssener Hütte.

④ Von Grän übers Füssener Jöchl

Mit der neuen Umlaufbahn ist das Füssener Jöchl bequem zu erreichen. Von der Bergstation (1818 m) leitet rechts ein leichter Höhenweg durch die Nordosthänge des Läuferspitz zum Raintaljoch und jenseits auf gutem, ausgeschildertem Weg in Serpentinen hinab zur Füssener Hütte.

Der Hüttengipfel

Schartschrofen, 2060 m: Von der Füssener Hütte geht es auf markiertem und ausgeschildertem Wanderweg in westlicher Richtung zu einer Wegverzweigung. Dort wandern wir links weiter über Bergwiesen, dann durch lichten Wald an den felsigen Kamm heran, der das obere Raintal nach Westen hin abschließt. Nun steigen wir in steilen Serpentinen hinauf ins Hallergernjoch (1853 m), dort links auf leichtem Bergwanderweg durch Latschen hinauf zum Gipfelkreuz des Schartschrofens, mit herrlichem Tiefblick auf den Haldensee.

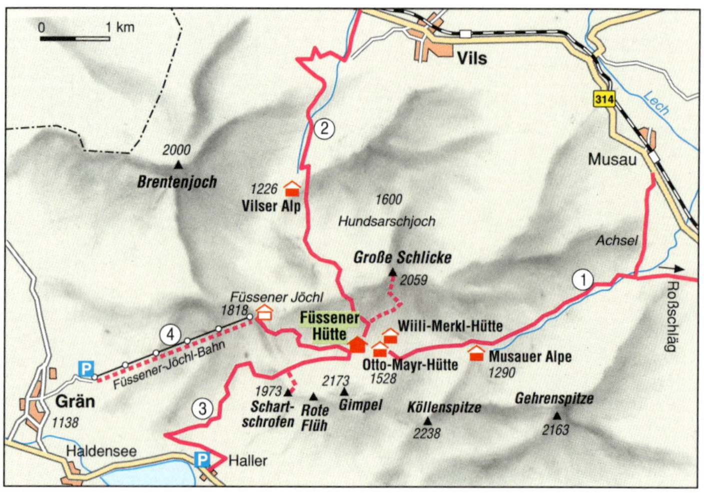

Bad Kissinger Hütte

Höchste Punkte: Bad Kissinger Hütte, 1792 m; Aggenstein, 1987 m.

Erste Erwähnung fand die Hütte 1880 als Aggensteinhütte. 1889 wurde sie in Blockhüttenbauweise neu errichtet. Seitdem ist sie AV-Hütte und bekam den Namen Pfrontner Hütte. 1921 brannte sie ab, eine Nothütte trat an ihre Stelle, die bis 1960 hielt. Die AV-Sektion Ludwigsburg stellte bis 1962 einen Neubau hin. 1994 ging die Hütte in den Besitz der Sektion Bad Kissingen.

① Von Pfronten-Steinach

Mit der Bergbahn zur Bergstation, dann mit dem Sessellift zur Einsattelung zwischen Breitenberg und Aggenstein. Dort geht es links über die Alpweiden leicht hinab, über Serpentinen zur Ostschulter des Aggensteins hinauf und mit Drahtseilsicherung zum Gipfel. Jenseits steigen wir hinab zur Bad Kissinger Hütte.

② Von Pfronten via »Böser Tritt«

Von oben rechts am Parkplatz der Breitenbergbahn gehen wir parallel zur Trasse auf Wirtschaftsweg zum quer führenden Weg und links weiter bis zu einer Linkskurve. Dort zweigt links der Weg in die Reichenbachklamm ab. Entlang des Reichenbachs geht es bis zu einer Diensthütte, und über den »Bösen Tritt« zum Ostgrat des Aggensteins und rechts zur Hütte.

③ Von Enge (Grän)

Wir gehen vom Parkplatz auf Teersträßchen bis zu einer Schranke, dann auf Wirtschaftsweg (Mark.-Nr. 411) durch freies Gelände bis kurz vor die Talstation der Materialseilbahn, rechts vorbei, dann bald in den Wald hinein. Über den Seebach und einen Nebenbach hinweg und in Kehren hinauf zum Ostgrat des Aggensteins. Links zur nahe gelegenen Hütte.

④ Über das Füssener Jöchl

Mit der Kabinenseilbahn geht es von Grän hinauf zum Füssener Jöchl, dann links auf dem Tannheimer Höhenweg (Mark.-Nr. 414) zur Westschulter der Sebenspitze. Wir wandern hinab zur Sebenalpe (1620 m). Jetzt in gerader Linie zur Bad Kissinger Hütte.

Der Hüttengipfel

Aggenstein, 1987 m: Nur knapp 200 Höhenmeter trennen die Bad Kissinger Hütte vom Hausgipfel. Von der Hütte steigen wir durch die freie Südflanke des Berges, dann rechts zur Schulter des Aggensteins. Von hier führt ein gesicherter Anstiegsweg hinauf zum Gipfelkreuz.

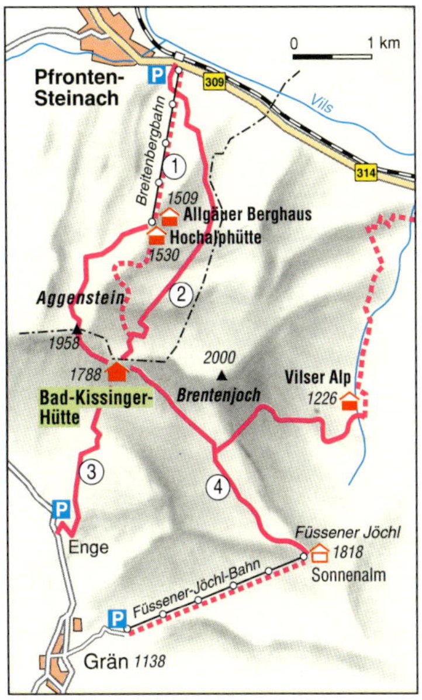

Tour 107

Hütte

Zeit Von Pfronten: 3 Std. (von der Bergstation über den Aggenstein 2 Std. bzw. über den »Bösen Tritt« 1 1/2 Std.); von Grän: 2 Std.; Übergang vom Füssener Jöchl: 2 Std.

Schwierigkeit Der Aufstieg von Enge (Grän) und der Übergang vom Füssener Jöchl sind leicht. Die anderen Zustiege setzen Trittsicherheit, Hüttenweg 1 auch Schwindelfreiheit voraus.

Übernachtung Bad Kissinger Hütte, 1792 m (AV-Hütte, Kat. I, von Anfang Mai bis Ende Oktober, bei günstigem Wetter evtl. noch im November bewirtschaftet, 9 Betten, 55 Lager, unversperrter Winterraum mit 10 Lagern; Tel. 0043/676/3731166).

Karte Topogr. Karte 1 : 50 000 Füssen und Umgebung (BLVA).

Gipfel

Zeit Von der Bad Kissinger Hütte: knappe 3/4 Std., Abstieg zur Hütte: 20 Min.; insgesamt: 1 Std.

Schwierigkeit Im Gipfelbereich Trittsicherheit und Schwindelfreiheit erforderlich. Einige Seilsicherungen.

Weitere Hütten

Sonnenalm, 1818 m (Restaurant an der Bergstation der Füssener-Jöchl-Bahn). **Hochalphütte**, siehe Tour 108. **Vilser Alpe**, siehe Tour 105.

Die Bad Kissinger Hütte klebt wie eine Trutzburg an den Felsen des Aggensteins. Alljährlich im August findet hier der Aggensteinlauf statt, der in Grän seinen Ausgang nimmt und an der Hütte endet.

Ostlerhütte

Höchste Punkte: Ostlerhütte, 1838 m; Breitenberg, 1840 m.

Tour 108

Hütte
Zeit Von Pfronten-Steinach über die Hochalphütte: 3 Std.; bei Auffahrt mit Gondelbahn und Sessellift Verkürzung auf $^{1}/_{2}$ Std. Gehzeit. Von Fallmühle bzw. dem ehemaligen Zollhaus Fallmühle: je $2\,^{1}/_{2}$ Std. Bei Abstieg von der Hütte nach Fallmühle Busverbindung zur Talstation der Bergbahn um ca. 15.45 Uhr.

Schwierigkeit Von Pfronten-Steinach zu Beginn Fahrweg, dann Ziehweg; von Fallmühle leichter, aber steiler Bergweg; vom Zollamt Fallmühle Almfahrweg.

Übernachtung Ostlerhütte, 1838 m (privat, nahezu ganzjährig bewirtschaftet, von Anfang November bis Weihnachten und eine Woche nach Ostern bis Christi Himmelfahrt geschlossen, 15 Betten, 60 Lager; Tel. 08363/424 oder 1213).

Karte Topogr. Karte 1 : 50 000 Füssen und Umgebung (BLVA).

Gipfel
Zeit Die Hütte steht auf dem Breitenberggipfel. Alternativ: Aggenstein, siehe Tour 107.

Schwierigkeit Keine.

Weitere Hütten
Hochalphütte, 1530 m (privates Berggasthaus knapp oberhalb der Bergstation der Breitenbergbahn, Übernachtungsmöglichkeit; Tel. 08363/1654). Von Pfronten 2 Std.
Allgäuer Berghaus, 1509 m, an der Bergstation der Gondelbahn (Einkehr und Übernachtungsmögl.; Tel. 08363/486).
Bad Kissinger Hütte, siehe Tour 107.

Bild oben: Die private Ostlerhütte auf dem Breitenberg.

Die private Ostlerhütte ist Stützpunkt für Wanderer und Skifahrer gleichermaßen. Holz dominiert und gibt diesem Unterkunftshaus eine gemütliche Atmosphäre. Von der großen Terrasse auf der Südseite hat man einen herrlichen Blick auf die Tannheimer Berge, besonders auf den direkt gegenüber steil aufragenden Aggenstein.

① Von Pfronten-Steinach

Von der Talstation der Breitenbergbahn wandern wir auf ausgeschildertem Feldweg und Wirtschaftsweg zum Bergfuß, dann in zahlreichen Serpentinen (Weg.-Nr. 411) durch Bergwald, zuletzt in weitem Rechtsbogen zur Bergstation bzw. zur Hochalphütte. Von dort geht es auf breitem Weg (oder mit Sessellift) zur Einsattelung zwischen Aggenstein und Breitenberg und rechts auf Fahrweg zur Ostlerhütte.

② Von Fallmühle

Gegenüber des Parkplatzes an der Straße nach Grän beginnt der markierte und ausgeschilderte Bergweg. Als Startpunkt eignet sich auch das Gasthaus Fallmühle. Der schattige Weg führt zunächst durch Nadelwald, dann bald steil in Serpentinen hoch zum Westkamm, den man auf einer Höhe von 1561 Metern erreicht. Nun wandern wir links immer auf dem breiten Kamm entlang aussichtsreich zur Ostlerhütte, die auf dem Gipfel des Breitenbergs liegt.

③ Vom Zollhaus Fallmühle

Beim Zollhaus beginnt links ein Almfahrweg (Mark.-Nr. 5), der uns durch Wald und Almwiesen zum Joch zwischen Aggenstein und Breitenberg führt. Von der Bergstation des Sessellifts steigen wir links steil hinauf zur Ostlerhütte.

Der Hüttengipfel

Die Ostlerhütte befindet sich auf dem Gipfel des Breitenbergs, 1840 m. Nächstes Gipfelziel ist der Aggenstein. Siehe Tour 107.

Sportheim Böck

Höchste Punkte: Sportheim Böck, 1461 m; Edelsberg, 1629 m.

Das Sportheim Böck ist ein Berggasthof östlich des Alpspitzgipfels oberhalb von Nesselwang. Früher wurden hier Skilehrgänge abgehalten, daher der kuriose Name. Seit 1933 ist das Haus eine Gaststätte mit ganzjährigem Betrieb. Der Blick von der Terrasse reicht über den Säuling hinweg bis zur Zugspitze. In einer knappen Stunde ist der Hausberg, der Edelsberg, erreicht.

① Von Nesselwang (Bergbahn)

Von Nesselwang fahren wir mit dem längsten Sessellift Deutschlands in zwei Sektionen bis zur Bergstation (1420 m) und gehen dann links auf Piste die kurze Strecke von 100 Metern zum Sportheim Böck.

② Von Nesselwang zu Fuß

Am Ostende von Nesselwang führt eine Fahrstraße hinauf auf eine Höhe von 1240 Metern. Vom Parkplatz wandern wir auf markiertem Weg durch Wald hinauf zum Sportheim Böck. Der Fußweg beginnt ebenfalls am Ostende von Nesselwang, zweigt dann aber rechts von der Fahrstraße ab und führt an der Nesselburg (1038 m) vorbei zum Ende der Fahrstraße.

③ Von Kappel

Vom Spielplatz gehen wir auf Fahrstraße zum Steinbach. Wir überqueren die Brücke und wandern links auf markiertem Weg durch Wald zur Kappeler Alpe. Wir gehen rechts vorbei und wandern auf Wirtschaftsweg (Mark.-Nr. 42) leicht ansteigend durch Hochwald zum Sportheim Böck.

④ Von der Haslacher Alp

Von der Straße Nesselwang-Wertach zweigt in Höhe Reichenbach das geteerte Mautsträßchen zur Haslacher Alpe ab. Kurz vor der Alpe beginnt links der Forstweg. Wir folgen ihm bis zu einer Wegverzweigung und halten uns links. Dann geht es hinab zur Brücke über den Reichenbach und in weiten Kehren links haltend durch den Klausenwald hinauf zur Oberen Bergalpe (1350 m), zum bewaldeten Bergrücken »Auf dem Grat« und rechts auf markiertem Pfad auf die Alpspitze (1575 m). Jenseits geht es hinab und über freie Flächen zum Sportheim Böck. Zur Haslacher Alp gelangt man übrigens auch von der Buronhütte, die auf Fahrstraße von Hinterreute (969 m) erreichbar ist.

Der Hüttengipfel

Edelsberg, 1629 m: Vom Sportheim Böck wandert man hinüber zum Alpspitzstüberl. Nun geht es auf ausgeschildertem Bergwanderweg zu der Einsattelung zwischen Alpspitze und Edelsberg und dann links hinauf zum Gipfel.

Tour 109

Hütte

Zeit Von Nesselwang: 2 Std.; von Kappel: $1\,^1/_2$ Std.; von der Haslacher Alpe: $1\,^1/_2$ Std.; von Hinterreute: $2\,^1/_2$ Std.

Schwierigkeit Leichte Bergwanderwege, zum Teil Wirtschaftswege.

Übernachtung Sportheim Böck, 1461 m (privat, ganzjährig bewirtschaftet, 30 Betten, Übernachtung nur nach Voranmeldung; Tel. 08361/3111).

Karte Topogr. Karte 1 : 50 000 Füssen und Umgebung (BLVA).

Gipfel

Zeit Vom Sportheim Böck: $^3/_4$ Std., Abstieg zum Berggasthof: $^1/_2$ Std.; insgesamt $1\,^1/_4$ Std.

Schwierigkeit Leichte Bergwanderwege.

Weitere Hütten

Kronenhütte und Bärenstüble, an der Mittelstation (1120 m) des Sessellifts (ganzjährig bewirtschaftet, 20 Betten, Tel. 08361/3170).
Kappeler Alpe, 1350 m (privat, ganzjährig bew., Do. Ruhetag, 25 Lager, Tel. 08361/3253).
Buronhütte, 1200 m (privat, ganzjährig bewirtschaftet, 30 Betten; Tel. 08365/290). Von Hinterreute $^1/_2$ Std. auf gesperrtem Fahrweg.
Haslacher Alpe, 1100 m (privat, im Sommer einfach bewirtschaftet). Von Reichenbach $^3/_4$ Std. (befahrbare Mautstraße).

Bild oben: Das Sportheim Böck ist mit dem längsten Sessellift Deutschlands schnell erreichbar. Beliebt ist der Übergang zur Kappeler Alpe, von der man dann wieder ins Tal absteigen kann.

Grüntenhaus

Höchste Punkte: Grüntenhaus, 1585 m; Übelhorn, 1738 m.

Tour 110

Hütte
Zeit Von Burgberg: 3 Std.; vom Parkplatz »Großer Wald«: 2 1/2 Std.; von der Alpe Kammeregg: 2 Std.; von der Jörgalpe: 2 Std.

Schwierigkeit Bergwanderwege, die jedoch Trittsicherheit voraussetzen; auf der Nordseite des Übelhorns eine Drahtseilsicherung (Hüttenweg 3).

Übernachtung Grüntenhaus, 1585 m (privat, bewirtschaftet von Mai bis Ende Oktober, 50 Lager, Übernachtung nur für Gruppen nach Voranmeldung; Tel. 08321/3372).

Karte Topogr. Karte 1 : 50 000 Allgäuer Alpen (BLVA).

Gipfel
Zeit Vom Grüntenhaus: 1/2 Std.; Abstieg zur Hütte: 20 Min.; insgesamt: knappe Stunde.

Schwierigkeit Bergwanderweg; beim Abstieg nach Norden felsige Passage, Trittsicherheit erforderlich.

Weitere Hütten
Jörgalpe, 1175 m (privat, ganzjährig bewirtschaftet).
Alpe Kammeregg, 1150 m (privat, im Sommer bewirtschaftet, Brotzeit). 10 Min. zu Fuß vom Parkplatz unterhalb.
Grüntenhütte, 1477 m (privat, ganzjährig bewirtschaftet, einige Betten; Tel. 08327/7474). Am Ende des gesperrten Fahrwegs der Alpe Kammeregg.
Alpe Kehr, 1060 m (privat, im Sommer bewirtschaftet).
Obere Schwandalpe, 1300 m (privat, im Sommer bewirtschaftet).

Der Grünten gilt als der Wächter des Allgäus, denn er steht am Eingang zu den Allgäuer Alpen. Von seinem höchsten Punkt bietet sich ein umfassender Panoramablick hinaus auf das gesamte Allgäu, vom Bodensee bis zum Lechtal, von Kempten bis zum Allgäuer Hauptkamm. Kein Wunder, dass dort oben bereits im Jahre 1852 von Karl Hirnbein das erste gewerbliche Unterkunftshaus der gesamten Allgäuer Alpen errichtet wurde. Das Grüntenhaus steht zwar Bergwanderern als Einkehrstelle offen, eine Übernachtung ist aber nur gruppenweise möglich.

① Von Burgberg

Vom Kirchplatz wandern wir auf der Grüntenstraße in Richtung Osten, dann links auf den markierten Wanderweg am Bach entlang zwischen Kreuzelspitze und Stuhlwand bald steil durch Wald hinauf zum Grüntenhaus.

② Vom Parkplatz »Großer Wald«

Vom Parkplatz »Großer Wald« folgen wir dem Wegweiser zum Gasthaus Alpenblick. (Man kann auf der Straße zurückgehen und rechts den Weg nehmen, der durch den Graben zwischen Stuhlwand und Burgberger Hörnle zur Hütte führt.) Beim Gasthaus beginnt ein Wirtschaftsweg, den man bei der Alpe Kehr nach links verlässt. Über Bergwiesen wandern wir auf ausgeschildertem Weg zur Oberen Schwandalpe. Eine Viertelstunde oberhalb an einer Wegverzweigung halten wir uns links und wandern über einen bewaldeten Kamm zur Hütte.

③ Von der Alpe Kammeregg

Auf gesperrtem asphaltierten Sträßchen wandern wir hinauf zur Grüntenhütte. Dort geht es rechts auf einem markierten Bergwanderweg am Lift entlang über den felsigen Nordostgrat hinauf zum höchsten Punkt des Grünten. Jenseits wandern wir auf leichtem Bergwanderweg vorbei an der Fernsehumsetzstation hinab zum Grüntenhaus, das unterhalb in einer Wiesenmulde liegt.

③ Von der Jörgalpe (a)

Auf markiertem Weg wandern wir über freie Alpwiesen entlang der Lifttrasse hinauf zur Grüntenhütte. Dort geht es weiter wie oben.

Der Hüttengipfel

Übelhorn, 1738 m: Der höchste Punkt des Grünten wird beim Anstieg von Norden zum Grüntenhaus überschritten. Vom Grüntenhaus geht man rechts über die Wiese eben zu einer Wegverzweigung, dann geradeaus weiter und hinauf zur bewaldeten Kammhöhe. Wir wandern rechts auf dieser zur Fernsehumsetzstation, links an dieser vorbei und hinauf zum höchsten Punkt mit dem auffälligen Jägerdenkmal (Kriegerdenkmal von 1924).

Das Grüntenhaus gilt als das erste zu gewerblichen Zwecken errichtete Unterkunftshaus in den Allgäuer Alpen.

Willersalpe

Höchste Punkte: Willersalpe, 1459 m; Ponten, 2044 m; Bschießer 2000 m.

Die Willersalpe ist eine Alpwirtschaft, wie es sie nur noch selten zu sehen gibt. Nachdem Josef Käs nach 20 Jahren Alpwirtschaft sich zurückgezogen hat, wird die 300 Hektar große Alpe von drei Brüdern bewirtschaftet. Markus Bertele ist der neue Senn und Hirte der 24 Kühe, die zweimal am Tag gemolken werden müssen. Es werden nach wie vor Butter und Käse hergestellt. Bei der Willersalpe beginnt einer der beliebtesten Allgäuer Höhenwege, der Jubiläumsweg, der auf einer Höhe zwischen 1800 und 2000 Metern hinüber zum Prinz-Luitpold-Haus führt.

① Von Hinterstein

Es gibt zwei Möglichkeiten, um zur Hütte zu gelangen: Vom Parkplatz am Südostende des Dorfes weist ein Wegweiser links die Route über den Wildfräuleinsteig zur Willersalpe. Die andere, häufiger begangene Route führt links vom Weg in Richtung Giebelhaus ab. Auf einem Alpfahrweg (Wegtafel »Zur Willersalpe«) wandern wir durch Bergwiesen ansteigend zum Bachholz. Dann gehen wir weiter auf Ziehweg durch Wald, bis der Bergpfad zur Willersalpe links abzweigt und auf den vorher erwähnten AV-Weg trifft. Dort geht es rechts weiter über den Willersbach, dann in steilen Serpentinen durch Wald hinauf zu den Weiden der Willersalpe.

② Von Zöblen

Von der Ortsmitte in Zöblen wandern wir über die Vils hinweg, dann auf einem Forstweg hinauf zu einer Jagdhütte am Beginn des Pontentals. Auf Bergsteig geht es nun weiter hinauf zum Zirleseck (1870 m). Von dort aus wandern wir dann hinab zum Köllesattel und rechts über die Grashänge weiter hinab zur Willersalpe.

Die Gipfelrunde

Die beiden Gipfel Ponten (2044 m) und Bschießer (2000 m) lassen sich auf einer aussichtsreichen Rundtour ideal kombinieren: Von der Willersalpe geht es auf markiertem Weg über einige Grashänge und durch kleine Waldstücke hinauf zum Köllesattel und links weiter auf dem Gratweg zum Zirleseck. Dort beginnt links ein markierter Bergsteig, der auf dem Westgrat zum Ponten führt. Wir wandern dann weiter auf dem Grat hinab in die Senke zwischen den beiden Gipfeln und zuletzt wieder steil aufwärts zum Gipfel des Bschießer. Von dort geht es auf gutem Weg durch Latschen hinab zur Zipfelsalpe (1526 m). Nun rechts über den Zipfelsbach und auf schönem Waldweg hinab nach Hinterstein. Planen Sie genügend Zeit ein, die Gipfelrunde nimmt etwa 5 Stunden in Anspruch.

Tour 111

Hütte

Zeit Von Hinterstein: 1 1/2 Std.; von Zöblen: 2 1/2 Std.

Schwierigkeit Von Hinterstein leichter Wanderweg; von Zöblen Trittsicherheit erforderlich.

Übernachtung Willersalpe, 1459 m (privat, von Mai bis Oktober bewirtschaftet, im Winter evtl. an den Wochenenden, 30 Lager; Tel. 0171/9939847).

Karte Topogr. Karte 1 : 50 000 Allgäuer Alpen (BLVA).

Gipfel

Zeit Gipfelrunde von der Willersalpe: 5 Std.

Schwierigkeit Trittsicherheit und Schwindelfreiheit erforderlich.

Weitere Hütten

Zipfelsalpe, 1526 m (privat, im Sommer bewirtschaftet).

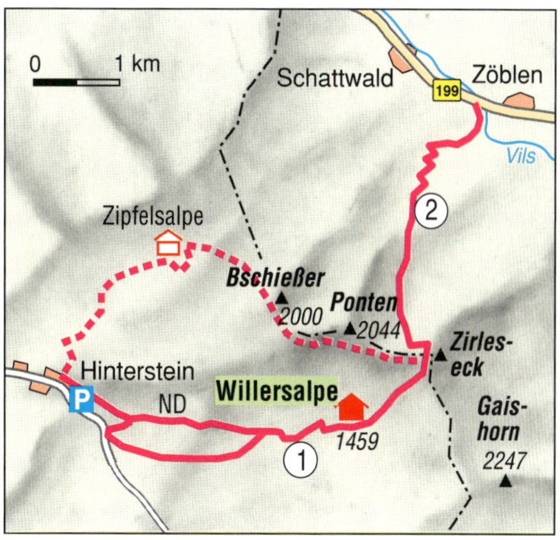

Auf der Willersalpe ist mittlerweile auch die neue Zeit eingezogen, der Strom kommt nun aus Solarzellen, und das Dieselaggregat wird nur mehr bei Bedarf eingeschaltet, aber die Lebensmittel und alles sonstige Material wird per Pferd auf die Alpe geschafft. Wa[illegible]derer werden wohlwollen[illegible]irtschaftet und finden h[illegible]ine Übernachtun[illegible] vor.

Landsberger Hütte

Höchste Punkte: Landsberger Hütte, 1810 m; Lachenspitze, 2126 m.

Tour 112

Hütte
Zeit Vom Vilsalpsee: 2 Std., von der Bergstation am Neunerköpfl: 3 Std.; von Haldensee: 4 Std.; von Rauth: 5 Std.

Schwierigkeit Leichte, teilweise steile Bergwanderwege, Für den Anstieg vom Vilsalpsee zur Landsberger Hütte ist Trittsicherheit erforderlich.

Übernachtung Landsberger Hütte, 1810 m (AV-Hütte, Kat. I, 30 Betten, 140 Lager, bewirtschaftet von Pfingsten bis Mitte Oktober, offener Winterraum mit 16 Lagern; Tel. 0043/5675/6282).

Karte Topogr. Karte 1 : 50 000 Füssen und Umgebung (BLVA).

Gipfel
Zeit Von der Landsberger Hütte: 1 1/2 Std.; Abstieg zur Hütte: 1 Std.; insgesamt: 2 1/2 Std.

Schwierigkeit Trittsicherheit erforderlich.

Weitere Hütten
Vilsalphütte, 1178 m (privat, im Sommer bewirtschaftet).
Gundhütte, 1810 m (privat, von Ende Mai bis Mitte Oktober bewirtschaftet). An der Bergstation Neunerkopf-Sessellift.
Krinnenalpe, 1227 m (privat, im Sommer bewirtschaftet). Mit Sessellift oder auf steilem Wanderweg durch Wald von Nesselwängle erreichbar.
Edenbachalpe, 1405 m (privat, im Sommer bewirt[illegible]aftet).
Hubertushütte, 1[illegible] m (privat, Ende Mai bis M[illegible]ktober bewirtschaft[illegible]
Obere Str[illegible] 1660 m (zur W[illegible]schaftet).

Die [illegible]ngspunkt für den [illegible]iläumsweg, der [illegible]en hinüber zu[illegible]-Haus führt.

Die Landsberger Hütte wurde 1928 erbaut und 1929 eröffnet. Die erheblichen Erweiterungen in den späteren Jahren haben ihr charakteristisches Erscheinungsbild nicht beeinträchtigt. Die Hütte steht an aussichtsreicher Stelle oberhalb des Vilsalpsees in den Tannheimer Bergen. Ihr Hausberg, die Lachenspitze, ist einer der mächtigsten Gipfel in der Vilsalpseegruppe mit einer 300 Meter abstürzenden Nordwestwand.

① Vom Vilsalpsee

Am östlichen Seeufer wandern wir auf Wirtschaftsweg bis zu einer Jagdhütte, dann links durch Wald bergan, zuletzt in Serpentinen zum Traualpsee und der Oberen Traualpe (1640 m). Wir wandern am See links vorbei und über einen felsigen Abschnitt zur Landsberger Hütte.

② Von der Bergstation am Neunerköpfl

Von der Bergstation am Neunerköpfl (1882 m) geht es auf dem markierten Höhenweg in westlicher Richtung über das Vogelhörnle, dann links über die Obere Strindenalpe zur Strindenscharte (1870 m). Weiter auf dem Saalfelder Höhenweg (Mark.-Nr. 421) über die Gappenfeldscharte zum Schochensattel. Am Gipfel links vorbei, rechts hinab zur Hütte.

③ Von Haldensee

Vom südlichen Ortsende von Haldensee führt ein Wirtschaftsweg hinauf ins Strindenbachtal und endet erst an der Oberen Strindenbachalp. Oberhalb der Waldgrenze zweigt links ein Wanderweg ab (Mark.-Nr. 421), der weiter oberhalb wieder auf den Alpfahrweg stößt. Auf diesem zur Gappenfeldscharte, wo man auf Hüttenweg 2 trifft. Auf diesem zur Hütte.

④ Von Rauth durch das Birkental

Vom Weiler Rauth (1140 m) wandern wir (Ausschilderung »Landsberger Hütte«) zum Ende des Forstwegs, dann auf Steig zur Höflishütte (1183 m) und weiter (Mark.-Nr. 426) am Weißenbach entlang durchs Birkental zur Gappenfelder Notländ. Dort geht es rechts durch Wald, dann über Grashänge zur Gappenfeldscharte. Über das Östliche Lachenjoch steigen wir hinab zur Landsberger Hütte.

Der Hüttengipfel

Lachenspitze, 2126 m: Von der Landsberger Hütte geht es auf dem Saalfelder Weg in westlicher Richtung zur Steinkarscharte (1955 m), zwischen Steinkarspitze und Lachenspitze, bis links der Weg über die Südwestflanke abzweigt, bis unter die Gipfelfalllinie. Von dort aus führt ein markierter Steig auf den Gipfel.

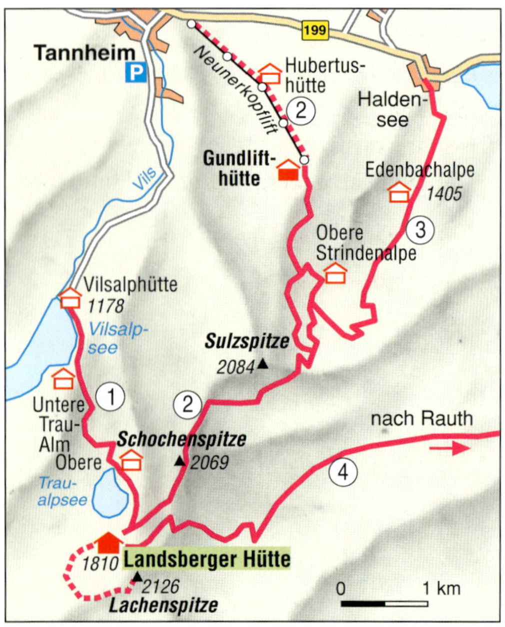

Schwarzenberghütte

Höchste Punkte: Schwarzenberghütte, 1380 m; Großer Daumen, 2280 m.

Die zwischen 1948 und 1950 erbaute Hütte der Alpenvereinssektion Illertissen befindet sich auf einem malerischen Flecken inmitten von alten Ahornbäumen auf dem Schwarzenberg oberhalb des Hintersteiner Tals. Von 1999 bis 2001 wurde die Hütte behutsam modernisiert, die Schlafräume modernen Erfordernissen angepasst und zudem ein zeitgemäßes ökologisches Energiekonzept umgesetzt.

① Von Hinterstein

Von Hinterstein führt eine gesperrte Privatstraße ins Hintersteiner Tal zum Giebelhaus. Dort, wo die Straße die Ostrach überquert, führt rechts ein ausgeschilderter Wanderweg (Sommerweg) durch Wald hinauf zur Schwarzenberghütte.

② Vom Giebelhaus

Im Winter nimmt man den Hüttenfahrweg, der zuerst in Richtung Engeratsgundhof führt. Nach einer Viertelstunde zweigt rechts der Wirtschaftsweg ab, der direkt in einigen Kehren den Schwarzenberg hinauf zur Hütte führt.

③ Abstieg vom Edmund-Probst-Haus

Vom Haus wandern wir auf ausgeschildertem Weg erst in Richtung Koblatsee, dann bei der Wegverzweigung auf einem Sattel rechts weiter, bald links hinab zur Oberen Wengenalpe und weiter steil hinab zum Wengenbach. An dessen rechten Ufer geht es hinab zur Unteren Wengenalpe. Von ihr führt ein Almsträßchen durch das Obertal über die Laufbichlalpe und den Engeratsgundhof zur Schwarzenberghütte. Vom Engeratsgundhof kann man auch links auf einem Bergwanderweg hinauf zur Käseralpe und eben hinüber zur Hütte wandern.

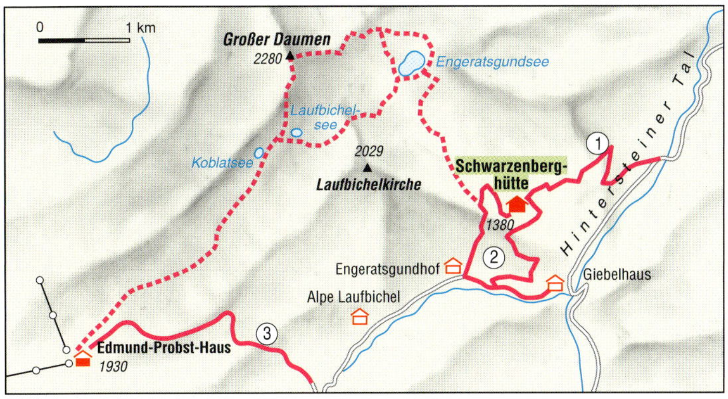

Die Hüttenrunde

Es gibt in diesem Fall keinen ausgesprochenen Hüttengipfel. Der Große Daumen wird am besten vom Edmund-Probst-Haus aus erstiegen. Eine schöne Rundtour lässt sich jedoch über den Engeratsgundsee, den Laufbichelsee und den Koblatsee zusammenstellen.

Tour 113

Hütte
Zeit Von Hinterstein: 3 Std.; vom Giebelhaus: 3/4 Std.; Abstieg vom Edmund-Probst-Haus: 2 1/2 Std.

Schwierigkeit Von Hinterstein für den öffentlichen Verkehr gesperrte Fahrstraße, dann Wirtschaftsweg; Abstieg vom Edmund-Probst-Haus auf Bergsteig, zuletzt Almfahrweg.

Übernachtung Schwarzenberghütte, 1380 m (AV-Hütte, Kat. I, 54 Betten, bewirtschaftet vom 25. Dezember bis Ende Oktober; Tel. 0173/3927766).

Karte Topogr. Karte 1 : 50 000 Allgäuer Alpen (BLVA).

Gipfel
Zeit Von der Schwarzenberghütte: 3 Std., Abstieg zur Hütte 2 Std.; insgesamt: 5 Std.

Schwierigkeit Trittsicherheit und Schwindelfreiheit unbedingt erforderlich.

Weitere Hütten
Giebelhaus, siehe Tour 117.
Engeratsgundhof, 1146 m (privat, im Sommer bewirt.).
Laufbichlalpe, 1250 m (von Anfang Juni bis Ende September bewirtschaftet).
Edmund-Probst-Haus, siehe Tour 114.

Bild oben: ... ie Be... steigerunte... ich besonders ... ien- aufenthal... m ist für Aus... ich ... n reserviert. ... hkeit

Edmund-Probst-Haus

Höchste Punkte: Edmund-Probst-Haus, 1930 m; Nebelhorn, 2224 m.

Tour 114

Hütte
Zeit Von Oberstdorf: 3 Std.; vom Oytalhaus: 3 1/2 Std.; von Reichenbach über Gaisalpe: 3 1/2 Std.

Schwierigkeit Der Anstieg über die Vordere Seealpe ist leicht, aber teilweise steinig. Der Anstieg vom Oytalhaus setzt Trittsicherheit und Schwindelfreiheit voraus. Der Weg über die Gaisalpe ist landschaftlich besonders schön, Vorsicht jedoch bei Altschneefeldern!

Übernachtung Edmund-Probst-Haus, 1930 m (AV-Hütte, Kat. II, 54 Betten, 54 Lager, bewirtschaftet von Ende Mai bis Anfang Oktober und von etwa 20. Dezember bis eine Woche nach Ostern; Tel. 08322/4795).

Karte Topogr. Karte 1 : 50 000 Allgäuer Alpen (BLVA).

Gipfel
Zeit Vom Edmund-Probst-Haus: 1/2 Std., Abstieg zum Haus: 1/2 Std.; insgesamt: 1 1/4 Std.

Schwierigkeit Guter Bergweg.

Weitere Hütten
Hotel Höfatsblick, 1929 m.
Gipfelrestaurant der Nebelhornbahn, 2224 m.
Vordere Seealpe, 1267 m (während der Betriebszeiten der Bergbahn bewirtschaftet).
Gaisalpe, 1160 m (privat, ganzjährig bewirtschafteter Bauernhof, der bis ins 16. Jahrhundert zurückreicht; keine Übernachtung).
Oytalhaus, 1013 (privates Berggasthaus, ganz. bewirtschaftet, keine Übernachtung mehr).

Das 1890 erbaute Edmund-Probst-Haus (auch Nebelhornhaus) liegt auf den Hängen der Oberen Seealpe über Oberstdorf und gehört zu den wichtigsten Unterkunftshäusern in den Allgäuer Alpen. Namensgeber war der damalige Vorsitzende der Sektion Allgäu-Immenstadt. Kurz nach der Erbauung wurden in ihrem »Revier« zahlreiche bedeutende Höhenwege angelegt, unter ihnen der 1892 eröffnete Weg zum Prinz-Luitpold-Haus über das Laufbacher Eck. Dicht nebenan liegt die Bergstation der 1925 erbauten Nebelhornbahn. Das Haus ist seitdem auch im Winter bewirtschaftet und beliebter Treffpunkt für Skifahrer und Snowboarder.

① Von Oberstdorf (Bergbahn)

Mit der Bahn geht es in zwei Abschnitten zur Bergstation Höfatsblick (1929 m). Oder wir gehen zu Fuß: Von der Talstation der Nebelhornbahn wandern wir entweder auf dem gesperrten Fahrweg zur Mittelstation oder auf markiertem Wanderweg vom Parkplatz links der Parkgarage über den Faltenbach, dann an den obersten Häusern vorbei und durch Wald hinauf zum Kessel der Vorderen Seealpe. Dort geht es weiter nahezu eben zum Talschluss, dann in zahlreichen Serpentinen durch die Latschenhänge – immer in Nähe der Seilbahn – hinauf zum Edmund-Probst-Haus.

② Vom Oytalhaus

Von der Ausflugsgaststätte wandern wir einige Minuten talein, bis links der Steig zum Nebelhorn abzweigt. Zuerst steigen wir hinauf zum Seealpengündlesfall, dann über steile Bergflanken in Kehren zum so genannten Mäxeleseck. Von dort wandern wir links weiter zum Seealpsee. Weiter geht es nun auf Steig zur Hinteren Seealpe und hinauf über kleine Böden zum Zeigersattel (1920 m) und zum jetzt sichtbaren Edmund-Probst-Haus.

③ Von Raichenbach

Vom Parkplatz in Reichenbach wandern wir auf gesperrtem Alpfahrweg (einige Passagen auf Wanderwegvarianten, z. B. durch den Gaisbachtobel) in weiten Kehren hinauf zur Gaisalpe, dann weiter über Bergwiesen und durch Wald zum Unteren und weiter zum Oberen Gaisalpsee. Bei der Wegverzweigung unterhalb des Gundkopfes halten wir uns rechts und wandern in den Großen Gundkessel hinab. Dort geht es in Kehren empor und eben zum Unterkunftshaus.

Der Hüttengipfel

Nebelhorn, 2224 m: Der beliebte Aussichtsberg ist bis zum Gipfel mit einer Seilbahn erschlossen. Er ist aber auch zu Fuß auf einem guten Bergweg vom Nebelhornhaus in etwa einer halben Stunde zu erreichen.

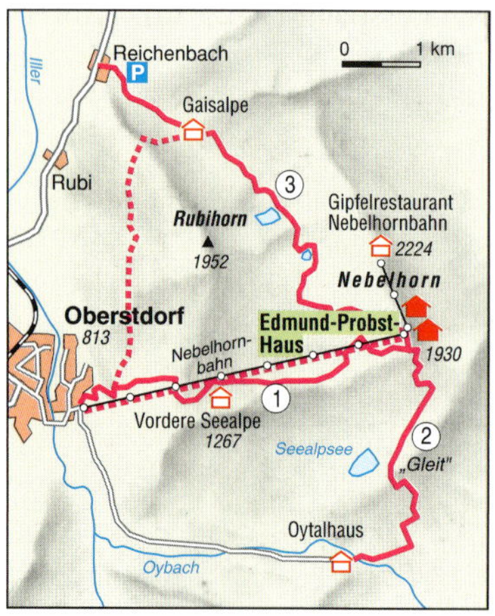

Das Edmund-Probst-Haus befindet sich neben der Bergstation der Nebelhornbahn.

Gasthof Gerstruben

Höchste Punkte: Gasthof Gerstruben, 1146 m; Rauheck, 2384 m.

Der Weiler Gerstruben im Dietersbachtal mit seinen vier jahrhundertealten Bauernhäusern und seiner Kapelle steht seit langen Jahren schon unter Denkmalschutz. Die bereits 1360 urkundlich erwähnte Alpsiedlung schien zu Ende des 19. Jahrhunderts vor dem Aus zu stehen. Ein geplanter Stausee für die Stromversorgung zwang die Bewohner im Jahre 1893, das Hochtal zu verlassen. Das Vorhaben wurde aber doch nicht umgesetzt. In einem dieser ehemaligen Bauernhöfe ist das Berggasthaus Gerstruben untergebracht – ebenfalls eine Wirtschaft mit langer Tradition. Bergwanderer finden Unterkunft in einem umgebauten rustikalen Nebenhaus.

① Von Oberstdorf

Vom Bahnhof bzw. dem Parkplatz an der Nebelhornbahn in Oberstdorf wandern wir den Ausschilderungen nach Spielmannsau (Christlessee) folgend an der Trettach entlang zum Weiler Gruben und weiter nach Dietersberg. Dort steigen wir links auf geteertem Fahrweg durch Mischwald in Kehren hinauf zum historischen Weiler Gerstruben.

② Übergang zum Oytalhaus

Am Gasthof Gerstruben wandern wir links vorbei über Bergwiesen zu einem Stadel (dort Wegweiser) und in steilen Kehren durch Wald, dann Bergmähder hinauf in die Scharte rechts vom Hahnenkopf (1735 m). Jenseits geht es auf Steig hinab und auf der Oytalseite hinüber zu den Lugenalpen und weiter hinab zum Oytalhaus.

③ Rundweg über den Älpelesattel

Von Gerstruben wandern wir auf breitem Alpweg leicht ansteigend ins Gerstrubental und über die Gerstrubener Alpe (1219 m) zur Alpe Dietersbach (1325 m). Hinter der Alpe geht es nun links auf Bergpfad durch Wald – zuletzt in Kehren – zum Älpelesattel (1780 m) hinauf. Jenseits wandern wir über Grashänge und Gebüsch hinab zur bewirtschafteten Käseralpe (1401 m).
Auf Alpweg steigen wir nun hinab ins Oytal und in Kehren über eine Geländestufe tiefer zum Stuibenfall und weiter auf sanft fallendem Alpsträßchen hinaus zum Oytalhaus (1010 m). Von dort geht es auf Teersträßchen in Richtung Westen. Nach der Brücke über den Oybach halten wir uns links auf Wanderweg (ausgeschildert) und wandern am Oybach entlang ins Tal oder auf Fahrweg weiter. Rechts geht es auf dem Sandsträßchen zurück nach Oberstdorf.

Der Hüttengipfel

Rauheck, 2384 m: Vom Älpelesattel (siehe Rundweg 3) steigen wir rechts (Wegweiser) auf gutem Bergweg – immer auf dem Kamm – hinauf zum »Punkt 2044« (von links mündet der Weg vom Prinz-Luitpold-Haus ein) und geradeaus weiter auf dem Kamm hinauf zum Gipfel des Rauhecks.

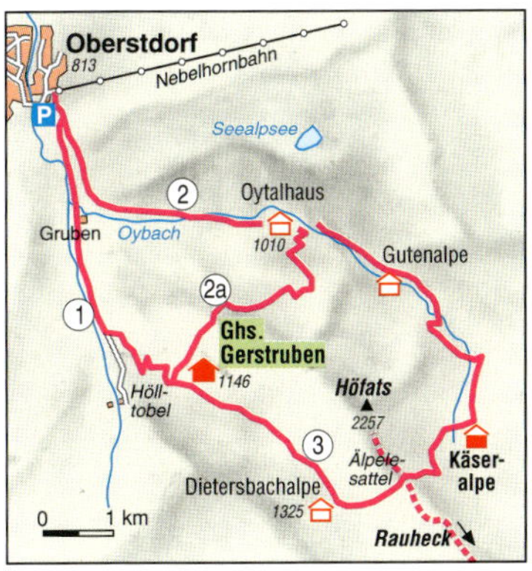

Tour 115

Hütte
Zeit Von Oberstdorf: 2 Std.; Übergang von Gerstruben zum Oytalhaus: 3 Std; Rundweg: von Gerstruben zur Käseralpe: 2 1/2 Std., von der Käseralpe zum Oytalhaus: 1 1/2 Std., vom Oytalhaus nach Oberstdorf: 1 Std.

Schwierigkeit Leicht. Geteerter, aber gesperrter Fahrweg zum Gasthaus Gerstruben. Bis zur Alpe Dietersbach Alpweg, dann Bergwanderweg über den Älpelesattel; ab Käseralpe bis hinaus nach Oberstdorf Alpweg bzw. gesperrtes Fahrsträßchen ab Oytalhaus.

Übernachtung Gasthof Gerstruben, 1146 m (privat, bewirtschaftet von Mai bis Ende Oktober und in den Weihnachts- und Osterferien, 20 Lager; Tel. 08322/4424).

Karte Topogr. Karte 1 : 50 000 Allgäuer Alpen (BLVA).

Gipfel
Zeit Vom Älpelesattel: 1 Std.; Rückweg dorthin: 3/4 Std.; insgesamt: 1 3/4 Std.

Schwierigkeit Bergsteig, Trittsicherheit erforderlich.

Weitere Hütten
Oytalhaus, 1010 m (privat, von Weihnachten bis Ende Oktober bewirtschaftet). Von Oberstdorf 1 3/4 Std.
Käseralpe, 1401 m (privat, während der Weidesaison bewirtschaftet, einige Lager zum Übernachten).
Gerstrubener Alpe, 1216 m, **Alpe Dietersbach**, 1325 m, und **Gutenalpe**, 1092 m (privat, jeweils während der Weidezeit Anfang Juli bis Mitte September bewirtschaftet).

Der Gasthof Gerstruben über dem Dietersbachtal.

Kaufbeurer Haus

Höchste Punkte: Kaufbeurer Haus, 2005 m; Bretterspitze, 2608 m; Urbeleskarspitze, 2632 m.

Tour 116

Hütte

Zeit Von Hinterhornbach: 3 Std.; von Häselgehr: 4 Std.; Übergang von der Hermann-von-Barth-Hütte: 5 ½ Std.

Schwierigkeit Der Anstieg von Hinterhornbach erfolgt auf gutem Bergwanderweg, der Anstieg von Häselgehr über die Schwärzerscharte setzt Trittsicherheit und Schwindelfreiheit voraus, ebenso der Übergang von der Hermann-von-Barth-Hütte auf dem Enzenspergerweg.

Übernachtung Kaufbeurer Haus, 2005 m (AV-Hütte, Kat. I, Selbstversorgerhütte der AV-Sektion Allgäu-Immenstadt, betreut von der Ortsgruppe Bad Wörishofen, von Pfingsten bis Anfang Oktober bewartet, 50 Lager; Winterraum mit 14 Lagern, Schlüssel über die Sektion; Lagerreservierung durch den Hüttenwart: Tel. 08269/960586).

Karte Topogr. Karte 1 : 50 000 Allgäuer Alpen (BLVA).

Gipfel

Zeit **Bretterspitze:** Vom Kaufbeurer Haus: 1 ½ Std., Abstieg zur Hütte: 1 Std.
Urbeleskarspitze: Vom Kaufbeurer Haus: 1 ¾ Std., Abstieg zur Hütte: 1 ¼ Std.

Schwierigkeit **Bretterspitze:** Trittsicherheit und Schwindelfreiheit erforderlich, aber wesentlich einfacher als die Urbeleskarspitze.
Urbeleskarspitze: Absolute Trittsicherheit und Schwindelfreiheit erforderlich, zusätzlich Kletterfertigkeit im 2. Schwierigkeitsgrad.

Weitere Hütten

Haglertalhütte, 1391 m (privat, im Sommer bewirtschaftet).

Das Kaufbeurer Haus liegt hoch über dem kleinen Ort Hinterhornbach am Rande des Urbeleskars. Vom Tal aus ist die 1905 erbaute Selbstversorgerhütte der Alpenvereinssektion Allgäu-Immenstadt bereits gut zu erkennen. Die Hütte liegt am Ende des anspruchsvollen Enzenspergerwegs, der von der Kemptner Hütte über die Hermann-von-Barth-Hütte durch eine großartige hochalpine Landschaft führt. Die Hütte ist leider nur am Wochenende einfach bewirtschaftet, dann gibt es jedoch Getränke und auch Suppen. Wer unter der Woche kommt, kann sich jedoch den Schlüssel zur Hütte bei der Sektion besorgen. Alternativ auch in Hinterhornbach bei Sieghard Meister, Hinterhornbach Nr. 5.

① Von Hinterhornbach

Vom Parkplatz am oberen Ortsende geht es zunächst auf einer Brücke über den Hornbach, dann wandern wir auf der rechten Seite des Baches auf einem Wirtschaftsweg bergwärts in den Wald, wo man bald auf den vom kleinen unteren Parkplatz herauf führenden Weg trifft. Dort geht es über einen quer führenden Forstweg hinweg und auf dem steilen, markierten Hennensteig (Mark.-Nr. 434) den roten Punkten folgend in zahllosen Serpentinen durch Wald hinauf. Dann treten wir aus dem Wald heraus und wandern über das Karköpfle hinweg, zuletzt über den Sulzbach und in Kehren hinauf zum Kaufbeurer Haus.

② Von Häselgehr

Von der Ortsmitte von Häselgehr folgt man zunächst der Ausschilderung zum Doser-Wasserfall. Dann geht es weiter auf dem markierten Weg (Mark.-Nr. 434) hinauf ins Haglertal. Wir wandern an der Haglertalhütte (1391 m) vorbei weiter durch Wald – wir passieren zwei Almhütten – bis zu einer Wegverzweigung am Rastegg. Hier rechts durch Wald und über mit Latschen durchsetzte Grashänge (weiterhin Mark.-Nr. 434) hinauf an den Rand des Gliegerkars, wo man auf den Enzenspergerweg trifft. Auf diesem rechts weiter zum Kaufbeurer Haus.

③ Übergang von der Hermann-von-Barth-Hütte

Vom Alpenvereinshaus im Wolfebnerkar folgen wir dem markierten Enzenspergerweg (Mark.-Nr. 435) um die Südabbrüche der Wolfebnerspitzen herum ins Balschtekar (rechts zweigt der Weg nach Elbigenalp ab). In einem riesigen Rechtsbogen wird das mehrteilige Kar ausgegangen (nach einer Dreiviertelstunde zweigt links der Steig über die Schoneggerscharte ins Hornbachtal ab), bis auf dessen Ostseite der Balschtesattel (2262 m) erreicht wird. Jenseits geht es in steilen Serpentinen hinab ins Noppenkar und in einem weiten Rechtsbogen hinüber zum Luxnacher

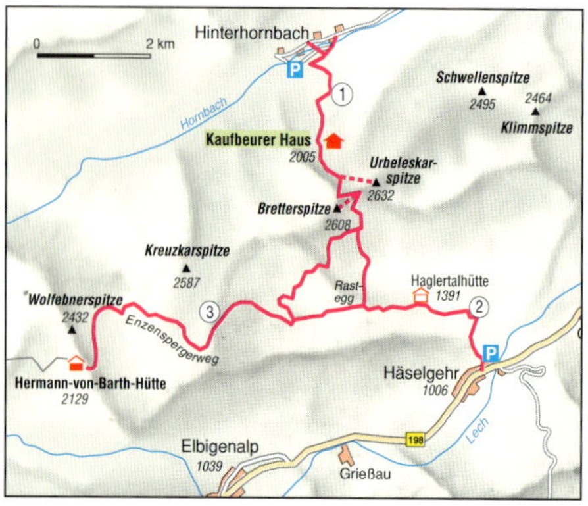

Sattel (2093 m). Hier zweigt rechts der Weg über das Hasglertal nach Häselgehr ab. Nun wandern wir um den Ausläufer des Südostgrates der Noppenspitze herum in das Sattelkar, dann ziemlich eben weiter durch das Woleggleskar und das Gliegerkar, an den Gratausläufern der Sattelkarspitze vorbei. Der Weg steigt nun in kurzen Serpentinen zum Griesschartl (2420 m) an, dann links durch die felsige Ostseite der Bretterspitze zum höchsten Punkt des Übergangs ins Urbeleskar. Dort geht es links in steilen Serpentinen in den Karboden hinab und weiter zum Kaufbeurer Haus, das auf einer Geländekante steht.

Die Hüttengipfel

Bretterspitze, 2608 m: Vom Kaufbeurer Haus folgt man dem markierten Weg (Mark.-Nr. 435) rechts haltend über Grashänge hinauf zu den Schrofen, die das Urbeleskar auf der Westseite begrenzen, dann links um einen Felsausläufer herum in ein kleines Kar und links zum höchsten Punkt des Übergangs zwischen Bretterspitze und Urbeleskarspitze, der oberhalb der Schwärzerscharte liegt. Von dort geht es rechts auf markiertem schmalen Steig durch schrofiges und mit Geröll durchsetztes Gelände hinauf zum Gipfelkreuz der Bretterspitze.
Urbeleskarspitze, 2632 m: Vom Kaufbeurer Haus steigen wir links haltend leicht hinab ins Urbeleskar, dann steil hinauf über die Geröllmassen bis direkt unter die Gipfelfelsen, dann links haltend durch eine große, sich bis zum Gipfelgrat ziehende Felsrinne. An deren Ende rechts hinüber, nun deutlich weniger steil, geht es zum Gipfelkreuz.

Bild oben: Das Kaufbeurer Haus ist eine Selbstversorgerhütte und liegt am Rande des Urbeleskars. Sie ist Endpunkt des langen und anspruchsvollen Enzensperger-wegs.
Gegenüberliegende Seite: Blick über das Hornbachtal auf Urbeleskarspitze und Bretterspitze.

Tipp

Häselgehr war früher der Ort im Lechtal für die Eisenherstellung. Es gab Glockengießereien und Eisenbetriebe, die u. a. Kuhschellen und Sensen herstellten, die weit über die Grenzen Tirols hinaus exportiert wurden.

Prinz-Luitpold-Haus

Höchste Punkte: Prinz-Luitpold-Haus, 1846 m; Hochvogel, 2593 m.

Tour 117

Hütte

Zeit Von Hinterstein: 4 1/2 Std. (ab Giebelhaus: 2 1/2 Std.); von Hinterhornbach: 5 Std.; Übergang vom Edmund-Probst-Haus: 4 1/2 Std.

Schwierigkeit Für alle Hüttenzustiege ist Trittsicherheit erforderlich. Für den Übergang von der Bergstation der Nebelhornbahn (Hüttenweg 3) auch Schwindelfreiheit und Bergerfahrung Voraussetzung; im Frühjahr bei Altschneeresten evtl. sogar Eispickel nötig; Kinder ans Seil. Bei Nässe gefährlich!

Übernachtung Prinz-Luitpold-Haus, 1846 m (AV-Haus, Kat. I, 30 Betten, 142 Lager, 79 Notlager, von Anfang Juni bis Mitte Oktober bewirtschaftet; Tel. 0171/6233417; Hütten-Hotline: 08322/700154; hinter dem Haus die mit AV-Schlüssel zugängliche Winterhütte mit 16 Lagern).

Karte Topogr. Karte 1 : 50 000 Allgäuer Alpen (BLVA). >>>

Das Prinz-Luitpold-Haus wurde 1880/81 erbaut, mehrfach erweitert (zuletzt 1974/75) und gehört zu den beliebtesten Bergsteigerunterkünften in den Bayerischen Alpen. Prinzregent Luitpold von Bayern stiftete den Bauplatz für den Hüttenbau, und deshalb trägt der massive Bau – mit Zustimmung seiner königlichen Hoheit – diesen Namen. Das aussichtsreich auf einem Felsriegel gelegene Haus wird eindrucksvoll eingerahmt vom Felsengrat der Fuchskarspitze, von Kreuzspitze und Wiedemerskopf. In Hüttennähe findet sich ein kleiner Bergsee. Das Haus ist Station am Jubiläumsweg und somit ein idealer Ausgangspunkt für die Ersteigung des Hochvogels.

① Von Hinterstein (Giebelhaus)

Mit Bus oder zu Fuß gelangen wir auf einem für öffentlichen Verkehr gesperrten Fahrweg durchs Ostrachtal zum Giebelhaus. Dort überqueren wir links die Ostrach und wandern weiter ins Bärgündeletal. Der Fahrweg (rechts parallel dazu Fußweg, der weiter hinten wieder auf den Fahrweg stößt) führt weiter bis zur Pointalm, kurz vor der Talstation des Materiallifts zum Prinz-Luitpold-Haus. Dort geht es links auf Bergweg durch Wald hinauf zur Unteren Bärgündelealp und über Alpweiden und durch Latschen – zuletzt in Serpentinen – hinauf zum Alpenvereinshaus.

② Von Hinterhornbach

Vom Gasthof Hochvogel am hinteren Ende von Hinterhornbach wandern wir auf Forstweg (Mark.-Nr. 421, durchgehend) bergan, bis wir auf den vom Gasthof Adler heraufführenden Weg treffen. Nun halten wir uns links und steigen relativ steil durch Nadelwald bergan. Man überquert dabei viermal einen Wirtschaftsweg und gelangt so in Serpentinen zum Ende eines Forstweges. Es geht weiter steil bergan, nun durch die Latschenregion zur unbewirtschafteten Schwabeckhütte (1699 m). Hier ist ein herrlicher Platz zum Rasten mit freiem Blick ins Tal und auf den Hochvogel. Auf gutem Steig geht es nun weiter weniger steil ansteigend durch Latschen in Serpentinen hinauf zum Fuß des Gipfelaufbaus auf der Südostseite des Hochvogels (hier zweigt links der Bäumenheimer Weg ab, der direkt auf den Hochvogel führt). Hier wandern wir rechts auf Wanderweg weiter zum Fuchsensattel (2039 m), überschreiten diesen und steigen links hinab durch das Fuchskar. Dann geht es

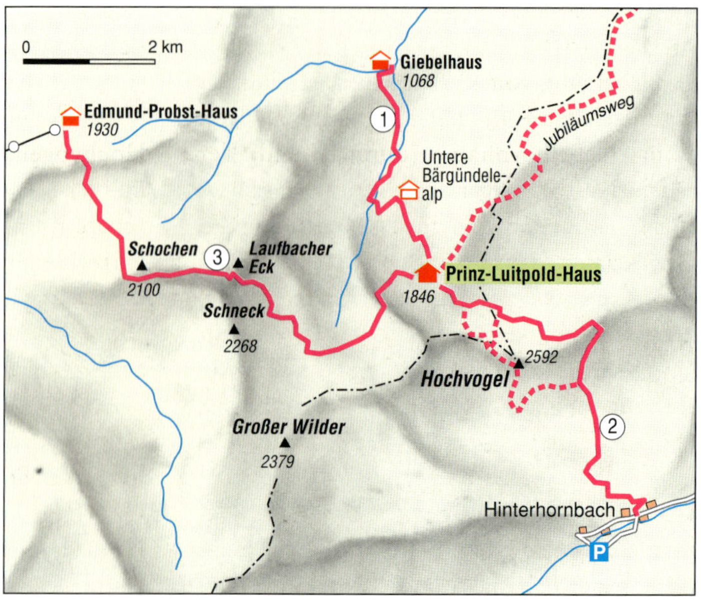

wieder ansteigend in den »Kalten Winkel« (Firnfeld). Bei der Wegverzweigung am »Sättele« halten wir uns rechts und steigen weiter zur Balkenscharte (2156 m) hoch und jenseits hinab zum Prinz-Luitpold-Haus.

③ Übergang vom Edmund-Probst-Haus

Der Übergang vom Edmund-Probst-Haus ist botanisch reizvoll, aber nicht ungefährlich. Vom Nebelhornhaus (durchgehend der Mark.-Nr. 428 folgend) steigen wir hinab zu einem Bach, dann jenseits durch die botanisch interessanten Südwesthänge des Zeigers ansteigend zu einem Sattel. Bei der Weggabel wandern wir links weiter und durch die Südwesthänge des Großen und Kleinen Seekopfs in Richtung Schochen. Wir gehen um diesen herum, leicht absteigend, dann eben unter dem Lachenkopf hindurch zum Laufbacher Eck (1999 m). In Serpentinen steigen wir hinauf zum Laufbacher-Eck-Sattel, jenseits hinab (bei Nässe gefährlich) zur Ochsenalp mit Bergwachthütte (zum Schutz der Blütenpracht!). Nun wandern wir links am Schneck vorbei, bei den folgenden zwei Wegverzweigungen links haltend, leicht fallend hinab in ein tief eingeschnittenes Bachtal (1597 m), jenseits über Grashänge wieder ansteigend in einem weiten Links-, dann Rechtsbogen zum Prinz-Luitpold-Haus.

Der Hüttengipfel

Hochvogel, 2593 m: Vom Prinz-Luitpold-Haus gehen wir auf gutem Weg durch das Obere Tal, dann links (rechts Klettersteigvariante über die Kreuzspitze) hinauf zur Balkenscharte (2156 m) und nahezu eben weiter zum »Sättele«. Bei dieser Weggabelung steigen wir rechts haltend weiter zum Firnfeld im »Kalten Winkel« und hinauf (fixiertes Nylonseil) zur Kaltwinkelscharte (2283 m). Dort links über Felsplatten (einige Seilsicherungen) hinauf zur »Schnur«, einem felsüberdachten Band, dann steigen wir roten Farbmarkierungen folgend in Serpentinen zum Gipfel.

Bild oben: Das Prinz-Luitpold-Haus ist Station am Jubiläumsweg, aber auch Ausgangspunkt für die Besteigung des Hochvogels (Bild links).

>>>

Gipfel

Zeit Vom Prinz-Luitpold-Haus: 2 ½ Std., Abstieg zum Haus: 2 Std.; insgesamt: 4 ½ Std.

Schwierigkeit Trittsicherheit und Schwindelfreiheit erforderlich. Firnfeld im »Kalten Winkel«. Klettersteigvariante über die Kreuzspitze.

Weitere Hütten

Giebelhaus, 1068 m (privat, ganzjährig bewirtschaftet, keine Übernachtung).

Untere Bärgündelealp, 1322 m (privat, während der Weidezeit einfach bewirtschaftet).

Edmund-Probst-Haus, siehe Tour 114.

Hermann-von-Barth-Hütte

Höchste Punkte: Hermann-von-Barth-Hütte, 2131 m; Wolfebnerspitze-Südgipfel, 2420 m.

Tour 118

Hütte

Zeit Von Elbigenalp: 3 ½ Std.; von Untergiblen: 4 Std.; Übergang von der Kemptner Hütte: 4 ½ Std.; Übergang vom Kaufbeurer Haus: 5 ½ Std.

Schwierigkeit Der Normalweg über das Kasermandl erfolgt auf leichtem Bergwanderweg. Der Anstieg über die Gibleralm weist eine heikle Stelle auf (Drahtseilsicherung). Der Enzenspergerweg verlangt Trittsicherheit und Schwindelfreiheit (Drahtseilsicherungen).

Übernachtung Hermann-von-Barth-Hütte, 2131 m (AV-Hütte, Kat. I, , bewirtschaftet von Mitte Juni bis Mitte Oktober, 60 Lager, Winterraum mit 10 Lagern und Selbstversorgerraum; Tel./Fax: 0043/5634/6671).

Karte Topogr. Karte 1 : 50 000 Allgäuer Alpen (BLVA).

Gipfel

Zeit Von der Hermann-von-Barth-Hütte: 2 Std., Abstieg zur Hütte: 1 ½ Std.; insgesamt: 3 ½ Std.

Schwierigkeit Absolute Trittsicherheit und Schwindelfreiheit erforderlich. 2. Schwierigkeitsgrad! >>>

Die schindelverkleidete Bergsteigerunterkunft über Elbigenalp im Lechtal liegt auf 2131 Metern Höhe und ist nach Hermann von Barth, dem führerlosen Bergsteiger und Erschließer der Nördlichen Kalkalpen – zu denen auch die Allgäuer Alpen zählen – benannt. Die 1900 erbaute Hütte liegt im Wolfebnerkar, umrahmt von zahlreichen Felsspitzen. In Richtung Süden kann man den freien Blick über das Lechtal hinweg auf die Lechtaler Alpen genießen. Hausberge der Hütte sind die Wolfebnerspitzen, aber auch der höchste Gipfel der Allgäuer Alpen, der Große Krottenkopf, kann von hier aus bestiegen werden. Zudem liegt die Hütte am abwechslungsreichen Enzenspergerweg, der die Kemptner Hütte mit dem Kaufbeurer Haus verbindet. Ursprünglich gehörte die Hütte dem Akademischen Alpenverein München, der die Hütte allerdings 1924 an die Sektion Düsseldorf verkaufte. Die Hütte wurde mehrfach umgebaut, wobei die Wasserversorgung stets das größte Problem darstellte. 1999 wurde die Hütte komplett saniert, eine neue Quellfassung und Abwasserkläranlage wurde gebaut sowie eine Energieversorgung nach neuesten Ökologiekonzepten installiert. Seit 1967 wird die Hütte von der Familie Vonier geführt.

① Von Elbigenalp

Von der Schnitzschule führt ein Schotterweg, vorbei an einer Schranke, zur Ölbergkapelle und weiter zur Kasermandlhütte. Von dort wandern wir auf dem Wirtschaftsweg bis zur Talstation der Materialseilbahn der Hermann-von-Barth-Hütte. Anschließend folgt man dem guten Bergwanderweg (Mark.-Nr. 436) weiter durch Wald, wobei die Route an der Ostflanke des tief eingeschnittenen Balschtetobels entlangführt. Weiter oben wird der Balschtebach überschritten, und in steilen Serpentinen geht es hinauf ins Wolfebnerkar zur Hutte.

② Von Untergäblen

Vom Parkplatz an der Ortsdurchgangsstraße geht es zunächst auf dem Forstweg (Mark.-Nr. 437) hinauf zur Gibleralm. Dann wandern wir weiter auf Wirtschaftsweg durch Wald – nur mehr leicht ansteigend – ins Bernhardstal. Der Bernhardsbach wird überschritten und bald das gleichnamige Jagdhaus erreicht. Oberhalb einiger Alphütten zweigt der Weg scharf nach rechts ab und führt durch eine Latschengasse hinauf ins Birgerkar. Bei der nächsten Wegverzweigung geht es rechts leicht fallend zu einem Felsriegel, dort steil hinauf (Drahtseilsicherung) und links weiter zur Hermann-von-Barth-Hütte.

③ Übergang von der Kemptner Hütte

Von der Hütte auf dem ausgeschilderten und markierten Enzenspergerweg (durchgehende

Mark.-Nr. 432) über das Östliche Mädelejoch, die Krottenkopfscharte (2350 m) ins Hermannskar und weiter über den Hermannskarsee zum Schafschartl. Über das Birgerkar und das Wolfebnerkar gelangen wir zur Hermann-von-Barth-Hütte.

④ Übergang vom Kaufbeurer Haus

Siehe dazu die Beschreibung bei Tour 116 in umgekehrter Richtung.

Der Hüttengipfel

Wolfebnerspitze-Südgipfel, 2420 m: Die mehrgipfeligen Wolfebnerspitzen sind die Hüttenberge der Hermann-von-Barth-Hütte. Die steil abfallenden Süd- und Ostwände sind bevorzugtes Übungsgelände für Kletterkurse. Für Normalbergsteiger ist der Südgipfel die einzig erreichbare Alternative. Vom Unterkunftshaus folgt man den markierten Pfadspuren in nördlicher Richtung über Geröll unter den orgelpfeifenartig aneinander gereihten Felsspitzen der Westwand der Wolfebnerspitzen entlang bis zu einer Einschartung, die man nach einer halben Stunde erreicht. Hier geht es rechts hinauf über ein plattiges Schrofenband und hinüber auf die Ostseite des Gipfels. Dort steigen wir um die Ecke und durch eine Rinne hinauf zu einer Scharte und jenseits davon über eine kurze Rinne zum Gipfel.

Unser Tipp

Elbigenalp ist die Heimat der »Geierwally« (vulgo Anna Knittel) und ganz auf diese Figur eingestellt. Es gibt eine Geierwally-Freiluftbühne, ein Café Geierwally mit einem kleinen Museum und einen Geierwally-Rundwanderweg, der über die Gibleralm und die Jausenstation Kasermandl führt. Diese Tour ist auch für Familien mit Kindern gut geeignet.

Das Gebiet um die Hermann-von-Barth-Hütte gilt als eines der reichsten Gämswildreviere in den Allgäuer Alpen. Gegenüberliegende Seite: Die Marchspitze in der Hornbachkette.

>>>

Weitere Hütten

Kasermandl, 1412 m (privat, im Sommer bewirtschaftet, Übernachtungsmöglichkeit; Tel. 043/676/9491350). Von Elbigenalp zu Fuß auf Wirtschaftsweg in 1 1/4 Std. zu erreichen.
Gibleralm, 1209 m (private Jausenstation mit schöner Terrasse, nahezu ganzjährig bewirtschaftet, im Winter Rodelbetrieb).
Kaufbeurer Haus, vgl. Tour 116.
Kemptner Hütte, vgl. Tour 120.

Waltenbergerhaus

Höchste Punkte: Waltenbergerhaus, 2085 m; Mädelegabel, 2645 m.

Tour 119

Hütte

Zeit Von Einödsbach: 3 Std. (von Faistenoy plus 1 1/2 Std.); Übergang von der Kemptner Hütte: 3 1/2 Std.; Übergang von der Rappenseehütte: 4 Std.

Schwierigkeit Der Anstieg von Einödsbach erfolgt auf Bergsteig, der jedoch bereits Trittsicherheit und Schwindelfreiheit voraussetzt (Steinschlaggefahr; Drahtseilsicherungen). Die Verbindung Kemptner Hütte – Rappenseehütte ist als langer, hochalpiner Klettersteig ausgebaut, Trittsicherheit und Schwindelfreiheit sind unbedingt erforderlich; nicht bei zweifelhafter Witterung begehen. Der Abschnitt von der Kemptner Hütte bis zur Bockkarscharte besteht aus gutem Bergsteig; der Abstieg von der Bockkarscharte setzt jedoch ebenfalls Trittsicherheit und Schwindelfreiheit voraus (Drahtseilsicherungen).

Übernachtung Waltenbergerhaus, 2085 m (AV-Haus, Kat. I, von Mitte Juni bis Anfang Oktober bewirtschaftet, 10 Betten, 72 Lager, 9 Notlager, Winterraum mit 9 Lagern; Tel. (Hütten-Hotline) 08322/700156).

Karte Topogr. Karte 1 : 50 000 Allgäuer Alpen (BLVA).

Gipfel

Zeit Vom Waltenberger Haus: 2 1/4 Std.; Abstieg zur Hütte: 1 1/2 Std.; insgesamt: 3 3/4 Std.

Schwierigkeit Trittsicherheit und Schwindelfreiheit sowie Kletterfertigkeit im Schwierigkeitsgrad I erforderlich. >>>

Bild rechts: Das Waltenbergerhaus mit dem Alpgundkopf im Hintergrund. Gegenüberliegende Seite: Mädelegabel und Trettachspitze.

Die erste Hütte am Standort des heutigen Waltenbergerhauses wurde bereits 1875 eingeweiht, doch bereits 1885 wurde dem wanderwilligen Publikum ein völliger Neubau übergeben, da der Zustrom in die Allgäuer Alpen nach dem Bau der Eisenbahnlinie bis Sonthofen großen Zulauf brachte. Namensgeber der Hütte war Anton Waltenberger, Landvermesser und Erschließer der Allgäuer Alpen, der auch schon früh die Organisation der Bergführer im Allgäu vorantrieb. Das hoch über dem Bacherloch am Fuße des Bockkars gelegene Haus erfuhr mehrere Vergrößerungen. 1987 wurde eine große Terrasse angelegt und ein Selbstversorgerraum eingerichtet.

① Von Einödsbach

An der Kapelle in Einödsbach beginnt der ausgeschilderte Weg, der oberhalb des Bacherlochbachs talein zum Stall der Bacheralp führt, dann weiter über einige Tobel hinweg über Grashänge und Geröll ins immer enger werdende Hochtal. Über einige Kehren geht es hinauf zur nächsten Geländestufe, dann nahezu eben zum Ende des Bacherlochs. Dort führt links ein teilweise gesicherter Steig steil über das »Wändle« hinauf. Dann steigen wir leichter in zahlreichen Serpentinen hinauf, zuletzt über Grashänge, zum Waltenbergerhaus, das aussichtsreich auf einem Geländeabsatz steht.

② Von der Kemptner Hütte

Der erste Teil des Heilbronnerwegs hinüber zur Rappenseehütte ist »nur« ein Höhenweg, der gut ausgeschildert zuerst in Richtung Mädelejoch hinaufführt. Etwas unterhalb zweigt der Weg rechts ab und erreicht die Höhe des Allgäuer Hauptkamms. Auf der Lechtaler Seite führt er ohne Probleme unter den Gipfelaufbauten des Kratzer, der Mädelegabel und der Hochfrottspitze – ein Schneefeld, die Schwarze Milz, wird gequert – zur Östlichen Bockkarscharte. Hier weist eine Wegtafel zum Waltenbergerhaus. Auf gesichertem Steig geht es hinab ins Bockkar, dann über Geröll in Serpentinen hinab zum Waltenbergerhaus.

③ Von der Rappenseehütte

Von der Rappenseehütte steigt man über Weideböden und ein Schuttkar hinauf zur Großen Steinscharte (2263 m). Über eine drahtseilgesicherte Rinne erreicht man bald die

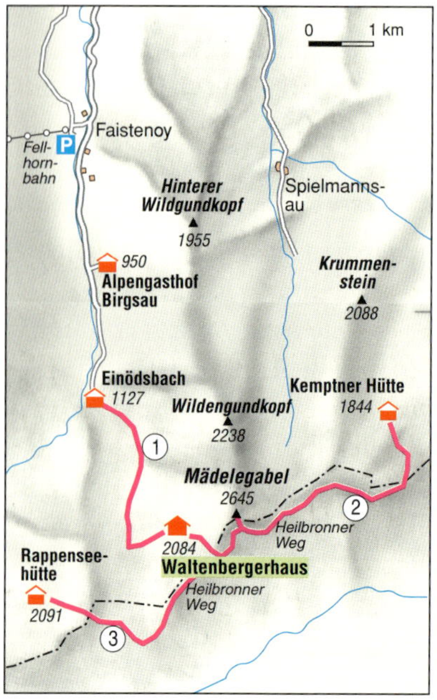

Wegverzweigung zum Hohen Licht. Dort beginnt der anspruchsvolle alpine Teil des Heilbronner Wegs, der erst an der Östlichen Bockkarscharte endet, um dann als leichter Höhenweg zur Kemptner Hütte weiterzuführen. Über ein teilweise ausgesetztes Geröllband führt der Weg nun zum »Heilbronner Törl«, einem kleinen Felsspalt. Über die Kleine Steinscharte (2541 m) erreicht man bereits den klettersteigtechnischen Höhepunkt dieser Tour, eine 15 Meter lange Eisenleiter. Sie hilft bei der Überwindung des südwestlichen Abbruchs des Steinschartenkopfes (2615 m), der, abgesehen von einem Abstecher zum Hohen Licht, der höchste Punkt des Heilbronner Wegs ist. Der Steig leitet nordwärts über gesicherte Felspassagen vorbei am Wilden Mann hinab zur Socktalscharte (2446 m). Hier bietet sich die erste Abstiegsmöglichkeit zum Waltenbergerhaus an (etwa 1 Std. Gehzeit auf Pfad; bei Vereisung aber gefährlich!). Jenseits der Socktalscharte steigen wir dann weiter in Serpentinen durch eine steile Wand hinauf zu einem Grat (drahtseilgesichert), in dessen weiteren Verlauf man den Bockkarkopf (2609 m) überschreitet. Nun geht es weiter über den gesicherten Nordostgrat hinab zur Westlichen und weiter zur Östlichen Bockkarscharte (2522 m). Hier steigen wir links auf steilem Pfad (einige Drahtseile) hinab zum Bockkar und weiter zum Waltenbergerhaus.

Der Hüttengipfel

Mädelegabel, 2645 m: Vom Waltenbergerhaus geht es zunächst hinauf zum Bockkar, dann auf drahtseilgesichertem Steig in die gleichnamige Scharte (2504 m), wo man auf den Heilbronner Weg trifft. Dort wandern wir links weiter auf Bergsteig in Richtung Kemptner Hütte an der Ostseite der Hochfrottspitze vorbei, dann über die Schwarze Milz, ein ungefährliches Schneefeld, hinweg, bis an dessen Ende links eine Wegtafel den Einstieg zur Mädelegabel weist. Die gut markierte Route führt nun über den breiten Ostgrat – teilweise Schotter – hinauf zum Gipfelkreuz.

>>>

Weitere Hütten

Alpengasthof Birgsau, 960 m (privat, ganzjährig bewirtschaftet, Übernachtungsmöglichkeit). Vom Parkplatz (gebührenpflichtig) in Faistenoy auf gesperrtem Fahrweg, 1/2 Std. Busverbindung von Oberstdorf.

Berggasthof Einödsbach, 1120 m (privat, von Anfang Mai bis 25. Oktober bewirtschaftet, Betten und Lager; Tel. 08322/98454). Vom Parkplatz (gebührenpflichtig) in Faistenoy auf gesperrtem Fahrweg bzw. parallel dazu teilweise auf Wanderweg, 1 1/4 Std.

Alpe Eschbach, ca. 980 m (einfach bewirtschaftete Alphütte, Brotzeiten und Getränke). Von Birgsau 1/4 Std.

Kemptner Hütte, vgl. Tour 120.

Rappenseehütte, vgl. Tour 121.

Kemptner Hütte

Höchste Punkte: Kemptner Hütte, 1846 m; Großer Krottenkopf, 2657 m.

Tour 120

Hütte
Zeit Von Spielmannsau: 2½ Std. (ab Oberstdorf: 4½ Std.); von Holzgau: 3 Std.; Übergang vom Waltenbergerhaus: 3½–4 Std.

Schwierigkeit Die Anstiege von Spielmannsau und von Holzgau verlaufen auf guten Bergwegen und -steigen, der Weg durch den Sperrbachtobel erfordert jedoch Trittsicherheit; dort muss auch bis in den Sommer hinein mit Schneewächten gerechnet werden. Der Übergang vom Waltenbergerhaus setzt ebenfalls Trittsicherheit und etwas Schwindelfreiheit (Drahtseilsicherungen an der Bockkarscharte) voraus.

Übernachtung Kemptner Hütte, 1846 m (AV-Hütte, 85 Betten, 200 Lager, 10 Notlager, von Mitte Juni bis Mitte Oktober bewirtschaftet; Winterraum mit 26 Lagern offen; Tel. (Hütten-Hotline) 08322/700152; Fax: 0170/2390857). Bei Gruppen über acht Personen Anmeldung erforderlich. Reservierungen schriftlich an: Kemptner Hütte, 87561 Oberstdorf.

Karte Topogr. Karte 1 : 50 000 Allgäuer Alpen (BLVA).

Gipfel
Zeit Von der Kemptner Hütte: 3 Std., Abstieg zur Hütte: 2 Std.; insgesamt: 5 Std.

Schwierigkeit Trittsicherheit und Schwindelfreiheit erforderlich, aber objektiv nicht schwierig. Achtung aber bei unsicheren Wetterverhältnissen! >>>

Die Kemptner Hütte gehört zu den großen Unterkunftshäusern in den Allgäuer Alpen. Das 1891 erbaute Haus liegt am Ende bzw. am Anfang des Heilbronner Wegs. Nicht nur das, auch der höchste Gipfel der Allgäuer Alpen, der Große Krottenkopf, ist hier der Hausberg. Dementsprechend muss mit einer starken Belegung vor allem in der Ferienzeit gerechnet werden. Nachdem im Jahre 1888 ein Weg durch den Sperrbachtobel angelegt worden war, wurde auf den Grashängen der Oberen Mädelealp von einem Maurermeister in Holzgau im Auftrag der AV-Sektion Kempten eine Hütte für 25–30 Personen erbaut. Es gab sogar ein eigenes »Damen-Kabinett«. Die Hütte wurde mehrmals erweitert. Ein Führerzimmer, ein Mulistall für die Versorgung, eine Waschküche kamen hinzu. Seit 1926 gibt es ein kleines Kraftwerk, so dass die Hütte über elektrischen Strom verfügte. 1930 jedoch wurde die Hütte nahezu komplett abgebrochen und neu erbaut. Bis 1969 versorgten Mulis die Hütte, bis ein Materiallift die Versorgung sicherstellte. In den Jahren 1970/71 erfuhr die Hütte eine letzte Erweiterung auf ihre heutige Größe und Gestalt.

① Von Oberstdorf (Spielmannsau)

Die für private Kfz gesperrte Zufahrtsstraße nach Spielmannsau lässt sich – um einen langen Talhatscher zu vermeiden – mit dem Taxi, einem Stellwagen (ab Marktplatz in Oberstdorf) oder auch mit dem Fahrrad zurücklegen. Wir wandern von Spielmannsau, dann auf ausgeschildertem Wirtschaftsweg (Mark. E 4) weiter talein – vorbei an der Alpe Oberau – bis zur Talstation des Materiallifts der Kemptner Hütte. Rechts davon beginnt der schmalere Anstiegsweg, der hoch über der Trettach durch Wald bis zum Talschluss führt, auf einem Steg den Sperrbach überwindet, dann links steil durch die Hänge führt und schließlich auf einer Holzbrücke erneut den Sperrbach nach links überquert. Im weiteren Verlauf sichern Drahtseile den Anstiegsweg durch den tief eingeschnittenen Tobel, der teilweise durch herausgesprengten Fels gangbar gemacht wurde. Zuletzt geht es auf leichtem Weg in einer weiten Rechtskehre hinauf zur Kemptner Hütte.

② Von Holzgau im Lechtal

Von der Ortsmitte in Holzgau (1114 m) folgt man einem Wirtschaftsweg zum Eingang des Höhenbachtals, dann geht es auf gutem Weg (Mark.-Nr. 438) durch die Klamm, bald über eine Brücke und links weiter über eine Gelän-

Die Kemptner Hütte ist Ausgangs- bzw. Endpunkt für den berühmten Heilbronner Weg.

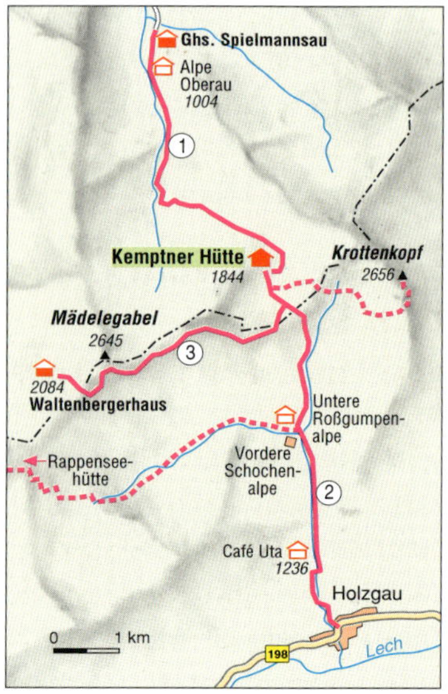

Der höchste Gipfel der Allgäuer Alpen, der Große Krottenkopf, ist der Hausberg der Kemptner Hütte.

destufe zum Simms-Wasserfall. Der Weg steigt nur leicht an, passiert einige Alphütten und erreicht die Einmündung des Schochalptals (links führt hier der Weg weiter zur Rappenseehütte). Auf einer Brücke überqueren wir den Roßgumpenbach, dann wandern wir rechts haltend (Mark. E 4/Weg-Nr. 438) oberhalb des Roßgumpenbaches und des Roßgumpentobels hinauf zum Mädelejoch (1973 m) und jenseits über Bergmatten leicht hinab zur Kemptner Hütte.

③ Übergang vom Waltenbergerhaus

Vom Unterkunftshaus führt der markierte Steig in Serpentinen hinauf zum Bockkar, dann über viel Geröll und eine drahtseilgesicherte Passage steil hinauf zur Östlichen Bockkarscharte (2522 m). Dort folgt man links dem zweiten Abschnitt des Heilbronner Wegs, der ohne Probleme an Hochfrottspitze, Mädelegabel vorbei über die Schwarze Milz – einem ungefährlichen Schneefeld – zur Kemptner Hütte leitet.

Der Hüttengipfel

Großer Krottenkopf, 2657 m: Der höchste Gipfel der Allgäuer Alpen erfordert den versierten Bergwanderer, ist aber objektiv nicht sehr schwierig. Von der Kemptner Hütte folgt man zunächst dem ausgeschilderten Weg in Richtung Prinz-Luitpold-Haus, nimmt dann bei der Wegverzweigung (1939 m) die rechte Abzweigung in Richtung Hermann-von-Barth-Hütte ins Obere Mädelejoch (2033 m). Jenseits geht es hinab ins Roßgumpenkar und über ein paar Bäche hinweg durch die Südwestseite des Krottenkopfs, bis links der anstrengende, serpentinenreiche Anstieg hinauf zur Krottenkopfscharte abzweigt (2350 m). Knapp unterhalb zweigt links der markierte Gipfelweg ab, der sich über schottrige Felsstufen, am Kleinen Krottenkopf vorbei, hinauf zum Gipfel des Großen Krottenkopfs zieht.

>>>

Weitere Hütten

Gasthof Spielmannsau, 990 m (privat, von Weihnachten bis Anfang November durchgehend bewirtschaftet, 30 Betten, 80 Lager; Tel. 08322/3015). Vom Parkplatz der Nebelhornbahn über Christlessee: 2 1/4 Std. (Auch Stellwagen von Oberstdorf.)
Alpe Oberau, 1004 m (privat, von Anfang Juni bis Mitte Oktober bewirtschaftet, keine Übernachtung; Tel. 08322/6930).
Roßgumpenalpe, 1340 m (im Sommer bewirtschaftet). Von Holzgau 1 1/2 Std.

Rappenseehütte

Höchste Punkte: Rappenseehütte, 2091 m; Rappenseekopf, 2469 m.

Tour 121

Hütte
Zeit Von Faistenoy: 4 Std. (von Einödsbach 3 Std.); aus dem Hinteren Rappental: 4 bzw. 3 Std.; von Lechleiten: 3 Std.; von Prenten: 3 Std.; Übergang zur Kemptner Hütte: 5–6 Std.; Übergang zum Waltenberger Haus: 4 Std.

Schwierigkeit Die Anstiege von Faistenoy (Einödsbach), von Birgsau und von Lechleiten sind leicht, die Anstiege durch das Hochalptal und aus dem Hinteren Rappenalptal sind etwas beschwerlich.

Übernachtung Rappenseehütte, 2091 m (AV-Hütte, Kat. I, 42 Betten, 300 Lager, von Mitte Juni bis Mitte Oktober bewirtschaftet; Winterraum offen, 24 Lager; Tel. 08321/26566; Hüttenfax: 0171/2631250; Info-Tel. 08322/700155).

Karte Topogr. Karte 1 : 50 000 Allgäuer Alpen (BLVA).

Gipfel
Zeit Von der Rappenseehütte: 1 1/4 Std., Abstieg zur Hütte: 1 Std.; insgesamt: 2 1/4 Std.

Schwierigkeit Trittsicherheit und Schwindelfreiheit erforderlich, aber nicht schwierig. >>>

Die 1895 ganz aus Holz erbaute Hütte stellt sich heute als stattliches Haus dar und verfügt über die größte Aufnahmekapazität aller in diesem Band genannten Unterkunftshütten (sie gilt als größte Alpenvereinshütte überhaupt). Über 80 Jahre wurde sie von der Familie Geißler geführt, bis sie in andere Hände überging. Die Hütte musste mehrmals erweitert werden, zuletzt in den Jahren 1964/65, in denen sie ihre heutige Gestalt erhielt. 1949 wurde unterhalb des Rappensees ein kleines Kraftwerk gebaut, das endlich das ersehnte elektrische Licht brachte. Zur großen Beliebtheit dieser »Hütte« – im Jahre 1970 gab es einen Übernachtungsrekord mit 681 Gästen – tragen nicht nur die zwei Rappenseen bei, sondern auch die Fülle der kleinen und großen Gipfelziele. Überdies ist hier der Start- bzw. Endpunkt des beliebten Heilbronner Wegs.

① Von Faistenoy bzw. Einödsbach

Vom Parkplatz im Stillachtal gehen wir auf gesperrtem Fahrweg (links davon führt ein markierter, unbefestigter Wirtschaftsweg ebenfalls dorthin) nach Birgsau. Kurz dahinter verzweigt sich der Weg. Man nimmt den linken Ast und steigt leicht ansteigend hinauf zum Weiler Einödsbach. Beim Berggasthof Einödsbach beginnt der markierte Hüttenweg; zunächst hinab zum Steg, der den Bacherlochbach quert, dann jenseits leicht ansteigend durch Wald zu einer Wegverzweigung. Dort geht es nun links in Serpentinen zur Petersalpe. Der Weiterweg zur Jausenstation Enzianhütte erfolgt in sehr steilem Gelände. Von dort geht es in Kehren hinauf zu einem wenig ausgeprägten Sattel (Wegverzweigung), dann weiter zum Sattel am Seebichl. Jenseits kurz hinab zum großen Unterkunftshaus am idyllischen Rappensee.

② Aus dem Hinteren Rappenalptal

Vom Parkplatz im Stillachtal wandern wir auf dem gesperrten Fahrweg bis kurz hinter Birgsau, dann rechts durch Bergwald ins Rappenalptal. Bei der Breitengernalpe bietet sich links der Wirtschaftsweg hinauf zur Petersalpe an. Oder wir wandern weiter geradeaus bis zur Jausenstation Schwarze Hütte, wo links der markierte Wanderweg zur Rappenseehütte abzweigt. Erst wandern wir durch Wald, dann über Alpwiesen hinauf zur Mittleren Rappenalpe. Dort geht es in weitem Rechtsbogen vor den Hängen des Muskopfes hinauf zum quer laufenden Verbindungsweg von Lechleiten. Auf diesem links zur Rappenseehütte.

③ Von Lechleiten

Vom Holzgauer Haus steigen wir wenige Meter talwärts, dann rechts auf ausgeschildertem Wanderweg steil hinauf zur verfalle-

Die Enzianhütte am Anstiegsweg zur Rappenseehütte ist seit 1930 als private Unterkunftshütte in Betrieb und bietet 110 Schlafplätze. Sie wird seit Beginn von der Familie Schwegler geführt.

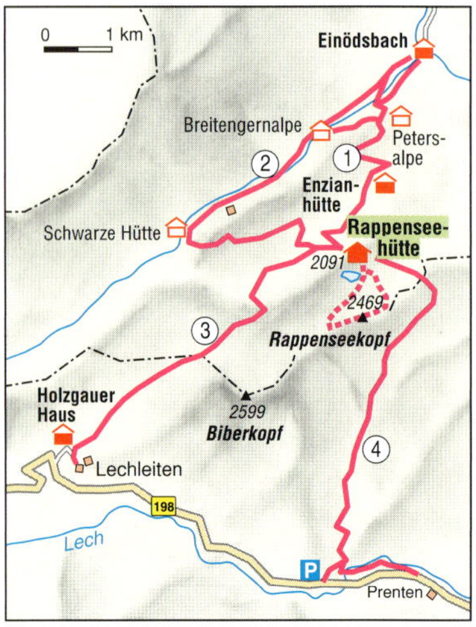

Die Rappenseehütte gilt mit einer Übernachtungskapazität von 42 Betten und 300 Lagern als größte Alpenvereinshütte überhaupt. Ihre Beliebtheit resultiert vor allem aus der Tatsache, dass sie der wichtigste Stützpunkt für die Begehung des Heilbronner Wegs ist.

nen Vorderen Lechleitner Alpe (1783 m). Dort geht es nahezu eben weiter zur Hinteren Lechleitner Alpe, dann leicht abwärts und rechts haltend über freie Hänge hinauf – zuletzt durch Felsblöcke – zum höchsten Punkt der Schlosswand (1876 m), wo man auch die Grenze übertritt. Nun wandern wir auf bayerischer Seite weiter und nahezu eben hinüber zur bereits sichtbaren Oberen Biberalpe. Nach kurzem Anstieg haben wir einen Höhenverlust durch Abstieg in den tiefen Mutzentobel (einige Seilsicherungen). Dann geht es im Auf und Ab links um die Westhänge des Kleinen Rappenkopfs hinüber zur Schafalpe. Dort wandern wir wieder leicht ansteigend über einige Gräben hinweg hinauf zu einem schwach ausgeprägten Sattel (1919 m) direkt vor dem Muskopf. Dort rechts haltend weiter (Wegtafeln) steil hinauf über Grashänge und Schrofen zum Sattel am Seebichl und leicht hinab zur Rappenseehütte.

④ Von Prenten

Zunächst gehen wir etwa einen halben Kilometer auf der B 198 in Richtung Warth, bis rechts ein Wirtschaftsweg abzweigt. Auf diesem wandern wir parallel zum Lech bis zu einer Brücke, hier über den Lech und jenseits hinauf die Forststraße abkürzend zum Alpweg, der hinter der großen Lechbrücke (B 198) beginnt. Wir wandern nun auf markiertem Weg (Mark.-Nr. 432) durch Wald hinauf ins Hochalptal. Der Weg führt vorbei an der Mittleren Hochalpe und weiter durch den Talgrund, dann auf einem Pfad über eine Geländestufe in Kehren hinauf ins Wieslekar, das links von der Hochgundspitze und rechts vom Hohen Licht begrenzt wird. Dann geht es links hinauf durch steiles Geröll zur Großen Steinscharte (2263 m), wo man auf den Heilbronner Weg stößt, von dem bald rechts der Anstiegsweg zum Hohen Licht abzweigt. Jenseits der Scharte steigen wir hinab (Mark.-Nr. 439) zur schon sichtbaren Rappenseehütte.

Der Hüttengipfel

Rappenseekopf, 2469 m: Von der Rappenseehütte wandert man links um den Großen Rappensee herum und steigt in Serpentinen zum Sattel zwischen Rappenseekopf und Hochrappenkopf an. Von dort führt ein Pfad links über den Westrücken zum Gipfel. Etwas anspruchsvoller als der Aufstieg ist der Abstieg über den Ostgrat. Man steigt hinab in die Scharte unterhalb der Hochgundspitze, folgt links den Pfadspuren durch Geröll zum Großen Rappensee und wandert anschließend den grasigen Rücken hinauf zum Rappenseehaus.

>>>

Weitere Hütten

Berggasthof Einödsbach, siehe Tour 119.
Enzianhütte, 1780 m (privat, bewirtschaftet von Pfingsten bis etwa Mitte Oktober, 110 Lager; Tel. 0161/1826514).
Petersalpe, 1296 m (privat, während der Weidezeit bewirtschaftet).
Gasthof Holzgauer Haus, 1512 m, bei Lechleiten (privat, ganzjährig bewirtschaftet, 20 Betten, 10 Lager; Tel. 0043/5583/ 9914 oder 3513). 1/2 Std. von Warth.
Breitengernalpe, 1150 m (privat, während der Weidesaison einfach bewirtschaftet). 2 Std. von Faistenoy auf Alpweg.
Schwarze Hütte, 1235 m (privat, von Mitte Juni bis Anfang Oktober einfach bewirtschaftet). Von der Breitengernalpe 1/2 Std.

Mindelheimer Hütte

Höchste Punkte: Mindelheimer Hütte, 2058 m; Kemptner Kopf, 2192 m.

Die 1920 erbaute Mindelheimer Hütte gehört zu den beliebtesten Berghütten in den Allgäuer Alpen. Aussichtsreich – mit Blick auf den Allgäuer Hauptkamm – steht sie hoch über dem Rappenalptal. Sie ist Start oder auch Zielpunkt des Mindelheimer Klettersteigs. Im Jahre 1990 wurde ein Ersatzbau geschaffen. Auch die alte kleine Hütte nebenan wurde im Jahre 2001 renoviert und umgebaut. Der Winterraum befindet sich in der alten, etwas unterhalb befindlichen kleinen Hütte.

Tour 122

Hütte

Zeit Von Mittelberg: 3 1/2 Std.; von Birgsau: 3 1/2 Std.; vom Holzgauer Haus: 3 Std. Übergang zur Fiderepasshütte auf dem Krumbacher Weg: 3 Std.

Schwierigkeit Der Anstieg von Mittelberg erfordert Trittsicherheit und Schwindelfreiheit (einige Drahtseilsicherungen). Der Anstieg von Birgsau ist leicht, ebenso derjenige aus dem Lechtal.

Übernachtung Mindelheimer Hütte, 2058 m (AV-Hütte, Kat. I, von Mitte Juni bis Mitte Oktober bewirtschaftet, 150 Lager, Winterraum in der kleinen Hütte nebenan mit 12 Notlagern; Tel. 0171/6728990, Hütten-Hotline: Tel. 08322/700153.

Karte Topogr. Karte 1 : 50 000 Allgäuer Alpen (BLVA).

Gipfel

Zeit Von der Mindelheimer Hütte: 1 Std., Abstieg zur Hütte: 1/2 Std.; insgesamt: 1 1/2 Std.

Schwierigkeit Trittsicherheit und Schwindelfreiheit erforderlich. >>>

① Von Mittelberg

Von Mittelberg-Bödmen wandern wir auf einem Sträßchen (Mark.-Nr. 441 und 446) ins Wildental bis zum Weiler Höfle. Dort geht es rechts auf steilem Pfad hinauf durch Wald zur Innerkuhgehrenalpe und rechts weiter über die freien Hänge zur Wannenalpe (1821 m). Kurz dahinter halten wir uns links und steigen durch die Südflanke der Hammerspitze unter der Materialseilbahn der Hütte hindurch. Dann geht es links hinauf zur Fiderepasshütte. Oder aber wir wandern oberhalb von Bödmen rechts auf einem Alpweg (Mark.-Nr. 446) hinauf zur Unteren und Inneren Wiesalpe (hier ist auch die Einmündung des Weges von Höfle) und weiter durch das Wildental hinauf bis zur Fluchtalpe. Bei der Talstation der Materialseilbahn geht es nun rechts weiter (Mark.-Nr. 441), bald rechts über den Wildenbach hinweg und in zahlreichen Serpentinen hinauf zur Hinteren Wildenalpe (1777 m) und zum Talschluss. Dort führt links der äußerst steile und serpentinenreiche Steig hinauf zur Kemptner Scharte, wobei einige der heikelsten Stellen mit Drahtseilen gesichert sind. Jenseits wandern wir hinab auf nun wieder leichtem Bergwanderweg zur Mindelheimer Hütte.

② Von Birgsau

Auf dem Fahrweg von Birgsau geht es südwärts weiter zu einer Weggabelung (links weiter nach Einödsbach), dort rechts (Mark.-Nr. 441) über die Stillach weiter auf Fahrweg

Der gut gesicherte Mindelheimer Klettersteig ist eine Herausforderung auch für geübte Bergsteiger. Wer's nicht so luftig mag: Keine Sorge, es gibt einen leichten Verbindungsweg – den Krumbacher Weg – zwischen der Mindelheimer Hütte und der Fiderepasshütte, die am Ende des Klettersteigs liegt.

zur Buchenrainalpe und hinein ins Rappenalptal. Wir wandern an der Breitgehrenalpe vorbei nur mehr leicht ansteigend zur Schwarzen Hütte (1235 m). Dort zweigt rechts der Weg zur Mindelheimer Hütte ab (Mark.-Nr. 441), der in einigen steilen Kehren über die Untere und Obere Angereralpe zum Alpenvereinshaus führt.

③ Vom Holzgauer Haus

Vom Holzgauer Haus gehen wir wenige Meter hinab zu der Wegtafel und wandern nun rechts auf dem markierten Weg (Mark.-Nr. 445) über die Almwiesen, dann durch ein Tälchen hinauf zum Schrofenpass (1688 m). Bei der Wegverzweigung halten wir uns links und gehen über Felsstufen hinab in westlicher Richtung ins Tal des Haldenwanger Baches. Wir steigen über den Haldenwanger Bach hinweg und auf dem markierten und anstrengenden Steig (Mark.-Nr. 445) hinauf zur Mindelheimer Hütte.

Der Hüttengipfel

Kemptner Kopf, 2192 m: Der Hausberg der Mindelheimer Hütte ist ein kleiner Grasgipfel mit markantem Gipfelaufbau und schöner Aussicht ins Kleinwalsertal auf der einen und ins Rappenalptal auf der anderen Seite. Von der Mindelheimer Hütte geht es auf gutem Steig erst in den Sattel westlich des Gipfels (Kemptner Scharte), dann rechts auf dem Grasgrat (Ausschilderung »Mindelheimer Klettersteig«) zu den Gipfelschrofen.

Unser Tipp

Der lange Weg von Oberstdorf durch das Rappenalptal kann deutlich verkürzt werden, wenn man die Strecke bis zur Schwarzen Hütte mit dem Fahrrad zurücklegt.

Die Mindelheimer Hütte gehört zu den beliebtesten Hütten in den Allgäuer Alpen. Auch sie ist Start- bzw. Endpunkt eines berühmten Höhenwegs, des Mindelheimer Klettersteigs. Sie liegt unter dem Mindelheimer Köpfl und bietet einen hervorragenden Blick auf den Allgäuer Hauptkamm.

›››

Weitere Hütten

Schwarze Hütte, 1235 m (privat, bewirtschaftet von Mitte Juni bis Anfang Oktober).
Untere Wiesalpe, siehe Tour 123.
Innere Wiesalpe, siehe Tour 123.
Fluchtalpe, siehe Tour 123.
Gasthof Holzgauer Haus, siehe Tour 121.

Fiderepasshütte

Höchste Punkte: Fiderepasshütte, 2067 m; Nordöstlicher Schafalpenkopf, 2321 m.

Tour 123

Hütte

Zeit Von der Kanzelwandbahn-Bergstation: 2 Std.; von Mittelberg: 3 Std.; von Faistenoy: 3 1/2 Std.; von Birgsau: 5 Std.

Schwierigkeit Der bequemste Zugang erfolgt von der Kanzelwandbahn-Bergstation. Alle Anstiege erfordern Trittsicherheit, der Anstieg von Birgsau auch etwas Orientierungssinn.

Übernachtung Fiderepasshütte, 2067 m (AV-Hütte, Kat. I, 10 Betten, 100 Lager, 16 Notlager, von Pfingsten bis Mitte Oktober bewirtschaftet; Winterraum mit 15 Lagern, Schlüssel bei der Sektion; Tel. 0043/664/3203676).

Karte Topogr. Karte 1 : 50 000 Allgäuer Alpen (BLVA).

Gipfel

Zeit Von der Fiderepasshütte: 1 1/4 Std.; Abstieg zur Hütte: 1 Std.; insgesamt: 2 1/4 Std. Für die gesamte Begehung des Mindelheimer Klettersteigs muss man 5 Std. ansetzen. >>>

Die Hammerspitze mit der verdeckten Hochgehrenspitze.

Die 1938 erbaute gemütliche Fiderepasshütte der Alpenvereinssektion Oberstdorf liegt wenige Meter nördlich des Fiderepasses und ist Ausgangsstation für den beliebten Mindelheimer Höhenweg. Wer mit Familie oder Wanderern unterwegs ist, die den ausgesetzten Klettersteig nicht gehen wollen, für den bietet sich eine ideale Alternative an: Parallel zum Klettersteig verbindet der Krumbacher Höhenweg die Fiderepasshütte mit der Mindelheimer Hütte.

① Von Riezlern (Kanzelwandbahn)

Kanzelwandbahn-Bergstation (1968 m): Der schnellste Übergang erfolgt auf gutem Bergweg links an der Kanzelwand vorbei hinab ins Roßgundkar und dann ohne Höhenverlust hinüber zur verfallenen Kühgundalpe (1745 m). Von dort folgt man dem westwärts leicht ansteigenden Hochtal zunächst im Talgrund, dann in Kehren hinauf zum Fiderepass mit der gleichnamigen Hütte.

② Von Mittelberg

Von Mittelberg-Bödmen wandern wir auf einem Sträßchen (Mark.-Nr. 441 und 446) ins Wildental bis zum Weiler Höfle. Dort rechts auf steilem Pfad hinauf durch Wald zur Innerkuhgehrenalpe und rechts weiter über die freien Hänge zur Wannenalpe (1821 m). Kurz dahinter halten wir uns links und steigen durch die Südflanke der Hammerspitze unter der Materialseilbahn der Hütte hindurch. Links geht es dann hinauf zur Fiderepasshütte. Oder oberhalb von Bödmen rechts auf Alpweg (Mark.-Nr. 446) hinauf zur Unteren und Inneren Wiesalpe (Einmündung des Weges von Höfle) und weiter durch das Wildental hinauf zur Fluchtalpe. Bei der Talstation der Materialseilbahn wandern wir links über die Alpböden der Vorderen Wildenalpe hinauf zur Fiderepasshütte.

③ Von Faistenoy

Von der Talstation der Fellhornbahn geht es zunächst auf Wanderweg, dann auf Forststraße (Mark.-Nr. 443 und 446) – ein Umweg über das Kanzelwandhaus ist hier möglich – zur Warmatsgundalpe und weiter auf Fahrweg bis zur verfallenen Wankalm. Dort wandern wir weiter auf Bergsteig über die verfallene Kühgundalpe (hier stößt man auch auf den Weg von der Kanzelwandbahn-Bergstation) hinauf zur Fiderepasshütte.

④ Von Birgsau

Von der Straße nach Einödsbach wandern wir rechts über die Brücke, dann links weiter

Die Fiderepasshütte am gleichnamigen Pass.

(Mark.-Nr. 442) auf schwach markiertem Steig (etwas Orientierungssinn nötig) über den Scheidbichel und die verfallene Vordere Traufbergalpe zur Taufersbergalpe, wo man auf den Krumbacher Weg trifft. Hier geht es rechts hinauf zur Fiderescharte (2214 m) und jenseits hinab zur Fiderepasshütte. Der Weg ist lang und einsam.

Der Hüttengipfel

Nordöstlicher Schafalpenkopf, 2321 m: Für diese Schnuppertour zum Mindelheimer Klettersteig folgt man von der Fiderepasshütte aus dem Steig über den Fiderepass hinauf zur Fiderescharte (2214 m). Dort rechts an die nahezu senkrechten Felsabbrüche heran. Zwei lange Metallleitern und einige Eisenklammern helfen die ersten großen Hürden des Klettersteigs zu nehmen, bis mit dem Nordöstlichen Schafalpenkopf der höchste Punkt des Mindelheimer Klettersteigs erreicht ist. Wer es bis hierher geschafft hat, der kann auch den Weiterweg zur Mindelheimer Hütte antreten. Ansonsten sollte man jetzt am besten den Rückzug antreten.

Unser Tipp

Das Oberstdorfer Heimatmuseum in der Oststraße 13, das in einem alten Bauernhaus aus dem 17. Jahrhundert untergebracht ist, gibt eine gute Einführung in die Allgäuer Geschichte. In 38 Ausstellungsräumen kann man sich nicht nur über Vorgeschichte, Tracht und Wohnkultur informieren, sondern auch über Land- und Alpwirtschaft, Skilauf und Alpinismus. Öffnungszeiten: von Ende Mai bis Allerheiligen und von Ende Dezember bis Ende April Dienstag bis Samstag von 10–12 und 14–17 Uhr, an Sonn- und Feiertagen bei Regenwetter wie werktags. Tel. 08322/5470.

>>>

Schwierigkeit Absolute Trittsicherheit und Schwindelfreiheit erforderlich. Klettersteigset und Schutzhelm gehören dazu.

Weitere Hütten
Fluchtalpe, 1390 m (privat, von Mitte Mai bis Ende Oktober bewirtschaftet, keine Übernachtung).
Kanzelwandhaus, siehe Tour 124.
Untere Wiesalpe, 1290 m (privat, von Pfingsten bis Anfang Oktober bewirtschaftet).
Innere Wiesalpe, 1298 m (privat, von Pfingsten bis Okt. bew.).

Kanzelwandhaus

Höchste Punkte: Kanzelwandhaus, 1519 m; Fellhorn, 2038 m.

Tour 124

Hütte

Zeit Von Faistenoy: 1 ½ Std.; Übergang von der Kanzelwandbahn: 1 ½ Std.; Übergang von der Söllereckbahn: 2 ½ Std.

Schwierigkeit Von Faistenoy überwiegend auf Wanderweg und Bergsteig. Der Übergang von der Kanzelwandbahn ist leicht und erfolgt auf guten Wanderwegen bzw. Alpweg. Der Übergang von der Söllereckbahn auf teilweise schmalem Grat setzt Trittsicherheit und Schwindelfreiheit voraus.

Übernachtung Kanzelwandhaus, 1519 m (Naturfreundehaus, ganzjährig bewirtschaftet, 116 Betten, 20 Lager; Tel. 08322/3346).

Karte Topogr. Karte 1 : 50 000 Allgäuer Alpen (BLVA).

Gipfel

Zeit Vom Kanzelwandhaus: 2 ¼ Std., Abstieg zum Haus: 1 ½ Std.; insgesamt: 3 ¾ Std.

Schwierigkeit Leichte Bergwanderung auf Wirtschaftswegen, zuletzt auf Bergwanderweg.

Weitere Hütten

Schlappoltalpe, 1670 m (privat, größte deutsche Sennalpe, zur Weidesaison bewirtschaftet). Von der Station Schlappoltsee der Fellhornbahn 20 Min.
Freibergseehütte, 950 m (Naturfreundehaus, ganzjährig bewirtschaftet, 44 Betten; Tel. 08322/2285). Von der Talstation der Söllereckbahn auf gesperrter Fahrstraße ½ Std.
Sölleralpe, 1522 m (privat, im Sommer bewirtschaftet).
Obere Bierenwangalpe, 1740 m (privat, im Sommer bew.).

Das große Kanzelwandhaus der Naturfreunde ist vor allem auf Gruppen, Schulklassen und Familien eingestellt, aber auch Einzelwanderer werden gerne aufgenommen. Man findet Unterkunft in Doppel-, Vier- und Fünfbettzimmern. Es gibt einen Seminarraum, eine Bibliothek und sogar einen Multimediaraum. Die Küche versorgt ihre Gäste mit Ökoprodukten aus der Umgebung.

① Von Faistenoy

Vom Parkplatz an der Fellhornbahn folgt man links neben der Materialseilbahn des Kanzelwandhauses dem ausgeschilderten Wanderweg, der bald in den Wald hineinführt, dann als gut ausgebauter Steig in Serpentinen höher führt, eine Straße berührt, dann einen Bach und die Forststraße zur Wankalpe quert und erst kurz vor dem Kanzelwandhaus auf die Zufahrtsstraße zum Haus trifft. Dort links in wenigen Minuten zum Haus.

② Übergang von der Kanzelwandbahn

Von der Bergstation (1957 m) führt ein markierter Weg zur Kanzelwand, dort links in Serpentinen hinab zum Gundsattel, wo rechts der Wanderweg zur Oberen Bierenwangalpe abzweigt. Von der Alpe auf Wirtschaftsweg hinab zum Kanzelwandhaus.

③ Übergang von der Söllereckbahn

Von der Bergstation (1350 m) führt ein aussichtsreicher, teilweise recht schmaler Höhenweg über das Söllereck (1706 m) zu einer Weggabelung in Höhe des Söllerkopfs. Dort wandern wir links auf gutem Weg hinab zur Schlappoltalpe, wo ein Wirtschaftsweg zum Schlappoltsee führt. Von dort aus geht es weiter auf Wanderweg zur Unteren Bierenwangalpe und schließlich auf Fahrweg zum Kanzelwandhaus.

Der Hüttengipfel

Fellhorn, 2038 m: Das Fellhorn hat einen guten Ruf als Blumenberg, denn es wachsen dort auch sehr seltene Alpenblumen. Am schnellsten kommt man natürlich mit der Fellhornbahn auf den Gipfel, von der Bergstation sind es nur 10 Minuten auf leichtem Wanderweg. Vom Kanzelwandhaus folgt man dem Wirtschaftsweg hinauf zur Oberen Bierenwangalpe. Es geht weiter auf Bergwanderweg zum Gundsattel. Von dort wandern wir rechts auf dem breiten Gratweg hinüber zum Fellhorn. Der Abstieg empfiehlt sich dann über die Mittelstation der Fellhornbahn mit Abstecher zum Schlappoltsee.

Geräumig: Das Kanzelwandhaus der Naturfreunde.

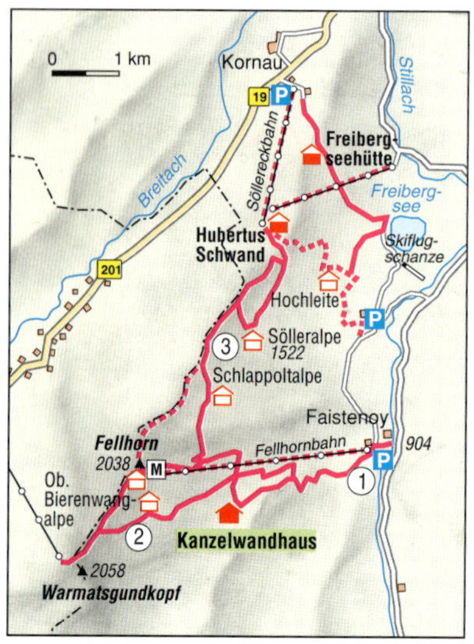

Mahdtalhaus

Höchste Punkte: Mahdtalhaus, 1100 m; Hoher Ifen, 2229 m.

Das Mahdtalhaus der AV-Sektion Stuttgart ist eine Selbstversorgerhütte am Eingang ins Mahdtal. Das 1942 erworbene Haus brannte 1990 ab und wurde 1994 komplett neu aufgebaut. Von hier lassen sich im Sommer zahlreiche Wanderungen, im Winter Skitouren unternehmen. Mit der Schwendloipe steht Langläufern eine der schönsten Loipen im Allgäu zur Verfügung.

① Vom Mahdtalhaus zum Hohen Ifen

Vom Mahdtalhaus folgt man dem Wegweiser über die Kesselschwand zum Weiler Au, wo man auf ein Sträßchen trifft. Auf diesem rechts weiter nach Unterwald. Dort beginnt rechts der Weg zum Gottesackerplateau. Auf Forststraße über den bewaldeten Eselsrücken, dann auf Waldweg (gelbe Markierung) zur Jagdhütte auf der Schneiderkürenalpe. Auf rot markiertem Wanderweg über die Waldgrenze und durch ein verkarstetes Hochtal zur verfallenen Gottesackeralpe (1835 m), wo man auf einen quer führenden Weg trifft. Hier links weiter auf gelb markiertem Weg über das Gottesackerplateau und seitlich an der Ifenmauer hinab zur Wegverzweigung. Rechts weiter wie unten beschrieben.

② Vom Bergasthof Aue zum Hohen Ifen

Von der Talstation des Ifenlifts 2000 entweder bequem mit Sessellift hoch zur Bergstation und in wenigen Minuten zur Ifenhütte oder zu Fuß auf ausgeschildertem Teersträßchen dorthin. Dann folgt man dem breiten Wanderweg (Ausschilderung »Hoher Ifen«, »Hahnenköpfle«) hinauf zur Ifenmulde am unteren Rand der Ifenmauer. Noch etwas taleinwärts, dann links auf die Wand zu und auf ausgebautem Steig in Serpentinen hoch zur Gipfelfläche und über den überwiegend grasigen Hang leicht hinauf zum Gipfelkreuz.

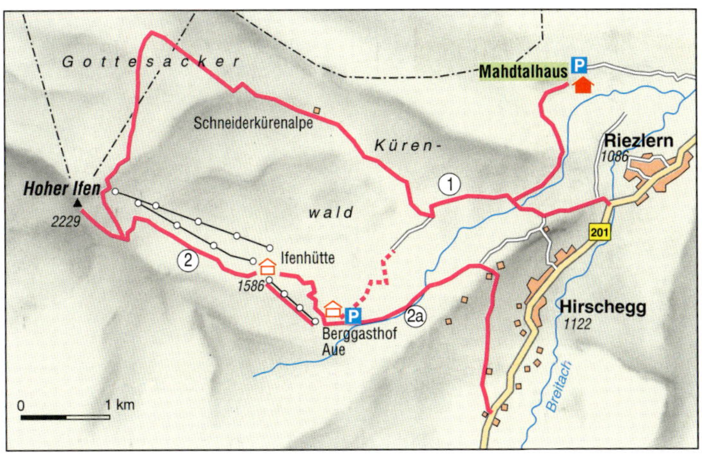

Der Hüttengipfel

Hoher Ifen, 2229 m: Der markante Berg mit seiner schrägen Gipfelfläche und den steilen Wandabbrüchen – der Ifenmauer – ist eine der außergewöhnlichsten Berggestalten der Allgäuer Alpen. Nicht weniger eindrucksvoll ist das sich im Osten anschließende Gottesackerplateau mit seiner geriffelten Karstoberfläche. Der Hohe Ifen lässt sich mit einer langen Tagestour vom Mahdtalhaus überschreiten oder vom Berggasthof Aue (mit Liftunterstützung) in kürzerer Zeit besteigen. Von der Auenhütte kann man auf schönen Wegen direkt zum Mahdtalhaus gelangen.

Tour 125

Hütte

Zeit Anfahrt zum Mahdtalhaus mit PKW.

Schwierigkeit Zugang von Riezlarn auf Sträßchen und Wirtschaftswegen.

Übernachtung Mahdtalhaus, 1100 m (AV-Haus, Kat. II, Selbstversorgerhütte, von ca. 20. Dezember bis Ende Oktober bewartet, 16 Betten, 18 Lager, 10 Notlager; Tel. 08329/6423).

Karte Topogr. Karte 1 : 50 000 Allgäuer Alpen (BLVA).

Gipfel

Zeit Vom Mahdtalhaus: 5 ½ Std.; Abstieg und Rückkehr über das Berggasthaus Aue: 3 ½ Std.; insgesamt: 9 Std.

Schwierigkeit Lange und anstrengende Bergwanderung. Am Gipfelaufbau des Hohen Ifen Trittsicherheit und Schwindelfreiheit erforderlich (Drahtseilsicherungen). Auf dem Gottesackerplateau können bei Nebel Orientierungsprobleme auftauchen.

Weitere Hütten

Berggasthof Aue, 1275 m (privat, nahezu ganzjährig bewirtschaftet, keine Übernachtung). Am Ende der Fahrstraße, beim Ifenlift. **Ifenhütte**, 1586 m (privat, nahezu ganzjährig bewirtschaftet, große Terrasse, keine Übernachtung).

Bild oben: Im Mahdtalhaus gibt es Doppelzimmer, Zimmerlager und Matratzenlager, einen großen Aufenthaltsraum sowie eine Küche zur Selbstversorgung, außerdem eine Terrasse, eine Liegewiese und einen Kinderspielplatz.

Schwarzwasserhütte

Höchste Punkte: Schwarzwasserhütte, 1651 m; Diedamskopf, 2090 m.

Tour 126

Hütte
Zeit Von der Auenhütte: 2 Std.; von Mittelberg: 3 Std. (von der Bergstation der Walmendinger-Horn-Bahn 2 1/2 Std.); von Baad: 2 1/4 Std.; von Schönenbach: 3 Std.; über den Diedamskopf (von der Bergstation): 2 1/2 Std.; über das Gasthaus Neuhornbach: 2 1/2 Std.

Schwierigkeit Überwiegend Bergwanderwege, zum Teil mit Bergbahnunterstützung; einige Abschnitte auf Alpfahrwegen, so zur Melköde und von Schönenbach.

Übernachtung Schwarzwasserhütte, 1651 m (AV-Hütte, Kat.II, 41 Betten, 30 Lager, von Pfingsten bis Anfang Oktober und von Weihnachten bis Ostern bewirtschaftet; Tel. 0043/664/3412457). Daneben gibt es eine Selbstversorgerhütte mit 12 Lagern.

Karte Topogr. Karte 1 : 50 000 Allgäuer Alpen (BLVA).

Gipfel
Zeit Von der Schwarzwasserhütte: 2 1/2 Std., Abstieg zur Hütte: 2 Std.; insgesamt: 4 1/2 Std.

>>>

Die 1914–1922 erbaute Schwarzwasserhütte der Alpenvereinssektion Schwaben liegt auf einer Geländeterrasse am oberen Ende des Schwarzwassertals, einem bergumrahmten Seitental des Kleinwalsertals. Sie ist ein gemütlicher Stützpunkt für eine ruhige Wanderwoche, denn das Gebiet weist – mit Ausnahme des Hohen Ifen – keine besonders markanten Gipfel auf. Es locken jedoch die bis in die Gipfelregion grünen Grasberge, die besonders zu Überschreitungen einladen. Doch Achtung: Bei Nässe sind diese Pfade durch die steilen Grasflanken nicht zu unterschätzen. Vielen ist die Schwarzwasserhütte jedoch mehr als Skitourenstützpunkt bekannt. Es bieten sich hier gleich drei beliebte Ziele an: das Grünhorn, das Steinmandl und der Hählekopf.

① Von der Auenhütte

Vom Parkplatz am Berggasthof Aue wandern wir links über eine Brücke und auf Wirtschaftsweg am Bergfuß des Hohen Ifen entlang mäßig ansteigend zur Alp Melköde (1346 m). Achtung: Das Gebiet auf der Ifensüdseite bis herunter zur Melköde ist ein ganzjähriges Wildschutzgebiet. Betreten verboten! Von der Jausenstation geht es dann weiter auf gutem Wanderweg hinauf zur Schwarzwasserhütte. Tipp: Entlang dieser Strecke wurde der Naturlehrpfad Schwarzwassertal angelegt.

② Von Mittelberg

Von der Talstation der Walmendinger-Horn-Bahn gehen wir auf dem kleinen Sträßchen in Richtung Süden, bis rechts ein markierter Wanderweg abzweigt, der über die Bühlalpe zur Stutzalpe und weiter zur Muttelbergalpe führt. Dort mündet von rechts der Zugangsweg von der Bergstation der Walmendinger-Horn-Bahn ein. Nun links weiter auf schönem Höhenweg über die Äußere Stierhofalpe zu einer Weggabelung. Dort wandern wir rechts über die weiten Hänge hinauf zur Ochsenhofer Scharte (1850 m) und jenseits hinab zur 200 Höhenmeter tiefer liegenden, bereits sichtbaren Schwarzwasserhütte.

③ Von Baad

Vom Parkplatz in Baad gehen wir hinauf zur Kirche, wo links ein Alpweg beginnt, der hoch über dem Turabach zur Starzealp (1678 m) führt. Von dort wandern wir direkt hinauf in die Ochsenhofer Scharte (1850 m) und hinab zur Alpenvereinshütte.

④ Von Schönenbach

Von Schönenbach führt ein Alpfahrweg ins Tal der Sausach. Er überquert bei der Miesbodenalpe den Bach und steigt im Talschluss steil an zur Gerachalpe. Von dort geht es auf

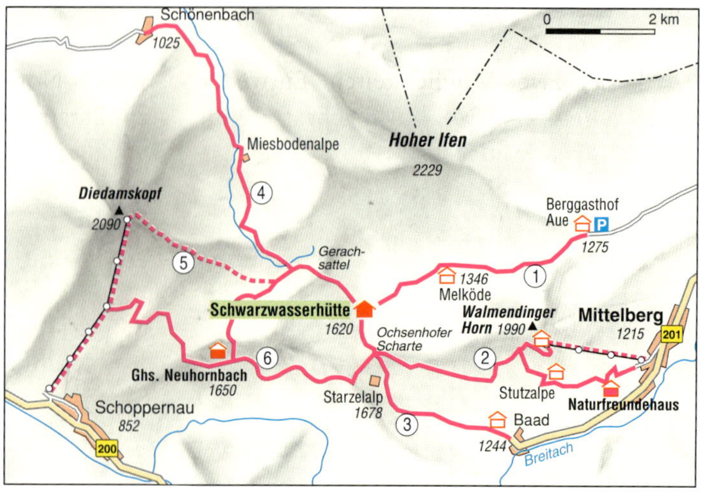

Ein gemütlicher Stützpunkt für eine ganze Tourenwoche: die Schwarzwasserhütte. Beliebt ist sie aber vor allem als Anlaufstelle für Skitourengeher.
Gegenüberliegende Seite: Die Starzelalp unterhalb der Ochsenhofer Scharte.

Wanderweg links hinauf zum Gerachsattel und jenseits hinab zur Schwarzwasserhütte.

⑤ Von Schoppernau

Mit der ersten Sektion des Sessellifts fahren wir hinauf zur Mittelstation (1420 m) bei der Mitteldiedamsalpe. Dort führt rechts ein schöner Höhenweg zunächst leicht fallend über den Schrannenbach, dann steil über freie Grashänge zur Breitenalpe (1662 m). Dann geht es eben über die Falzalpe hinüber zum Alpengasthof Neuhornbach (1650 m). Hier bieten sich zwei Möglichkeiten: Entweder direkt hinauf zum Neuhornbachsattel und über den Gerachsattel zur Schwarzwasserhütte oder über die Neu- und Althornbachalpe hinauf zum Starzeljoch (1867 m) und über die Ochsenhofer Scharte dorthin.

Der Hüttengipfel

Diedamskopf, 2090 m: Der Diedamskopf ist von der österreichischen Seite vor allem ein beliebtes Ziel für Skifahrer. Von dort führt ein Sessellift in zwei Sektionen zum Gipfel. Wer also von Schoppernau zur Schwarzwasserhütte wandern will, kann diesen Gipfel bei Benützung der Lifte einfach mitnehmen. Von der Schwarzwasserhütte ist er jedoch bereits ein Tagesziel, wenngleich auch auf einfachen Wegen. Man folgt dem markierten Weg über die Grashänge des Steinmandl hinauf zum Gerachsattel (1752 m), biegt dort nach links ab und steigt in den Kessel der Hochalp ab. Dann eben über die weiten Alpböden zum Diedamsattel. Von dort auf der rechten Seite eines Schleppliftes – mit schönen Einblicken in die wilden Nordabbrüche des Diedamskopfes – zur Bergstation des Sesselliftes und rechts hinauf zum Gipfel mit grandioser Fernsicht.

Unser Tipp

Das Walsermuseum in Riezlern bietet einen interessanten Überblick über die Geschichte und Kultur sowie das Brauchtum dieser deutschsprachigen Bergbauern, deren Spuren sich bis in die norditalienischen Täler verfolgen lassen. Öffnungszeiten: täglich außer Sonntag und an österreichischen Feiertagen.

>>>

Schwierigkeit Leichter Bergwanderweg. Von Schoppernau auch bequem mit Sessellift zu erreichen.

Weitere Hütten
Stutzalpe, 1500 m (privat, Sennalpe, von Anfang Juni bis 21. September bewirtschaftet). Von Mittelberg 1 1/4 Std.
Melköde, 1346 m (privat, Jausenstation und 400 Jahre alte Sennalpe, Herstellung des bekannten Melköder Bergkäses, bewirtschaftet von Mitte Mai bis Ende Oktober).
Naturfreundehaus Kleinwalsertal, 1152 m (TVN-Haus, bewirtschaftet von Mitte Dezember bis eine Woche nach Ostern und von Mitte Mai bis Ende Oktober, 40 Betten; Tel. 08329/6583). Am Rande von Mittelberg.
Alpengasthof Neuhornbach, 1650 m (privat, bewirtschaftet von Weihnachten bis Ende Oktober, Übernachtung; Tel. 0043/5515/87105). Von Schoppernau 2 1/2 Std.

Widdersteinhütte

Höchste Punkte: Widdersteinhütte, 2015 m; Widderstein, 2533 m.

Die Widdersteinhütte liegt auf einer Weideterrasse hoch über dem Hochtannbergpass, am Südfuß des Großen Widdersteins. Von der Terrasse bietet sich ein phantastischer Panoramablick auf die Allgäuer und Lechtaler Alpen. Die Hütte liegt bereits auf Vorarlberger Gebiet und ist beliebte Station bei der Umrundung des Widdersteins, Wahrzeichen des Kleinen Walsertals.

Tour 127

Hütte
Zeit Von Baad: 3 ½ Std.; von Mittelberg (Bödmen): 2 ½ Std.; von Hochkrumbach: 1 Std.

Schwierigkeit In den Tälern Wirtschaftswege, auf den Höhen Wanderwege und Bergsteige, die etwas Trittsicherheit voraussetzen. Der Anstieg zum Gemstelpass ist zum Teil mit Seilen gesichert und verlangt auch Schwindelfreiheit.

Übernachtung Widdersteinhütte, 2015 m (privat, 35 Lager, von Anfang Juni bis Mitte Oktober bewirtschaftet; Tel. Hütte: 0043/664/3912534, Tel. Tal: 05519/282).

Karte Topogr. Karte 1 : 50 000 Allgäuer Alpen (BLVA).

Gipfel
Zeit Von der Widdersteinhütte: 1 ½ Std., Abstieg zur Hütte: 1 Std.; insgesamt: 2 ½ Std.

Schwierigkeit Trittsicherheit und unbedingt Schwindelfreiheit erforderlich, Schwierigkeitsgrad I im Fels.

Weitere Hütten
Bärgunthütte, 1408 m (privat, bewirtschaftet von Pfingsten bis Ende Oktober).
Hintere Gemstelalpe, 1320 m (privat, bewirtschaftet von Pfingsten bis Ende Oktober).

① Von Baad

Vom letzten Parkplatz am Talausgang des Bärgunttales wandert man zuerst links über die Holzbrücke, die hier die Breitach überspannt, und schlendert dann auf nur mäßig ansteigendem Alpfahrweg (Ausschilderung »Bärgunthütte«) das Bärgunttal einwärts bis zur Bärguntalpe. Über den rechten Talhang ansteigend erreicht man – vorbei an einer verfallenen Zollhütte – den Hochalppass (1908 m). Der Steig zur Widdersteinhütte zweigt kurz vorher nach links ab. Vorbei an der verfallenen Hochalphütte erreicht man die im Sommer bestoßene Neue Hochalp und die Widdersteinhütte.

② Von Mittelberg (Bödmen)

Vom Parkplatz bei der Breitachbrücke folgt man der Ausschilderung »Widdersteinhütte« und wandert den breiten Alpweg ins Gemsteltal, der bis zur Hinteren Gemstelalpe nur unmerklich ansteigt. Dann geht es auf steilem Steig durch Schrofengelände – hoch über der Klamm des Gemstelbaches – bis zu einer Wegverzweigung; dort rechts haltend hinauf zur Oberen Gemstelalpe. Nun wandern wir weiter um den Ostausläufer des Widdersteins herum über Weidehänge steil hinauf zum Gemstelpass (1972 m) und westwärts weiter zur Widdersteinhütte.

③ Von Hochkrumbach

Beim Gasthof Adler beginnt ein markierter Pfad, der über Alpweiden in direkter Linie hinauf zur Widdersteinhütte führt.

Der Hüttengipfel

Widderstein, 2533 m: Von der Widdersteinhütte geht es auf Pfad zum südseitigen Gipfelaufbau, dann auf Steig in die Schlucht, die die Südwestschulter und den Südgipfel voneinander trennt. Die Schlucht steigen wir nun im Zickzack hoch, wobei man sich an die roten Farbmarkierungen hält. Mittels einiger Eisenstifte quert man eine Rinne und erreicht den Felskessel oberhalb der Schlucht. Wir folgen den Steigspuren weiter hinauf bis zum Westgrat, gehen dann rechts auf dem Grat und über einige Felsstufen schließlich hinauf zum Gipfelkreuz.

Die Widdersteinhütte unter dem Widderstein. Der Hüttengipfel ist allerdings nur trittsicheren und schwindelfreien Bergwanderern zugänglich.

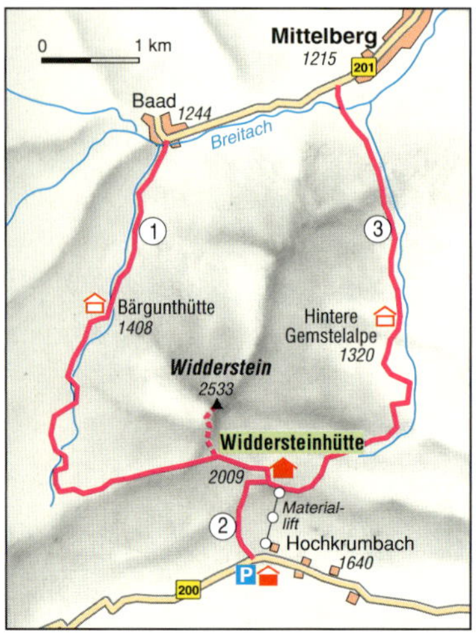

Hörnerhaus

Höchste Punkte: Hörnerhaus, 1400 m; Weiherkopf, 1665 m.

Das Hörnerhaus liegt oberhalb von Bolsterlang in Nähe der Mittelstation der Hörnerbahn. Das 1923 erbaute und 1972 erweiterte Unterkunftshaus brannte in seiner recht langen Geschichte schon zweimal ab, macht aber heute immer noch einen urigen und gemütlichen Eindruck, da es ganz aus Holz gebaut ist.

① Von Bolsterlang

Mit dem Sessellift zur Mittelstation und zum oberhalb gelegenen Haus. Zu Fuß: Von der Talstation der Hörnerbahn am oberen Ende erst links, dann auf Sträßchen zur Mittelstation.

② Von Sonderdorf

Am nördlichen Ortsende wandern wir auf Fahrweg bergan, dann auf Wirtschaftsweg, von dem ein Wanderweg rechts abzweigt. Über eine Geländestufe geht es hinauf durch ein Waldstück (rechts haltend) zu Bergwiesen. Wir orientieren uns links in Richtung Berghaus Schwaben und steigen nach einer Stunde rechts hinauf durch Wald zum Hörnerhaus.

③ Von der Alpe Eck

Mit Sessellift oder auf Mautstraße zur Alpe Eck (1200 m). Auf Fahrweg bis zu den Bergstationen der Lifte, auf Wirtschaftsweg links um das Ofterschwanger Horn herum zur Fahnengehrenalpe. Auf Wanderweg (Panoramaweg West) seitlich an Sigiswanger und Rangiswanger Horn vorbei und auf der Kammhöhe zum Weiherkopf. Jenseits auf Steig hinab und links auf Fahrweg hinab zum Hörnerhaus.

④ Von der Gunzesrieder Säge

Vom Parkplatz am Eingang des Ostertals geht es auf Wirtschaftsweg zur Holzschlagalpe und weiter auf Wanderweg über die Oberalpe (1386) und die Rangiswangeralpe (1513 m) auf den Hörnerkamm. Weiter wie oben.

⑤ Vom Riedbergpass

Über die Grasgehrenhütte und den Bolgenkamm zum Berghaus Schwaben. Dort weiter auf Wirtschaftsweg zum Hörnerhaus.

Der Hüttengipfel

Der Weiherkopf (1665 m) ist einer der Vorderen Hörner-Gipfel und bietet eine schöne Aussicht nach Süden und Osten. Entweder man nimmt den Sessellift, oder man steigt auf Fahrweg dort hinauf. Auf dem Joch geht man rechts hoch zum Gipfelkreuz des Weiherkopfs.

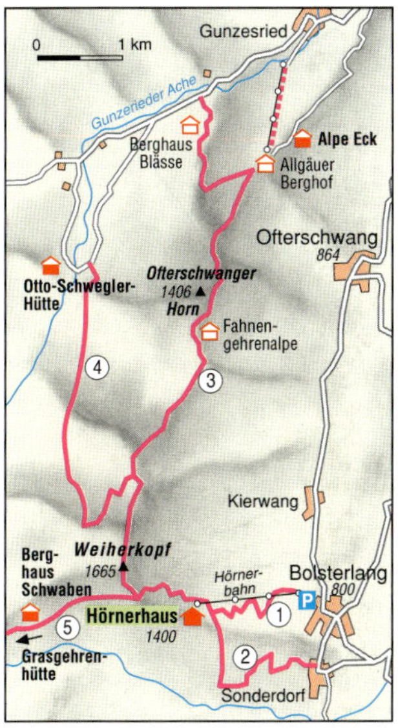

Tour 128

Hütte

Zeit Von Bolsterlang und Sonderdorf: $1\frac{1}{2}$ Std.; von der Alpe Eck: $3\frac{1}{2}$ Std.; von der Gunzesrieder Säge: $3\frac{1}{2}$ Std.; vom Riedbergpass: $2\frac{1}{2}$ Std.

Schwierigkeit Leichte Bergwanderwege.

Übernachtung Hörnerhaus, 1400 m (privat, ganzjährig bewirtschaftet, 130 Betten in Mehrbettzimmern und 4 Lager mit bis zu 21 Plätzen; Tel. 08326/639).

Karte Topogr. Karte 1 : 50 000 Allgäuer Alpen (BLVA).

Gipfel

Zeit Vom Hörnerhaus: $\frac{3}{4}$ Std., Abstieg: $\frac{1}{2}$ Std.

Schwierigkeit Leichte Bergwanderung.

Weitere Hütten

Allgäuer Berghof, 1200 m, auf der Alpe Eck (Familienhotel, ganzjährig bewirtschaftet; Tel. 08321/8060).
Berghaus Blässe, 1010 m (privat, ganzjährig bewirtschaftet; Tel. 08321/2597).
Otto-Schwegler-Hütte (ehemalige Ostertalhütte), 1070 m (AV-Hütte, Kat. II, ganzjährig geöffnete, unbewirtschaftete Selbstversorgerhütte, Getränke erhältlich; Tel. 08321/2509).
Berghaus Schwaben, 1510 m (privat, ganzjährig bewirtschaftet, 27 Betten, 20 Lager, Übernachtung nach Voranmeldung; Tel. 08326/438). Von Bergstation Horngrat $\frac{3}{4}$ Std.
Grasgehrenhütte, 1447 m (privat, ganzjährig bewirtschaftet, 60 Plätze in Zimmern und Lagern; Tel. 08326/7773). Wenige Minuten vom Riedbergpass.

Bild oben: Das Hörnerhaus eignet sich besonders für größere Gruppen.

Staufner Haus

Höchste Punkte: Staufner Haus, 1600 m; Hochgrat, 1833 m.

Tour 129

Hütte

Zeit Von Steibis: 4 Std. (von der Bergstation der Hochgratbahn: 15. Min.); über die Simatsgundalpe: 4 1/2 Std.; Abstiegsrunde über die Falkenhütte: 3 Std.; von Gunzesried: 1 1/2 Std.

Schwierigkeit Von Steibis auf Wander- und Wirtschaftswegen; von Gunzesried leicht; alle anderen Routen erfordern Trittsicherheit, teilweise sogar Schwindelfreiheit.

Übernachtung Staufner Haus, 1600 m (AV-Haus, Kat. II, 10 Betten, 76 Lager, von Mitte Mai bis Ende Oktober täglich und vom 25. Dezember bis Ende März, Termine im Winter auf Anfrage; Tel. 08386/8255).

Karte Topogr. Karte 1 : 50 000 Allgäuer Alpen (BLVA).

Gipfel

Zeit Vom Staufner Haus: 3/4 Std., Abstieg zum Haus: 1/2 Std.; insgesamt: 1 1/4 Std.

Schwierigkeit Markierter Bergwanderweg.

Weitere Hütten

Imberghaus, 1225 m (privat, ganzjährig bewirtschaftet, 15 Betten; Tel. 08386/8106). **Falkenhütte**, 1500 m (privat, ganzjährig bewirtschaftet, Montag Ruhetag, 80 Betten und Lager; Tel. 08386/8113). **Berggasthaus Stiegalpe**, 1178 m (privat, ganzjährig bewirtschaftet, Übernachtung). **Schneelochalmhütte**, 1276 m (privat, ganzj. bew., 35 Lager). **Scheidwangalpe**, 1368 m (privat, im Sommer bew.). **Untere Lauchalpe und Obere Lauchalpe** (ganzjährig bew.).

Bild oben: Das Staufner Haus unter dem Hochgrat.

Das Staufner Haus der AV-Sektion Oberstaufen-Lindenberg liegt knapp unterhalb des Hauptkammes der Nagelfluhkette. Sie ist trotz des Baus der Hochgratbahn 1973 ein beliebter Stützpunkt geblieben, denn an ihr führen zwei Europäische Fernwanderwege vorbei: E 4 und E 5.

① Von Steibis

Mit der Hochgratbahn fahren wir zur Bergstation, dann wandern wir rechts kurz hinab zum Staufner Haus. Zu Fuß: Von Steibis führt ein Wanderweg entlang der Straße zur Talstation der Hochgratbahn. Kurz vorher zweigt rechts ein Verbindungsweg ab, der die Zufahrtsstraße zur Alpe Schilpre abkürzt. Auf dem Wirtschaftssträßchen geht es über die Untere und die Obere Lauchalpe zur Hütte.

② Über die Simatsgundalpe

Von der Talstation der Hochgratbahn wandern wir auf einem Sträßchen zur Hinteren Simatsgundalpe. Dort zweigt rechts der markierte Weg zur Brunnenauscharte (1628 m) ab. Wir wandern über Bergwiesen, dann durch Wald zur Gratvorsäß (1179 m). Dann geht es weiter in den Kessel unterhalb der Scharte. Wir steigen jetzt über steile Felsstufen hinauf und schließlich rechts weiter über den Hochgrat bis zum nahen Staufner Haus.

③ Abstiegsrunde über Falkenhütte

Von der Bergstation der Hochgratbahn wandern wir rechts auf Fahrweg, dann auf Bergwanderweg immer auf der Grathöhe über Seelekopf (1663 m), Hohenfluhalpkopf (1635 m) und Eineguntkopf (1639 m) rechts hinab zur Falkenhütte. Dort geht es rechts auf steilem Pfad hinab zur Ziehenalpe und zum Berggasthaus Stiegalpe. Weiter hinab auf Fahrweg über die Untere Lauchalpe zum Parkplatz an der Hochgratbahn.

④ Von Gunzesried

Entweder zu Fuß auf Fahrstraße oder gegen Mautgebühr mit PKW zur Jausenstation Scheidwangalpe (1316 m). Von dort rechts auf rauem Ziehweg um den Leiterberg herum zur Oberen Gelchenwangalp (1580 m). Von dort links haltend auf Pfad hinauf zum Hochgrat (1834 m), dann links hinab zur Bergstation der Hochgratbahn und in wenigen Minuten weiter zum Staufner Haus.

Der Hüttengipfel

Hochgrat, 1833 m: Mit der Hochgratbahn ist es dorthin nur mehr ein schneller Gipfelabstecher. Von der Hütte ist der Gipfer zu Fuß auf markiertem Weg leicht zu erreichen.

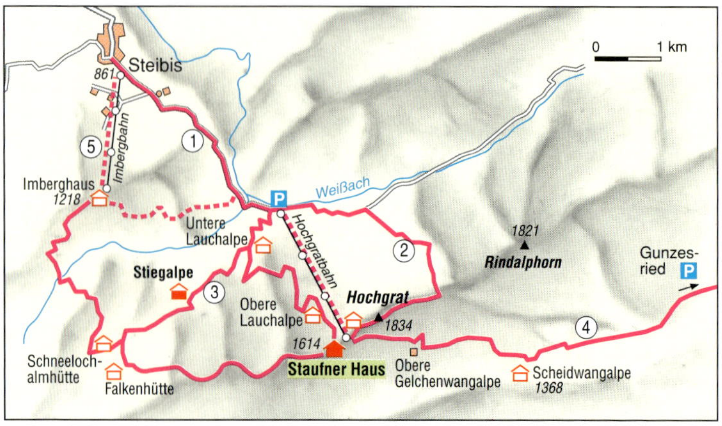

Kemptner Naturfreundehaus

Höchste Punkte: Kemptner Naturfreundehaus, 1450 m; Immenstädter Horn, 1489 m.

Die Hütte liegt am Südhang des Gschwender Horns mit freiem Blick zum Grünten und zur Nagelfluhkette und wurde 1923 von der Bergsteigervereinigung »Touristenverein Die Naturfreunde« erbaut. Heute kommen im Sommer Wanderer und im Winter Schneeschuhwanderer hierher.

① Von Immenstadt

Vom Bahnhof in Immenstadt geht es über die Adolf-Probst-Straße ins Steigbachtal; auf unbefestigtem Fahrweg bis zur Abzweigung (links zum Gasthaus Almagmach). Nun rechts auf Teersträßchen weiter, gleich wieder rechts (Wegtafel »Auf das Horn«) zu einer Wegverzweigung. Dort geht es links steil hinauf zum Aussichtsplatz Kanzel (1166 m). Danach sanft weiter durch Hochwald bis zu einer Forststraße, kurz rechts auf dieser, bis der Wanderweg (Achtung: rote Markierung) rechts abzweigt. Nun rechts hinauf zu einem Vorgipfel und links weiter zum Hauptgipfel. Dort wandern wir links hinab zur Alpe Alp (1331 m) und jenseits der Wiesenböden auf Wanderweg zum Kemptner Naturfreundehaus. Variante: An der Abzweigung wandern wir geradeaus weiter auf Fahrweg zur Seifenmoosalpe und rechts haltend »Am roten Kopf« auf Fahrweg bis zum Naturfreundehaus oder bei der zweiten Wegverzweigung ab Tal rechts auf Fahrweg hinauf zur Alpe Alp und links auf Wanderweg zum Naturfreundehaus.

② Von Bühl

Von der Ortsmitte bei der Kirche gehen wir auf dem Sträßchen nach Rieder. Dort zweigt links ein Wirtschaftsweg ab, der bis zur Gschwenderbergalpe (1075 m) führt. Nun geht es steil auf Wanderweg hinauf zur Hornklause und in einem Linksbogen um das Geschwender Horn herum zu einem Forstweg. Auf diesem wandern wir rechts weiter zum Naturfreundehaus.

③ Über die Bärenfallehütte

Auf Fahrweg wandern wir in Kehren zur Bärenfallehütte. Dort links hinab zur Starketsgundalpe und rechts haltend auf Wirtschaftsweg an den Fuß des Gschwender Horns, wo man auf den von Bühl heraufkommenden Weg trifft.

Der Hüttengipfel

Immenstädter Horn, 1489 m: Der Hausberg der Immenstädter kann beim Zugang zum Kemptner Naturfreundehaus gleich mitgenommen werden. Vom Kemptner Naturfreundehaus geht es auf markiertem Wanderweg zu den Matten der Alpe Alp (1331 m) hinüber. Dort zweigt links am Rande des Wildschutzgebietes der Anstieg zum Gipfel mit großem Gipfelkreuz ab. Knapp unterhalb des Gipfels steht eine kleine Unterstandshütte.

Tour 130

Hütte
Zeit Von Immenstadt: 2 Std.; von Bühl: 2 Std.; über die Bärenfallehütte: 2 1/2 Std.

Schwierigkeit Wirtschaftssträßchen und leichte Bergwanderwege.

Übernachtung Kemptner Naturfreundehaus, 1450 m (TVN-Haus, 49 Betten, 68 Lager, ganzj. bew., im Nov. jedoch geschlossen; Tel. 08323/2123).

Karte Topogr. Karte 1 : 50 000 Allgäuer Alpen (BLVA).

Gipfel
Zeit Vom Kemptner Naturfreundehaus: 1 1/4 Std., Abstieg zum Haus: 1 Std.; insgesamt: 2 1/4 Std.

Schwierigkeit Leichter Bergwanderweg.

Weitere Hütten
Bärenfallehütte, 1150 m (Berggasthaus, ganzjährig bewirtschaftet, Übernachtung möglich; Tel. 0170/210 19 78).
Alpe Obere Kalle, 1350 m (Berggasthaus, ganzj. bew., 42 Betten; Tel. 08325/487). Von der Bärenfalle (bis hierher mit Lift) 20 Min.; zu Fuß von Ratholz 1 3/4 Std.

Das Kemptner Naturfreundehaus war früher auch Stützpunkt für Alpinskifahrer – bis der Lift wieder abgebaut wurde.

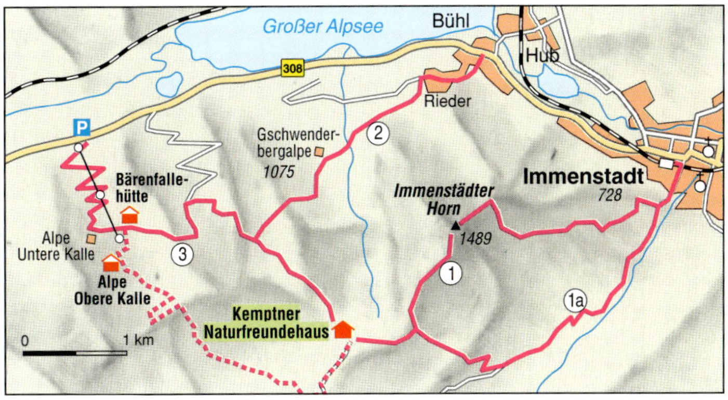

Anfahrtswege

Berchtesgadener Alpen

Tour 1 Purtschellerhaus
Mit PKW: Auf der A 8 bis Ausfahrt Salzburg Süd, dann weiter in Richtung Berchtesgaden. 7 km nach Marktschellenberg links ab auf die Roßfeldstraße (Mautstrecke). Mehrere Parkplätze entlang der Roßfeldstraße (Hüttenwege 1 und 2). Oder weiter bis Ausfahrt Kuchl und über Kuchl (Bahnstation) hinauf nach Gasteig bis zum Ende der Fahrstraße (Hüttenweg 3); dort Parkplatz.
Mit Bahn/Bus: Vom Endbahnhof Berchtesgaden fahren Busse über die Roßfeldstraße.

Tour 2 Carl-von-Stahl-Haus
Mit PKW: Auf der A 8 bis Ausfahrt Bad Reichenhall, dann über Bischofswiesen und Berchtesgaden nach Königssee; dort großer gebührenpflichtiger Parkplatz. Oder über Berchtesgaden und Obersalzberg nach Hinterbrand; dort Wanderparkplatz. Oder über A 8/A 10 bis Ausfahrt Golling, dann über die Salzach hinweg ins Bluntautal bis zum Ende der Fahrstraße beim Gasthaus Bärenhütte (507 m); dort Parkplatz.
Mit Bahn/Bus: Vom Endbahnhof Berchtesgaden fahren Busse nach Königssee und nach Hinterbrand. Golling (Bahnhof Abtenau) ist Bahnstation an der Linie Salzburg – Bischofshofen.

Tour 3 Springlkaser
Mit PKW: Auf der A 8 bis Ausfahrt Bad Reichenhall, dann auf der B 20 über Bischofswiesen und Berchtesgaden nach Königssee; dort gebührenpflichtiger Großparkplatz. Oder über Berchtesgaden und Obersalzberg nach Hinterbrand; dort Wanderparkplatz.
Mit Bahn/Bus: Vom Endbahnhof Berchtesgaden fahren Busse nach Königssee und nach Hinterbrand.

Tour 4 Ostpreußenhütte
Mit PKW: Auf der A 8 bis Ausfahrt Salzburg, dann auf der Tauernautobahn (A 10) bis zur Ausfahrt Werfen; dort entweder im Ort parken oder weiter Richtung Tenneck und links hinauf zum Alpengasthof Dielalm (1026 m); dort Parkplatz (Hüttenweg 1). Oder weiter auf der Bundesstraße 159 nach Tenneck (Hüttenweg 2) bzw. von Werfen nach Pfarrwerfen; parken im Ort (Hüttenweg 3).
Mit der Bahn: Werfen ist Bahnstation an der Linie Salzburg – Bischofshofen.

Tour 5 Kärlingerhaus
Mit PKW: Auf der A 8 bis Ausfahrt Piding, dann über Bad Reichenhall (schneller über Walserberg und Salzburg Süd, aber mautpflichtig) nach Berchtesgaden und weiter nach Königssee. Dort gebührenpflichtiger Großparkplatz.

Tour 6 Matrashaus
Mit PKW: Über Bischofshofen oder über Lofer und Saalbach nach Mühlbach am Hochkönig; von dort auf steiler asphaltierter Straße hinauf zum Arthurhaus; gebührenpflichtiger großer Parkplatz (Hüttenweg 1). Oder über den Dientener Sattel zu den Hüttenwegen 2 und 3; Parkplätze am Dientener Sattel und am Birgkarhaus.
Mit Bahn/Bus: Mit der Bahn nach Bischofshofen oder Saalfelden, dann mit dem Wanderbus (verkehrt von Ende Mai bis Anfang Oktober) über die Hochkönigsstraße zum Arthurhaus bzw. zum Dientener Sattel.

Tour 7 Riemannhaus
Mit PKW: Über Kufstein oder Lofer nach Saalfelden im Pinzgau, dann weiter Richtung Schloss Lichtenberg; etwas oberhalb Parkplatz (Hüttenweg 1). Oder 5 km weiter nach Maria Alm, am östlichen Ortsrand links über die Brücke ins Griesbachtal und hinauf zum Parkplatz Sanden (Hüttenweg 2).
Mit der Bahn: Saalfelden ist Bahnstation.

Tour 8 Peter-Wiechenthaler-Hütte
Mit PKW: Über Kufstein oder Lofer nach Saalfelden; kurz vor dem Ort links in den Ortsteil Bachgütl und zum Ende der Fahrstraße im Wald; dort Wanderparkplatz (Hüttenweg 1). Oder weiter bis zur zweiten Abzweigung nach links und Richtung Schloss Lichtenberg; etwas oberhalb Parkplatz (Hüttenweg 2).
Mit der Bahn: Saalfelden ist Bahnstation an der Linie Wörgl – Bischofshofen; von dort weiter zu Fuß.

Tour 9 Ingolstädter Haus
Mit PKW: Auf der A 8 bis Ausfahrt Siegsdorf, dann über Inzell, Schneizlreuth und Lofer nach Weißbach bei Lofer; dort links in den Ort und hinauf nach Pürzlbach; gebührenpflichtiger Parkplatz (Hüttenweg 1). Oder weiter auf der B 311 bis Diesbach (Hüttenweg 2). Oder über Bad Reichenhall und Bischofswiesen bzw. von Berchtesgaden in Richtung Ramsau (bzw. A 8 bis Ausfahrt Siegsdorf, dann über Schneizlreuth nach Ramsau) bis zur Abzweigung Wimbachbrücke; dort großer Parkplatz (Hüttenweg 3). Oder weiter bis Königssee (siehe Tour 5; Hüttenweg 4).
Mit Bahn/Bus: Bahn bis Berchtesgaden, dann mit RVO-Bus nach Königssee oder zur Haltestelle Wimbachbrücke. Für den Anstieg aus dem Saalachtal mit der Bahn bis Saalfelden, dann mit Postbus Richtung Lofer.

Tour 10 Watzmannhaus
Mit PKW: Auf der A 8 bis Ausfahrt Piding, dann über Bad Reichenhall und Bischofswiesen bis kurz vor Ramsau zum Parkplatz Wimbachbrücke bzw. zum Gasthaus Hammerstiel in Hinterschönau (Hüttenwege 1 und 1a) oder über Berchtesgaden zum ebenfalls gebührenpflichtigen Großparkplatz Königssee (Hüttenwege 2 und 3).
Mit Bahn/Bus: Berchtesgaden ist Endpunkt der Linie München – Freilassing – Bad Reichenhall. Von dort RVO-Bus nach Königssee und zur Wimbachbrücke.

Tour 11 Wimbachgrieshütte
Mit PKW: Auf der A 8 bis Ausfahrt Piding, dann über Bad Reichenhall und Bischofswiesen bis kurz vor Ramsau zum gebührenpflichtigen Parkplatz Wimbachbrücke (Hüttenweg 1). Oder weiter über Berchtesgaden nach Königssee zum Großparkplatz (Hüttenweg 2). Von dort mit dem Boot nach St. Bartholomä.
Mit Bahn/Bus: Vom Endbahnhof Berchtesgaden fahren Busse nach Ramsau (Haltestelle Wimbachbrücke) und nach Königssee.

Tour 12 Blaueishütte
Mit PKW: Auf der A 8 bis Ausfahrt Siegsdorf bzw. Bad Reichenhall, dann über die B 305 und die Deutsche Alpenstraße oder über Bad Reichenhall nach Ramsau (Parkplatz jenseits der Achenbrücke) bzw. Hintersee; dort einige gebührenpflichtige Parkplätze.
Mit Bahn/Bus: Vom Endbahnhof Berchtesgaden mit RVO-Bus bis Ramsau oder weiter zum Hintersee.

Tour 13 Neue Traunsteiner Hütte
Mit PKW: Auf der A 8 bis Ausfahrt Siegsdorf, dann weiter auf der Deutschen Alpenstraße Richtung Berchtesgaden. Oberhalb von Unterjettenberg dann Abzweigung nach rechts Richtung Oberjettenberg. Nach knapp 2 km links ab bis zum Ende der öffentlichen Straße (dort Wanderparkplatz kurz vor der Schranke; Hüttenweg 1). Oder 5 km weiter bis Schwarzbachwacht (dort Parkplatz auf der rechten Seite; Hüttenweg 2) bzw. weiter zum Hintersee zum Eingang ins Klausbachtal (Parkplatz; Hüttenwege 3 und 4). Oder ins österreichische Saalachtal nach Reit bzw. über Au bei Lofer zum Mayrberg (Hüttenweg 5).
Mit Bahn/Bus: Vom Bahnhof Bad Reichenhall bis Abzweigung Oberjettenberg bzw. weiter bis zur Schwarzbachwacht. Oder bis Endbahnhof Berchtesgaden, dann weiter mit Bus nach Ramsau bzw. zur Engert-Diensthütte (wird auch von Weißbach im Saalachtal über den Hirschbichlpass angefahren).

Tour 14 Stöhrhaus
Mit PKW: Auf der A 8 bis Ausfahrt Bad Reichenhall, dann weiter auf der B 20 nach Hallthurm (Hüttenweg 1) bzw. über Bischofswiesen nach Hintergern (Hüttenweg 2); dort jeweils vor Ettenberg Parkplätze. Oder über die A 8/A 10 bis Ausfahrt Salzburg Süd (mautpflichtig), dann weiter bis St. Leonhard (Hüttenweg 4) bzw. Marktschellenberg; von dort auf einem schmalen Sträßchen hinauf nach Ettenberg (ca. 1 km davor Wanderparkplatz auf der rechten Seite; Hüttenweg 3).
Mit Bahn/Bus: Mit der Bahn bis Hallthurm oder weiter bis Berchtesgaden, dann mit RVO-Bus nach Hintergern. Oder mit der Bahn bis Salzburg und weiter mit Bus bis St. Leonhard.

Tour 15 Toni-Lenz-Hütte
Mit PKW: Auf der A 8 bis Ausfahrt Salzburg Süd (mautpflichtig) und weiter nach St. Leonhard (Untersbergbahn, Hüttenweg 2). Oder weiter über den ehemaligen Grenzübergang Hangendenstein nach Paßthurm (Hüttenweg 1) kurz vor Marktschellenberg; dort Parkplatz.
Mit Bahn/Bus: Vom Endbahnhof Berchtesgaden bis zur Haltestelle Paßthurm oder St. Leonhard.

Tour 16 Zeppezauerhaus
Mit PKW: Auf der A 8 bis Ausfahrt Salzburg Süd (mautpflichtig), dann über Gröding nach Glanegg, oder Ausfahrt Piding und über Marzoll und Großgmain dorthin; Wanderparkplatz an der Rosittenstraße (Hüttenwege 1 und 2). Oder weiter zum ehemaligen Grenzübergang Hangendenstein (Hüttenweg 4) bzw. in Richtung Marktschellenberg bis St. Leonhard zur Talstation der Untersbergbahn (Hüttenweg 3).
Mit Bahn/Bus: Bis Salzburg und von dort mit Bus nach St. Leonhard oder weiter nach Glanegg. Oder vom Endbahnhof Berchtesgaden mit RVO-Bus nach Hangendenstein bzw. St. Leonhard.

Loferer und Leoganger Steinberge

Tour 17 Passauer Hütte
Mit PKW: Auf der A 8/A 93 bis Ausfahrt Kufstein Süd (mautfrei), dann über St. Johann i. T. und Fieberbrunn nach Leogang; über den Ortsteil Ullach zum Parkplatz »Birnbachbrücke« unterhalb des Gunzenreitbauern (Hüttenwege 1 und 3). Oder auf der A 8 bis Ausfahrt Siegsdorf, dann über Schneizlreuth und den Steinpasstunnel nach Lofer und in Richtung Saalfelden bis Diesbach (Hüttenweg 2) bzw. nach Saalfelden und rechts in Richtung St. Johann in Tirol bis Leogang.
Mit der Bahn: Leogang ist Bahnstation (Ullach: Haltepunkt »Steinberge«).

Tour 18 von-Schmidt-Zabierow-Hütte
Mit PKW: Auf der A 8 bis Ausfahrt Siegsdorf, dann über Schneizlreuth und den Steinpasstunnel nach Lofer; dort nicht durch den neuen Tunnel, sondern auf der Ortsumgehungsstraße in Richtung Waidring, bis kurz vor dem Pass Strub links der Fahrweg ins Loferer Hochtal abzweigt; dort nach ca. 1,5 km Wanderparkplatz (Hüttenweg 1). Oder weiter in Richtung Saalfelden, dann rechts hinauf nach Maria Kirchenthal; dort Parkplatz (Hüttenweg 2). Oder auf der B 312 in Richtung Waidring, links auf Nebenstrecke bis 500 m vor Strub, dann links hinauf bis zur Schranke an der Forststraße (Hüttenweg 4). Oder über Waidring nach St. Ulrich, kurz hinter dem Ort links ab zum Parkplatz Weißleiten (Hüttenweg 3).
Mit Bahn/Bus: Mit der Bahn über Kufstein und Wörgl bis St. Johann bzw. Saalfelden, dann weiter mit Bus nach Lofer.

Chiemgauer Alpen

Tour 19 Reichenhaller Haus
Mit PKW: Auf der A 8 bis Ausfahrt Piding, dann auf der B 20 nach Bad Reichenhall, dort auf der Umgehungsstraße bis zur Abfahrt nach Karlstein. Nach der Kretabrücke rechts Richtung Nonn und hinauf zur Padinger Alm (Hüttenwege 1 und 3); dort Wanderparkplatz. Oder Ausfahrt Siegsdorf, dann auf der B 306/305 bis Inzell und in der Ortsmitte links weiter nach Inzell-Adlgaß (4 km; dort Parkplatz (Hüttenweg 4). Oder Ausfahrt Piding, dann rechts in Richtung Aufham; im Ortsteil Urwies Parkmöglichkeit (Hüttenweg 5). Oder weiter bis Mauthausen (Parkplatz beim Tanzcafé Filou) bzw. nach Staufenbrücke; kurz nach der Kapelle an der Straße rechts und 300 m weiter auf schmalem Sträßchen; dort Parkmöglichkeit (Hüttenweg 2).
Mit Bahn/Bus: Mit der Bahn bis Bad Reichenhall und weiter mit Citybus bis Nonn. Oder Bahn bis Traunstein, dann weiter mit RVO-Bus nach Inzell, von dort mit Ortsbus nach Adlgaß.

Tour 20 Zwieselhaus
Mit PKW: Auf der A 8 bis Ausfahrt Bad Reichenhall, dann auf der B 20 an Bad Reichenhall vorbei; bei der Kretabrücke rechts über die Saalach Richtung Karlstein, dann gleich wieder rechts nach Nonn und der Ausschilderung zum Listwirt folgen; dort Parkplatz (Hüttenweg 1). Oder Autobahnausfahrt Siegsdorf, dann auf der Bundesstraße nach Inzell, in der Ortsmitte links ab in Richtung Adlgaß, dann rechts zum Ortsteil Einsiedel auf den Wanderparkplatz (Hüttenweg 4) bzw. weiter nach Weißbach a. d. Alpenstraße, am Ortsende links hinauf zum Ortsteil Jochberg bis zum Ende der öffentlichen Straße (dort Wanderparkplatz; Hüttenweg 2) bzw. weiter in Richtung Schneizlreuth; kurz hinter dem Gasthaus Mauthhäusl gibt es Parkbuchten entlang der Deutschen Alpenstraße (Hüttenweg 3).
Mit Bahn/Bus: Mit der Bahn bis Bad Reichenhall-Kirchberg und von dort zu Fuß oder mit Bus nach Nonn. Mit Ausnahme von Hüttenweg 2 Anfahrt mit RVO-Bussen möglich.

Tour 21 Traunsteiner Hütte
Mit PKW: Auf der A 8 bis Ausfahrt Siegsdorf, dann über Ruhpolding nach Seegatterl; dort großer Parkplatz (Hüttenweg 1). Oder weiter auf Mautstraße zur Winklmoosalm, großer Parkplatz am Ende. Oder Autobahnausfahrt Siegsdorf, dann über Schneizlreuth und Unken ins Heutal, Mautstraße; Parkplatz am Ende der Fahrstraße (Hüttenweg 2). Oder über A 8 / A 93 bis Ausfahrt Oberaudorf, dann über Kössen nach Waidring, dort links Auffahrt zum Gasthaus Steinplatte auf Mautstraße (Hüttenweg 3).
Mit Bahn/Bus: Mit der Bahn bis Ruhpolding, weiter mit RVO-Bus nach Seegatterl und zur Winklmoosalm. Im Winter nur Parkmöglichkeit in Seegatterl, dann Auffahrt mit Pendelbus.

Tour 22 Hochgernhaus
Mit PKW: Auf der A 8 bis Ausfahrt Bernau bzw. Grabenstätt, dann auf der Bundesstraße nach Marquartstein. Dort in der Ortsmitte links hoch – an der Schlossgaststätte vorbei – zum großen Waldparkplatz (Hüttenweg 1). Oder bei Grassau nach Staudach-Egerndach abbiegen, durch den Ort zum Waldrand, wo sich beim Holzlagerplatz ein großer Wanderparkplatz befindet (Hüttenweg 2). Oder weiter nach Unterwössen, dort zum östlichen Ortsende, am Eingang ins Kaltenbachtal; dort Parkplatz (Zustiegsvariante zu Hüttenweg 1). Oder weiter auf der A 8 bis Ausfahrt Bergen, dann zur Talstation der Hochfellnbahn (Hüttenweg 4). Oder weiter ins Tal der Weißen Ache bis kurz vor die Kohlstattalm; dort großer Wanderparkplatz (Hüttenweg 3).
Mit Bahn/Bus: Auf der Strecke München – Salzburg bis zu den Stationen Übersee oder Bergen, dort weiter mit RVO-Bussen bis Staudach-Egerndach, Marquartstein, Unterwössen oder Bergen.

Tour 23 Straubinger Haus
Mit PKW: Auf der A 8 bis Ausfahrt Siegsdorf, dann über Ruhpolding nach Seegatterl; dort Parkplatz (Hüttenweg 1). Oder Autobahnausfahrt Bernau, dann über Grassau, Unterwössen zum Ortsteil Blindau in Reit im Winkl (Hüttenwege 2 und 3). Über Kössen bzw. Lofer und Waidring zu den Ausgangspunkten 4, 5 und 6 (Auffahrt zum Gasthaus Steinplatte auf Mautstraße).
Mit Bahn/Bus: Mit der Bahn bis Ruhpolding, weiter mit RVO-Bus nach Seegatterl bzw. Reit im Winkl.

Tour 24 Kampenwandhaus
Mit PKW: Auf der A 8 bis Ausfahrt Frasdorf oder Bernau, dann auf der Bundesstraße nach Aschau (Hüttenwege 1 und 2) oder weiter zum Wanderparkplatz in Hainbach (Hüttenweg 6). Die Auffahrt nach Hintergschwendt erfolgt von der Verbindungsstraße zwischen Aschau und Bernau bei Außerkoy (Hüttenweg 3), die Auffahrt zum Adersberg von Rottau bei Bernau (Hüttenweg 4). Oder von der Ausfahrt Bernau bzw. Übersee über Marquartstein (B 307) in Richtung Schleching, dann rechts ab nach Mühlau; parken am Ende der Fahrstraße (Hüttenweg 5).
Mit Bahn/Bus: Auf der Strecke München – Salzburg bis nach Prien; dort umsteigen nach Aschau und weiter mit Bus zur Talstation der Kampenwandbahn oder weiter nach Hainbach im Priental. Oder mit der Bahn bis Übersee und mit RVO-Bus bis Schleching.

Tour 25 Priener Hütte
Mit PKW: Auf der A 8 bis Ausfahrt Frasdorf, dann Bundesstraße über Aschau nach Sachrang; 200 m vor dem Ort Wanderparkplatz auf der linken Seite (Hüttenweg 1). Oder: A 8 bis Ausfahrt Bernau, dann über Marquartstein und Schleching nach Ettenhausen; Parkplatz am westlichen Ortsrand an der Talstation der Geigelsteinbahn

(Hüttenwege 2 und 3). Oder über die A 8/A 93 bis Ausfahrt Oberaudorf und über Niederndorf zum Ort Walchsee; Parkplätze im Ort (Hüttenweg 4).
Mit Bahn/Bus: Mit der Bahn bis Prien bzw. Aschau, dann weiter mit RVO-Bus nach Sachrang. Oder mit der Bahn bis Bernau oder Übersee und mit RVO-Bus nach Schleching.

Tour 26 Wandberghaus

Mit PKW: Auf der A 8 bis Ausfahrt Frasdorf, dann auf der Bundesstraße über Aschau nach Sachrang, 200 m vor dem Ort Wanderparkplatz auf der linken Seite (Hüttenwege 1 und 2). Oder über die A 8/A 93 bis Ausfahrt Oberaudorf, dann über Niederndorf in Richtung Walchsee, bis links ein Sträßchen nach Rettenschöß und Feistenau abzweigt, auf diesem zum Ende der öffentlich befahrbaren Straße; Parkplatz (Hüttenweg 3). Oder weiter auf der B 172 zum Ort Walchsee; Parkplätze im Ort (Hüttenwege 4 und 5).
Mit Bahn/Bus: Mit der Bahn bis Prien bzw. Aschau, dann weiter mit RVO-Bus nach Sachrang. Oder mit der Bahn bis Kufstein, dann mit Bus nach Walchsee.

Tour 27 Klausen

Mit PKW: Auf der A 8 bis Ausfahrt Achenmühle, dann über Landstraßen hinauf zum Samerberg und zur Talstation der Hochriesbahn oberhalb von Grainbach; dort Parkplatz (Hüttenweg 5). Oder weiter bis zur Autobahnausfahrt Frasdorf, dann über Aschau nach Hohenaschau; beim Schloss parken (Hüttenweg 1). Oder weiter durch das Priental bis zum Wanderparkplatz Hainbach (Hüttenweg 2) bzw. nach Innerwald; parken im Ort (Hüttenweg 3). Oder auf der A 93 bis Ausfahrt Brannenburg, dann über Nußdorf nach Erl; in der Ortsmitte links ins Trockenbachtal, bis zum Ende der öffentlichen Straße (Hüttenweg 4).
Mit Bahn/Bus: Mit der Bahn bis Rosenheim, dann (nur am Wochenende) Wanderbus nach Grainbach. Oder weiter mit der Bahn bis Prien, umsteigen nach Aschau; Bus von dort nach Hohenaschau bzw. nach Hainbach oder Innerwald.

Tour 28 Riesenhütte

Mit PKW: Auf der A 8 bis Ausfahrt Achenmühle, dann über die Landstraße hinauf zum Samerberg und zur Talstation der Hochriesbahn oberhalb von Grainbach; Parkplatz (Hüttenwege 4 und 5). Oder weiter bis zur Ausfahrt Frasdorf, dann von der Ortsmitte hinauf zum Gasthaus Sagberg (Hüttenweg 2) bzw. bei der Weggabelung links hinauf zum Wanderparkplatz Lederstube (Hüttenweg 3). Oder weiter von Frasdorf nach Aschau (Parken am Sportplatz) und Hohenaschau, beim Schloss rechts zum Bergfuß und noch mal rechts zum kleinen Wanderparkplatz (Hüttenweg 1).
Mit Bahn/Bus: Mit der Bahn bis Rosenheim, dann – nur am Wochenende – Wanderbus nach Grainbach bzw. nach Frasdorf. Oder weiter mit der Bahn bis Prien, umsteigen nach Aschau; Bus von dort nach Hohenaschau.

Tour 29 Hochrieshaus

Mit PKW: Auf der A 8 bis Ausfahrt Achenmühle, dann über Landstraßen hinauf zum Samerberg und zur Talstation der Hochriesbahn oberhalb von Grainbach (Parkplatz; Hüttenweg 1) oder weiter in Richtung Gasthaus Duftbräu bis zum Wanderparkplatz Spatenau (Hüttenweg 2) bzw. weiter, bis links ein unbefestigter Forstweg zum Waldparkplatz Gammern abzweigt (Hüttenweg 3). Oder weiter bis Autobahnausfahrt Frasdorf, dann über Aschau nach Hohenaschau, beim Schloss rechts zum Bergfuß und noch mal rechts zum kleinen Wanderparkplatz (Hüttenweg 4).
Mit Bahn/Bus: Mit der Bahn bis Rosenheim, dann – nur am Wochenende – Wanderbus nach Grainbach. Oder weiter mit der Bahn bis Prien, umsteigen nach Aschau; Bus von dort nach Hohenaschau.

Tour 30 Spitzsteinhaus

Mit PKW: Auf der A 8 bis Ausfahrt Frasdorf, dann über Aschau nach Innerwald; Wanderparkplatz am Ortsrand (Hüttenweg 3). Oder weiter durch das Priental bis zum Wanderparkplatz Sachrang (Hüttenwege 2 und 3). Oder auf der A 93 bis Ausfahrt Brannenburg, dann über Nußdorf nach Erl; in der Ortsmitte links weiter in Richtung Trockenbachtal, an der Straßenverzweigung rechts hinauf zum Erler Berg bis zum Ende der öffentlichen Straße; dort Wanderparkplatz (Hüttenweg 4).
Mit Bahn/Bus: Mit der Bahn bis Prien, dort umsteigen nach Aschau; Bus von dort nach Innerwald bzw. Sachrang.

Tour 31 Daffnerwaldalm

Mit PKW: Auf der A 8 bis Ausfahrt Achenmühle, dann über Landstraßen hinauf zum Samerberg und weiter in Richtung Gasthaus Duftbräu, kurz davor zweigt links das Sträßchen – zuletzt unbefestigt – zu den Wanderparkplätzen Bruchfeld und Gammern ab (Hüttenweg 1). Oder weiter auf Straße in Richtung Nussdorf, bis unterhalb des Duftbräus links die Zufahrt zum Parkplatz Schweibern abzweigt (Hüttenweg 2). Oder Autobahnausfahrt Rohrdorf, dann über Neubeuern nach Nussdorf; dort links durch den Ort bis zum Parkplatz Steinachbrück (Hüttenweg 3). Oder weiter in Richtung Windshausen bis nach Labach, dort links zum kleinen Parkplatz beim Weiler Haus oder kurz nach dem Ortsschild von Windshausen links in die Sackstraße, nach 500 m Wanderparkplatz (Hüttenweg 4).
Mit Bahn/Bus: Mit der Bahn bis Rosenheim, dann (nur am Wochenende) mit Wanderbus nach Grainbach.

Kaisergebirge

Tour 32 Kaindlhütte

Mit PKW: Auf der A 8 bis Inntaldreieck, dann weiter auf der A 93 bis Ausfahrt Kufstein Nord, dann der Ausschilderung zum Sessellift Wilder Kaiser folgen; dort Parkplatz (Hüttenweg 1). Oder Autobahnausfahrt Kufstein Süd (mautfrei), dann über die Bundesstraße in Richtung Scheffau (Ausgangspunkt Hüttenweg 2 nach 1,5 km), im Ort Abzweigung zum Hintersteiner See und zum Wanderparkplatz (Hüttenweg 3).
Mit Bahn/Bus: Kufstein ist Bahnstation an der Linie München – Innsbruck. Mit Stadtbus zum Ausgangspunkt von Hüttenweg 1 bzw. 2 (Weißach).

Tour 33 Vorderkaiserfeldenhütte

Mit PKW: Auf der A 8 bis Inntaldreieck, dann weiter auf der A 93 bis Kufstein Nord und weiter zum Ortsteil Sparchen; Wanderparkplatz am Eingang ins Kaisertal. Oder A 8/A 93 bis Ausfahrt Oberaudorf, dann über Niederndorf nach Ebbs und zum Ortsteil Feldberg (Hüttenweg 3).
Mit Bahn/Bus: Mit der Bahn bis Kufstein und mit Citybus bis Kufstein-Sparchen. Oder mit Bus zum Gasthaus Zur Schanze (Hüttenwege 1, 2 und 4) bzw. nach Ebbs.

Tour 34 Anton-Karg-Haus

Mit PKW: Auf der A 8 bis Inntaldreieck, dann weiter auf der A 93 bis Ausfahrt Kufstein Nord und weiter zum Ortsteil Sparchen; Wanderparkplatz am Eingang ins Kaisertal (Hüttenwege 1 und 2). Oder Ausfahrt Oberaudorf und über Kössen nach Griesenau; von dort Mautstraße zur Griesner Alm (Hüttenweg 3).
Mit Bahn/Bus: Mit der Bahn bis Kufstein, dann mit Bus oder zu Fuß zum Ortsteil Sparchen.

Tour 35 Gaudeamushütte

Mit PKW: Auf der A 8 bis Inntaldreieck, dann auf der A 93 bis Ausfahrt Kufstein Süd (mautfrei), weiter nach Ellmau, wo links die Mautstraße zur Wochenbrunner Alm abzweigt; großer Wanderparkplatz (Hüttenweg 1) bzw. nach Going; in Ortsmitte starten oder dem schmalen Sträßchen zum Waldparkplatz Prama folgen (Hüttenweg 2).
Mit Bahn/Bus: Auf der Linie München – Rosenheim – Innsbruck bis Kufstein oder Wörgl, dann mit Bundesbus nach Ellmau oder Going.

Tour 36 Stripsenjochhaus

Mit PKW: Auf der A 8 bis Inntaldreieck, dann auf der A 93 bis Ausfahrt Kufstein Nord und weiter zum Ortsteil Sparchen; Wanderparkplatz am Eingang ins Kaisertal (Hüttenwege 1 und 3). Oder Ausfahrt Oberaudorf und über Kössen nach Griesenau; von dort Mautstraße zur Griesner Alm (Hüttenweg 2).
Mit Bahn/Bus: Mit der Bahn bis Kufstein, dann mit Bus oder zu Fuß zum Ortsteil Sparchen.

Tour 37 Gruttenhütte

Mit PKW: Auf der A 8 bis Inntaldreieck, dann auf der A 93bis Ausfahrt Kufstein Süd (mautfrei), weiter in Richtung Ellmau, bis links die Straße nach Scheffau abzweigt (Hüttenweg 2) bzw. weiter nach Ellmau (Hüttenweg 1). Dort führt links eine Mautstraße hinauf zur Wochenbrunner Alm; großer Wanderparkplatz (Hüttenweg 3).
Mit Bahn/Bus: Mit der Bahn auf der Linie München – Rosenheim – Innsbruck bis Kufstein oder Wörgl, dann mit Bundesbus nach Scheffau oder Ellmau.

Rofan und Brandenberger Alpen

Tour 38 Kufsteiner Haus
Mit PKW: Auf der A 8 bis Inntaldreieck, dann weiter auf der A 93 bis Ausfahrt Kufstein Süd und weiter auf der Landstraße bis Thiersee, beim Pfarrwirt links ab und hinauf zum Gasthaus Schneeberg; gebührenpflichtiger Parkplatz (Hüttenwege 1 und 2). Falls man von Langkampfen starten will, nimmt man die Autobahnausfahrt Kufstein Süd (mautfrei) und fährt auf der Landstraße weiter nach Unterlangkampfen; Parkplatz am westlichen Ortsrand (Hüttenweg 3). Als weitere Möglichkeit bietet sich der Start in Kufstein-Zentrum sowie vom Thiersee-Ostufer an (Hüttenwege 4 und 4a).
Mit Bahn/Bus: Mit der Bahn bis Kufstein, dann Busverbindung nach Hinterthiersee; der Anstieg zum Gasthaus Schneeberg erfolgt dann allerdings zu Fuß. Unterlangkampfen – die Ausgangsalternative – ist ebenfalls Bahnstation. Von dort kann man direkt zu Fuß starten.

Tour 39 Kaiserhaus
Mit PKW: Auf der A 8 bis Inntaldreieck, dann weiter auf der A 93 bis Ausfahrt Kramsach; rechts durch den Ort, dann über Brandenberg bis zum Ende der öffentlichen Straße (18 km ab Autobahnausfahrt), immer der Ausschilderung »Kaiserklamm« folgend; großer Parkplatz beim Kaiserhaus (Hüttenwege 1 und 2).
Mit Bahn/Bus: Mit der Bahn bis zum Bahnhof Kramsach, dann weiter mit Bus nach Brandenberg und zum Ortsteil Pinegg (hinterste Haltestelle).

Tour 40 Bayreuther Hütte
Mit PKW: Auf der A 8 bis Inntaldreieck, dann weiter auf der A 93 bis Ausfahrt Kramsach. Die Talstation der Sonnwendjochbahn liegt am Nordwestende des Ortes (Hinweisschilder); dort Parkplatz (Hüttenwege 1 und 2). Oder weiter auf der Landstraße über Habach nach Münster; Parkmöglichkeiten im Ort (Hüttenweg 3).
Mit der Bahn: Mit der Bahn von München über Kufstein bis Kramsach, dann zu Fuß zur Talstation der Bergbahn.

Tour 41 Erfurter Hütte
Mit PKW: Auf der A 8 bis zur Ausfahrt Holzkirchen, dann auf der Landstraße über Gmund, Bad Wiessee und den Achenseepass über Achensee nach Maurach. Oder über A 8/A 93 bis Ausfahrt Zillertal/Achensee, dann über Wiesing und Eben nach Maurach; große Parkplätze an der Talstation der Rofanbergbahn (Hüttenwege 1 bis 3). Wer auf der Hütte übernachten will, muss bis zu den obersten Parkplätzen hochfahren.
Mit Bahn/Bus: Mit der Bahn über Kufstein nach Jenbach, von dort mit dem ÖBB-Bus nach Maurach. Oder mit der Oberlandbahn nach Tegernsee und von dort mit dem RVO-Bergsteigerbus bis Maurach.

Tegernseer und Schlierseer Berge

Tour 42 Gufferthütte
Mit PKW: Auf der A 8 bis Ausfahrt Holzkirchen, dann über Gmund, Bad Wiessee und Kreuth zum Parkplatz »Lange Au« (Hüttenwege 1 und 2). Oder auf der Achenpassstraße bis kurz vor Achenkirch, dann links weiter Richtung Steinberg am Rofan. Nach etwa 4 km zweigt links ein Wirtschaftsweg ab; dort Parkplatz am so genannten Köglboden (Hüttenweg 3).
Mit Bahn/Bus: Mit der Bahn bis Endbahnhof Tegernsee, dann mit RVO-Bus bis Wildbad Kreuth oder mit dem RVO-Bergsteigerbus bis Achenthal und dann zu Fuß zum Köglboden.

Tour 43 Brünnsteinhaus
Mit PKW: Auf der A 8 bis Ausfahrt Weyarn, dann über Miesbach, Schliersee, Bayerischzell auf die Sudelfeldstraße und über Grafenherberg (oder oberhalb vom Gasthaus Feuriger Tatzelwurm) zum Berggasthof Rosengasse; große Parkplätze etwas unterhalb (Hüttenweg 1). Oder über die A 8 / A 93 bis Ausfahrt Brannenburg; dann über die Mautstraße durch das Färchenbachtal zum Gasthaus Tatzelwurm, an der Straßengabelung rechts und sogleich wieder links hinab zum Wanderparkplatz (Hüttenweg 2). Oder auf der A 93 weiter bis Ausfahrt Oberaudorf, dort zur Talstation der Hocheckbahn (Hüttenweg 3) bzw. weiter nach Buchau, bis zum Ende der Fahrstraße (dort parken; Variante 3 a) bzw. in Oberaudorf weiter in Richtung Kiefersfelden, dann rechts über den Luegsteinsee nach Mühlau/Dörfl und bei der Bushaltestelle rechts zum Wanderparkplatz Kreit, am Eingang in die Rechenau (Hüttenweg 4). Oder weiter auf der A 93 bis Ausfahrt Kiefersfelden, dann durch den Ort und in Richtung Breitenau, nach 4 km zweigt rechts die Straße ins Gießenbachtal ab; dort weiter bis zum letzten Parkplatz bei der Karrersäg (Hüttenweg 5).
Mit der Bahn: Mit der Oberlandbahn bis Bayerischzell bzw. mit der Deutschen Bahn nach Oberaudorf, dann mit Bus bis zum Gasthaus Feuriger Tatzelwurm.

Tour 44 Mitteralm
Mit PKW: Auf der A 8 bis Inntaldreieck, dann weiter auf der A 93 bis Ausfahrt Brannenburg; dort der Ausschilderung nach St. Margarethen bzw. zur Wendelsteinzahnradbahn folgen; Parkplatz in St. Margarethen bei der Kirche (Hüttenweg 1). Oder auf der Mautstraße zum Tatzelwurm und rechts auf der Sudelfeldstraße bis zum großen Parkplatz vor der Arzbachbrücke (Hüttenweg 4). Oder auf der A 8 bis Ausfahrt Bad Aibling, dann rechts weiter nach Bad Feilnbach. In der Ortsmitte links in die Wendelsteinstraße und auf Mautstraße ins Jenbachtal bis zum Parkplatz an deren Ende (Hüttenweg 3). Oder auf der Deutschen Alpenstraße bis zur Talstation der Wendelsteinbahn; dort großer Parkplatz (Hüttenweg 3).
Mit der Bahn: Mit der Oberlandbahn bis zum Haltepunkt Osterhofen. Oder mit der Deutschen Bahn über Rosenheim nach Brannenburg, dann weiter zu Fuß.

Tour 45 Schuhbräualm
Mit PKW: Auf der A 8 bis Ausfahrt Bad Aibling, dann rechts weiter nach Bad Feilnbach; rechts Richtung Ortsmitte, dann gleich links in die Wendelsteinstraße; auf Mautstraße ins Jenbachtal bis zum Parkplatz an deren Ende (Hüttenweg 2). Oder von Bad Feilnbach links weiter zum Weiler Kutterling, auf der Almstraße zum Waldrand; dort Parkmöglichkeit (Hüttenweg 3). Oder auf der A 8 bis Inntaldreieck, dann weiter auf der A 93 bis Ausfahrt Brannenburg; in der Ortsmitte in die Sudelfeldstraße einbiegen, dann rechts in die Mühlenstraße und der Ausschilderung zum Gasthaus Kogl folgen; oberhalb des Ortsteils Lechen großer Wanderparkplatz mit Infotafel (Hüttenweg 1).
Mit der Bahn: Über Rosenheim zum Bahnhof Brannenburg; dort weiter zu Fuß.

Tour 46 Hubertushütte
Mit PKW: Auf der A 8 bis Ausfahrt Weyarn, dann auf der Staatsstraße über Miesbach nach Elbach (Parkplatz neben der Kirche; Hüttenweg 2) bzw. über Schliersee nach Fischbachau und von dort noch 1 km zum Wallfahrtsort Birkenstein; großer Wanderparkplatz am oberen Ortsende (Hüttenweg 1). Oder Autobahnausfahrt Bad Aibling und über Bad Feilnbach ins Jenbachtal, bis zum Ende der Fahrstraße; dort mehrere Wanderparkplätze (Hüttenwege 3 und 3a).
Mit Bahn/Bus: Mit der Oberlandbahn in Richtung Bayerischzell, bis zum Haltepunkt Fischbachau; dann weiter zu Fuß.

Tour 47 Aiblinger Hütte
Mit PKW: Auf der A 8 bis Ausfahrt Weyarn, dann auf der Staatsstraße über Miesbach und Schliersee nach Fischbachau, von dort noch 1 km zum Wallfahrtsort Birkenstein; großer Wanderparkplatz am oberen Ortsende (Hüttenweg 1). Oder auf der Deutschen Alpenstraße bis zur Talstation der Wendelsteinbahn; dort großer Parkplatz (Hüttenweg 3). Oder auf der A 8 weiter bis Ausfahrt Bad Aibling, dann rechts weiter nach Bad Feilnbach; in der Ortsmitte links in die Wendelsteinstraße und auf Mautstraße ins Jenbachtal bis zum Parkplatz an deren Ende (Hüttenweg 2).
Mit der Bahn: Mit der Oberlandbahn bis zu den Haltepunkten Fischbachau (von dort mit Bus oder zu Fuß bis Birkenstein) oder Osterhofen.

Tour 48 Gindelalm
Mit PKW: Auf der A 8 bis Ausfahrt Holzkirchen, dann über Gmund nach Tegernsee; Parkmög-

lichkeit am Bahnhof (Hüttenwege 3 und 4). Oder auf der A 8 bis Ausfahrt Weyarn und über Miesbach nach Hausham, dort rechts in die Naturfreundestraße bis zum Ende, dann links zum Parkplatz (Hüttenweg 2). Oder weiter nach Schliersee, beim Bahnübergang am Ortsanfang rechts und bis in die Hennerer Au; Wanderparkplatz am Ende der öffentlichen Fahrstraße (Hüttenweg 1).
Mit Bahn/Bus: Mit der Oberlandbahn bis Bahnhof Tegernsee oder zum Bahnhof Schliersee (von dort zu Fuß in die Hennerer Au).

Tour 49 Rotwandhaus
Mit PKW: Auf der A 8 bis Ausfahrt Weyarn, dann auf der Landstraße über Miesbach und Schliersee, bis hinter Neuhaus die Spitzingstraße rechts abzweigt; auf dieser bis zur Talstation der Taubensteinbahn (Hüttenweg 1) oder weiter bis zum Ende des Sees zu den hintersten Parkplätzen (Hüttenweg 2). Oder von Neuhaus weiter auf der Deutschen Alpenstraße bis Geitau, dort rechts in den Ort (Parkplatz am südlichen Ortsende; Hüttenweg 4) bzw. seitlich an Bayerischzell vorbei in Richtung Ursprungpass (4 km ab Bayerischzell) zum Wanderparkplatz »Beim Schweren Gatter« (Hüttenweg 3).
Mit Bahn/Bus: Mit der Oberlandbahn bis Fischhausen-Neuhaus, dann weiter mit RVO-Bus zum Spitzingsee. Oder weiter mit der BOB bis zum Haltepunkt Geitau (von dort zu Fuß) oder bis zur Endstation in Bayerischzell; von dort mit RVO-Bus bis zum Parkplatz »Beim Schweren Gatter« (Bedarfshaltestelle).

Tour 50 Taubensteinhaus
Mit PKW: Auf der A 8 bis Ausfahrt Weyarn, dann auf der Landstraße über Miesbach und Schliersee, bis hinter Neuhaus die Spitzingstraße rechts abzweigt; auf dieser bis zum Spitzingsattel (gebührenpflichtiger Parkplatz; Hüttenweg 1) oder weiter bis zum Ende des Sees zu den hintersten Parkplätzen (Hüttenweg 2). Oder von Neuhaus weiter auf der Deutschen Alpenstraße bis Geitau, dort rechts in den Ort; Parkplatz am südlichen Ortsende (Hüttenweg 3).
Mit Bahn/Bus: Mit der Oberlandbahn bis Fischhausen-Neuhaus, dann weiter mit RVO-Bus zum Spitzingsee. Oder weiter mit der BOB bis zum Haltepunkt Geitau (von dort zu Fuß).

Tour 51 Schönfeldhütte
Mit PKW: Auf der A 8 bis Ausfahrt Weyarn, dann auf der Landstraße über Miesbach und Schliersee, bis hinter Neuhaus die Spitzingstraße rechts abzweigt; auf dieser bis zum Spitzingsattel (gebührenpflichtiger Parkplatz; Hüttenwege 1 und 4) oder weiter bis zur Talstation der Taubenwandbahn (großer Parkplatz; Hüttenweg 2) oder bis zum Ende der Fahrstraße am See (gebührenpflichtige Parkplätze; Hüttenweg 3).
Mit Bahn/Bus: Mit der Oberlandbahn bis Fischhausen-Neuhaus, dann weiter mit RVO-Bus zum Spitzingsee.

Tour 52 Blecksteinhaus
Mit PKW: Auf der A 8 bis Ausfahrt Weyarn, dann auf der Landstraße über Miesbach und Schliersee, bis hinter Neuhaus die Spitzingstraße rechts abzweigt; auf dieser bis zum Ende des Sees zu den hintersten Parkplätzen (gebührenpflichtig; Hüttenweg 1). Oder Autobahnausfahrt Holzkirchen, dann auf der Landstraße über Gmund und Tegernsee nach Rottach-Egern und links weiter auf der Mautstraße in die Valepp. Ausgangspunkte sind die Talstation der Stümpflingbahn (Hüttenweg 3) oder der Parkplatz in der Valepp (Hüttenweg 2).
Mit Bahn/Bus: Mit der Oberlandbahn bis Fischhausen-Neuhaus, dann weiter mit RVO-Bus zum Spitzingsee. Im Sommer fährt der Bus bis zur Abzweigung/Haltestelle Blecksteinhaus (dann nur noch 10 Min. zu Fuß). Oder mit der BOB nach Tegernsee und mit RVO-Bus in die Valepp.

Tour 53 Obere Maxlrainer Alm
Mit PKW: Auf der A 8 bis Ausfahrt Weyarn, dann auf der Landstraße über Miesbach und Schliersee, bis hinter Neuhaus die Spitzingstraße rechts abzweigt; auf dieser bis zum Spitzingsattel (gebührenpflichtiger Parkplatz; Hüttenweg 2) oder weiter bis zur Talstation der Taubenwandbahn (großer Parkplatz; Hüttenweg 3) oder bis zum Ende der Fahrstraße am See (gebührenpflichtige Parkplätze; Hüttenweg 1).
Mit Bahn/Bus: Mit der Oberlandbahn bis Fischhausen-Neuhaus, dann weiter mit RVO-Bus zum Spitzingsee.

Tour 54 Bodenschneidhaus
Mit PKW: Auf der A 8 bis Ausfahrt Holzkirchen, dann über Gmund und Tegernsee nach Rottach-Egern und auf der Mautstraße in Richtung Valepp nach Kühzagl (Wanderparkplatz; Hüttenweg 4) oder weiter bis zur Talstation der Suttenbahn; dort Parkplätze (Hüttenweg 3). Oder auf der A 8 bis Ausfahrt Weyarn, dann über Miesbach, Schliersee nach Fischhausen (Parken im Ort; Hüttenweg 1) oder zum Spitzingsattel (gebührenpflichtiger Parkplatz; Hüttenweg 2) bzw. zur Talstation der Stümpflingbahn (Hüttenweg 3).
Mit Bahn/Bus: Mit der Oberlandbahn bis Tegernsee oder Fischhausen-Neuhaus, dann jeweils mit RVO-Bussen in die Valepp oder hinauf zum Spitzingsee.

Tour 55 Erzherzog-Johann-Klause
Mit PKW: Auf der A 8 bis Ausfahrt Holzkirchen, dann über Gmund und Tegernsee nach Rottach-Egern und auf der Mautstraße bis in die Valepp; dort Parkplätze (Hüttenweg 1). Oder auf der A 8 bis Ausfahrt Weyarn, dann über Miesbach, Schliersee und Bayerischzell zum Grenzübergang Ursprungpass. Knapp 3 km dahinter rechts Abzweigung der Mautstraße zur Ackernalm; dort großer Parkplatz (Hüttenweg 2).

Tour 56 Wallberghaus
Mit PKW: Auf der A 8 bis Ausfahrt Holzkirchen, dann über Gmund nach Rottach-Egern. Dort der Ausschilderung zur Wallbergbahn folgen; großer Parkplatz (Hüttenwege 1 und 2). Oder auf der Mautstraße in Richtung Valepp bis zum Parkplatz Hufnagelstube (Hüttenweg 3).
Mit Bahn/Bus: Mit der Oberlandbahn bis Bahnhof Tegernsee, dann mit RVO-Bus zur Talstation der Wallbergbahn oder in Richtung Valepp.

Tour 57 Tegernseer Hütte
Mit PKW: Auf der A 8 bis Ausfahrt Holzkirchen, dann über Gmund, Bad Wiessee und Kreuth zum Parkplatz Winterstube (rechts knapp 100 m von der Achenpassstraße; Hüttenweg 2) oder weiter zum Parkplatz etwa 700 m hinter dem Gasthaus Bayerwald (Hüttenweg 1) oder weiter zum Eingang des Schlifftals; kleiner Parkplatz (Hüttenweg 3). Wer von Bad Tölz aufsteigen will, parkt im Ortsteil Fleck (Hüttenweg 4).
Mit Bahn/Bus: Mit der Oberlandbahn bis zum Endbahnhof Tegernsee, dann mit RVO-Bus ins Kreuther Tal bis zur Haltestelle Winterstube bzw. Bayerwald. Oder mit der Oberlandbahn bis Lenggries, dann weiter mit Bus bis Fleck.

Tour 58 Hirschberghaus
Mit PKW: Auf der A 8 bis Ausfahrt Holzkirchen, dann auf der B 318 über Gmund nach Bad Wiessee, am südwestlichen Ortsrand rechts hinauf in Richtung Gasthaus Sonnenbichl, nach 400 m links ins Söllbachtal, nach 100 m Wanderparkplatz (Hüttenweg 2). Oder weiter in Richtung Kreuth, bei Reitrain rechts ab und parallel zur Bundesstraße nach Scharling (Parkplatz am Nordende des Ortes, direkt am Ausgangspunkt; Hüttenweg 1) bzw. nach Kreuth und dort im Ort parken, mehrere Parkplätze (Hüttenweg 3).
Mit Bahn/Bus: Mit der Oberlandbahn bis Tegernsee, dann weiter mit RVO-Bus nach Bad Wiessee, Scharling oder Kreuth.

Tour 59 Buchsteinhütte
Mit PKW: Auf der A 8 bis Ausfahrt Holzkirchen, dann über Gmund nach Bad Wiessee; am südwestlichen Ortsende rechts der Ausschilderung zum Gasthaus Sonnenbichl folgen, nach 400 m links in das Söllbachtal, wo sich nach 100 m der Wanderparkplatz befindet (Hüttenweg 2). Oder weiter über Kreuth zum Parkplatz Winterstube (rechts, knapp 100 m von der Achenpassstraße; Hüttenweg 1) oder weiter zum Parkplatz am Eingang des Schlifftals; kleiner Parkplatz (Hüttenweg 3).
Mit Bahn/Bus: Mit der Oberlandbahn bis Gmund, dann mit RVO-Bus nach Bad Wiessee oder weiter zum Endbahnhof Tegernsee, dann mit RVO-Bus ins Kreuther Tal bis zur Haltestelle Winterstube bzw. Bayerwald.

Karwendel

Tour 60 Falkenmoosalm
Mit PKW: Auf der A 8 bis Ausfahrt Holzkirchen, dann auf der Landstraße über Gmund, Bad Wies-

see und den Achenseepass zum Gasthaus Hagen, kurz vor Achenwald (Hüttenweg 3) oder Achental, einem Ortsteil von Achenkirch; dort rechts ab von der B 181 in den Ort, vor der Kirche – beim Tiefenthaler Hof – rechts zum Ortsende (Schranke; Hüttenweg 1). Oder weiter bis hinter Achenkirch zur Talstation der Christlumlifte; Parkplatz (Hüttenweg 2). Oder über Bad Tölz und Lenggries nach Fall; Parkplatz am östlichen Ortsrand (Hüttenweg 4).
Mit Bahn/Bus: Mit der Oberlandbahn nach Tegernsee und von dort mit dem RVO-Bergsteigerbus nach Achenkirch. Oder mit der Oberlandbahn nach Lenggries und mit RVO-Bus bis Fall.

Tour 61 Tölzer Hütte
Mit PKW: Auf der A 8 bis Ausfahrt Holzkirchen, dann weiter über Bad Tölz und Lenggries nach Fall; Wanderparkplatz am östlichen Ortsrand sowie Richtung Dürrachtal (Hüttenweg 3). Oder weiter zum Parkplatz Oswaldhütte, 3 km hinter Vorderriß (Hüttenweg 2) bzw. zum Parkplatz Leckbach im Rißtal (Hüttenweg 1).
Mit Bahn/Bus: Mit der Oberlandbahn bis Lenggries, dann mit dem RVO-Bergsteigerbus nach Fall, zur Oswaldhütte oder bis kurz vor Hinterriß, zum Parkplatz Leckbach.

Tour 62 Plumsjochhütte
Mit PKW: Über Bad Tölz, Lenggries, Fall, Vorderriß und Hinterriß in Richtung Eng (Mautstraße) bis zum Parkplatz Hagelhütten (Hüttenwege 1 und 2). Oder über den Achensee und Pertisau (Ausschilderung »Karwendeltäler«) in das Gerntal (Mautstraße) bis zum Parkplatz am Ende der Fahrstraße bei der Gernalm (Hüttenweg 3).
Mit Bahn/Bus: Mit der Oberlandbahn bis Lenggries, dann weiter mit dem RVO-Bergsteigerbus in Richtung Eng bis zur Haltestelle Hagelhütten. Oder mit der Bahn bis Tegernsee und von dort mit dem Bergsteigerbus nach Pertisau am Achensee (von Mai bis Oktober; Abfahrtszeiten in den Verkehrsämtern erfragen). Von Pertisau Busverbindung zur Gernalm.

Tour 63 Soiernhaus
Mit PKW: Auf der A 95 bis zum Ende, dann auf der B 2 über Garmisch-Partenkirchen und Klais nach Krün; in der Ortsmitte rechts und über das Isarbett; dort Parkplatz (Hüttenweg 1). Oder weiter in Richtung Mittenwald bis zur ersten Isarbrücke nördlich der Ausfahrt Mittenwald-Nord; dort links zum Parkplatz bei der Standort-Schießanlage (Hüttenweg 2).
Mit Bahn/Bus: Mit der Bahn bis Garmisch-Partenkirchen bzw. Klais, dann weiter mit RVO-Bus.

Tour 64 Brunnsteinhütte
Mit PKW: Auf der A 95 bis zum Ende, dann auf der B 2 über Garmisch-Partenkirchen nach Mittenwald, auf der Ortsumgehungsstraße zur Talstation der Karwendelbahn (für Begehung des Mittenwalder Klettersteigs) und weiter in Richtung Scharnitz; Parkplatz 3 km hinter Mittenwald (Hüttenweg 1).
Mit Bahn/Bus: Mittenwald und Scharnitz liegen an der Bahnlinie München – Garmisch – Innsbruck.

Tour 65 Hochlandhütte
Mit PKW: Auf der A 95 bis zum Ende, dann auf der B 2 über Garmisch-Partenkirchen nach Mittenwald; Parkplatz kurz vor der Karwendelbahn-Talstation, direkt an der B 2 (Hüttenweg 1) bzw. 700 m vorher (Hüttenweg 2).
Mit Bahn/Bus: Mittenwald liegt an der Bahnlinie München – Garmisch – Innsbruck.

Tour 66 Mittenwalder Hütte
Mit PKW: Auf der A 95 bis zum Ende, dann auf der B 2 über Garmisch-Partenkirchen nach Mittenwald; Parkplatz kurz vor der Karwendelbahn-Talstation, direkt an der B 2, Abfahrt Mittenwald-Mitte (Hüttenweg 1).
Mit Bahn/Bus: Mittenwald liegt an der Bahnlinie München – Garmisch – Innsbruck. Von dort weiter zu Fuß zum Parkplatz an der B 2.

Tour 67 Pleisenhütte
Mit PKW: Auf der A 95 bis zum Ende, dann auf der B 2 über Garmisch-Partenkirchen und Mittenwald nach Scharnitz; gebührenpflichtiger Parkplatz »Karwendeltäler« am östlichen Ortsrand von Scharnitz (Hüttenweg 1).
Mit Bahn/Bus: Mit der Bahn bis Scharnitz.

Tour 68 Karwendelhaus
Mit PKW: Auf der A 95 bis zum Ende, dann auf der B 2 über Garmisch-Partenkirchen und Mittenwald nach Scharnitz; gebührenpflichtiger Parkplatz am östlichen Ortsrand von Scharnitz (Hüttenweg 1). Oder über Lenggries, Fall und Vorderriß nach Hintersee bis zur Mautstelle beim Alpengasthof (Hüttenweg 2).
Mit Bahn/Bus: Mit der Bahn bis Scharnitz. Für Anstiege aus dem Rißtal gibt es den RVO-Bergsteigerbus, der zwischen Bad Tölz, Lenggries und der Eng verkehrt (Abfahrtszeiten bei den Tourismusämtern in Bad Tölz oder Lenggries).

Tour 69 Hallerangerhaus
Mit PKW: Auf der A 95 bis zum Ende, dann auf der B 2 über Garmisch-Partenkirchen und Mittenwald nach Scharnitz; gebührenpflichtiger Parkplatz am östlichen Ortsrand von Scharnitz (Hüttenwege 1 und 2). Oder auf der A 8/E 45 über Kufstein nach Hall in Tirol, dort durch den Ort und auf Mautstraße hinauf ins Halltal bis zum Ende der Straße, ca. 1300 m (Hüttenweg 3).
Mit Bahn/Bus: Mit der Bahn bis Scharnitz; dann weiter zu Fuß.

Tour 70 Falkenhütte
Mit PKW: Über Bad Tölz, Lenggries, Fall, Vorderriß und Hinterriß in die Eng (Mautstraße) bis zum Ende der Fahrstraße kurz vor dem Alpengasthof Eng; dort große Parkplätze (Hüttenweg 1). Mehrere Parkmöglichkeiten entlang der Strecke (z. B. bei der Mautstelle am Gasthaus Alpenhof kurz hinter Hinterriß, Hüttenweg 3; Laliderer Tal, 4,5 km nach Hinterriß, Hüttenweg 2).
Mit Bahn/Bus: Mit der Oberlandbahn bis Lenggries, dann weiter mit dem RVO-Bergsteigerbus in die Eng (von Mai bis Oktober; Abfahrtszeiten in den Verkehrsämtern erfragen).

Tour 71 Lamsenjochhütte
Mit PKW: Über Bad Tölz, Lenggries, Fall, Vorderriß und Hinterriß in die Eng (Mautstraße) bis zum Ende der Fahrstraße kurz vor dem Alpengasthof Eng; dort große Parkplätze (Hüttenweg 1). Oder über den Achensee und Pertisau (Ausschilderung »Karwendeltäler«) in das Falzthurntal (Mautstraße) bis zum Parkplatz an der Gramaialm (Hüttenweg 3). Oder von Schwaz (A) über Fiecht und Weng ins Stallenbachtal; dort Auffahrt bis zu einer Höhe von 1180 m möglich; Parkplatz »Bärenrast« (Hüttenweg 2).
Mit Bahn/Bus: Mit der Oberlandbahn bis Lenggries, dann weiter mit dem RVO-Bergsteigerbus in die Eng bzw. über den Achensee bis zur Gramaialm (von Mai bis Oktober; Abfahrtszeiten in den Verkehrsämtern erfragen).

Tour 72 Gramai-Hochleger
Mit PKW: Über Bad Tölz, Lenggries, Fall, Vorderriß und Hinterriß in die Eng (Mautstraße) bis zum Ende der Fahrstraße kurz vor dem Alpengasthof Eng; dort große Parkplätze (Hüttenweg 1). Oder über den Achensee und Pertisau (Ausschilderung »Karwendeltäler«) in das Falzthurntal (Mautstraße) bis zum Parkplatz an der Gramaialm (Hüttenweg 2).
Mit Bahn/Bus: Mit der Oberlandbahn bis Lenggries, dann weiter mit dem RVO-Bergsteigerbus in die Eng bzw. über den Achensee bis zur Gramaialm (von Mai bis Oktober; Abfahrtszeiten in den Verkehrsämtern erfragen).

Isarwinkel

Tour 73 Lenggrieser Hütte
Mit PKW: Auf der A 8 bis Ausfahrt Holzkirchen, dann auf der B 13 über Bad Tölz nach Lenggries; der Ausgangspunkt befindet sich 2 km nach der Ortsmitte in Hohenburg; dort Parkmöglichkeit (Hüttenwege 1 und 2).
Mit Bahn/Bus: Mit der Oberlandbahn bis Endstation Lenggries, dann mit Bus nach Hohenburg.

Tour 74 Blomberghaus
Mit PKW: Auf der A 95 bis zur Ausfahrt Penzberg/Iffeldorf, dann über Penzberg und Bad Heilbrunn zur Talstation der Blombergbahn, kurz vor Bad Tölz; großer Parkplatz (Hüttenwege 1 und 2). Oder weiter auf der Straße von Bad Tölz in Richtung Wackersberg/Lenggries, beim Ort Steinberg rechts ab zur Waldherralm; dort Wanderparkplatz (Hüttenwege 3 und 4).
Mit Bahn/Bus: Mit der Oberlandbahn von München nach Bad Tölz, dann mit Bus bis zur Talstation der Blombergbahn.

Tour 75 Brauneckhaus

Mit PKW: Auf der A 8 bis Ausfahrt Holzkirchen, dann auf der B 13 über Sachsenkam nach Bad Tölz und weiter nach Lenggries; dort rechts ab und über die Isarbrücke zur Talstation der Brauneck-Seilbahn; dort Parkplatz (Hüttenwege 1, 4 und 5). Oder über die A 95 bis Ausfahrt Penzberg/Iffeldorf, dann über Penzberg und Bad Heilbrunn nach Bad Tölz; vor der Isar rechts weiter nach Arzbach; dort der Ausschilderung »Blaika« und »Unternberg« folgen, bis zum obersten Parkplatz am Ende der öffentlich befahrbaren Straße (Hüttenweg 3). Oder nach der Isarbrücke links weiter in Richtung Wegscheid, dann rechts hinauf zu den Liftanlagen (Ausschilderung »Milchhäusl«) oberhalb von Untermurbach; dort Parkplatz (Hüttenweg 2).
Mit Bahn/Bus: Mit der Oberlandbahn bis Lenggries, dann zu Fuß oder per Ortsbus zur Talstation der Brauneckbahn.

Tour 76 Stiealm

Mit PKW: Auf der A 8 bis Ausfahrt Holzkirchen, dann auf der B 13 über Sachsenkam nach Bad Tölz und weiter nach Lenggries; dort rechts ab und über die Isarbrücke zur Talstation der Brauneck-Seilbahn; dort Parkplatz. Oder über die A 95 bis Ausfahrt Penzberg/Iffeldorf und über Penzberg, Bad Heilbrunn und Bad Tölz nach Lenggries.
Mit Bahn/Bus: Mit der Oberlandbahn bis Lenggries, dann zu Fuß oder per Ortsbus zur Talstation der Brauneckbahn.

Tour 77 Quengeralm

Mit PKW: Auf der A 8 bis Ausfahrt Holzkirchen, dann auf der B 13 über Sachsenkam nach Bad Tölz und weiter nach Lenggries; dort rechts ab und über die Isarbrücke zur Talstation der Brauneck-Seilbahn; dort Parkplatz (Hüttenweg 1). Oder über die A 95 bis Ausfahrt Penzberg/Iffeldorf, dann über Penzberg, Bad Heilbrunn, Bad Tölz und Lenggries nach Wegscheid; parken im Ortsteil Oberwegscheid (Hüttenweg 2).
Mit Bahn/Bus: Mit der Oberlandbahn bis Lenggries, dann zu Fuß oder per Ortsbus zur Talstation der Brauneckbahn oder mit Bus nach Wegscheid.

Tour 78 Tutzinger Hütte

Mit PKW: Auf der A 95 bis Ausfahrt Sindelsdorf, dann auf der B 472 nach Benediktbeuern; der Ausgangspunkt befindet sich im Ortsteil Gschwendt; dort Parkplatz (Hüttenweg 1). Oder weiter in Richtung Kochel nach Pessenbach; Parkplatz an der Straße (Hüttenweg 3). Oder über Bad Tölz nach Arzbach; im Ort – vorbei am Kramerwirt – zur Kapelle, dann rechts in die Anliegerstraße ins Längental, dann über den Arzbach und rechts zum großen Parkplatz vor einer Schranke (Hüttenweg 2). Oder über Lenggries in die Jachenau; der Ausgangspunkt Petern befindet sich 8 km nach der Abzweigung Wegscheid (Hüttenweg 5). In Jachenau Wanderparkplatz (Hüttenweg 4).
Mit der Bahn: Mit der Bahn über Weilheim nach Benediktbeuern. Von dort weiter zu Fuß bzw. nach Pessenbach mit RVO-Bus. Oder Bahn bis Lenggries, dann mit Bus in die Jachenau (Haltestelle Petern bzw. Ortsmitte Jachenau).

Tour 79 Herzogstandhäuser

Mit PKW: Auf der A 95 bis Ausfahrt Murnau/Kochelsee, dann auf der Landstraße über Kochel hinauf zur Kesselberghöhe; dort Parkplätze auf der Kocheler und auf der Walchenseer Seite (Hüttenweg 2). Oder weiter zur Talstation der Herzogstandbahn am Ortsbeginn von Walchensee; gebührenpflichtiger Parkplatz (Hüttenwege 1 und 3).
Mit Bahn/Bus: Mit der Bahn über Weilheim nach Kochel; von dort mit RVO-Bus hinauf zur Kesselberghöhe bzw. weiter bis zum Ort Walchensee.

Tour 80 Wankhaus

Mit PKW: Auf der A 95 bis zum Ende, dann auf der B 2 nach Garmisch und weiter in Richtung Mittenwald, bis links die Straße zur Talstation der Wankbahn abzweigt; dort parken (Hüttenwege 1 und 3a). Oder im Ortsteil Partenkirchen in die Ludwigstraße, dann links in die Sonnenbergstraße und bis zum Ende der Hasentalstraße; dort parken (Hüttenweg 3). Oder auf der A 95 bis Ausfahrt Murnau/Kochel und über die Kesselbergstraße nach Wallgau (oder über Garmisch dorthin); Parkmöglichkeiten im Ort (Hüttenweg 4).
Mit Bahn/Bus: Mit dem Werdenfels-Takt bis nach Garmisch-Partenkirchen, dann mit Ortsbus zur Talstation der Wankbahn oder in den Ortsteil Partenkirchen, dann weiter zu Fuß.

Tour 81 Weilheimer Hütte

Mit PKW: Auf der A 95 bis Ausfahrt Eschenlohe, dann in den Ort, dort über die Loisachbrücke und über die Krottenkopfstraße und die Schellenbergstraße zum Wanderparkplatz am südlichen Ortsende (Hüttenweg 3). Oder auf der A 95 bis zum Ende, dann auf der B 2 bis Oberau, dort links über die Loisach zum Parkplatz (Hüttenweg 1). Oder weiter nach Garmisch, dann Richtung Mittenwald, bis links die Straße zur Talstation der Wankbahn abzweigt, dort parken (Hüttenweg 4). Oder auf der A 95 bis Ausfahrt Murnau/Kochel und über die Kesselbergstraße nach Wallgau (oder über Garmisch dorthin); parken im Ort (Hüttenweg 3).
Mit Bahn/Bus: Mit dem Werdenfels-Takt nach Eschenlohe, Oberau bzw. nach Garmisch-Partenkirchen. Oder über Weilheim nach Kochel und mit RVO-Bus nach Wallgau (bzw. von Garmisch mit Bus dorthin).

Wetterstein und Mieminger Berge

Tour 82 Kreuzeckhaus

Mit PKW: Auf der A 95 bis zum Ende, dann auf der B 2 nach Garmisch-Partenkirchen; dort der Ausschilderung zur Kreuzeckbahn bzw. zur Osterfelderbahn folgen (Hüttenweg 1) oder über Obergrainau nach Hammersbach (Hüttenwege 2 und 5); dort jeweils Parkplätze. Oder von der Ortsmitte von Garmisch zur Talstation der Hausbergbahn; Parkplatz (Hüttenweg 4).
Mit Bahn/Bus: Mit dem Werdenfels-Takt nach Garmisch-Partenkirchen, dann mit der Zugspitzbahn zu den Bahnhöfen Kreuzeckbahn, Hammersbach oder Obergrainau. Stadtbus nur bis Talstation der Hausbergbahn (nur im Winter) bzw. Kreuzeckbahn. Oder zu Fuß in 20 Minuten.

Tour 83 Höllentalangerhütte

Mit PKW: Auf der A 95 bis zum Ende, dann auf der B 2 nach Garmisch-Partenkirchen; dort der Ausschilderung zur Kreuzeckbahn/Osterfelderbahn folgen (Hüttenwege 1 und 4). Oder über Obergrainau (Hüttenweg 3) nach Hammersbach (Hüttenweg 2); dort jeweils Parkplätze.
Mit Bahn/Bus: Mit dem Werdenfels-Takt nach Garmisch-Partenkirchen, dann mit der Zugspitzbahn zu den Bahnhöfen Kreuzeckbahn, Hammersbach oder Obergrainau. Stadtbus nur bis Talstation der Kreuzeckbahn.

Tour 84 Münchner Haus

Mit PKW: Auf der A 95 bis zum Ende, dann auf der B2 nach Garmisch-Partenkirchen, dort weiter in Richtung Griesen, dann links ab nach Hammersbach; großer Parkplatz (Hüttenweg 1). Oder weiter zum Eibsee (und mit der Eibseebahn oder Zugspitzbahn auf die Zugspitze; Achtung: am Eibsee keine PKW-Stellplätze über Nacht; Hüttenweg 4). Oder in Garmisch zum Olympischen Skistadion (Hüttenweg 2). Oder über Griesen nach Ehrwald bzw. hinauf zur Talstation der Ehrwalder-Alm-Bahn in Obermoos; dort großer Parkplatz (Hüttenweg 3).
Mit Bahn/Bus: Mit dem Werdenfels-Takt nach Garmisch-Partenkirchen und vom Bahnhof mit Ortsbus zum Olympischen Skistadion bzw. mit der Zugspitzbahn nach Hammersbach bzw. zum Eibsee (Umsteigemöglichkeit in die Eibsee-Gondelbahn) oder gleich hinauf mit der Zahnradbahn bis zum Endpunkt auf dem Zugspitzplatt. Oder mit der Außerfernbahn von Garmisch nach Ehrwald, dann weiter zu Fuß (Bahnstation etwa 15 Min. von der Ortsmitte).

Tour 85 Schachenhaus

Mit PKW: Auf der A 95 bis zum Ende, dann auf der B 2 nach Garmisch-Partenkirchen, dort parken am Skistadion (Hüttenwege 1 und 2). Oder weiter in Richtung Mittenwald; bei Klais rechts ab und auf Mautstraße über Kranzbach bis zum Ende der befahrbaren Straße beim Gasthaus Elmau; dort Wanderparkplatz (Hüttenweg 3). Oder weiter nach Mittenwald bis zur Talstation des Kranzberglifts; großer Parkplatz (Hüttenweg 4).
Mit Bahn/Bus: Mit dem Werdenfels-Takt nach Garmisch-Partenkirchen bzw. weiter nach Mittenwald.

Tour 86 Reintalangerhütte

Mit PKW: Auf der A 95 bis zum Ende, dann auf der B2 nach Garmisch-Partenkirchen; dort der Ausschilderung zur Kreuzeckbahn (Hüttenweg

2) bzw. zum Olympischen Skistadion folgen (Hüttenweg 1); dort jeweils großer Parkplatz. Für die Anfahrtswege und Parkmöglichkeiten zu den Hüttenwegen 3 und 4 siehe Touren 84 und 85.
Mit Bahn/Bus: Mit dem Werdenfels-Takt nach Garmisch-Partenkirchen und vom Bahnhof mit Ortsbus zum Olympischen Skistadion bzw. mit der Zugspitzbahn zum Haltepunkt Kreuzeckbahn oder Eibsee oder gleich hinauf bis zum Endpunkt auf dem Zugspitzplatt.

Tour 87 Meilerhütte
Mit PKW: Auf der A 95 bis zum Ende, dann auf der B 2 nach Garmisch-Partenkirchen zum Skistadion; dort Parkplatz (Hüttenweg 1). Oder weiter nach Klais, dort rechts hinauf nach Elmau (Hüttenweg 2). Oder weiter nach Mittenwald, über die Ortsumgehungsstraße bis Ortsende, dann rechts in Richtung Ortsmitte und links hoch in die Leutasch bis zum Gasthaus Hubertus, ca. 2 km vor Puitbach; dort Parkplatz (Hüttenweg 3). Oder 2 km weiter zum Ortsteil Lehner (Hüttenweg 4).
Mit Bahn/Bus: Mit der Bahn über Garmisch-Partenkirchen und Klais (Busverbindung bis Elmau) bis Mittenwald; von dort mit Bus (nur Juni bis September) in die Leutasch bis zum Gasthaus Hubertus (Haltestelle Reindlau) bzw. Lehner.

Tour 88 Knorrhütte
Mit PKW: Auf der A 95 bis zum Ende, dann auf der B 2 nach Garmisch-Partenkirchen, dort der Ausschilderung zum Olympischen Skistadion folgen; dort großer Parkplatz (Hüttenweg 1). Oder von Garmisch-Partenkirchen weiter zum Eibsee (und mit der Eibseebahn oder Zugspitzbahn auf die Zugspitze; Achtung: am Eibsee keine PKW-Stellplätze über Nacht; Hüttenweg 3). Oder weiter über Griesen nach Ehrwald zur Talstation der Ehrwalder-Alm-Bahn; dort großer Parkplatz (Hüttenweg 2).
Mit Bahn/Bus: Mit dem Werdenfels-Takt nach Garmisch-Partenkirchen und vom Bahnhof mit Ortsbus zum Olympischen Skistadion bzw. mit der Zugspitzbahn zum Eibsee (Umsteigemöglichkeit in die Eibsee-Gondelbahn) oder gleich hinauf mit der Zahnradbahn bis zum Endpunkt auf dem Zugspitzplatt. Oder mit der Außerfernbahn von Garmisch nach Ehrwald, dann weiter zu Fuß (Bahnstation etwa 15 Min. von der Ortsmitte).

Tour 89 Wettersteinhütte
Mit PKW: Auf der A 95, dann auf der B 2 über Garmisch nach Mittenwald; am südlichen Ortsende rechts ab in das Leutaschtal (dort Grenzübergang). Über die Ortsteile Leutasch, Platzl und Klamm (Hüttenweg 1) weiter in das Gaistal (Ausschilderung) bis zu den Parkplätzen »Stopper« oder »Salzgraben« (Tagesgebühr; Hüttenweg 2).
Mit Bahn/Bus: Mit der Bahn bis Mittenwald, dann mit dem Bus ins Leutaschtal.

Tour 90 Neue Alplhütte
Mit PKW: Auf der A 8 bis zum Inntaldreieck, weiter auf der A 93 bis Ausfahrt Telfs Ost, dann Richtung Seefeld und links in Richtung Zentrum; beim Hotel Martina rechts der Ausschilderung zum Strassberghaus folgen, das letzte Stück auf unbefestigtem Fahrweg (knapp 8 km ab Autobahnausfahrt) bis zu einer Schranke; dort Wanderparkplatz (Hüttenweg 1). Oder über Garmisch, Mittenwald und Seefeld nach Telfs, dann weiter nach Wildermieming; parken im Ort (Hüttenweg 2). Oder über Mittenwald in die Leutasch. Über die Ortsteile Leutasch, Platzl und Klamm ins Gaistal (Ausschilderung) bis zu den Parkplätzen »Stopper« oder »Salzgraben« (Tagesgebühr; Hüttenweg 3).
Mit Bahn/Bus: Mit der Bahn bis Mittenwald, dann mit dem Bus ins Leutaschtal. Oder mit der Bahn über Kufstein nach Telfs, dann weiter zu Fuß.

Tour 91 Rauthhütte
Mit PKW: Auf der A 95 bis zum Ende, dann auf der B 2 über Garmisch-Partenkirchen nach Mittenwald; am südlichen Ortsende rechts ab in das Leutaschtal (Grenzübergang). Über die Ortsteile Leutasch, Platzl zum Ortsteil Obern (Hüttenweg 2) bzw. weiter zur Talstation des Hohe-Munde-Lifts; Parkplatz (Hüttenweg 1).
Mit Bahn/Bus: Mit der Bahn bis Mittenwald, dann weiter mit dem Bus ins Leutaschtal nach Obern bzw. zum Hohe-Munde-Lift.

Tour 92 Lehnberghaus
Mit PKW: Über Garmisch-Partenkirchen und den Fernpass nach Nassereith; vor dem neuen Tunnel abbiegen und über Nassereith in Richtung Osteig; etwa 10 km nach Nassereith zweigt links die Zufahrtsstraße zum Gasthaus Arzkasten ab; auf Sandstraße noch 1,6 km bis zum gebührenpflichtigen Parkplatz beim Gasthaus (Hüttenweg 1). Oder weiter in Richtung Obsteig/Mieming bis nach Barwies, kurz vor der Kirche links hoch zum Schwimmbad abbiegen; dort Parkplatz (Hüttenweg 2). Zu Hüttenweg 3 siehe Tour 93.
Mit Bahn/Bus: Mit der Bahn über Kufstein nach Telfs, dann Busverbindung nach Barwies oder weiter über Obsteig in Richtung Nassereith; an der Abzweigung zum Gasthaus Arzkasten aussteigen; das letzte Stück zu Fuß.

Tour 93 Coburger Hütte
Mit PKW: Auf der A 95 bis zum Ende, dann auf der B 2 weiter über Garmisch-Partenkirchen und Griesen nach Ehrwald, in der Ortsmitte links und hinauf zum Parkplatz unterhalb der Talstation der Ehrwalder-Alm-Bahn (Hüttenweg 1). Oder weiter auf der Nebenstraße nach Biberwier; in der Ortsmitte links in Richtung St.-Rochus-Kapelle (Hüttenweg 2). Oder weiter über den Fernpass nach Nassereith; am Ortsanfang nicht in den Tunnel einfahren, sondern bereits vorher abfahren. Dann weiter der Ausschilderung nach Obsteig folgen. »Auf der Höhe« schließlich links den Wegweisern zum Gasthaus Arzkasten folgen; dort gebührenpflichtiger Parkplatz (Hüttenweg 3).
Mit Bahn/Bus: Mit dem Werdenfels-Takt nach Garmisch-Partenkirchen, dann weiter mit der Außerfernbahn zur Bahnstation Ehrwald; von dort entweder zu Fuß durch den Ort zur Talstation der Bergbahn oder mit dem Ortsbus zur Bergbahn.

Lechtaler Alpen

Tour 94 Wolfratshauser Hütte
Mit PKW: Auf der A 95 bis zum Ende, dann auf der B 2 weiter über Garmisch-Partenkirchen und Griesen nach Lermoos; in der Ortsmitte links und hinauf zum Parkplatz der Talstation der Grubigsteinbahn (Hüttenwege 1 und 2). Oder von der Ortsmitte rechts weiter in Richtung Bichlbach zum Weiler Untergarten; Parkplatz an der Brücke (Hüttenweg 4). Oder weiter auf der Nebenstraße nach Biberwier; in der Ortsmitte bei der Kirche parken (Hüttenweg 3). Oder weiter zum Fernpass; dort großer Parkplatz (Hüttenweg 5).
Mit Bahn/Bus: Mit dem Werdenfels-Takt nach Garmisch-Partenkirchen, dann weiter mit der Außerfernbahn zur Bahnstation Lermoos; von dort weiter zu Fuß in den Ort oder mit Bus nach Biberwier.

Tour 95 Muttekopfhütte
Mit PKW: Auf der A 12 über Innsbruck bis Ausfahrt Imst, dann in den Ort hinein und links hinauf zur Talstation der Imster Bergbahn; Parkplatz (Hüttenwege 1 und 2). Oder weiter in Richtung Hahntennjoch, bis links der Almfahrweg zur Obermarkter Alm abzweigt; dort hinauf bis zum Ende der befahrbaren Straße; Parkplatz (Hüttenweg 3). Oder weiter bis zur Passhöhe des Hahntennjochs; Parkplatz (Hüttenweg 4).
Mit Bahn/Bus: Mit der Bahn über Kufstein und Innsbruck nach Imst, dann mit Bus zur Talstation der Imster Bergbahn.

Tour 96 Anhalter Hütte
Mit PKW: Auf der A 12 über Innsbruck bis Ausfahrt Imst, dann weiter zum Hahntennjoch; gebührenfreier Parkplatz (Hüttenweg 1). Oder über Garmisch-Partenkirchen, Lermoos und Bichlbach nach Namlos; dort parken (Hüttenweg 3). Oder weiter in Richtung Stanzach bis kurz vor der Abzweigung der Almstraße ins Fallerscheintal; Parkplatz (Hüttenweg 4). Oder über Füssen und Reutte ins Lechtal bis Elmen, dort links weiter in Richtung Hahntennjoch nach Bschlabs (Hüttenweg 2) oder hinauf zum Hahntennjoch (Hüttenweg 1).
Mit Bahn/Bus: Mit der Bahn über Kufstein und Innsbruck nach Imst oder mit der Außerfernbahn nach Reutte, von dort mit Bus nach Elmen. Mit Taxi nach Bschlabs bzw. zum Hahntennjoch oder nach Namlos.

Ammergauer Alpen

Tour 97 Hörnlehütte

Mit PKW: Auf der A 95 bis Ausfahrt Murnau/Kochelsee, dann auf der Landstraße über Murnau in Richtung Bad Kohlgrub; im kleinen Ort Westried gleich nach der Bahnunterführung links nach Grafenaschau; Parkplatz am südlichen Ortsrand (Hüttenweg 3). Oder weiter nach Bad Kohlgrub; im Ort ist der Weg zur Hörnlebahn ausgeschildert; dort großer Parkplatz (Hüttenweg 1). Oder weiter nach Unterammergau; Parkplatz am nördlichen Ortsrand (Hüttenweg 2).
Mit der Bahn: Über Weilheim und Murnau zur Haltestelle Grafenaschau oder bis zum Bahnhof Bad Kohlgrub bzw. Unterammergau. In Bad Kohlgrub Busverbindung zur Talstation der Hörnlebahn (oder zu Fuß).

Tour 98 August-Schuster-Haus

Mit PKW: Auf der A 95 bis Ausfahrt Murnau/Kochel, dann über Murnau und Bad Kohlgrub nach Unterammergau; am südlichen Ortsende rechts zum Parkplatz am Eingang ins Tal der Schleifmühlenlaine (Hüttenweg 2). Wer den Sessellift benutzen will, fährt bis Oberammergau; die Talstation mit Parkplatz befindet sich am südwestlichen Ortsrand (Hüttenweg 1). Den Ausgangspunkt Linderhof (Hüttenweg 3) erreicht man über Oberau, Ettal und Graswang; großer Parkplatz beim Schloss Linderhof.
Mit Bahn/Bus: Mit der Bahn über Weilheim und Murnau nach Oberammergau. Ins Lindertal weiter mit RVO-Bus.

Tour 99 Brunnenkopfhäuser

Mit PKW: Auf der A 95 bis zum Ende, dann auf der B 2 bis Oberau, rechts nach Ettal und weiter nach Graswang; gebührenpflichtiger Parkplatz beim Schloss Linderhof (Hüttenweg 1). Zugänge zu den Hüttenwegen 2 und 3 siehe jeweils die Touren 98 und 100.
Mit Bahn/Bus: Mit der Bahn Richtung Garmisch bis Haltstelle Oberau, dann mit Bus über Ettal ins Graswangtal. Oder mit der Bahn nach Oberammergau und weiter mit Bus.

Tour 100 Kenzenhütte

Mit PKW: Von München über Starnberg und Weilheim bzw. über Landsberg und Schongau nach Steingaden und Halblech. Ausgangspunkt zur Kenzenhütte am Wanderparkplatz an der Brücke über den Halblech (Hüttenweg 1). Oder über die A 95 bis zum Ende, dann über Oberau und Ettal ins Graswangtal. Auf der Staatsstraße 2060 bis zum Wanderparkplatz etwa 2,5 km hinter Linderhof (Hüttenweg 3). Oder weiter bis zum Wanderparkplatz an der Ammerwaldhütte, knapp 4 km nach dem Grenzübergang (Hüttenweg 2).
Mit Bahn/Bus: Mit der Bahn bis Füssen oder Weilheim, dann weiter mit Bus bis Halblech; von der Bushaltestelle ein paar hundert Meter bis zum Wanderparkplatz.

Tour 101 Tegelberghaus

Mit PKW: Über Kempten nach Füssen und weiter nach Schwangau oder über Schongau und Halblech in Richtung Hohenschwangau; kurz vorher links zur Talstation der Tegelbergbahn mit großem Parkplatz (Hüttenwege 1 und 4). Oder weiter nach Hohenschwangau bis zu den Großparkplätzen vor dem Alpsee (Hüttenwege 2 und 3).
Mit Bahn/Bus: Mit der Bahn bis Füssen und mit Bus nach Hohenschwangau bzw. zur Talstation der Tegelbergbahn.

Tour 102 Säulinghaus

Mit PKW: Über Kempten nach Füssen und weiter nach Schwangau oder über Schongau und Halblech nach Hohenschwangau bis zu den Großparkplätzen vor dem Alpsee (Hüttenwege 1 und 4). Oder weiter durch den Vilstunnel auf die österreichische Seite, Ausfahrt Pflach, dann auf der alten B 314 über Musau nach Pflach; im Ort beim Schild »Säulinghaus« über das Bahngleis und auf Feldweg zum Parkplatz (Hüttenweg 2).
Mit Bahn/Bus: Mit der Bahn bis Füssen und mit Bus nach Hohenschwangau bzw. mit der Außerfernbahn bis zum Haltepunkt Pflach, dann weiter zu Fuß.

Allgäuer Alpen

Tour 103 Gimpelhaus

Mit PKW: Über Pfronten ins Tannheimer Tal nach Grän; auf der Ostseite Zufahrt zur Gondelbahn Füssener Jöchl; großer Parkplatz an der Talstation (Hüttenweg 2). Oder weiter nach Nesselwängle; großer Wanderparkplatz am westlichen Ortsende (Hüttenweg 1). Oder über Füssen und Reutte nach Höfen zur Talstation der Reuttener Bergbahn (Hüttenweg 3). Zugang zur Otto-Mayr-Hütte siehe Tour 105 (Hüttenweg 4).
Mit Bahn/Bus: Mit der Bahn bis Reutte und weiter mit Bus zur Talstation der Reuttener Bergbahn. Oder mit Bus nach Nesselwängle bzw. nach Grän (bis Touristeninformation); 10 Min. zu Fuß zur Talstation der Bergbahn. Für Zugang zur Otto-Mayr-Hütte Anfahrt mit der Bahn bis Musau, dann weiter zu Fuß.

Tour 104 Tannheimer Hütte

Mit PKW: Über Pfronten ins Tannheimer Tal nach Grän; auf der Ostseite Zufahrt zur Gondelbahn Füssener Jöchl; großer Parkplatz an der Talstation (Hüttenweg 2). Oder weiter nach Nesselwängle; großer Parkplatz am westlichen Ortsende (Hüttenweg 1). Oder über Füssen und Reutte nach Höfen zur Talstation der Reuttener Bergbahn (Hüttenweg 3).
Mit Bahn/Bus: Mit der Bahn bis Reutte und weiter mit Bus zur Talstation der Reuttener Bergbahn. Oder mit Bus nach Nesselwängle bzw. nach Grän (bis Touristeninformation); 10 Min. zu Fuß zur Talstation der Bergbahn.

Tour 105 Otto-Mayr-Hütte

Mit PKW: Von Füssen auf der B 189 nach Vils (Hüttenweg 2) bzw. nach der Lechbrücke links nach Musau und weiter in Richtung Pflach nach Roßschläg (Hüttenweg 1). Oder über Pfronten ins Tannheimer Tal nach Grän; auf der Ostseite Zufahrt zur Gondelbahn Füssener Jöchl; großer Parkplatz an der Talstation (Hüttenweg 4). Oder weiter nach Haller (Hüttenweg 3).
Mit Bahn/Bus: Mit der Bahn bis Reutte und weiter mit Bus nach Grän (bis Touristeninformation); 10 Min. zu Fuß zur Talstation der Bergbahn. Für Zugang von Norden mit der Bahn bis Vils oder Musau, dann weiter zu Fuß.

Tour 106 Füssener Hütte

Mit PKW: Von Füssen auf der B 189 nach Vils (Hüttenweg 2) bzw. nach der Lechbrücke links nach Musau und weiter in Richtung Pflach nach Roßschläg (Hüttenweg 1). Oder über Pfronten ins Tannheimer Tal nach Grän; auf der Ostseite Zufahrt zur Gondelbahn Füssener Jöchl; großer Parkplatz an der Talstation (Hüttenweg 4). Oder weiter nach Haller (Hüttenweg 3).
Mit Bahn/Bus: Mit der Bahn bis Reutte und weiter mit Bus nach Grän (bis Touristeninformation); 10 Min. zu Fuß zur Talstation der Bergbahn. Für Zugang von Norden mit der Bahn bis Vils oder Musau, dann weiter zu Fuß.

Tour 107 Bad Kissinger Hütte

Mit PKW: Von Kempten oder über Marktoberdorf bzw. über Füssen nach Pfronten-Steinach zur Talstation der Breitenbergbahn; dort großer Parkplatz (Hüttenwege 1 und 2). Parkplatz am Ausgangspunkt Enge kurz vor Grän (Hüttenweg 3). Großer Parkplatz an der Talstation der Füssener-Jöchl-Bergbahn (Hüttenweg 4).
Mit Bahn/Bus: Mit der Bahn bis Pfronten-Steinach, Bahnhof gegenüber der Talstation der Bergbahn. Bus- und Taxiverbindung von Pfronten nach Enge/Grän.

Tour 108 Ostlerhütte

Mit PKW: Von Kempten oder über Marktoberdorf bzw. über Füssen nach Pfronten-Steinach zur Talstation der Breitenbergbahn; dort großer Parkplatz (Hüttenweg 1). Kleine Parkplätze an den anderen beiden Ausgangspunkten in Richtung Grän (Hüttenwege 2 und 3).
Mit Bahn/Bus: Mit der Bahn bis Pfronten-Steinach, Bahnhof gegenüber der Talstation der Bergbahn. Busverbindung von Pfronten nach Grän.

Tour 109 Sportheim Böck

Mit PKW: Von Kempten oder über Marktoberdorf bzw. über Füssen nach Nesselwang Ortsmitte (Hüttenweg 2) oder zur Talstation der Alpspitzbahn; dort Parkplatz (Hüttenweg 1). Oder

nach Kappel; parken am Bahnhof oder am Spielplatz in der Bürgermeister-Franz-Keller-Straße (Hüttenweg 3). Oder von Nesselwang auf der Deutschen Alpenstraße nach Reichenberg, dort links auf Mautstraße zur Haslacher Alp oder weiter nach Hinterreute; etwas oberhalb am Berg Wanderparkplatz (Hüttenweg 4).
Mit Bahn/Bus: Mit der Bahn von Kempten nach Nesselwang bzw. nach Pfronten-Kappel, dann weiter zu Fuß.

Tour 110 Grüntenhaus
Mit PKW: Auf der A 7 bis zum Autobahndreieck Allgäu, auf der A 980 bis Waltenhofen und weiter auf der B 19 über Sonthofen nach Burgberg; dort in die Grüntenstraße bis zu einem Wanderparkplatz (Hüttenweg 1). Oder weiter von Burgberg zum Wanderparkplatz »Auf dem Ried«, unterhalb des Gasthauses Alpenblick (Hüttenweg 2). Oder auf der A 7 bis Ausfahrt Oy-Mittelberg, dann auf der B 310 bis Wertach und weiter in Richtung Rettenbach-Immenstadt; in Kranzegg links hinauf auf Mautstraße zum Wanderparkplatz Jörgalpe (Hüttenweg 3a) bzw. von Kranzegg 1 km weiter und links hinauf auf Mautstraße zum Wanderparkplatz Kammeregg (Hüttenweg 3).
Mit Bahn/Bus: Mit dem Allgäu-Schwaben-Takt nach Sonthofen, dann weiter mit Bus nach Burgberg.

Tour 111 Willersalpe
Mit PKW: Auf der A 7 bis Ausfahrt Oy-Mittelberg, dann auf der B 310 über Oberjoch nach Hindelang und weiter nach Hinterstein; gebührenpflichtiger Parkplatz am Ende der öffentlichen Fahrstraße, nach den letzten Häusern (Hüttenweg 1). Oder von Oberjoch auf der B 199 nach Zöblen (Hüttenweg 2).
Mit Bahn/Bus: Mit dem Allgäu-Schwaben-Takt bis Sonthofen, dann mit RVA-Bus nach Hindelang bzw. Hinterstein.

Tour 112 Landsberger Hütte
Mit PKW: Über Sonthofen und den Oberjochpass nach Tannheim (Talstation des Sessellifts) und weiter zum Vilsalpsee; dort gebührenpflichtiger Parkplatz (Hüttenweg 1). Oder über Reutte und Weißenbach nach Raut; Parkplatz beim Imbiss Klein-Meran (Hüttenweg 4) bzw. nach Haldensee (Hüttenweg 3) oder nach Tannheim zur Talstation des Neunerkopflifts; Parkplatz (Hüttenweg 2).
Mit Bahn/Bus: Bahn bis Reutte, dann weiter mit Bus bis Rauth (von der Hauptstraße noch 20 Min. zu Fuß) bzw. nach Nesselwängle, Haldensee und Tannheim; von dort auch Busverbindung zum Vilsalpsee.

Tour 113 Schwarzenberghütte
Mit PKW: Auf der A 7 bis Ausfahrt Oy-Mittelberg, dann auf der B 310 über Oberjoch nach Hindelang und weiter nach Hinterstein; gebührenpflichtiger Parkplatz am Ende der öffentlichen Fahrstraße, nach den letzten Häusern (Hüttenwege 1 und 2). Oder auf der A 7 bis Dreieck Allgäu, dann über Waltenhofen und die B 19 nach Oberstdorf; Parkplätze am Ortseingang bzw. an der Talstation der Nebelhornbahn (gebührenpflichtig; Hüttenweg 3).
Mit Bahn/Bus: Mit dem Allgäu-Schwaben-Takt bis Sonthofen, dann mit RVA-Bus nach Hindelang bzw. Hinterstein; von dort Busverbindung zum Giebelhaus. Oder mit der Bahn weiter bis Oberstdorf und mit Ortsbus zur Talstation der Nebelhornbahn.

Tour 114 Edmund-Probst-Haus
Mit PKW: Auf der A 7 bis zum Autobahndreieck Allgäu, auf der A 980 bis Waltenhofen und weiter auf der B 19 über Sonthofen nach Oberstdorf; großer Parkplatz an der Talstation der Nebelhornbahn (Hüttenwege 1 und 2). Oder Abzweigung von der B 19 bei Fischen und weiter nach Reichenbach; am oberen Ortsende Wanderparkplatz (Hüttenweg 3).
Mit Bahn/Bus: Mit dem Allgäu-Schwaben-Takt nach Oberstdorf, mit RVA-Bus zur Talstation der Nebelhornbahn bzw. nach Reichenbach.

Tour 115 Gasthof Gerstruben
Mit PKW: Auf der A 7 bis zum Autobahndreieck Allgäu, auf der A 980 bis Waltenhofen und weiter auf der B 19 über Sonthofen nach Oberstdorf, parken am Ortsrand oder an der Talstation der Nebelhornbahn (Ausgangs- bzw. Endpunkt für alle Hüttenwege). Oder von Oberstdorf 3 km in Richtung Fellhornbahn bis zum Parkplatz am Renksteg.
Mit Bahn/Bus: Mit dem Allgäu-Schwaben-Takt nach Oberstdorf, dann weiter zu Fuß oder mit Ortsbus zur Talstation der Nebelhornbahn.

Tour 116 Kaufbeurer Haus
Mit PKW: Auf der A 7 von Kempten bzw. über Füssen nach Reutte und weiter ins Lechtal; nach Stanzach rechts ab ins Hornbachtal und nach Hinterhornbach; bei der Kirche links hinab auf schmalem Sträßchen zum Bach und über diesen zum Parkplatz; weitere Parkmöglichkeiten am oberen Ortsende (Hüttenweg 1). Oder von Stanzach weiter im Lechtal bis nach Häselgehr, nach der Lechbrücke rechts in den Ort zum Parken (Hüttenweg 2).
Mit Bahn/Bus: Mit der Außerfernbahn nach Reutte und mit Postbus nach Vorderhornbach bzw. nach Häselgehr.

Tour 117 Prinz-Luitpold-Haus
Mit PKW: Auf der A 7 bis Ausfahrt Oy-Mittelberg, dann auf der B 310 über Oberjoch nach Hindelang und weiter nach Hinterstein; gebührenpflichtiger Parkplatz am Ende der öffentlichen Fahrstraße, nach den letzten Häusern (Hüttenweg 1). Oder auf der A 7 bis Dreieck Allgäu, dann über Waltenhofen und die B 19 nach Oberstdorf (autofrei). Parkplätze am Ortseingang bzw. an der Talstation der Nebelhornbahn, gebührenpflichtig (Hüttenweg 3). Oder über Füssen und Reutte nach Stanzach, dort rechts ab nach Hinterhornbach; Parkplatz am oberen Ortsende (Hüttenweg 2).
Mit Bahn/Bus: Mit dem Allgäu-Schwaben-Takt bis Sonthofen, dann mit RVA-Bus nach Hindelang bzw. Hinterstein; von dort Busverbindung zum Giebelhaus. Oder mit der Bahn weiter bis Oberstdorf und mit Ortsbus zur Talstation der Nebelhornbahn.

Tour 118 Hermann-von-Barth-Hütte
Mit PKW: Auf der A 7 von Kempten bzw. über Füssen nach Reutte und weiter ins Lechtal; über Stanzach und Häselgehr nach Elbigenalp; im Ort parken, z. B. beim Hotel Alpenrose oder in Nähe der Schnitzschule bzw. zum Beginn des Kogelweges (Hüttenweg 1). Oder weiter zum Ortsteil Untergiblen; an der Abzweigung zur Gibleralm Parkplatz (Hüttenweg 2).
Mit Bahn/Bus: Mit der Außerfernbahn nach Reutte und mit Postbus über Stanzach und Häselgehr nach Elbigenalp.

Tour 119 Waltenbergerhaus
Mit PKW: Auf der A 7 bis zum Autobahndreieck Allgäu, auf der A 980 bis Waltenhofen und weiter auf der B 19 über Sonthofen nach Oberstdorf; rechts seitlich an Oberstdorf vorbei in Richtung Kleinwalsertal, dann links (Ausschilderung »Fellhornbahn«) nach Faistenoy; gebührenpflichtiger Parkplatz links von der Talstation der Fellhornbahn (Hüttenweg 1). Zugänge von der Kemptner Hütte und der Rappenseehütte siehe Tour 120 und 121.
Mit Bahn/Bus: Mit dem Allgäu-Schwaben-Takt nach Oberstdorf, dann weiter mit RVA-Bus zur Talstation der Fellhornbahn bzw. bis Birgsau. Stellwagen (Pferdekutsche) bis Einödsbach.

Tour 120 Kemptner Hütte
Mit PKW: Auf der A 7 bis zum Autobahndreieck Allgäu, auf der A 980 bis Waltenhofen und weiter auf der B 19 über Sonthofen nach Oberstdorf, rechts seitlich an Oberstdorf vorbei in Richtung Kleinwalsertal, dann links (Ausschilderung »Fellhornbahn«) bis zum Parkplatz Renksteg (gebührenpflichtig) oder zur Talstation der Fellhornbahn (Hüttenweg 1). Oder über Füssen und Reutte und die B 198 nach Holzgau im Lechtal; parken im Ort (Hüttenweg 2). Zugang über das Waltenbergerhaus siehe Tour 119.
Mit Bahn/Bus: Mit dem Allgäu-Schwaben-Takt nach Oberstdorf, weiter mit Taxi oder Stellwagen nach Spielmannsau. Diese Strecke kann auch mit dem Fahrrad zurückgelegt werden.

Tour 121 Rappenseehütte
Mit PKW: Auf der A 7 bis zum Autobahndreieck Allgäu, auf der A 980 bis Waltenhofen und weiter auf der B 19 über Sonthofen nach Oberstdorf; rechts seitlich an Oberstdorf vorbei in Richtung Kleinwalsertal, dann links (Ausschilderung »Fellhornbahn«) nach Faistenoy; gebührenpflichtiger Parkplatz links von der Talstation der Fellhornbahn (Hüttenwege 1 und 2). Oder über Füssen und Reutte und die B 198 nach Prenten im Lechtal (parken im Ort oder kurz hinter der Lechbrücke; Hüttenweg 4) bzw. weiter in Richtung Warth, dann rechts hinauf nach Lechleiten, kurz davor befindet sich das Holzgauer Haus (Hüttenweg 3).
Mit Bahn/Bus: Mit dem Allgäu-Schwaben-Takt nach Oberstdorf, dann weiter mit RVA-Bus vom

Bahnhof in Oberstdorf zur Talstation der Fellhornbahn.

Tour 122 Mindelheimer Hütte

Mit PKW: Auf der A 7 bis zum Autobahndreieck Allgäu, auf der A 980 bis Waltenhofen und weiter auf der B 19 über Sonthofen nach Oberstdorf; rechts seitlich an Oberstdorf vorbei ins Kleinwalsertal, bis nach Mittelberg-Bödmen; dort Parkplatz (Hüttenweg 1). Oder von Oberstdorf der Ausschilderung zur Fellhornbahn nach Faistenoy folgen; gebührenpflichtiger Parkplatz links von der Talstation der Fellhornbahn (Hüttenweg 2). Oder über Füssen und Reutte und die B 198 bis Warth, dann rechts hinauf nach Lechleiten; kurz davor befindet sich das Holzgauer Haus (Hüttenweg 3).
Mit Bahn/Bus: Mit dem Allgäu-Schwaben-Takt nach Oberstdorf, dann weiter mit RVA-Bus vom Bahnhof ins Kleinwalsertal nach Mittelberg-Bödmen oder von Oberstdorf zur Talstation der Fellhornbahn. Weiter mit Kleinbus bis Birgsau.

Tour 123 Fiderepasshütte

Mit PKW: Auf der A 7 bis zum Autobahndreieck Allgäu, auf der A 980 bis Waltenhofen und weiter auf der B 19 über Sonthofen nach Oberstdorf; rechts seitlich an Oberstdorf vorbei in Richtung Kleinwalsertal, dann links (Ausschilderung »Fellhornbahn«) nach Faistenoy; gebührenpflichtiger Parkplatz links von der Talstation der Fellhornbahn (Hüttenwege 3 und 4). Oder von Oberstdorf weiter ins Kleinwalsertal bis nach Riezlern zur Talstation der Kanzelwandbahn; großer Parkplatz (Hüttenweg 1). Oder weiter bis Mittelberg zum Ortsteil Bödmen; Parkplatz (Hüttenweg 2).
Mit Bahn/Bus: Mit dem Allgäu-Schwaben-Takt nach Oberstdorf, dann weiter mit RVA-Bus zur Talstation der Fellhornbahn oder ins Kleinwalsertal nach Riezlern bzw. Außerbödmen bei Mittelberg.

Tour 124 Kanzelwandhaus

Mit PKW: Auf der A 7 bis zum Autobahndreieck Allgäu, auf der A 980 bis Waltenhofen und weiter auf der B 19 über Sonthofen nach Oberstdorf; rechts seitlich an Oberstdorf vorbei in Richtung Kleinwalsertal, dann links (Ausschilderung »Fellhornbahn«) nach Faistenoy; gebührenpflichtiger Parkplatz links von der Talstation der Fellhornbahn evtl. auch an der Materialseilbahn (Hüttenweg 1). Oder von Oberstdorf auf der B 19 zur Talstation der Söllereckbahn (Parkplatz an der Straße; Hüttenweg 3) oder weiter ins Kleinwalsertal nach Riezlern zur Talstation der Kanzelwandbahn (Hüttenweg 2).
Mit Bahn/Bus: Mit dem Allgäu-Schwaben-Takt nach Oberstdorf, dann weiter mit RVA-Bus vom Bahnhof in Oberstdorf zur Talstation der Fellhornbahn. Oder mit Bus von Oberstdorf zur Talstation der Söllereckbahn oder weiter nach Riezlern zur Talstation der Kanzelwandbahn.

Tour 125 Mahdtalhaus

Mit PKW: Auf der A 7 bis zum Autobahndreieck Allgäu, auf der A 980 bis Waltenhofen und weiter auf der B 19 über Sonthofen nach Oberstdorf; rechts seitlich an Oberstdorf vorbei ins Kleinwalsertal bis kurz vor Riezlern (B 201), dann in Westegg rechts ab und hinab zur Brücke über die Breitach und weiter über den Weiler Schwende zum Mahdtalhaus; großer Parkplatz (Hüttenweg 1). Oder auf der B 201 weiter nach Riezlern, durch den Ort und nach der Breitachbrücke rechts weiter der Ausschilderung »Ifen 2000« folgend bis zum Ende der Fahrstraße beim Berggasthof Aue; großer Parkplatz (Hüttenweg 2).
Mit Bahn/Bus: Mit dem Allgäu-Schwaben-Takt nach Oberstdorf, dann mit RVA-Bus nach Riezlern im Kleinwalsertal. Von dort weiter zu Fuß.

Tour 126 Schwarzwasserhütte

Mit PKW: Über Kempten (A 7 und B 19) nach Oberstdorf und weiter ins Kleinwalsertal. Bei Riezler rechts der Ausschilderung »Ifen 2000« folgen bis zum großen Parkplatz unterhalb der Auenhütte (Hüttenweg 1). Oder von Riezler weiter nach Mittelberg zur Talstation der Walmendinger-Horn-Bahn (Hüttenweg 2). Oder weiter nach Baad; Parkplätze am Ortsanfang (Hüttenweg 3). Auf der österreichischen Seite von Bregenz auf der B 200 bis Reuthe, dann links hinauf nach Schönenbach (Hüttenweg 4) bzw. weiter auf der B 200 nach Schoppernau zur Talstation der Diedamskopfbahn (Hüttenwege 5 und 6).
Mit Bahn/Bus: Mit der Bahn bis Oberstdorf und weiter mit RVA-Bus ins Kleinwalsertal nach Riezlern, Mittelberg oder Baad; von Riezlern fährt nur an den Schultagen ein Bus bis zur Auenhütte.

Tour 127 Widdersteinhütte

Mit PKW: Auf der A 7 bis zum Autobahndreieck Allgäu, auf der A 980 bis Waltenhofen und weiter auf der B 19 über Sonthofen nach Oberstdorf; rechts seitlich an Oberstdorf vorbei in Richtung Kleinwalsertal bis zum Ortsteil Bödmen, am südwestlichen Ortsende von Mittelberg (Parkplätze; Hüttenweg 3) oder weiter bis kurz vor dem Ende der Fahrstraße bei Baad; Parkplätze am Ortsanfang von Baad, am Eingang ins Bärgunttal (zum Teil gebührenpflichtig; Hüttenweg 1). Oder über Füssen und Reutte und die B 198 nach Warth im Lechtal und weiter nach Hochkrumbach kurz vor dem Hochtannbergpass (Hüttenweg 2).
Mit Bahn/Bus: Mit dem Allgäu-Schwaben-Takt nach Oberstdorf, dann weiter mit RVA-Bus ins Kleine Walsertal nach Mittelberg bzw. Baad.

Tour 128 Hörnerhaus

Mit PKW: Über die A 98 bis Abfahrt Waltenhofen, dann auf der B 19 Richtung Sonthofen und Oberstdorf; von Sonthofen ins Gunzesrieder Tal (Hüttenwege 3 und 4) bzw. in Fischen weiter in Richtung Hörnerbahn (Hüttenwege 1 und 2) oder Riedbergpass (Hüttenweg 5).
Mit Bahn/Bus: Sonthofen und Fischen sind Bahnstationen; von dort weiter mit Bus oder Taxi ins Gunzesrieder Tal bzw. zur Talstation der Hörnerbahn (6 km).

Tour 129 Staufner Haus

Mit PKW: Auf der A 7 bis zum Autobahndreieck Allgäu, auf der A 980 bis Waltenhofen und weiter auf der B 19 nach Immenstadt; von dort auf der B 308 in Richtung Lindau bis Oberstaufen und dort links weiter nach Steibis zur Talstation der Imbergbahn; Parkplatz (Hüttenwege 1 und 5). Oder weiter zur Talstation der Hochgratbahn; Parkplatz (Hüttenwege 1, 2 und 3). Oder von Immenstadt auf Nebenstrecke in Richtung Sonthofen bis nach Rieden; dort rechts ab ins Gunzesrieder Tal; über Gunzesried zur Gunzesrieder Säge bis zum Ende der öffentlichen Straße (Parkplatz); von dort führt eine Mautstraße bis 3 km vor die Scheidwangalpe zu einem Wanderparkplatz (Hüttenweg 4).
Mit Bahn/Bus: Mit dem Allgäu-Schwaben-Takt nach Immenstadt und weiter nach Oberstaufen. Von dort mit Bus nach Steibis zur Talstation der Imbergbahn bzw. weiter zur Talstation der Hochgratbahn.

Tour 130 Kemptner Naturfreundehaus

Mit PKW: Auf der A 7 bis zum Autobahndreieck Allgäu, auf der A 980 bis Waltenhofen und weiter auf der B 19 nach Immenstadt; parken im Ort (Hüttenweg 1). Oder von dort auf der B 308 in Richtung Oberstaufen nach Bühl am Alpsee (Hüttenweg 2) oder weiter zur Talstation der Alpseelifte bei Ratholz; große Parkplätze (Hüttenweg 3).
Mit Bahn/Bus: Mit dem Allgäu-Schwaben-Takt nach Immenstadt, von dort weiter zu Fuß. Auch von dort mit Bus nach Bühl am Alpsee.

Impressum

Der Südwest Verlag ist ein Unternehmen der Ullstein Heyne List GmbH & Co. KG, München

2., durchgesehene Auflage 2003

Projektleitung: Dr. Harald Kämmerer
Redaktion: Christian Wolf
Umschlag und Layout: Reinhard Soll
DTP-Produktion: Veronika Moga, München
Kartographie: Achim Norweg, München
Produktion: Angelika Kerscher und Gabriele Kutscha
Druck und Bindung: Westermannn Druck, Zwickau

ISBN 3-517-07869-7

Haftung: Autor und Verlag bemühen sich um zuverlässige Information. Fehler und Unstimmigkeiten sind jedoch nicht auszuschließen. Eine Garantie für die Richtigkeit der Angaben kann deshalb nicht gegeben werden. Eine Haftung für Schäden und Unfälle wird aus keinem Rechtsgrund übernommen.

Bildnachweis: G. Amberg: S. 118; H. Antes: S. 89; H. Arndt: S. 171; W. Bahnmüller: S. 9 o., 86, 99, 132, 166, 208, 210; H. Bauregger: S. 2, 4 r. u., 5 u., 8 o., 10, 11, 27, 37, 38, 39, 45, 46/47, 47, 48, 50, 52, 54, 55, 56, 57, 58, 59, 60, 61, 62, 63, 76, 77, 79, 81, 84, 87, 97, 98, 103, 123, 125, 126, 127, 129, 130, 134, 137, 140, 142, 143, 146, 147, 150, 151, 170, 172/173, 176, 180, 181, 182, 187, 188, 204, 205, 209; M. Bauregger: S. 23; A. Dick: S. 110, 175; P. Dinter: S. 13, 144; E. Ehlers: S. 196; W. Fischer: S. 104/105, 109, 112, 115, 116, 122/123, 136/137, 153; D. Fuchs: S. 4 l., 5 o., 8 u., 40/41, 41, 42, 43, 44, 74/75, 100, 101, 164/165, 168, 173, 190, 191; S. Garnweidner: Umschlag Rückseite, S. 6 o., 9 u., 53, 75, 80/81, 82, 83 o. und u., 92, 95, 96, 102, 105, 106, 107, 111, 113, 117, 119, 120, 121, 152, 155, 158/159, 165, 167; I. Heidler: S. 133, 139, 141, 145, 149, 154, 157, 159, 160, 163, 169; St. Herbke: S. 68; H. Höfler: S. 17; E. Höhne: S. 19; J. Immler: S. 185, 198, 201, 202, 203, 207, 211; G. Jung: S. 12, 177, 183; G. Knirk: S. 124, 128; G. Lang: S. 131; A. Laun: S. 88, 93; W. Melzer: S. 135; K. H. Modlmeier: S. 9 M., 15, 20, 25, 26, 29, 64/65, 67, 69, 70, 108, 114; E. Oßwald: S. 6 u., 138, 200; K. Puntschuh: S. 66, 162; W. Rauschel: S. 16, 18, 24, 33, 49, 65, 71, 72, 73, 78, 193, 206; E. Radehose: S. 4 r. o., 22, 28, 30, 31, 32, 34, 35; B. von Roell: S. 21; U.-J. Schönlein: S. 178; D. Seibert: S. 161, 184, 186, 189, 192, 194, 199; R. Steffens: S. 36, 91; Foto Stadler: S. 85; F. Stöckl: S. 94; Alpenvereinssektion Traunstein: S. 51; M. Waeber: S. 14/15; F. Zengerle: Titel, S. 7, 148, 174, 179, 195, 197.
Das Titelmotiv zeigt die Bad Kissinger Hütte.

Register

Abkürzungen 11
Achenseestraße 103
Achental 106
Achenwald 106
Ackeralm 57, 58, 98
Ackerlhütte 69
Adersberg 55
Agergschwendalm 53
Aggenstein 179
Ahornkaser 16
Aiblinger Hütte 88
Aiplspitz 92
Albert-Link-Hütte 94
Allgäuer Berghaus 180
Allgäuer Berghof 209
Alpe Dietersbach 187
Alpe Eck 209
Alpe Eschbach 195
Alpe Fallerschein 162
Alpe Kammeregg 182
Alpe Kehr 182
Alpe Oberau 197
Älpelesattel 187
Alpeltalhütte 18
Alpines Notsignal 10
Alpjoch 161
Alplhaus 153
Alpspitze 138
Alter Zwieselweg 125
Ammerwald, Hotel 169
Anforderungen 10
Anhalter Hütte 162
Anton-Karg-Haus 66, 67, 68, 70
Arthurhaus 24
Arzbach 130
Arzkasten, Gasthof 155
Arzmoos 84
Aschenbrenner, Berghaus 66
Aue, Bergasthof 205
Auenhütte 206
Aueralm 102
Auf dem Ried 182
Aufham 49
August-Schuster-Haus 167, 168
Ausrüstung 10

Baad 206, 208
Bäckenalmsattel 169
Bäckeralm 94, 97
Bad Feilnbach 84
Bad Kissinger Hütte 179, 180
Bad Kohlgrub 166
Bad Wiessee 102, 103
Bärgunthütte 208
Bartlmahd 48
Barwies (Mieming) 155
Bauer in der Au 102
Baumgartenschneid 89
Baumgartneralm 58
Bayernhaus 139
Bayernhütte 127, 128
Bayerwald 100
Bayreuther Hütte 77
Benediktenwand 130
Berchtesgadener Hochthron 36
Bergalm 77
Bergbahnen 10
Bergbahnstüberl 61
Berghaus Blässe 209
Berghaus Schwaben 209
Bergltal 148
Bergrettung 10
Bergstation der Untersbergbahn 39
Bergstation Karwendelbahn 111
Bergwetterdienst (gesamte Alpen) 11
Bernadeinsteig 146
Biberwier 156, 160
Bierenwangalpe, obere 204
Bindalm 34
Binsalm 120, 121
Birgkar 24
Birgkarhaus 24
Birgsau 200, 202
Birgsau, Alpengasthof 195
Birkenstein 87, 88
Birkental 184
Birkkarspitze 114
Birnhorn 42
Bischofsfellnalm 53
Biwakschachtel 45
Blaubergalm 82
Blaueisgletscher 33
Blaueishütte 33
Bleckenau 171
Bleckenau, Berggasthaus 171
Blecksteinhaus 94
Blindau 54
Blockhütte 125
Blomberghaus 125
Blühnbachtal 21, 25
Bodenschneid 96
Bodenschneidhaus 96
Bolsterlang 209
Böser Tritt 179
Branderschrofen 170
Brannenburg 84, 86
Brauneck-Gipfel 126
Brauneck-Gipfelhaus 126, 129
Brauneckhaus 128
Breitenberg 180
Breitenberghaus 84
Breitengerenalpe 199
Breitenstein 87
Breitenstein, Berggasthaus, 57
Breithorn 26
Brennhütte 54
Brentenjoch 66
Brentenjochalm 66
Bretterspitze 188
Brettlalm 160
Brünndlingalm 53
Brunnenkopfhäuser 168
Brünnstein 84
Brünnsteinhaus 84
Brunnsteinhütte 110
Bschießer 183
Bschlabs 162
Buchau 84
Buchauer Alm 77
Bucheralm 87
Buchstein 100
Buchsteinhütte 100, 103, 124
Burgberg 182
Buronhütte 181

Carl-von-Stahl-Haus 18
Coburger Hütte 155, 156

Daffnerwaldalm 63
Dalfazalm 77
Dammkar 111, 112
Dammkarhütte 111, 112
Delpsjoch 107
Diedamskopf 206
Dielalm 21
Diesbach 28, 42
Doaglalm 61
Dopplersteig 38
Drehhütte 170
Drischlhütte 161
Dürrebergalm 171
Dürrfeichtenalm 16
Dürrnbachhorn 51

Ebbs 67
Eckerfirst 16
Edelsberg 181
Edenbachalpe 184
Edmund-Probst-Haus 185, 186, 191
Ehrwald 142, 150, 156
Ehrwalder Alm 150, 156
Eibsee 143
Einödsbach 194, 198
Einödsbach, Berggasthof 195, 199
Einsiedelei 27
Elbach 87
Elbigenalp 192
Ellmau 72
Ellmauer Halt 72
Elmau 145, 148
Elmau, Gasthaus 144, 148
Eng 118, 121
Eng, Alpengasthof 118, 120, 121
Engalm 120
Engalmen 118, 120, 121
Enge (Grän) 179
Engeratsgundhof 185
Enzianhütte 16, 53, 199
Erfurter Hütte 77
Erichhütte 24
Erler Berg 62
Erpfendorf 54
Erzherzog-Johann-Klause 77, 98
Eschenlohe 134
Esterbergalm 133, 135
Ettenberg 36
Ettenhausen 56

Faistenoy 198, 202, 204
Falkenhütte 114, 115, 118, 210
Falkenmoosalm 106
Fall 107
Fallmühle 180
Feichteck 61
Feistenau 58
Fellhorn 54, 204
Fereinalm 109
Fernpass 160
Fiderepasshütte 202
Filzalm 128, 135
Firstalm, Obere 97
Fischbachalm 109
Fischhausen 96
Fischunkelalm 23
Florianshütte 127, 128
Floßkogel 21
Fluchtalpe 200, 203
Forsthaus Aquila 106
Forsthaus Valepp 98
Frasdorf 60
Frasdorfer Berghaus 60
Freibergseehütte 204
Funtenseetauern 22
Füssener Hütte 177, 178
Füssener Jöchl 174, 175, 176, 177, 178, 179

Gaisalpe 186
Gaistalalm 152, 154
Gammernwald 61, 63
Gamshütte 133
Garmischer Haus 139
Garmisch-Partenkirchen 135, 142, 144, 146, 148, 150
Gartnertal 160
Gatterl 146
Gaudeamushütte 69
Gehzeiten 11
Geiereck 37, 38
Geigelstein 56
Geitau 91, 92
Gernalm 108
Gerstruben, Gasthof 187
Gerstrubener Alp 187
Gibleralm 192, 193
Giebelhaus 185, 191
Gießenbachhütte 84
Gießenbachklamm 84
Gimpelhaus 174, 176
Gindelalm 89
Gindelalmschneid 89
Gleirschtal 116
Goglalm 62
Going 69
Golling 118
Gorialm 55
Gotzenalm 20
Grafenaschau 166
Grainbach 60, 61
Gramai-Hochleger 120, 121
Grän 177, 178
Grasgehrenhütte 209
Grasleite 124
Griesner Alm 68, 70
Große Schlicke 177
Großer Daumen 185
Großer Hundstod 28
Großer Krottenkopf 196
Großer Waxenstein 140
Großer Weitschartenkopf 34
Großes Hinterhorn 44
Großes Ochsenhorn 44
Grubigstein 160
Grubigsteinhaus 160
Grubigstein-Sessellift 160
Grünseetauern 22
Grünstein 30
Grünsteinhütte 30
Grüntenhaus 182
Grüntenhütte 182
Gruttenhütte 69, 72
Gschwandtnerbauer 133
Gufferthütte 82
Gundhütte 184
Gunzesried 210
Gunzesrieder Säge 209
Gutenalpe 187

Hagelhütten 108
Hagen, Gasthaus 106
Hagerbrücke 54
Haglertalhütte 188
Hahnenkammbahn 174, 176
Hahntennjoch 161, 162
Haidenholzalm 57
Hainbach 55, 59
Halblech 169
Haldensee 184
Haller 177, 178
Hallerangeralm 116
Hallerangerhaus 116
Halltal 117
Hallthurm 36
Halsalm 34
Halserspitze 82
Hämmermoosalm 152
Hammersbach 138, 140
Häselgehr 188
Haseltalalmen 108
Haseltal-Mittelleger 108
Haslacher Alpe 181
Hausberg 138
Hausham 89
Heimgarten 132
Heimgartenhütte 132
Hennerer Au 89
Hermann-von-Barth-Hütte 188, 192
Herrenhäuser 116
Herzogstand 132
Herzogstandhäuser 132
Heutal 51
Hindenburghaus 54
Hinterautal 116
Hinterbrand 18
Hintere Gemstelalpe 208
Hintere Goinger Halt 69
Hintere Längentalalm 127
Hinterer Tajakopf 156
Hinteres Hörnle 166
Hinteres Rappenalptal 198
Hintergern 36
Hintergschwendt 55
Hinterhornbach 188, 190
Hinterriß 114, 118
Hintersee 33, 34
Hinterstein (Giebelhaus) 190
Hinterstein 183, 185
Hintersteiner See 66
Hirschberg 102
Hirschberghaus 102
Hirschbichl, Bergheim 34
Hirschbichlstraße 35
Hirschlack 77
Hochalm 138, 146
Hochalphütte 179, 180
Hochfeldernalm 151
Hochfellnhaus 53
Hochgern 52
Hochgernhaus 52
Hochgrat 210
Hochiß 77
Hochkrumbach 208
Hochlandhütte 111
Hochplatte 169
Hochries 59, 60
Hochrieshaus 59, 61
Hochsalwand 86
Hochseiler 24
Hochstaufen 48
Hochvogel 190
Hofalm 60, 61
Höfatsblick, Hotel 186
Hofbauernalm 55
Höfener Alpe 175
Hohe Munde Ostgipfel 154
Hohe Munde Westgipfel 154
Hohen Gang 156
Hohenaschau 59, 60, 61
Höhenmeter 11
Hohenschwangau 170, 171
Hoher Göll 17
Hoher Ifen 205
Höhlensteinhaus 76
Höllenbachalm 50
Höllenbachklamm 140
Höllentalangerhütte 138, 140, 142
Höllentaleingangshütte 141
Holzgau im Lechtal 196
Holzgauer Haus 201
Holzgauer Haus, Gasthof 199, 200
Hörnerhaus 209
Hörnlealm 166
Hörndlhütte 166
Huben 56
Huberalm 86
Huberspitz, Berggasthaus 89
Hubertushütte 87, 184
Hupfleitenjoch 140
Hüttenkategorien 12
Hüttenöffnungszeiten 12
Hüttenregeln 12f.
Hütten-Schlafsack 12

Igler, Berggasthof 95
Igler, Gasthaus 93
Imberghaus 210
Imst 161
Informationen (alpine Auskünfte) 11
Ingolstädter Haus 23, 26, 28, 32
Innere Wiesalpe 200, 203
Innerwald 59, 62
Inzell-Adlgaß 49
Inzell-Einsiedel 50

Jachenau 130
Jägerbauernalm 93
Jägerkamp 93
Jenbachtal 86, 87, 88
Jenner 18, 20
Jennerhaus 18
Jochalm, obere 18
Jochberg 50
Jocheralm 132
Jörgalpe 182
Juifen 106

Kahlersberg 20
Kaindlhütte 66, 68
Kaiserhaus 77
Kaiserhütte, Gasthaus 107
Kaiserklamm 77
Kaisertalhaus 68, 70
Kala-Alm 76
Kälberalm, obere 111
Kallbrunn, Jausenstation 28
Kampenwand, Berggasthof 55
Kampenwand-Ostgipfel 55
Kanzelwandbahn 203, 204
Kanzelwandhaus 204
Kappel 181
Kappeler Alpe 181
Karkopf 153
Kärlingerhaus 22, 26
Karten 11
Karwendelbahn-Bergstation 112
Karwendelhaus 113, 114, 118
Karwendelspitze, westliche 112
Käseralpe 187
Kasermandl 193
Kaufbeurer Haus 188, 193
Kemptner Hütte 192, 193, 194, 195, 196
Kemptner Kopf 200
Kenzenhütte 168, 169
Kesselalm 87, 88
Kesselberghöhe 132
Kienberg 27
Kienbergsteig 39
Kirchsteinhütte 127
Klamm 152
Klammspitze 168
Klausen 59
Klausenberg 59
Kleinzennalm, Jausenstation 106
Knorrhütte 142, 146, 150
Köglboden 83
Kohlstattalm 52, 53
Kolbenalm, Gasthof 167
Kolbensattelhütte 167
Köllenspitze 174
Königsalm 82
Königsbachalm 18
Königssee 18, 30
Kopphütte 24
Kotalm 126, 127
Kramsach 77

Kranzberghaus 144
Kranzhornalm 63
Kreuth 102
Kreuzbergalm 89
Kreuzeck 140
Kreuzeckbahn 138
Kreuzeckhaus 138, 141, 146
Kreuzjoch 138
Krinnenalpe 184
Krinner-Kofler-Hütte 109
Kronenhütte und Bärenstüble 181
Kronreithof 26
Krottenkopf 134
Krottenthaler Alm 92
Krün 109
Krüner Alm 135
Kuchl 16
Kufstein 68, 70
Kufsteiner Haus 76
Kufstein-Sparchen 67
Kufstein-Weißach 66
Kührointhütte 30
Kühzagl 96
Kutterling 86

Lachenspitze 184
Laliderer Tal 118
Lamsenjochhütte 120, 121
Lamsenspitze 120
Landsberger Hütte 184
Lange Au 82
Längental 126
Larchetalm 114
Latschenhütte 161
Latschenkopf 128
Laufbichlalpe 185
Lechleiten 198
Leckbach 107
Lehnberghaus 155, 156
Lenggries 101, 124, 126, 128, 129
Lenggrieser Hütte 124
Leogang 42
Lermoos 160
Lettlkaser 42
Leutasch 153
Liftstüberl 55
Linderhof 167, 168
Listwirt, Gasthaus 50
Lochner Graben 58
Lochner Horn 58
Lofer 44

Mädelegabel 194
Mahdtalhaus 205
Mahnkopf 118
Maisalm 55
Maldongrat 162
Maria Alm 26
Marienbergalm 155
Marienbrücke 170
Marktschellenberg 37
Marquartstein 52
Matrashaus 21, 24
Maurach 77
Mauritzalm 77
Mauthausen 48
Maxlrainer Alm, obere 92, 95
Mayrberg 35
Meilerhütte 148
Melköde 207
Mesneralm 62
Mindelheimer Hütte 200
Mittelberg (Bödmen) 208
Mittelberg 200, 202, 206
Mittenwald 109, 110, 111, 112, 145
Mittenwalder Hütte 112
Mitteralm 84
Mitterkaseralm 30
Mitterleiten 62
Monialm 94, 97
Montscheinspitze 108
Moosbauer, Gasthaus 62
Möseralm 51
Möslalm 116
Möslarnalm 55
Mühlau 55
Münchner Haus 142, 151
Münster 77
Musau (von Roßschläg) 177, 178
Musauer Alpe 177, 178
Muttekopf 161
Muttekopfhütte 161

Namlos 162
Nattersbergalm 54
Naturfreundehaus Kleinwalsertal 207
Naunspitze 67
Nebelhorn 186
Nebelhornbahn, Gipfelrestaurant 186
Nesselwang (Bergbahn) 181
Nesselwang 181
Nesselwängle 174, 176
Neue Alplhütte 153
Neue Traunsteiner Hütte 34
Neuhornbach, Alpengasthof 207
Neulandhütte 130
Neuneralm 141
Neunerköpfl 184
Neureuth 89
Nonn 50
Notruf mit dem Handy 10
Nußdorf 63

Oberammergau 167
Oberau 134
Oberaudorf 84
Obergrainau 140
Oberjettenberg 34
Obermarkter Alm 161
Obern 154
Oberreintalhütte 144, 146
Obersee 22
Oberstdorf (Bergbahn) 186
Oberstdorf (Spielmannsau) 196
Oberstdorf 187
Öderkaser, Berggasthaus 53
Olga, Jausenstation 162
Osterfelderbahn 139
Osterhofen 84, 88
Ostlerhütte 180
Ostpreußenhütte 21
Ostwandunterkunft 30
Oswaldhütte 107
Ottenalm, Jausenstation 57, 58
Otto-Mayr-Hütte 174, 177, 178
Otto-Schwegler-Hütte 209
Oytalhaus 186, 187

Panoramarestaurant Wallberg 99
Partenkirchener Dreitorspitze 148
Partnachklamm 144
Passauer Hütte 42
Pendling 76
Persailhorn 27
Pessenbach 130
Petern 131
Petersalpe 199
Peter-Wiechenthaler-Hütte 27
Pfandlhof 68
Pfarrwerfen 21
Pfeishütte 116
Pflach 171
Pfronten 179
Pfronten-Steinach 179, 180
Pinegg 77
Pleisenhütte 113
Pleisenspitze 113
Plumsalm 108
Plumsjochhütte 108
Ponten 183
Predigtstuhl 152
Priener Hütte 56, 58
Prinz-Luitpold-Haus 190
Purtschellerhaus 16
Pürzlbach 28
Pürzlbach, Jausenstation 28

Quengeralm 128, 129

Raichenbach 186
Ramsau 33
Ramsau-Wimbachbrücke 30
Rappenseehütte 194, 195, 198
Rappenseekopf 198
Rauheck 187
Rauth 184
Rauthhütte 154
Rechenau 84
Reichenhaller Haus 48
Reintal 144
Reintalangerhütte 146, 151
Reiseralm 126, 127, 128
Reit 35
Reitsteig 38
Reitweg 55, 170
Riedbergpass 209
Riederstein (Galaun), Berggasthaus 89
Riedlhütte 72
Riemannhaus 23, 26
Riesenberg 60
Riesenhütte 60, 61
Rießersee 138
Rietzaualm, Jausenstation 67
Riezlern (Kanzelwandbahn) 202
Rofanbergbahn 77
Röhrlmoosalm 100, 103
Rohrkopfhütte 170
Rosengasse 84
Roßalm 56, 57
Roßfeldhütte 16
Roßfeldstraße 16
Roßgumpenalpe 197
Roßstein 100
Rote Flüh 176
Rotmoosalm 152
Rottach-Egern 99
Rotwand 90
Rotwandhaus 90
Rotwandlalm 106
Rotwandlhütte 106
Rotwandlspitze 110
Routenkarten 11

Saalfelden 26, 27
Sachrang 56, 58, 62
Sagberg 60
Sagerecksteig 22
Saletalm 20, 22
Salzburger Hochthron 37
Salzgraben 152
Säuling 171
Säulinghaus 171
Schachen 147
Schachenhaus 144, 148
Schafalpenkopf, nordöstlicher 202
Schafreuter 107
Scharling 102
Scharlinger Moos 99
Scharnitz 110, 113, 114
Schärtenalm 33
Schärtenspitze 33
Schartschrofen 178
Scheffau 72
Scheffauer 66
Scheibenkaser 36
Scheidwangalpe 210
Schinder 98
Schlappoltalpe 204
Schlechtenbergalm 55
Schlegldorf 126
Schliersee 89
Schlipfgrubalm 86
Schnaiteralm 125
Schneeberg, Gasthaus 76
Schneefernerkopf 142
Schneelochalmhütte 210
Schneetalalm 175, 176
Schneibstein 19
Schneibsteinhaus 18
Schönberg 103
Schönenbach 206
Schönfeldhütte 92, 93, 95
Schönleitenalm 82
Schönwieshof 113
Schoppernau 207
Schöttelkarspitze 109
Schuhbräualm 86
Schusterweg 17
Schwandalpe, obere 182
Schwarzbachwacht 34
Schwarze Hütte 199, 200
Schwarzenbachtal 100
Schwarzenberghütte 185
Schwarzentennalm 100, 103
Schwarzwasserhütte 206
Schweibern 63
Schweigeralm 82
Seealpe, vordere 186
Seebenalm 156
Seegatterl 51, 54
Seehorn 32
Seekarkreuz 124
Seewaldhütte 106
Siebenhüttenalm 82
Sillberghaus 90
Simatsgundalpe 210
Soiernhaus 109
Söllbachklause 102
Sölleralpe 204
Söllereckbahn 204
Söllerpass 149
Sonderdorf 209
Sonn Alpin 151
Sonneck 68
Sonneckhütte 21
Sonnenalm 175, 176, 179
Sonnjoch 121
Sonnwendjoch, vorderes 77
Sonnwendjochbahn 77
Sonnwendjochhaus 77
Spatenau 61
Speckkarspitze 116
Spielmannsau, Gasthof 197
Spitzingalm 93
Spitzingsattel 92, 93, 95, 96
Spitzingsee 90, 92, 93, 94, 95
Spitzstein 62
Spitzsteinhaus 62
Sportheim Böck 181
Springlkaser 20
St. Anton, Gasthaus 144
St. Bartholomä 22, 28, 31, 32
St. Martin 44
St. Ulrich am Pillersee 44
Stallenalm 120
Stallenrast, Jausenstation 120
Stallental 120
Stangeneck 129
Stangenwald 140
Staudach-Egerndach 52
Staudacher Alm 53
Staufner Haus 210
Steibis 210
Steinalm 27
Steinerne Jäger 48
Steinernes Hüttl 152
Steinfalk 118
Steinlingalm 55
Steinplatte, Gasthaus 51, 54
Stiealm 128
Stiegalm, Berggasthaus 210
Stöhrhaus 36
Stolzenberg 94
Strassberghaus 153
Strassberghütte 153
Strasseralm 129
Straubinger Haus 54
Strindenalpe, obere 184
Stripsenjoch 68
Stripsenjochhaus 68, 69, 70
Stuibenhütte 138
Stümpflinghaus 94, 96, 97
Stutzalpe 207
Sulzersteig 124
Symbole 11

Tannheimer Hütte 175, 176
Tatzelwurm, Gasthaus 84
Taubenstein 95
Taubensteinbahn 90, 93, 95
Taubensteinhaus 90, 92, 93, 95
Tegelberghaus 170
Tegernsee 89
Tegernseer Hütte 100, 124
Telfs 153
Teufelslöcher 25
Teufelstättkopf 167
Thiersee 76
Tillfußalm 152
Tipps für unterwegs 10
Tiroler Hütte 110
Tölzer Skihütte 107, 128, 129
Toni-Lenz-Hütte 36, 37
Torrener Joch 18, 20
Tourenplanung 11
Traunsteiner Hütte 51
Trausnitzalm 98
Trockenbachtal 59
Tutzinger Hütte 130

Übelhorn 182
Übernachten 12
Unterammergau 166, 167
Untere Bärgündelealp 191
Untere Jochalm 18
Untere Lauchalpe und Obere Lauchalpe 210
Untere Wiesalpe 200, 203
Untermarkter Alm 161
Untersbergbahn 36, 38
Urbeleskarspitze 188
Ursprungtal 90

Valepp 94, 98
Vils 177, 178
Vilsalphütte 184
Vilsalpsee 184
Vilser Alp 177, 178, 179
von-Schmidt-Zabierow-Hütte 44
Vorderkaiserfeldenhütte 67, 70
Vorderleitenberg 126

Wachterl 34
Wagneralm 61, 63
Waidring 45
Walchensee 132
Walchhüttenwand 22
Walchsee 56
Waldherralm 125
Wallberg 99
Wallbergbahn 99
Wallberghaus 99
Wallbergmooshütte 99
Walleralm 66
Wallgau 133, 134, 135
Waltenbergerhaus 194, 197
Wandberghaus 58
Wangalm 152
Wankhaus 133, 135
Wankspitze 155
Wasseralm 22
Wasserwand 63
Watzmannhaus 30
Watzmann-Hocheck 30
Wegscheid 126, 129
Weiherkopf 209
Weilheimer Hütte 134
Weinbergerhaus 66
Weißbach 28
Weißensteinalm 54
Wendelstein 88
Wendelsteinalm 88
Wendelsteinhaus 84, 88
Werfen 21
Wetter 11
Wettersteinalm 144, 148
Wettersteinhütte 152
Widderstein 208
Widdersteinhütte 208
Wiener-Neustädter-Hütte 142
Wildalpjoch 84
Wildbichlalm 58
Wildermieming 153
Willersalpe 183
Willi-Merkl-Gedächtnis-Hütte 177
Wimbachbrücke 32
Wimbachgrieshütte 28, 32
Wimbachschloss 32
Windshausen 63
Winklmoosalm 51
Wirtsalm 84, 87, 88
Wochenbrunn, Gasthaus 72
Wochenbrunner Alm 69, 72
Wolfebnerspitze-Südgipfel 192
Wolfratshausener Hütte 160
Wörner 111
Wuhrsteinalm 57
Wurzhütte 90, 92, 95

Zeppezauerhaus 37, 38
Zipfelsalpe 183
Zöblen 183
Zollhaus Fallmühle 180
Zugspitze 142, 147, 150
Zugspitzplatt 150
Zur Kräuterhexe 61
Zur Schanze, Gasthaus 67
Zwiesel 50, 125
Zwieselalm 50

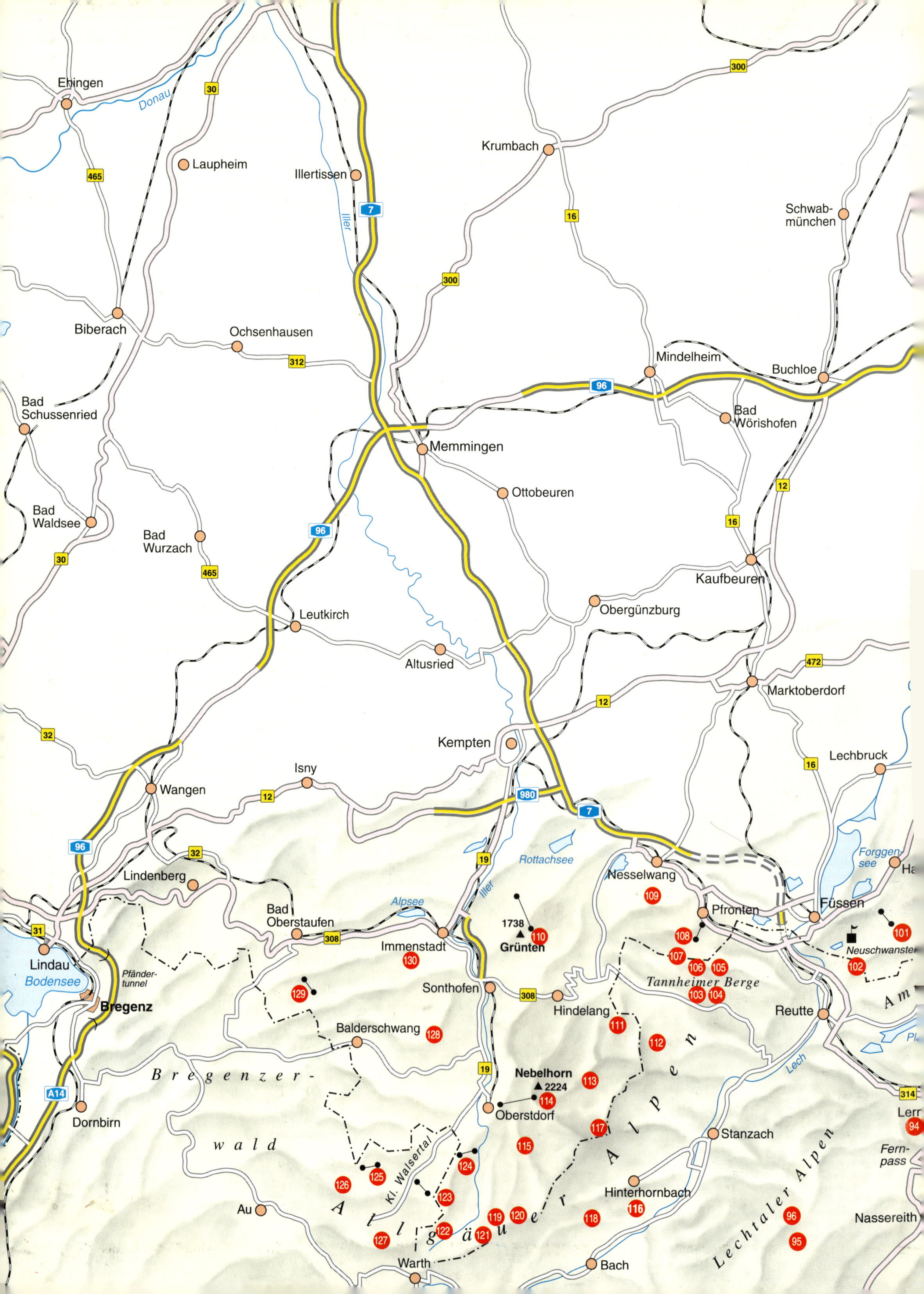

Ehingen
Donau
30
465
Laupheim
Illertissen
Iller
7
Krumbach
300
16
Schwab-
münchen
Biberach
Ochsenhausen
312
Mindelheim
Buchloe
96
Bad
Schussenried
Bad
Wörishofen
Memmingen
Ottobeuren
12
Bad
Waldsee
Bad
Wurzach
465
30
96
16
Kaufbeuren
Obergünzburg
Leutkirch
Altusried
472
Marktoberdorf
32
12
Kempten
Lechbruck
Isny
16
Wangen
12
980
7
96
32
Rottachsee
Forggen-
see
Ha
19
Lindenberg
Nesselwang
109
Iller
Alpsee
Füssen
Bad
Oberstaufen
1738
Grünten
110
Pfronten
108
101
31
308
Immenstadt
130
107
106
105
Neuschwanste
102
Lindau
Bodensee
Pfänder-
tunnel
129
Sonthofen
308
Hindelang
Tannheimer Berge
103
104
Bregenz
Am
Reutte
Balderschwang
128
111
112
Pl
Lech
Bregenzer-
19
Nebelhorn
2224
113
A14
114
314
Dornbirn
Oberstdorf
Lerr
94
117
Stanzach
wald
Kl. Walsertal
115
124
Fern-
pass
125
126
123
Hinterhornbach
116
Au
Allgäuer Alpen
Lechtaler Alpen
122
119
120
118
96
127
121
Nassereith
95
Warth
Bach